Lebenselixier »Angelfischen«

Alfred Suttner, geboren 1950, hatte bereits als zwölf-jähriger Feriengast die besondere Gelegenheit, in einem schönen, natur-belassenen Forellenbach mit seinem Cousin zu fischen. In den nachfolgenden Ferienaufenthalten konnte er dann auch mit einer Haselnussgerte selbständig den schönen, rot-getupften Forellen mit Wurm nachstellen. Diese Erlebnisse prägten ihn für seine zukünftige, lebens-lange Angelleidenschaft.

Trotz dieser frühjugendlichen Eindrücke wurde er aber erst mit drei-unddreißig Jahren zum geprüften Angelfischer. Mit zweiunddreißig Jahren wurde er beim Schwarzfischen in einem Forellenbach erwischt. Dies ver-anlasste ihn dazu, endlich die Fischerprüfung zu absolvieren.

Etwa ab dem sechzehnten Lebensjahr wurde diese Leidenschaft durch die mehr oder weniger wichtigen Nebensächlichkeiten zunehmend gedämpft. Das jugendliche Interesse am anderen Geschlecht, schulische Weiterbildung, Bundeswehrzeit, Studium und Gründung einer Familie sowie das Interesse an der Modell- und Segelfliegerei waren die wesentlichen Gründe, die Fi-scherei zu vernachlässigen.

Als Ausgleich zu seiner nebensächlichen beruflichen Tätigkeit als In-genieur, hatte er dieses schöne Hobby nach der Fischerprüfung wieder-gefunden. Es gab ihm oftmals die nötige mentale Atempause, die zur beruf-lichen Kreativität und Problemlösung beitrug.

ALFRED SUTTNER

Lebenselixier
»Angelfischen«

sowie die Nebensächlichkeiten des Lebens
aus der Sicht eines Petrijüngers

Ein unterhaltsames Buch nicht nur für Angler – sondern auch für
junge Leute, die für ihr Leben so manchen guten Rat erfahren können.

Bibliografische Information der Deutschen Nationalbibliothek:

Die Deutsche Nationalbibliothek verzeichnet diese Publikation in der Deutschen Nationalbibliografie; detaillierte bibliografische Daten sind im Internet über dnb.dnb.de abrufbar.

Verlag: BoD · Books on Demand GmbH, In de Tarpen 42, 22848 Norderstedt
Druck: Libri Plureos GmbH, Friedensallee 273, 22763 Hamburg

ISBN: 978-3-7597-4014-4

Inhalt

Vorwort

Udo Schroeter, der auf Bornholm lebt, beschreibt treffend den Zwiespalt zwischen heutigem beruflichem Nahrungserwerb und unserem ureigenen Fischen und Jagen.

»Jahrtausende haben wir aus der Kraft der Jäger gelebt, bis wir zu Gejagten unserer Zeit wurden.«

Im schulischen Deutschunterricht hatte ich sehr oft Probleme mit dem Schreiben eines Aufsatzes wegen Themaverfehlung. Doch so manchem Lehrer gefiel dann doch mein ausschweifendes Formulieren, sodass ich ausreichende Noten erhielt. Damals in meiner Jugend hätte ich mir bestimmt nicht vorstellen können, dass ich im fortgeschrittenen Alter einmal ein Buch verfassen werde.

Nun, ich will es hiermit versuchen und die Geschichte meines Lebens, das ganz entscheidend von meiner Angelleidenschaft geprägt ist, anhand von eigenen Erlebnissen schildern. Versuchen Sie, sich in mich einzufühlen und mit mir meine Abenteuer mitzuerleben.

Gib einem Hungernden einen Fisch, und er wird einmal satt.
Lehre ihn zu fischen, und er wird nie wieder hungern.
(chinesisches Sprichwort)

Die Götter zählen in der dem Menschen bemessenen
Lebenszeit die Stunden nicht, die beim Fischen vergehen.
(Inschrift auf einer assyrischen Steintafel)

Lebenselixier »Angelfischen« sowie die Nebensächlichkeiten des Lebens. Ein unterhaltsames Buch nicht nur für Angler – sondern auch für junge Leute, die für ihr Leben so manchen guten Rat erfahren können.

Über meine Person

Der Autor, Jahrgang 1950, begeisterter Allround- und Fliegenfischer, beschreibt seine Angelabenteuer in Österreich, Dänemark, Irland, Schweden, Alaska, Spanien (La Palma) und Norwegen mit so manch nützlichen Tipps. Geboren in Regensburg, an der Donau aufgewachsen, studierte er erfolgreich an der Fachhochschule Nürnberg Werkstofftechnik, um auch seine Angelreisen zu finanzieren.

Als nebensächliche Wichtigkeit betrachtet er seine Lebenserfahrungen in beruflicher sowie gesellschaftspolitischer Hinsicht. Insbesondere geht er auch auf jene Nebensächlichkeiten in der Jugend ein, die ihn vom Angelfischen zunächst abhielten.

Ist es nicht herrlich, wenn man nach so manchem stressigem Alltagserlebnis aussteigen kann? Hinein ins Angelfischen, in schöner Natur, um alles Wichtige und Unwichtige zu vergessen.

Der Anfang am Forellenbach in Immeldorf

Meine Begeisterung an der Angelfischerei entflammte während eines Ferienaufenthaltes im Sommer bei meiner Tante Gretl. Als zwölfjähriger Bub brachte mich wieder einmal mein Vater per Bahn nach Immeldorf. Für mich war es auch »Himmeldorf«. Von Regensburg aus ging es mit der Schnellzug-Dampflokomotive nach Nürnberg, um anschließend nach kurzem Bahnhofsaufenthalt mit der Eilzuglok nach Wicklesgreuth zu dampfen. Während der Fahrt dorthin lehnte ich mich oft gerne aus dem Fenster, um in der Kurve die dampfende Lok zu sehen. Zum Ärgernis meiner Mutter und meiner Tante kam ich dann mit dem weißen Hemd mit schwarzen Rußflecken an. Vom Bahnhof in Wicklesgreuth aus hatten wir noch zu Fuß, mit den Koffern bepackt, etwa fünf Kilometer bis nach Immeldorf zu gehen. Von Jahr zu Jahr erschreckten mich oft die auffliegenden Rebhühner am Wegesrand, die es damals noch in großen Mengen gab.

Ich hatte das Glück, als Kind meine ersten Angelerfahrungen an einem Forellenbach zu erleben. In dem schönen, natürlich dahinschlängelnden Wiesenbach, im mittelfränkischen Hügelland, gab es die heimischen Forellen. Mein Cousin Ernst, der diesen Bach gepachtet hatte, nahm mich zum Fischen mit. Er benutzte eine kurze Gerte mit Stationärrolle. An der Schnur befand sich ein Haken der Größe zwei. Um keine Scheuchwirkung auf die Forellen in diesem kleinen Bach zu erzeugen, angelte mein Cousin ohne Blei. Am Haken hing ein dicker Wurm als Köder. Wir näherten uns vorsichtig dem Bach am Rande des Dorfes, wo er an der Friedhofsmauer vorbeifloss, umsäumt von dickem Brennnesselbestand. Über die Brennnesseln hinweg taumelte der Wurm langsam hinunter ins gurgelnde Nass, das ich nicht einsehen konnte. Nach kaum einer Minute straffte sich schon die Schnur und ein herrlich gezeichneter Fisch mit gelbem Bauch und roten Tupfen baumelte über die Brennnesseln auf mich zu. Ich hatte vorher noch nie einen so schönen Fisch gesehen. Ernst sagte: »Das ist eine heimische Bachforelle.« Nachdem er die Forelle versorgt hatte, maß ich eine Länge von dreiunddrei-ßig Zentimetern. Mein Cousin zeigte mir das Ausweiden des Fisches und erklärte mir, dass es sich um einen Milchner handelt.

Angespornt durch dieses Erlebnis wollte ich mich natürlich einmal selbst auf die Forellenpirsch begeben. Selbstverständlich mit Erlaubnis von Ernst. Kaum den Gedanken gefasst, stöberte ich auf dem Speicher meiner Tante in seinen Angelutensilien. Es sollte ein Haken der Größe zwei sein, um die kleineren Forellen nicht zu verangeln. Ich band den Haken an eine Angel-schnur, die ich von der Rolle meines Cousins nahm, und suchte mir dann eine Haselnussgerte.

Im Garten meiner Tante grub ich nach Würmern, dabei wurde jeder Stein im feuchten Gras und auf dem Gehweg umgedreht. Ja, da gab es noch einen Misthaufen, den ich auch noch ausbeutete, so gut es ging. Alle Würmer landeten in einer Büchse voller Erde und Gras.

Wie ich so in der Hocke, meine Umgebung vergessend, immer noch nach Würmern suchte, ließ mich unerwartet der Ruf meiner Tante zusammen-schrecken. Es war schon kurz vor dem Mittagessen. Sie sagte: »Wasch dir deine Hände und komm sofort zum Essen.« Jetzt, kurz vor dem Aufbruch an den Bach, sollte ich gleich mittagessen, dachte ich. Ich spielte schon mit dem Gedanken, mich einfach davonzuschleichen, aber ein zweiter Ruf ließ mich das schnell vergessen.

Meine Tante, mit ihrem schönen rötlichen Haar, war eine sehr ordnungs-liebende Frau, die auch alle Regeln nach Knigge kannte. Sie wollte mir des-halb auch immer wieder meine Flegelhaftigkeit austreiben. Als ob sie meine Gedanken lesen könnte, mahnte sie: »Du willst doch nicht einfach ohne Essen weglaufen. Komm nun endlich zum Händewaschen«, wiederholte sie. In die Realität des normalen Lebens zurückgeholt, ging ich in die Küche zum Händewaschen.

Zu Mittag gab es als Vorspeise immer geriebene Karotten mit Apfel, und als Nachspeise hatte sie oft Vanillepudding mit selbst gepflückten Himbeeren auf den Tisch gestellt. Ich muss schon sagen, das Essen bei meiner Tante war immer sehr gut. Kein Wunder, denn sie führte im Wien der Zwanzigerjahre einen Herrschaftshaushalt.

Ausgebremst und doch voller Vorfreude machte ich mich, nachdem ich meiner Tante beim Tischabräumen geholfen hatte, auf die Socken zu den Traumforellen im Bach. Doch ein Ruf meiner Tante sollte mich noch einmal abhalten. Zum Glück, denn ich hatte die Würmer vergessen. Dann winkte sie mir noch lachend nach, als ich mich auf den Weg begab. Es war Anfang August und die Sonne stand hoch um diese Zeit, zum Forellenangeln eigentlich nicht so optimal, aber das konnte ich damals noch nicht wissen. Ich schaute nicht nach links oder rechts und stapfte auf dem kürzesten Weg zum Bach quer durch eine Wiese mit sehr hohem Gras. Plötzlich stand der Wiesenbesitzer vor mir und ließ mich nicht über einen Holzsteg den Bach überqueren. Er schimpfte und schimpfte. Sofort wich ich in Richtung Bach aufwärts aus und rannte am Wasserlauf entlang vom Dorf weg. Hier war der Bach von Erlen- und Weidensträuchern eng umsäumt. Ich schaute mich noch einmal um. Der Mann war nun nicht mehr da. Eigentlich wollte ich zu den hohen Brennnesseln an der Friedhofsmauer, ich traute mich jedoch nicht mehr zurück.

Einige hundert Meter weiter wurde der Bach von einer Straße überquert. Kein Mensch war weit und breit zu sehen, der mir irgendwie in die Quere kommen könnte. Voller Hochspannung wickelte ich die Schnur mit dem Haken von der Gerte und spießte zwei mittelgroße Würmer auf den Haken. Dann ging ich die Uferböschung hinunter zum Rohr, durch das der Bach unter der Straße hindurchfloss. Jetzt endlich war es so weit, dachte ich und ließ den Wurm mit der Strömung ins Rohr treiben. Der Bach war hier höchstens 30 cm tief und führte bräunlich klares Wasser. Ich streckte noch die Gerte mit voller Länge ins Rohr, um möglichst weit hineinzugelangen. Ein plötzlicher, unerwarteter Ruck riss mir die Gerte aus der Hand, sodass diese im Rohr verschwand.

Wie angewurzelt stand ich da und wollte nicht begreifen, dass mir eine Forelle meine Angelrute entrissen hatte. Doch dann fasste ich mich wieder und lief über die Straße zum anderen Rohrende. Zuerst sah ich nichts und war momentan sehr enttäuscht über mein Missgeschick. Etwa fünf bis zehn Meter weiter weg sah ich jetzt, wie sich meine Gerte am gegenüberliegenden Ufer zwischen zwei aus dem Wasser ragenden Erlenstämmchen mit der Spitze voraus eingeklemmt hatte. Da muss die Forelle noch dran sein, vermutete ich. Vorsichtig ging ich noch etwas stromab und sah nun eine, für meine damaligen Begriffe, sehr große Forelle in der Strömung am Haken zerren. Ich lief herzklopfend zur Straße zurück, um an das andere Ufer zu gelangen. Beherzt nahm ich nun die Rute in die Hand, drehte sie um und spürte die heftigen Stöße der Forelle, die vehement um ihre Freiheit kämpfte. Welch ein Gefühl stieg in mir jetzt hoch! Die Bachforelle drehte sich in der Strömung immer wieder, sodass ich ihren gelben Bauch im braunen Wasser aufblitzen sah. Ich hielt immer stramm dagegen und allmählich wurde sie ruhiger. Ich zog die Forelle über das flach auslaufende, sandige Ufer an Land. Um die zappelnde Forelle weit genug vom Wasser zu entfernen, schleifte ich sie bis ins hohe Gras. Der Haken mit dem Wurm war im Maul verschwunden. Voller Aufregung klopfte ich mit einem Stück Holz auf den Kopf des Fisches, bis sich dieser nicht mehr bewegte, und stach mit zitternden Händen mit einem Messer in die Kehle, so wie ich es von Ernst gesehen hatte. Reglos lag nun diese Schönheit im Gras.

Immer noch zitternd voller Ehrfurcht saß ich daneben, teils in Gedanken triumphierend, teils fühlte ich mich irgendwie unwohl, diesem Geschöpf das Leben ausgehaucht zu haben. Es war der erste Fisch meines Lebens. Voller Freude über diesen großen Fisch rannte ich mit der Forelle, noch an der Schnur, so schnell wie möglich zu meiner Tante.

Für die Größe dieses Wiesenbaches war es eine kapitale Bachforelle mit einem Gewicht von über fünfhundert Gramm, wie Ernst später feststellte. Von diesem Erfolg angespornt, flitzte ich am nächsten Tag frühmorgens noch einmal zum Bach. Dieses Mal ging es an die Friedhofsmauer, die ich durchs Dorf ohne Zwischenfälle schnell erreichte. Mit meiner Haselnussgerte schwang ich den mit Würmern reichlich garnierten Haken über die hohen Brennnesseln. Ich nahm mit dem leicht abtreibenden Köder Fühlung auf und zog die Würmer mehrere Male wieder gegen die Strömung. Es rührte sich nichts. Eine Weile ließ ich den beköderten Haken am Grund des Baches liegen, legte die Gerte in die Brennnesseln, um meinen Blaseninhalt zu leeren. Kaum war ich mit diesem Geschäft zu Ende, schon bewegte sich die Angelgerte in den Brennnesseln. Schnell nahm ich meine Gerte auf und zog an der Schnur, bis ich einen Widerstand spürte. Welch freudiges Gefühl sich in meinem Körper ausbreitete, als der Widerstand an der Schnur anfing zu zerren und zu rütteln.

Einige Meter weiter zur Dorfmitte hin, fing ich an diesem Morgen noch drei weitere Bachforellen mit Längen von etwa 30 bis 33 cm. Zum Transport fädelte ich die Fische auf einen abgeschnittenen Weidenast und machte mich mit der Beute über die Schulter geschwungen auf den Weg zu meiner Tante. Als ich ankam, hingen nur noch zwei Forellen an der Weide. Meine Tante sah mich mit den Fischen und stieß ihr bei Freude oder Verwunderung so oft gebräuchliches »Jaahh« aus. Sie lobte: »Du kannst ja schon wirklich angeln. Da haben wir ja gleich unser Mittagessen.« Ich war etwas verwundert über den Verlust, freute mich aber dennoch über ihren Frohsinn.

Mein Onkel Franz und meine Tante betrieben in ihrem anheimelnden Häuschen ein Friseurgeschäft. Außerdem hatte er die Erste-Hilfe-Station in seinem Haus und reparierte auch noch hin und wieder Radios und Uhren. Zudem war er für die Dorfbewohner auch noch zuständig für das Reißen der Zähne bei akuten Zahnschmerzen. Zusammenfassend wurden diese Tätigkeiten in der damaligen Zeit mit dem Wort »Bader« umschrieben. Onkel Franz war ein sehr lustiger und witziger Mann, in dessen Lädchen oft der Dorftratsch zentral ausgetragen wurde.

Kamen Damen zu ihm, freute er sich besonders, was meiner Tante nicht immer gefiel. So ergab es sich einige Tage später, dass eine Immeldorferin während des Haareschneidens meinem Onkel Folgendes schilderte: »Euer Bub Alfred, du weißt schon der Regensburger Feriengast, der ist letzten Freitag mit vier Forellen durchs Dorf geschlendert und hat zwei verloren, ohne dies zu merken. Mein Mann und ich freuten uns darüber und ließen uns die Forellen zu Mittag gleich schmecken. Es liegen ja nicht alle Tage frische

Fische auf der Straße«, meinte sie und lachte mit meinem Onkel über dieses für sie erfreuliche Ereignis. Mein Onkel sagte zu ihr: »Na ja, da solltet ihr wohl öfter schauen, ob der Alfred auf der Straße wieder Fische verstreut.«

Nach etwa zwei Tagen normalen Feriendaseins packte mich das Angelfieber wieder. Ich ging zunächst ohne Rute zum Bach, um aussichtsreiche Stellen zum Fischen zu suchen. So wanderte ich vom Dorfrand ausgehend am Bach entlang in Richtung Wald. Der Bach nach der Straßenbrücke verlief erst circa hundert Meter am Waldrand entlang, bevor er zwischen den eng beieinander stehenden Fichten hervorkam. Auch hier war der Uferbewuchs sehr üppig. Ich bahnte mir einen Weg durch das enge Gestrüpp und sah sogleich über dem rötlich-braunen Sandgrund, der hier für die mittelfränkische Gegend typisch ist, einige kleinere Forellen im klaren Wasser wegflitzen. Dieser Bereich ist weniger zum Fischen geeignet, fiel mir auf. Hinter den dicht stehenden Fichten am Waldrand eröffnete sich mir ein herrlicher Bachlauf. Das Fließgewässer schlängelte sich hier in weiten Windungen durch den Wald. In den Außenkurven der Bachwindungen bildeten sich zum Abhang hin oft tiefe Unterspülungen. Was mochten da wohl für dicke Brummer drinstehen, überlegte ich. Dies sind ideale Unterstände für Forellen, wie mein Cousin gesagt hatte, ging es mir durch den Kopf. Über dem tieferen Wasser am Hang wuchs dicht stehender Farn. Teilweise reckten sich dicke Wurzeln der Bäume in das Wasser. Auch einige umgestürzte Bäume lagen quer über dem Bach.

Ein für mich heute in guter Erinnerung gebliebenes wildromantisches Bachforellenrevier von einst. Heute ist dieser Zustand nicht mehr so vorzufinden wie zur damaligen Zeit. Mit meinen zwölf Jahren empfand ich diese Bach- und Waldlandschaft wahrscheinlich auch überwältigender, als ich sie heutzutage empfinden würde. Heute wird das Tal der fränkischen Rezat, in die der Büschelbach mündet, von der Autobahn nach Heilbronn überquert.

Der Anblick dieses vielversprechenden Bachlaufes ließ mein Fangfieber enorm steigen. Ich spielte mit dem Gedanken, die eigene Hand als Fanggerät zu testen. Vom Abhang einer Bachkurve aus tastete ich liegend mit der rechten Hand die Unterspülung ab. Hier konnte ich keinen Fisch erfühlen. An der nächsten Kurve war das Wasser mehr als ellenbogentief. Plötzlich

17

fühlte ich einen Fischkörper, der mir jedoch, kaum ertastet, sofort aus der Hand flutschte. Ich sah noch, wie die Forelle, aus dem tieferen Wasser kommend, über das flach rieselnde Nass hinweg davonhuschte. Etwas weiter in Richtung Wald konnte ich noch eine Bachwindung mit seichterem Wasser ausmachen. Allerdings war hier der Abhang am Bach etwas steiler. Auf dem Bauch kriechend, näherte ich mich vorsichtig der Unterspülung, die diesmal auch nicht so weit nach hinten reichte, wie ich jetzt feststellen konnte. Weiter stromauf hatte ich Glück. Durch schnelles Zugreifen und gleichzeitiges Andrücken des Fisches auf den Grund konnte ich die Forelle für einen Moment halten. Während des Nachgreifens mit der zweiten Hand rutschte ich jedoch mit dem Kopf voraus ins Wasser. Durch dieses Missgeschick entglitt mir die Forelle abermals. Mit den Händen am Bachgrund abstützend, konnte ich ein völliges Hineingleiten ins kühle Nass verhindern. Daraufhin fasste ich den Entschluss, meine Haselnussrute doch wieder zu verwenden.

Voller Begeisterung lief ich zu meiner Tante und erzählte ihr von dem schönen Bach im Wald. Meine Tante sagte mir daraufhin: »Bitte frag erst den Ernst, wie weit du den Bach zum Angeln hinaufgehen darfst.« Mein Cousin kam jeden Tag nach der Arbeit zuerst zu seiner Mutter, bevor er zu seiner Familie nach Hause fuhr. So kam er auch an diesem Tag und gab mir bezüglich meiner Frage folgende Antwort: »Ich weiß nicht genau, wo die Fischwassergrenze liegt, aber vorsichtshalber solltest du nicht in den Wald gehen. Ohne meine Begleitung betreibst du eigentlich Schwarzfischen, dies sollte dir bewusst sein. Deshalb ist es besser, die Fischwassergrenzen zu respektieren.« Diese Belehrung ernüchterte mich zunächst und holte mich vom Berg meiner Euphorie etwas herab. Ich dachte nun, es wäre besser gewesen, der Tante von dem schönen Bach im Wald nichts zu erzählen. Jetzt wurde mir eigentlich so richtig klar, dass es im Leben auch Einschränkungen gibt, die beachtet werden sollten.

Als ich am nächsten Tag mit meiner Gerte und den Würmern zum Bach schlenderte, ging es mir dennoch nicht in den Kopf, auf das Angeln an dem schönen Bachlauf im Wald zu verzichten. Zunächst zog es mich jedoch zur Friedhofsmauer. Dort angekommen sah ich, wie einige Frauen mit der Gießkanne oberhalb und unterhalb an dem mit Brennnesseln umsäumten Bach

Wasser schöpften, um die Gräber zu gießen. Die Angelegenheit kam mir gelegen. Na ja, hier kann ich nicht angeln, sah ich ein, so bleibt mir nichts anderes übrig, als zum Wald zu gehen.

Beruhigten Gewissens freute ich mich auf den Wald. Im Wald an einer schönen Bachkehre stehend, brachte ich den Wurm an den Haken. Jetzt plagte mich doch mein Gewissen. Vorsichtig ging ich näher ans Ufer und suchte ein Gebüsch als mögliche Tarnung sowohl vor einer Bachforelle als auch vor herannahenden Menschen. Mit dem unguten Gefühl, als heimlicher Schwarzfischer etwas Verbotenes zu tun, warf ich den Wurm an die gegenüberliegende Unterspülung und wartete ab. Immer wieder hielt ich nach allen Richtungen Ausschau, ob sich jemand nähert.

Nach etwa zehn Minuten merkte ich, wie sich die locker herabhängende Angelschnur allmählich straffte. Voller Anspannung, jegliche Gewissensbisse vergessend, nahm ich die Gerte auf und zog an. Jetzt entfaltete sich in mir wieder dieses unbeschreibliche Gefühl, als ich den rüttelnden Widerstand spürte. Da die Forellen beim Anblick eines Wurmes wie hypnotisiert zubeißen, war mir auch diese Forelle sicher. Nachdem ich den Fisch näher herangezogen hatte, bemerkte ich, wie klein eigentlich diese Bachforelle noch war. Wieder schaute nur noch die Schnur aus dem Maul. Ich öffnete mit dem Finger das Maul der zappelnden Forelle, wobei ich die feinen scharfen Zähne spürte. Der Wurm steckte mit dem Haken im Schlund. Aus einer Kieme trat Blut hervor. Wie soll ich diese kleine Forelle nur vom Haken befreien, rätselte ich. Damals hatte ich noch keine Arterienklemme dabei. Aber wahrscheinlich hätte diese auch nicht zur Rettung dieser Forelle beigetragen.

Heute hängt dieses nützliche Instrument an meiner Fliegenweste und befreit, wenn nötig, die Forellen schonend von der künstlichen Fliege. Meist sitzt der Haken beim Fischen mit Insektenimitationen ja nur im Maulwinkel oder im äußeren Maulbereich. Auch das Fischen mit angedrücktem Widerhaken wird praktiziert.

Mit äußerstem Unbehagen schlug ich diese kleine Forelle ab. Ich hätte auch die Schnur vor dem Maul abschneiden können. Aber wie sollte eine unter zwanzig Zentimeter messende Forelle mit einem großen Haken, der tief im Schlund sitzt, noch weiter fressen können, fragte ich mich. Dieses

Problem wird es beim Forellenfischen mit Wurm immer wieder geben. Hierdurch kann der natürliche Forellen-Nachwuchs und der teure Besatz in einem Gewässer schnell dezimiert werden.

Nach dem Vergraben der kleinen Forelle verließ ich den Wald und steuerte den Bachlauf am Waldrand an. Plötzlich sah ich einen Mann auf mich zukommen, der eine Angelrute in der Hand hielt. Völlig in Panik geraten, ließ ich meine Gerte fallen und rannte so schnell ich konnte auf den Wald zu. »Hallo, hallo, Alfred, wieso läufst du denn weg?«, schrie er mir nach. »Hast du was ausgefressen?«, rief er mir noch hinterher. Nach ausreichendem Sicherheitsabstand blieb ich stehen, um seine weiteren Zurufe zu hören. Auch der Mann blieb nun stehen und sagte, er hätte von meiner Tante gehört, dass ich hier beim Forellenangeln anzutreffen wäre. Er fuhr fort: »Was du angestellt hast, ist mir gleichgültig, ich will dir nur einige Tipps zum Fischen geben.« Langsam ging ich auf ihn zu. Er begrüßte mich recht freundlich mit einem kräftigen Händedruck und stellte sich vor als Hans Lander. Er wollte nun doch wissen, warum ich ein schlechtes Gewissen habe. Ich erzählte ihm von dem Missgeschick mit der kleinen Forelle. Erst lachend, dann mit ernsterer Miene erklärte er mir dazu Folgendes: »Beim Forellenangeln solltest du einen möglichst großen Haken mit großem Köder verwenden. Wichtig ist auch eine gespannte Schnur zwischen Köder und Rutenspitze. Dadurch erkennt man den ›leisesten Zupfer‹ und du kannst sofort anschlagen. Besonders die kleineren Forellen schlucken sofort den Köder.«

Plötzlich unterbrach er seine Ausführungen, schaute über meinen Kopf hinweg und meinte: »Bleib mal ruhig stehen.« Er ging nun vorsichtig seitlich an mir vorbei, bückte sich und fuhr mit schnell bewegender Hand ins hohe Gras. Ich sah zu, wie er nun langsam seine Hand öffnete. »Ei, was haben wir denn da, wie du siehst, ist dies der ideale Forellenköder«, freute er sich. An den Flügeln festhaltend, zeigte er mir eine große grüne Heuschrecke, die etwa so lang wie ein Finger war. »So, nun wollen wir mal sehen, welche Schönheit diesen Köder nimmt.« Er rammte der Heuschrecke zunächst den Haken in den Kopf, um sie zu töten. Dann durchstach er den mit Chitin bepanzerten Brustbereich und ging mit mir auf die

Suche nach einer aussichtsreichen Stelle. Wir gingen noch etwas weiter in den Wald hinein, an der Schleife vorbei, an der ich bäuchlings in den Bach gerutscht war.

»Hier, siehst du«, sagte er, »ist mir letztes Jahr eine größere Forelle vom Haken gekommen.« Es war eine weit ausladende Bachkurve mit einer Breite von zweieinhalb bis drei Metern. Stromauf, am Anfang der Außenkurve des Baches, ragte eine dicke Fichtenwurzel ins Wasser. Dahinter gab es ruhiges Wasser mit teils leichter Gegenströmung. Er warf die mit Blei bestückte Montage mit der Heuschrecke zielsicher ungefähr einen halben Meter hinter der Wurzel ins Wasser und zupfte den Grashüpfer schräg durch den Kehrwasserbereich. Als das Blei im seichteren Wasser schon zu sehen war, bildete sich etwas weiter dahinter eine Bugwelle. Unsere Nerven waren bis auf das Äußerste angespannt. Der Fisch stoppte aber und drehte wieder ab ins tiefere Wasser. »Das ist eine kapitale Forelle, hast du das gesehen?«, sagte er leise vor sich hin. Ich konnte vor lauter Aufregung nichts mehr von mir geben und sah zu, wie er erneut hinter die Baumwurzel warf.

Jetzt ging alles blitzschnell. Kaum war die Heuschrecke im Bach, schon spannte sich die Schnur, an deren Ende sich dieser breite Fischkörper aus dem Wasser bäumte. Jetzt drehte sich die Bachforelle mit ihrem goldgelben Bauch wie wild um die eigene Achse. »Siehst du, es ist vorteilhaft, wenn man die Montage an einen Wirbel gebunden hat«, erklärte er. Die Befreiungsversuche der Forelle durch ständiges Drehen glückten nicht, deshalb schwamm sie stromab zum schmaler werdenden Bach, wo die Bäume dichter am Ufer standen. Aber Hans hielt bedächtig dagegen. Er sagte: »Diese Forelle ist bestimmt über vierzig Zentimeter lang. Man muss bei ihren Fluchten ständig dagegenhalten, aber sollte sie nicht zu stark forcieren, damit der Haken nicht ausschlitzt oder aber bei einem Sprung locker wird.« Die Fluchten wurden nun immer langsamer, sodass der Drill durch einen schnellen, gezielten Schwung mit dem Kescher beendet werden konnte. Die Forelle wurde sofort von meinem Angellehrer, noch im Netz des Keschers, fachmännisch getötet. Beim Vermessen strahlte er über das ganze Gesicht. »Diese Bachforelle hat ja eine Länge von zweiundfünfzig Zentimetern«, seufzte er. Es war ein Milchner mit ausgeprägtem Laichhaken. Selbst für ihn, als »alten

Hasen«, schien diese Forelle ein außergewöhnlicher Fang zu sein. Der Haken saß fest im Maulwinkel. Von der Heuschrecke war nichts mehr zu sehen.

Er suchte in seiner Jacke nach dem Fotoapparat und bat mich, ein Foto zu knipsen. Die Sonne stand schon knapp über dem Horizont, als wir uns auf den Heimweg machten. Als meine Tante mich mit der großen Forelle sah, hörte man aus ihrem Munde nur noch das bekannte »jaahh – jaahh – jaahh«, wobei sie mehrere Male die Hände über dem Kopf zusammenschlug. Nach einer Weile kamen ihr folgende Worte über die Lippen: »So eine große Forelle habe ich noch nie gesehen. Nicht mal mein Ernstl hat mir eine so große Forelle gebracht. Alfred, du hast doch diese Forelle bestimmt nicht gefangen«, vermutete sie. Hans lächelte und meinte: »Er ist ja auch noch mein Schüler. Alfred wird wahrscheinlich eines Tages auch eine große Bachforelle fangen, die vielleicht noch größer ist als diese hier.«

Wie recht er doch hatte, es war 37 Jahre später. Wie es dazu kam, will ich später schildern. Am nächsten Tag ließen wir uns zu Mittag die von meiner Tante vorzüglich zubereitete Forelle schmecken. Hans reiste noch am selben Tag ab, nach Hanau, wo er wohnte. Leider habe ich ihn seitdem nie wiedergesehen.

Angelerlebnisse in Rückersdorf

Zwei Jahre später fuhr meine Schwester Renate mit meinem Vater und mir nach Immeldorf. Während meines dreiwöchigen Aufenthaltes blieb sie mit mir eine Woche dort. In dieser Woche hatte uns der Jagd- und Angelkollege von Ernst zum Fischen an seinen Forellenbach eingeladen. Wir sollten gemeinsam mit ihm den Bach von den Aalen befreien. Dieser Bach ist etwas breiter und hat tiefere, langsamer fließende Abschnitte als der Büschelbach. Wir setzten uns zu dritt in Abständen von ungefähr fünfzehn Metern an jeweils tiefere Stellen dieses Bachlaufes. »Gerch«, wie er genannt wurde, hatte für uns schon ausreichend Würmer besorgt. Vorher klärte er mich noch über die Besonderheiten beim Aalfang auf. Er sagte: »Du musst immer die Angelschnur gespannt halten und gleich nach einigen Zupfern anschlagen. Dann solltest du dem gehakten Aal keinen Freiraum lassen. Oft setzt sich nämlich der Schlängler am Grund fest. Die offene Rollenbremse dann gleich wieder zudrehen. Bei der abgestellten Angelrute bitte die Rollenbremse nicht zu fest einstellen, denn der Aal kann dir die Rute ins Wasser ziehen, falls du nicht genug aufmerksam bist.«

Nach diesen belehrenden Worten warf ich die mit einem dicken Tau Wurm beköderte Grundblei-Montage ins Wasser und stellte die geliehene Angelrute von »Gerch« schräg in einer Astgabel ab. Ich zog noch an der Schnur, um zu prüfen, ob die Rollenbremse nicht zu fest eingestellt ist.

Übrigens lasse ich heute die Schnur beim Aalfischen etwas durchhängen, damit der Aal nicht gleich beim ersten Zubeißen einen zu großen Widerstand spürt. Bei einem Gewässer mit großem Angeldruck bringt diese Maßnahme bestimmt Vorteile. Man kann auch die Rute waagrecht mit offener Bremse und gespannter Schnur am Ufer positionieren. Anstelle der modernen elektronischen Geräte als akustischen Bissanzeiger hänge ich dann lieber ein Glöckchen in die Schnur ein.

Nach einer Weile, es war schon etwas dämmrig, zitterte die Rutenspitze ganz leicht. Sofort nahm ich die Rute hoch und setzte den Anhieb. Doch dieser ging ins Leere. »Gerch« lachte und meinte, ich solle doch nicht so nervös sein. Kaum hatte er diese Worte ausgesprochen, schlug seine Rutenspitze kräftig aus. Völlig überrascht sprang er von seinem Campinghocker hoch und zog seine Angel weit nach hinten. Durch seinen sehr kräftigen Anhieb katapultierte er eine etwa fünfundzwanzig Zentimeter lange Regenbogenforelle an Land. Mein Cousin lachte und sagte: »In deinem Bach sind auch Forellen, denen der Wurm ebenfalls schmeckt.« Die Forelle hatte den Haken vorne im Maul, sodass sie sofort unbeschadet zurückgesetzt werden konnte. Als es schon ziemlich dunkel war, bekam »Gerch« wieder einen Biss. Diesmal war es ein Aal mit einer Länge von circa sechzig Zentimetern. Ich hatte vorher noch nie einen Aal gesehen, deshalb eilte ich zu ihm, um den schlangenartigen Fisch zu betrachten. »Gerch« sagte: »Halt mal den Aal, damit ich ihn vom Haken befreien kann.« Der Haken saß ganz vorne im Maul. Ich fasste den Aal mit beiden Händen, konnte ihn aber nicht halten. Er lachte und empfahl mir, einen Stofflappen zu nehmen, um das glitschige Tier besser halten zu können. »Der Aal kann nicht so einfach getötet werden wie zum Beispiel eine Forelle«, erklärte er. Obwohl er mit dem Messer hinter dem Kopf das Rückgrat durchtrennte, schlängelte sich nach kurzer Zeit der Aal immer noch durch das Gras. »Gerch« legte ihn in einen Eimer.

Als ich auf dem Weg zu meiner Rute war, rief mir Ernst zu: »Beeil dich, deine Rutenspitze wippt hin und her.« Ich rannte nun schnell zur Rute und hob diese an. Sofort spürte ich das Zerren eines Fisches. Wieder durfte ich dieses unbeschreibliche Gefühl erleben. Mit voller Spannung zog ich den Fisch an die Oberfläche. Es war aber kein Aal, sondern eine Forelle. Ernst kam mit dem Kescher zu Hilfe und wartete ab, bis die schnell hin und her schwimmende und springende Forelle ermüdet war. »Halt die Schnur immer straff«, sagte er. Wie sich später herausstellte, hätte sich die Forelle nicht mehr vom Haken befreien können, da der Haken schon tief im Schlund saß. Es war eine große »Regenbogner« mit über vierzig Zentimeter Länge. »Gerch« meinte: »Wie du siehst, beißen sogar nachts die Forellen.« An diesem Abend fingen wir zusammen fünf Aale. Ich konnte nur einen an Land ziehen, dafür war es aber der längste mit über siebzig Zentimeter.

Zu Hause bei meiner Tante angekommen, es war bereits kurz nach Mitternacht, ging ich mit dem noch tropfenden Aal ins Schlafzimmer zu meiner zwölf Jahre älteren Schwester, um ihr meinen Fang zu zeigen. Ich hielt den Aal direkt über das Gesicht der Schlafenden und sagte mehrere Male: »Renate, schau mal, was ich für eine Schlange gefangen habe.« Meine Schwester öffnete nun die Augen. Diese blieben starr, als ob sie der plötzliche Tod ereilt hätte. Nun bekam sie einen schleimigen Tropfen auf die Lippen. Als ob sie dem Teufel ins Angesicht geblickt hätte, stieß sie einen furchterregenden Schrei aus und sprang hoch. Ich konnte den Aal nicht schnell genug zurückziehen, sodass er mir durch das Herumschlagen meiner Schwester entglitt. Der Aal lag nun auf der Bettdecke und krümmte sich zu einem Fragezeichen. Meine Schwester sprang jetzt endgültig aus dem Bett und flüchtete aus dem Schlafzimmer.

Nachdem ich den Aal wieder aus dem Bett geholt hatte, kamen meine Tante und mein Cousin ins Zimmer und fragten, was passiert sei. Ich erzählte ihnen, dass ich meiner Schwester nur den Aal zeigen wollte, dabei sei sie etwas erschrocken. Nachdem meine Tante die eingeschleimte Bettdecke sah, stieß sie einen gellenden Schrei aus. »So was tut man doch nicht«, fügte Ernst hinzu. Sein Lachen konnte er aber nicht unterdrücken. Ich wollte mich bei meiner Schwester, die blass im Wohnzimmer saß, entschuldigen, aber plötzlich ging sie auf mich los. Gerade noch gelang es mir, der durch die Luft sausenden Hand auszuweichen, und ich flüchtete aus dem Haus. Nachdem sich alle Gemüter beruhigt hatten, ging ich wieder hinein, um zu schlafen.

Am nächsten Morgen, nach einigen ungemütlichen Debatten mit Tante und Schwester, erfreuten wir uns mittags letztendlich doch an der von Tante Gretel zubereiteten Aalsuppe nach Matrosenart. Zwei Wochen nach der

Abreise meiner Schwester war auch für mich die schöne Ferienzeit in Immeldorf wieder vorbei. Mein Vater kam immer zwei Tage vorher angereist,
um mich per Bahn nach Hause zu begleiten. Es war eine herrliche Zeit, die
man nicht vergessen kann.

Zuhause an der Donau

Angesteckt von meinen bisherigen Angelerlebnissen in den Ferien am Forellenbach, wollte ich mit fünfzehn Jahren auch mein Anglerglück an der Donau versuchen. Ich ging mit der aus Immeldorf mitgebrachten Haselnussgerte, die mit Wurm beködert war, an ein Altwasser. Ziemlich vorne auf einer Buhne warf ich meine Angel aus, sodass der Schwimmer im ruhigen Wasser stand. Im Gegensatz zum Fischen im Bach war dies eine für mich neue Art, Fische zu fangen. Diese Methode zeigten mir Freunde, die schon länger an der Donau fischten, natürlich ohne Angelschein. Der Flussbarsch, den man auch »Bürschterer« nannte, war die Hauptbeute meiner Freunde. In der Donau kommt der Flussbarsch sehr häufig vor und ist deshalb oft nicht größer als fünfzehn bis zwanzig Zentimeter. Aber es gibt auch einige größere Fische mit über dreißig Zentimeter, wie ich von meinen Freunden erfuhr.

An diesem Tag wollte ich gerne ein größeres Exemplar der genannten Gattung erwischen, deshalb ließ ich den Schwimmer nur kurz aus den Augen. Voller Anspannung merkte ich zunächst nicht, wie zwei Polizisten ihren Dienstwagen oben am Damm parkten und zu mir heruntergingen. Zum Glück wanderten meine Blicke noch rechtzeitig in Richtung Ufer. Als ich die beiden bemerkte, waren sie schon am Anfang der Buhne. Da eine Buhne eine schmale, weit ins Wasser ragende Halbinsel darstellt, blieb nur noch die Flucht nach vorne übrig. Kurz entschlossen zog ich meine Sachen bis zur Unterhose aus und schwamm in die hier stark strömende Donau. Sofort hörte ich die Zurufe der Polizisten. »Hallo Bub, wir wollen dir doch nichts tun, du bist doch verrückt, dich wegen unerlaubten Fischens in so eine Gefahr zu begeben. Wir wollen nur erklären, dass das Fischen in deinem

Alter nur mit vorläufigem Erlaubnisschein in Begleitung eines Erwachsenen, der ebenfalls einen Angelschein besitzt, erlaubt ist.« Trotz der beruhigenden Worte änderte ich mein Vorhaben nicht. Ich wollte über die Donau schwimmen. Die beiden Ordnungshüter blieben an der Buhnenspitze stehen, bis ich das andere Ufer erreicht hatte. Als ich drüben angekommen war, sah ich, wie sie meine Sachen durchwühlten und meine Haselnussgerte mitnahmen. Dies ärgerte mich schon, da an dieser ersten Angelrute nicht nur meine ersten Forellen, sondern auch einige schöne Erinnerungen hingen.

Nachdem das grüne Auto verschwunden war, ging ich etwas weiter stromaufwärts, um beim Zurückschwimmen das Abtreiben durch die Strömung auszugleichen. An diesem Tag herrschte warmes Hochdruckwetter, sodass ich bei diesem Unternehmen nicht zu frieren brauchte. Durch den Verlust meiner Haselnussgerte kam ich zu einer Teleskoprute mit Stationärrolle, die es im Kaufhaus als Fertigset mit Schwimmer, Schnur und Haken zu kaufen gab. Durch dieses Erlebnis wurde ich beim Barschangeln schlauer. Ich fischte nun nicht mehr an leicht einsehbaren Uferbereichen, sondern achtete bei der Wahl des Angelplatzes auf ausreichende Deckung.

~

In der Schule lernte ich von unserem Lehrer J. M. während des Heimat- und Sachkundeunterrichtes alle Fischarten der Donau kennen. Viele von uns mussten ein Schaubild des jeweiligen Fisches, mit detaillierter Ansicht seines Innenlebens, mit bunter Malkreide an die Tafel zeichnen. Alle anderen Schüler zeichneten die Fische dann ins Heft von der Tafel ab. Unser Lehrer, der auch das Fischrecht an der Donau besaß, durfte mit dem Netz die Donaufische fangen, die er auch für seine Gastwirtschaft benötigte.

Eines Tages fragte er uns während des Unterrichtes, ob zwei von uns Buben bereit wären, seine Zille mit den Netzen wieder stromaufwärts zu bringen. Mein Freund und Klassenkamerad Rudolf und ich meldeten uns sofort, denn wir sollten noch im Laufe des Vormittags damit anfangen. Wir waren uns einig, dass diese Beschäftigung uns besser gefallen würde, als gelangweilt in der Schule zu sitzen. Unser Lehrer schlief nämlich manchmal vorne auf seinem Pult mit der Zeitung in der Hand ein und wurde erst wieder wach, wenn wir immer lauter wurden. Meistens hatten wir dann schon das Abmalen erledigt.

Voller Vorfreude rannten wir zur Donau Richtung Oberndorf und schauten uns nach der Zille um. Es war so gegen neun Uhr vormittags, die Donau dampfte noch in der Morgenkälte, als wir die Zille vom Ufer losbanden. Wir hatten natürlich unsere Angelruten dabei. Wie die alten Donaufischer stachen wir uns mit den Rudern gegen die Strömung am Ufer entlang aufwärts, um möglichst schnell ins nahegelegene Altwasser zu gelangen. Für uns war es die erste Gelegenheit, mitten in einem Altwasser im Boot zu fischen. Schnell waren die Würmer am Haken und schon konnte deren Tauchfahrt in die verheißungsvolle Tiefe beginnen. Wir hatten schöne Schwimmer aus Kork, bei denen die obere Hälfte rot angestrichen und nach unten weiß umrandet war. Nachdem sich die Schwimmer aufgestellt hatten, warteten wir voller Spannung auf das so ersehnte Abziehen und eventuelle Abtauchen der Bissanzeiger.

Nach vielleicht einer halben Stunde zitterte endlich Rudolfs Schwimmer und legte sich dann auf die Seite. Als sich nach einer Weile der Schwimmer immer noch nicht rührte, dachten wir, dass der Fisch den Wurm wieder losgelassen hat. Rudolf wollte gerade die Schnur einholen, als plötzlich der Schwimmer unter Wasser gezogen wurde. Rudolf setzte den Anhieb. Die Schnur straffte sich und die gekrümmte Rute zeigte an, dass ein beträchtliches Gewicht an der Angel zog. Der Fisch wehrte sich jetzt mit uns unbekannter Ausdauer, die wir beim Fang der Barsche nie erlebt hatten. Ich rief Rudolf zu, er soll doch die Spulenbremse lockern, damit die Angelschnur nicht reißt. Mein Angelkumpel gab mir nun die stark unter Spannung stehende Rute und wollte, dass ich die enorme Abzugskraft des Fisches zu spüren bekam. Es ist gut, dass mein Freund die Drillfreuden mit mir teilen will, fiel mir auf. Aber schon nach etwa zwei Minuten nahm er mir die Rute aus der Hand, um weiter zu drillen. Wann kommt denn dieser Fisch endlich an die Oberfläche, rätselten wir. Rudolf quälte sich schon sichtlich mit dem Fisch ab. Doch dann kam ein dunkler, breiter Rücken aus der Tiefe empor. Wie wir erkannten, handelte es sich um einen Karpfen. Es war ein voll beschupptes Exemplar. An der Wasseroberfläche dauerte es noch einige Zeit, bis sich der Fisch ermüdet zeigte. Nach noch vielleicht fünfzehn Minuten ließ sich der etwa zwei Kilogramm schwere Cyprinide mit den Händen ins Boot hieven. Soweit ich mich erinnern kann, war dies der schwerste Fisch, der von unserer Anglerbande damals gefangen wurde. Ich erlebte später noch viele schöne Angelabenteuer mit meinen Freunden an der Donau.

Wir fingen auch manchmal schöne Aitel (Döbel) mit den Händen auf der lang gezogenen Buhne, die ein größeres Altwasser von der strömenden Donau trennte. Die nicht mehr intakten Stellen der Steinpackung wurden durch Hochwasser öfters überspült, sodass wir die hierdurch gebildeten Tümpel zur Donau hin mit Steinen absperren konnten. Ich kann mich heute noch an diesen spezifischen, schwer beschreibbaren Geruch erinnern, der mir beim Riechen an den Schuppen der frisch gefangenen Aitel in die Nase stieg.

Kam ich ohne Socken nach Hause, ließ mich auch das Geschimpfe meiner Mutter nicht von der Fischerei abbringen. Die Socken wurden nämlich einige Male ein Opfer des Lagerfeuers, wenn sie beim Trocknen ins Feuer fielen.

Schließlich erlaubte uns der Lehrer, dass wir die Fische aus den Netzen holen durften. Dabei lernten wir die meisten Donaufische, die wir in der Schule von der Tafel abzeichneten, in natura kennen. Es gab damals noch viele große Nasen in der Donau, die im Volksmund als »Weiße« bezeichnet wurden. Heute gibt es diese Fische durch den Bau des Wasserkraftwerkes und eventuell durch verstärktes Einleiten kommunaler Abwässer nur noch selten.

~

Ein besonderes Ereignis, das mir gut in Erinnerung blieb, möchte ich noch an dieser Stelle erwähnen. Als wieder einmal im Frühjahr ein größeres Hochwasser die Gemüter beschäftigte, kam eine herrenlose Zille die Donau heruntergeschwommen. Meine beiden Freunde und ich schwammen, trotz der gut gemeinten Warnrufe der Feuerwehrleute, zur Zille hin und stiegen ein. Mit einem lockeren Holzbrett dirigierten wir das Wassergefährt zum

Ufer. Als das Hochwasser vorbei war, zogen wir auf untergelegten, runden Hölzern das Boot an Land und restaurierten es. Die Unterseite wurde geteert und die fehlenden Bretter und der beschädigte Spant am Bug durch neues Holzmaterial ersetzt. Auf diese Weise kamen wir selbst zu einer gut brauchbaren Zille, die schätzungsweise sechs Zentner gewogen haben dürfte. Auf meinen Ratschlag hin rüsteten wir unsere Zille als segelfähigen Kahn aus. Dadurch konnten wir bei steifer Brise aus Nord die Donau von Oberndorf aus bis Bad Abbach stromaufwärts befahren.

An einem schönen Sommernachmittag warf Rudolf in der Strommitte plötzlich den Anker, der sich natürlich am Grund verfing. Mit einem Ruck wurde die Zille am Abtreiben gehindert. Die gespannte Kette ragte circa zwei bis drei Meter aus dem Wasser. Wir waren zu dritt an Bord und gingen zum Bug des Kahns vor. Durch die enorme Gewichtsverlagerung nach vorne wurde der Bug plötzlich unter Wasser gezogen. Dadurch lief der ganze Kahn voll Wasser und pendelte sich durch die Strömung unter Wasser so ein, dass wir drei bis zum Nabel im Wasser standen. Unser Gast an Bord geriet in Panik, da er, wie er uns weinend mitteilte, nicht schwimmen konnte. Ich hielt ihn fest und beruhigte ihn. Rudolf tauchte nun sofort nach dem Anker, indem er sich an der Kette entlang zum Anker hinzog. Er schaffte es glücklicherweise gleich, den Anker aus dem Grund zu ziehen. Zum Glück hatte die Donau zu dieser Jahreszeit sehr niedriges Wasser, sodass unser Gast aus dieser für ihn doch lebensbedrohenden Situation, mit relativ geringer Aufregung, noch glimpflich davongekommen ist.

Die große Pause

Heute schmerzt es mich schon sehr, dass ich dieses schöne Hobby so ab dem 16. Lebensjahr nicht weiter gepflegt und ausgebaut habe. Auf diese Weise entgingen mir gut siebzehn Jahre Angelfischerei in meinem Leben.

Eine größere Ursache, wie es zu dieser Pause kam, dürfte wohl zunächst das Interesse an der Modellfliegerei gewesen sein. Dazu möchte ich folgende delikate Erlebnisse schildern.

Mein Vater kaufte mir damals zu Weihnachten einen Modellbausatz »Focke Wulf FW 190« als Fesselflugzeug. Allein schon der dazugehörige Dieselmotor als Selbstzünder mit verstellbarer Kompression ließ meine Begeisterung an der Modelltechnik und -fliegerei wachsen. Schon nach einigen wenigen Fesselflügen passierte es, dass ich diesen schönen, in originaler Tarnfarbe erstellten Höhenjäger des Zweiten Weltkrieges zu hart bei der Landung aufsetzte. Dadurch bohrte sich das Fahrwerk jeweils durch eine Tragfläche des Modells, das eine Spannweite von einhundertzehn Zentimeter hatte.

Ein Kunde meines Vaters sah eines Tages durch das Fenster in der Tür, die den Laden von der Werkstatt trennte, den Rumpf der FW 190 auf dem Schrank liegen. Der Mann, der sich als Michael Lammel vorstellte, kam daraufhin mit meinem Vater bezüglich der Modellfliegerei ins Gespräch. Michael L. besuchte uns danach öfter und benutzte auch die Drehbank von ihm. Es entwickelte sich eine gute Freundschaft. Michael verkaufte uns seine übrige Fernlenkanlage von Graupner, die als Tippanlage in Röhrentechnik mit externem Blei-Akku zur Stromversorgung konzipiert war. Jetzt musste ein ferngesteuertes Modellflugzeug her.

An einem schönen Sonntagnachmittag ging ich mit meinem Vater und dem empfohlenen Hochdecker von Michael L. zu unserer Wiese, die als Start- und Landebahn diente. Bei diesem Modell konnte das Seiten- und Höhenruder sowie das Gas des Motors angesteuert werden. Der Start der Maschine mit einer Spannweite von eins Komma zwei Meter verlief reibungslos. Der 2,5 cm³-Motor mit Glühzündung zog das Modell in eine Höhe von circa siebzig Metern. Danach drosselte ich den Motor und begann weite Kreise zu fliegen, mal links, mal rechts herum. Plötzlich reagierte der Flieger nicht mehr auf meine Steuerbefehle! Ich lief über einen Acker, um eventuell eine zu geringe Reichweite der Fernlenkanlage auszugleichen. Es half nichts. Herrenlos zog der eigen-stabil fliegende Hochdecker (Pilot, Fa. Engel) mit gedrosseltem Motor seine weiten Kreise und driftete durch den leichten Ostwind zur Donau hin.

Mein Vater beschimpfte mich. Ich konnte nichts mehr unternehmen, um wieder Herr der Lage zu sein. Wir schauten dem Flieger nach, bis er aus unserer Sicht entschwand. Es war Sonntag. Da mein Vater kein Auto besaß und ich kein Moped, konnten wir dem Ausreißer auch nicht folgen. Voller Traurigkeit gingen mein Vater und ich nach Hause.

Am nächsten Morgen kam ein Kunde aus Poikam in das Geschäft meines Vaters und erzählte ihm, dass ein Modellflugzeug am Sonntagnachmittag neben der Donau gelandet sei. Als ich dies hörte, war ich sehr froh darüber. Wir dachten schon, das Modell wäre in die Donau gestürzt. Nachdem mein Vater mit dem Bürgermeister aus Poikam telefoniert hatte, um den Besitzanspruch nachzuweisen, fuhren wir mit der Fähre über die Donau nach Poikam. Im Garten des Bürgermeisters angekommen, standen schon einige Leute um das unversehrte Modellflugzeug herum und bestaunten es. Ein schon älterer Landwirt konnte einfach nicht glauben, dass dieses Modell mit einem kleinen Verbrennungsmotor mit Nitromethan-Mischung angetrieben wird. Dass es so einen kleinen Benzinmotor gibt, habe er noch nicht gewusst, meinte er.

Nun schilderte uns der Bürgermeister den Landevorgang auf dem Sportplatz neben der Donau. Zuerst sahen einige Leute den Flieger noch mit laufendem Motor über dem Fußballplatz kreisen und dachten, es wäre ein großes Sportflugzeug. Nachdem aber der Motor ausging und sich das Flugzeug näherte, ließ der Schiedsrichter das Fußballspiel unterbrechen. Das Spielfeld wurde geräumt, um dem im Gleitflug hereinschwebenden Modellflugzeug Platz zu machen. Zuerst dachten noch einige Leute an einen Scherz, den sich ein Modellflieger erlaubte, und schauten sich nach einer Person mit Fernsteuerung um. Aber der Pilot befand sich natürlich in circa vier Kilometer Entfernung auf einem Acker, auf der anderen Seite der Donau.

In der Mittelbayerischen Zeitung in einer Ausgabe vom Mai 1964 stand zu diesem Ereignis folgender Artikel.

Poikamer Luftraum verletzt

ea. Bad Abbach. Luftzwischenfälle haben in den letzten Jahren oftmals die Fronten zwischen den Völkern verhärtet. Manchmal wurde die Situation sogar so brenzlich, dass vorsorgliche Hausfrauen im Rahmen der Aktion »Oachkatzl« Lebensmittelreserven anlegten, denn man musste damit rechnen, dass es jeden Augenblick zum heißen Krieg kommt, was bisher glücklicherweise vermieden werden konnte.

Auch im Raum Bad Abbach/Poikam gab es kürzlich einen »Luftzwischenfall«. Als sich der Schüler der siebten Klasse Alfred Suttner, der als talentierter Flugmodellbauer gilt, am Abend des 19. Mai mit seinem Vater in Richtung Goldtal begab, um dort sein jüngstes Modell »Pilot« ferngesteuert zu starten, ahnten Vater und Sohn noch nicht, dass das eigenwillige »Maschinchen« selbstständig die Donau überfliegen und ausgerechnet am Poikamer Sportplatz landen würde.

Als Junior Alfred seinen mit einem Benzinmotor ausgestatteten selbstgebauten Brummer startete, zog dieser pflichtgemäß zunächst einige elegante Kreise über Vater und Sohn. Die Warnung des Vaters, den schnittigen Vogel nicht allzu hoch in die Lüfte aufsteigen zu lassen, kam zu spät. Das Flugmodell entwich dem Einflussbereich seines Meisters Alfred, um zunächst selbstbewusst einige Kreise um den Markt Bad Abbach zu fliegen. Dann drehte es entlang der Donau bei, überflog in Höhe der Eisenbahnbrücke den

Strom, um das zu tun, was die amerikanischen Modelle vom Typ U 2 über Fidel Castros Zuckerinsel zum großen Ärger des bärtigen Diktators machen. Es zog in beträchtlicher Höhe weite Kreise über Poikam.

Noch bevor der dortige Bürgermeister bei den Vereinten Nationen gegen die Verletzung des Luftraumes protestieren konnte, ging der Maschine der Sprit aus und sie landete vorschriftsmäßig auf dem dortigen Sportplatz, wo die Dorfbuben große Augen machten. Das Bodenpersonal, Vater und Sohn Suttner, waren indessen in großer Sorge, denn man rechnete allgemein mit dem Verlust der Maschine, zumindest mit einer Bruchlandung. Als sie aber erfuhren, dass das Flugzeugmodell im Poikamer Dorfwirtshaus unbeschädigt abgegeben wurde, war besonders Alfred überglücklich.

Aus dem Luftzwischenfall konnten wertvolle Erkenntnisse gewonnen werden. Er bewies, dass die Technik ihre Tücken hat, und ließ zugleich erkennen, dass Poikam offenbar bisher noch nicht über Flugabwehrraketen verfügte. Nachdem auch keine Proteste wegen der Verletzung des Luftraumes erhoben wurden, ist sicher, dass das Verhältnis zwischen Bad Abbach und Poikam als gutnachbarlich bezeichnet werden kann.

Amouren

Eine weitere Ablenkung von der Fischerei war, wie sollte es denn im Alter ab sechzehn Jahren anders sein, die Entdeckung des anderen Geschlechtes. Dient diese doch zur Weitergabe der eigenen Gene, sodass dieser teils instinktive Trieb eine mehr oder weniger notwendige Nebensächlichkeit zum Angeln darstellt. Warum ich aber das Angeln damals ganz außer Acht ließ, bleibt mir bis heute ein Rätsel.

Es geschah, als wir mit der Oberndorfer und Bad Abbacher Jugend zusammen mit dem Bus übers Wochenende einen Ausflug zum Bodensee unternahmen. Ich verliebte mich damals in die schöne schwarzhaarige Sophie aus Oberndorf. Auf der so oft begehrten hintersten Sitzbank sah ich, wie Sophie in den Bus kam. Na, dachte ich, sie wird wohl zum Karl hinsteuern. Er hatte nämlich schon seit längerer Zeit ein Auge auf Sophie geworfen.

Karl saß einige Reihen vor mir alleine in der Sitzreihe und lauerte schon auf sie. Mein Puls wurde jetzt immer schneller, als Sophie an Karl achtlos vorbeiging und sich mir näherte. Lächelnd fragte sie mich: »Ist bei dir noch Platz?« Mit großer Anstrengung gelang mir, ohne zu stottern, »ja, komm setz dich«. Ich kannte Sophie schon länger, da wir gemeinsam den Schulbus nach Regensburg benutzten. Bisher schenkte sie mir nur wenige Blicke von längerer Dauer, deshalb verwunderte es mich sehr, dass sie nun neben mir einen Platz im Bus wollte. Um meine Schüchternheit nicht zu offensichtlich werden zu lassen, sagte ich: »Hallo Sophie, wusste nicht, dass du bei diesem Ausflug auch dabei bist.« »Alfred, ich bin jetzt noch sehr müde. Ich war gestern auf einer Party, deshalb möchte ich noch ein wenig schlafen«, erwiderte sie etwas stolz.

Plötzlich stand Karl auf, blickte Sophie sehr streng an und sagte sehr laut, sodass es alle Insassen des Busses hörten: »Sophie, du bist eine Europa-Matz.« Lautes Gelächter war nun im Bus zu hören, als er sich wieder setzte. Sophie blickte kopfschüttelnd kurz hoch, blieb aber stumm. »Karl, du wirst doch wohl nicht eifersüchtig sein«, sagte ich laut. »Hat er denn einen Grund dazu?«, fragte ich Sophie mit sicherer Stimme. Sie schaute mich süß lächelnd an und bot mir ihren Schoß als Ruhekissen für meinen Kopf an. Welch überglückliches Gefühl kam jetzt in mir hoch. Ja, ich muss zugeben, es war stärker und noch schöner als beim Drill einer Bachforelle. Das ganze Ausmaß dieses mir bisher noch unbekannten Gefühls machte sich erst in mir breit, als mein Kopf auf ihren weichen Oberschenkeln lag. Da ich noch etwas Abstand zu ihrem Körper ließ, sagte sie: »Du kannst es dir ruhig noch etwas bequemer machen.« Nur kurz nach ihren Worten rückte ich mit dem Hinterkopf zu ihrem Schambäuchlein auf. Ich weiß nicht, ob sie geschlafen hat, ich konnte es jedenfalls nicht. Es war zu schön für mich. Nach einer Weile rückte ich mit meinem Kopf mehr und mehr auf ihren Bauch, da sie sich, soweit es der gewinkelte Sitz zuließ, immer mehr flachlegte. Allmählich spürte ich die Weichheit ihres Busens. Ich schmolz nun in meinen Gefühlen dahin, traute mich aber nicht mehr zu bewegen. Wie schön weich doch die Mädels sind, stellte ich fest.

Ich glaube heute noch, dass sie wirklich eingeschlafen ist, fragte sie aber damals nicht. Vielleicht erwartete sie auch von mir, dass ich sie küsse, aber in dieser Umgebung war ich einfach zu schüchtern. Nach etwa dreißig oder sechzig Minuten, ich hatte kein Gefühl mehr für die Zeit, sagte sie, sie müsse sich zur Seite legen. Dadurch konnte ich meinen Kopf nur noch in ihre Hüfte legen, was aber nach einiger Zeit unbequem wurde.

Im weiteren Verlauf unseres Ausfluges war ich hin- und hergerissen zwischen Annäherung mit Händchenhalten und meiner Schüchternheit. Meine Kumpels, die jetzt ein wenig fremder für mich waren, lachten mich aus, scherzten über uns und ließen uns nicht aus den Augen.

Gleich am Dienstag nach unserem Ausflug fuhr ich mit meiner »Herkules K 50« nach Oberndorf, um Sophie bei der Heuernte zu helfen. Nachdem die Heuernte vorüber war, wollte ich an einem warmen Sommerabend nach zweiundzwanzig Uhr zu Sophie fahren. Ich bugsierte meine »K 50« über die Treppe am Hauseingang hinunter, dabei hörte meine Mutter das laute Anstreifen des Auspuffs. Sie kam mir mit einem Schirm entgegen, den sie mir ein paar Mal über den Rücken zog. »Wo willst du denn jetzt noch hin, du Bürschchen, schieb dein Moped sofort wieder rein«, schimpfte sie. Am nächsten Tag hörte Sophie dieses Ereignis durch Zufall, als sie meine Mutter beim Tratsch im Lebensmittelgeschäft traf. Grinsend erzählte mir Sophie den Ladentratsch, wobei sie sehr stolz wirkte. Belehrend sagte Sophie noch zu mir: »Alfred, dir ist doch klar, dass wir beide vor dem Realschulabschluss stehen.«

~

Es war Ende Juli, als wir an der Donau unseren erfolgreichen Schulabschluss feierten. Wir grillten über offenem Feuer ein bereits im Backofen vorbereitetes Spanferkel. Zwei Zelte wurden aufgestellt, eins für die Mädels und eins für uns Jungs. Das Ferkel übergossen wir ab und zu mit dem Bier aus dem Maßkrug, um eine knusprige Schwarte zu erhalten. Jeder von uns Burschen musste eine Zeit lang das Ferkel über dem Feuer drehen und begießen. Da ich nun mit dieser durstigen Tätigkeit an der Reihe war, holte mir Karl gleich einen Krug voll Bier und trank mit mir Prost. Er sagte: »Du musst nicht gleich das Bier drübergießen«, und trank mit mir wieder Prost. Als ich nach einiger Zeit das Drehen des Schweinchens als lästig empfand und mit fast leerem Maßkrug aufstand, war mein Gleichgewichtssinn schon etwas gestört. Die anderen Kameraden erzählten mir später, dass Karl auch Schnaps in meinen Krug geschüttet hat. Mich überkam plötzlich das Bedürfnis, mich im Zelt etwas hinzulegen. Nach einem kurzen Schlummer hörte ich Sophies Stimme. Sie war mit ihrer Freundin soeben zu uns gekommen. Sophie fragte nun die anderen, warum ich noch nicht hier sei. Karl sagte ihr lachend, dass ich im Zelt meinen Rausch ausschlafen würde. »Das gibt es doch nicht, so früh am Abend schon«, beschimpfte mich Sophie. Kurz darauf hörte ich, wie der Reißverschluss meines Zeltes, in dem ich lag, hochgezogen wurde. Ich schaute mich sofort um und sah in die schönen dunklen Augen von Sophie. Lächelnd sagte sie: »Warum trinkst du dir so früh am Abend schon einen Schwips an?« Bevor ich antworten konnte, sagte Karl laut lachend: »Der hat wohl Liebeskummer.« Sophie kroch nun zu mir her, streichelte mich an der Wange und meinte: »Ach, du dummer Kerl, was machst du denn für Sachen.« Um mich herum drehte sich plötzlich alles. Ich hörte, wie der Reißverschluss wieder herabgezogen wurde. Ich legte mich zur Seite und dachte, jetzt ist sie bestimmt wieder rausgegangen. Ich erschrak fast, als sich eine Hand auf mein Gesicht legte. Sophie lag neben mir, wie ich bemerkte. »Komm, leg deinen Kopf zu mir«, sagte sie liebevoll und streichelte mich an der Schläfe.

Dummerweise, durch den Alkoholeinfluss, bin ich damals eingeschlafen und hatte dadurch wieder keine Gelegenheit, Sophie zu küssen. Karl hatte sein Ziel teilweise erreicht. Sophie erzählte mir später, dass während unseres Zusammenseins meine Kumpels immer um das Zelt liefen und witzige sowie etwas unanständige Bemerkungen von sich gaben. Sogar der Oberndorfer Lehrer, der vorbeikam, war mit von der Partie. Als ich wieder wach wurde, war Sophie nicht mehr im Zelt. Nun hörte ich Karl laut rufen: »Hallo, du Schläfer, komm nun endlich raus, das Ferkel ist schon gar.« Als ich endlich aus dem Zelt kroch, sah ich alle, wie sie um das Feuer saßen und sich genüsslich das Spanferkel schmecken ließen. »Alfred, komm her, wir haben dir einen Platz am Feuer reserviert«, rief mir Sophie zu.

Sophie stellte mir ihre Freundin vor, die sie aus Regensburg mitbrachte. Anja trank gerade aus der Schöpfkelle eine Weißwein-Bowle, als ich mich neben sie setzte. »Hey Alfred, willst du mal meine Bowle versuchen«, waren ihre ersten Worte. »Danke, ich muss erst einmal einen kräftigen Happen von dem Spanferkel zu mir nehmen, bevor ich wieder an Alkohol denke«, entgegnete ich Anja. »Karl hat mich nämlich vorhin mit seinem Schnaps im Bier ganz schön lahmgelegt«, erwiderte ich. Alles lachte nun vergnügt. Als ich mit dem Essen fertig war, bot mir Anja wieder die Schöpfkelle an, diesmal aber mit Glas. Anja wollte wissen, wie es mir bei den einzelnen Prüfungen ergangen sei. Unter anderem kam sie zum Geschichtsunterricht und sagte, dass sie besonders von den Geschehnissen im Dritten Reich beeindruckt sei. Sie erzählte immer wieder von Hitler und seinen Schergen und trank dabei kräftig von der Bowle. Zuerst schenkte sie mir die Bowle ins Glas nach, später bot sie mir erneut an, direkt aus der Schöpfkelle zu trinken, aus der sie ebenfalls trank. Wir unterhielten uns ausführlich über das Dritte Reich, vor allem wie es dazu kommen konnte.

Meine historischen Kenntnisse über das Dritte Reich hatte ich mir während eines Krankenhausaufenthalts nach einer Blinddarmoperation mit Hilfe eines Buches angeeignet. In der Realschule hörte ich nur wenig davon. Später an der Fachoberschule hörte ich vom Dritten Reich so gut wie nichts.

Der Alkohol zeigte nun allmählich bei Anja seine Wirkung. Während sie immer aus der Kelle trank, entleerte ich diese ab und zu hinter meiner Schulter. Ich stimmte all ihren Ausführungen zu und sagte noch, dass ich den Hitler erschossen hätte. Anja legte nun ihren Arm über meine Schulter und lispelte: »Alfred, du bist ein lieber Kerl.« Nach einer Weile stand sie auf und ging zum nahegelegenen Gebüsch. Karl setzte sich sofort auf den freien Platz, um sich mit Sophie zu unterhalten. Ich weiß nicht mehr, wie viel Zeit vergangen war, als Sophie zu mir sagte: »Alfred, schau mal nach der Anja, die ist doch schon länger weg.« Auch Karl wollte nun nach ihr schauen, aber Sophie hielt ihn fest. Ich wankte nun leicht in Richtung des Gebüschs, in dem sie verschwunden war. Es herrschte stockdunkle Nacht. Ich sah kaum meine Hände vor dem Gesicht, als ich den Drang spürte, meine Blase zu entleeren. Plötzlich hörte ich vor mir ein Seufzen. Ach, du Schande, dachte ich, die Anja wird doch nicht vor mir liegen. Sie lag aber vor mir. Ich bückte mich und sagte: »Hallo Anja, hast du etwa geschlafen?« Sie stammelte ein paar unverständliche Worte und meinte weiter: »Regnet es etwa jetzt?« Ich gab ihr keine Antwort, da ich nicht wusste, was ich dazu sagen sollte.

Bückend roch ich nun in ihr Gesicht. Glücklicherweise roch ich keinen Urin. Sie fasste nun meinen Arm, zog sich an mir hoch und umarmte mich. »Alfred, bist du das?«, fragte sie. »Komm, lass dich küssen, du Bübchen«, lallte sie weiter. Ich spürte nun zum ersten Mal weibliche Lippen an meinen Lippen. Nur schade, dass sie so einen Schwips hat, dachte ich. In diesem Augenblick hörte ich das Rufen der besorgten Sophie. »Hallo, wo seid ihr beiden?« Ich erwiderte noch schnell ihren Kuss, der dank meines Alkohol-pegels etwas inniger ausfiel, und ging mit ihr dem Feuerschein entgegen. Am Feuer angekommen, sah ich, wie Anjas Bluse nass an der linken Schulter klebte. Oh Schreck, da muss ich sie wohl mit meinem Urinstrahl erwischt haben, wurde mir klar. Auch Sophie bemerkte sofort die nasse Stelle über ihrer Schulter und meinte lachend: »Hast du dich etwa angespuckt?« Anja zog nun ihre Bluse aus und wollte auch noch ihren BH ausziehen, aber So-phie verhinderte dies noch rechtzeitig, was wir Jungs natürlich bedauerten. Mit Anjas Bluse in der Hand ging ich nun zum Ufer der Donau, um den Uringeruch schnell zu beseitigen.

Am Ende unserer Lagerfeuer-Party saß nur ich mit den beiden Damen al-leine an der noch lodernden Glut des Feuers. Sogar Karl, der immer noch So-phie umschwärmte, hatte für diesen Abend den Kampf aufgegeben. Schuld daran war der übermäßige Alkoholgenuss. Es gab nur noch belangloses Ge-schwätz zwischen mir und den Damen. Ich stand auf, sagte gute Nacht zu den beiden und steuerte das Zelt an, in dem meine drei Kumpels lagen. Als ich das Zelt öffnete, kam mir ein widerlicher Geruch entgegen und ich sah, wie die drei durch Querliegen den ganzen Platz einnahmen. Also ging ich wieder zu den beiden am Feuer und sagte, dass ich im Zelt keinen Platz mehr hätte. Anja meinte sofort: »Alfred kann doch bei uns im Zelt schla-fen.« Sophie, die von uns allen am nüchternsten war, schaute etwas kritisch und blickte ins Zelt der schlafenden Jungs. »Wenn dir nicht schlecht wird, kannst du in unserem Zelt schlafen«, meinte dann auch sie. Ich wollte mich an einer der Zeltwände gemütlich zur Ruhe begeben, Sophie sagte aber: »Du musst in der Mitte schlafen.« Ich wusste nun nicht, an welche Madame ich näher heranrücken sollte. Anja schlief gleich ein, sodass ich mich zu Sophie hin kuschelte. Dies entpuppte sich aber als Fehler. Zu meiner Überraschung sagte Sophie sofort: »Alfred, wenn du keine Ruhe gibst, gehst du ins Zelt deiner Freunde.« Das war's dann auch schon. Anja wachte aus ihrem Schwips am Morgengrauen nicht so schnell auf. Da hast du irgendwie Mist gebaut, dachte ich. Anja habe ich seitdem nie mehr gesehen.

Nach meinem Urlaubsaufenthalt an der Adria im September sah ich bei Sophies heimatlichem Hof ein Auto stehen. In diesem Auto saß der junge Mann, der heute Sophies Ehemann ist.

~

Noch im September des gleichen Jahres begann ich eine Lehre als Chemielaborant bei der Süddeutschen Chemiefaser AG in Kelheim. Inzwischen hat dieses Werk des Öfteren den Namen gewechselt. Im Wonnemonat des darauffolgenden Jahres lernte ich ein nettes Mädchen beim Maitanz kennen. Wir küssten uns noch am selben Abend, dabei teilte sie mir jedoch mit, dass sie schon einen Freund habe, aber ihre Cousine würde noch nach einem Freund suchen.

Ich ließ mich darauf ein und kam eine Woche später zu einem Jugendtanzabend, wo das nette Mädchen (der Name ist mir entfallen) und ihre Cousine Christa auf mich warteten. Während des Tanzens merkte ich, wie schüchtern Christa noch war. Das nette Fräulein erklärte mir, dass Christa erst fünfzehn ist. Da ich mit meinen siebzehn Jahren ebenfalls noch wenig Erfahrung mit Mädels hatte und eher zu den schüchternen Typen gehörte, blieb es nur eine Bekanntschaft, die mehr oder weniger durch ihre Oma aufrechterhalten wurde. Auch der Aufenthalt bei ihren Eltern war mir eher zuwider. Es machte mir aber trotzdem Spaß, mit dem Motorrad hinter dem Bus herzufahren, mit dem sie von der Arbeit heimfuhr. Mit mehreren Mädchen winkte sie immer hinten aus dem Bus heraus. Anschließend begleitete ich sie manchmal auf der Heimfahrt, die sie mit dem Rad zu ihrem Wohnort unternahm. Irgendwie war sie schon reizvoll, aber ich kam ihr nicht näher. Sie war meistens sehr wortkarg, während ich neben ihr herfuhr. Dieses Verhalten schwächte nun auch meine Motivation. Deshalb brach ich diese Bekanntschaft ab.

Im nächsten Jahr, nachdem ich die Führerscheinprüfung bestanden hatte, traf ich Christas Cousine wieder. »Christa ist jetzt sechzehn«, sagte sie mit lächelndem Blick. »Hat Christa noch Interesse an mir?«, wollte ich von ihr wissen. »Ja natürlich, sie hat nach dir gefragt«, war ihre Antwort.

Mit meinem gelbgrünen VW-Käfer fuhr ich nun gleich am Samstag voller Freude zu Christa, um sie zum Tanzen abzuholen. Christa lächelte mir zu, als sie hinter der Haustür hervorkam, und ging sofort zu mir in den Wagen. »Alfred, wo willst du zum Tanzen hinfahren?«, fragte sie mich mit erwartungsvoller Stimme. Na, sieh an, jetzt ist sie ja schon lockerer, dachte ich. Ich fuhr mit ihr ins Bullauge. Im Laufe des Abends merkte ich nach einigen Tanzrunden, wie sie auch nach anderen Burschen Ausschau hielt. Mir fiel auch auf, dass sie beim Tanz mit anderen Jungs aufgelockerter war als bei mir. Wahrscheinlich will sie mit mir nur ausgehen, um andere Kerle kennenzulernen, dachte ich. Nachdem sie meine Zurückhaltung bezüglich des Tanzbeinschwingens bemerkte und sie nur noch von anderen aufgefordert wurde, fragte sie mich, ob ich nach Hause fahren will. »Ja, Christa, ich bring dich nach Hause«, erwiderte ich ihr mit niedergeschlagener Stimme. Was habe ich denn bei ihr nur falsch gemacht?, überlegte ich während der Fahrt. Vielleicht bin ich ihr zu anständig, ging es mir weiter durch den Kopf. Ich beschloss, sie einfach zu küssen, bevor sie aussteigen würde. Als ich an ihrem Haus vorbeifuhr, ohne sie aussteigen zu lassen, wurde sie schon sichtlich nervös. »Christa, hast du Angst vor mir?«, fragte ich nach. »Nein, aber ich will jetzt nach Hause«, antwortete sie. Ich hielt an und beugte mich zu ihr hinüber, um sie zu küssen. Dieses Verhalten von mir war ein Fehler. Ich muss bezüglich der Frauen noch viel lernen, dachte ich. Christa wich mir aus und verließ das Auto wie ein aufgescheuchtes Reh. »Hallo, du kannst doch nicht einfach fortlaufen«, schrie ich ihr nach.

Es half nichts, sie rannte so schnell sie nur konnte zurück zum Haus. Ich musste nun mit dem Wagen umkehren, um wieder zur Hauptstraße zu gelangen. Als ich auf der schmalen Fahrbahn zurückfuhr, passierte es. Der VW rutschte mit den Hinterrädern in den Straßengraben, sodass ich nicht mehr wegfahren konnte. Auweh, auweh, welch peinliche Situation, quälten mich die Gedanken. Vielleicht waren zehn Minuten oder mehr vergangen, als der Vater von Christa plötzlich zum Fenster grinsend hereinschaute. Äußerst nervös und unter Anspannung stieg ich aus und fand momentan keine Worte. Ihr Vater lachte jetzt so richtig los und tröstete mich mit den Worten: »Ist ja nicht so schlimm.« Er holte den Traktor vom Nachbarn und zog mein Auto aus dem Graben. »Willst du noch einen Moment mit zu uns kommen?«, fragte er mich freundlich. »Nein danke, ich bin schon müde«, erwiderte ich.

Als ich nach einigen Wochen mit Christa zu einer Party ging, hatte ich dieses Missgeschick schon einigermaßen verdaut. Aber als Christa vor meinen Augen und meinen Kumpels einen anderen küsste, war der Spuk für mich endgültig vorbei.

Wie ich später erfuhr, war sie mit meinem Schulfreund Rudolf zusammen und heiratete diesen auch. Viele Jahre später erzählten mir ehemalige Schulkameraden, dass Rudolf geschieden sei. Ihr gemeinsamer Sohn zog schon mit achtzehn aus dem elterlichen Haus aus. Wenn ich heute Christa begegne, meidet sie jeden Kontakt mit mir und weicht mir immer aus.

~

Wir waren drei Mädels und zwei Jungs, die den Beruf Chemielaborant anstrebten. Trotz des Interesses meines Kollegen Gisbert an der Fischerei fand ich damals noch nicht zu diesem schönen Hobby zurück. Er erzählte immer von seinem Vater, der in der damaligen, noch nicht zum Main-Donau-Kanal ausgebauten Altmühl große Hechte und Karpfen fing. Sein Vater nahm ihn oft zum Fischen mit.

Gisbert, unser Praktikant Werner und ich wollten im Fasching mal wieder gemeinsam ausgehen.

Meinem Vorschlag entsprechend entschieden wir uns, den Jugendball in Oberndorf zu besuchen. Der Ball war rege besucht und viele waren maskiert.

Eine tanzende Hübsche, die als Leopardin verkleidet war, fiel nicht nur mir, sondern auch meinen beiden Kollegen besonders auf. Ich fand sie in ihrem gefleckten Einteiler besonders erotisch. Ich sagte zu Werner: »Die gefleckte Frau muss ich mal zum Tanzen holen.« »Ja, ja, mit der tanz ich auch mal«, stimmte er mir zu.

Gleich beim nächsten Auftakt zum Tanz ging ich zielstrebig zur Leopardin, um sie aufzufordern. Sie war eine schlanke Brünette mit sehr fraulicher Figur und etwa meiner Größe. Nachdem wir eine Weile tanzten, stellte sie fest, dass ich in der Kaiser-Heinrich-Straße wohne. Dies bestätigte ich und fragte, wo sie denn wohnt. Sie erzählte mir, dass sie ebenfalls in Bad Abbach zu Hause ist und Angelika heißt. »Weißt du meinen Namen?«, fragte ich sie. »Ja, deine Mutter kommt oft in den Laden, in dem ich arbeite, und erzählt manchmal von ihrem Lausbuben Alfred«, verriet mir Angelika.

Zur nächsten Tanzrunde wurde sie von Werner abgeholt. Der war im Gegensatz zu uns Laborantenlehrlingen bereits ein mehr oder weniger erfahrener Hobby-Chemiker. Manchmal tastete er sein narbiges Gesicht mit den Fingern ab, als wollte er etwas in seiner Haut suchen. Als wir ihn fragten, wieso er diese Prozedur vornimmt, erklärte er uns, dass sich unter der Haut kleine wandernde Glassplitter befänden. Als er uns erzählte, wie es dazu kam, wunderten wir uns nicht mehr über sein Missgeschick. Was er in einem Erlenmeyerkolben zusammenmischte, möchte ich lieber nicht angeben. Es ist gefährlich und zur Nachahmung nicht empfehlenswert.

Während eines weiteren Tanzes mit Angelika fragte ich, ob ich sie kommenden Samstag von zu Hause abholen darf. Sie lachte mich an und antwortete mit »ja«. Ich hatte damals einen roten Sportflitzer, einen Fiat 850er Coupé, mit dem ich sie manchmal während der Woche vom Ladengeschäft abholte. Die Ladenbesitzer, zwei ältere Damen, waren immer sehr neugierig und schauten aus der Ladentür zu meinem Auto. Ich machte mich in meinem niedrigen Auto immer sehr groß, sodass die beiden Damen trotz ihrer gebückten Haltung hinter der Ladentür nicht erkennen konnten, wer ihren Lehrling nach Feierabend abholt. Angelika und ich amüsierten uns immer sehr über das Verhalten ihrer Chefinnen.

Bevor ich mit Angela eine nähere, intimere Beziehung aufbauen konnte, war mein Interesse an ihr durch folgende Begebenheit leider vorbei. Ich fragte Angela mal wieder am Telefon, was sie am Samstag unternehmen möchte. Sie teilte mit, dass sie bei ihrer Freundin eingeladen sei. »Na ja«, überlegte ich, »dann treffe ich mich mit meinen Kumpels im Bullauge.« Im Bullauge angekommen, sah ich zu meiner Überraschung Angela mit ihrer Freundin an einem Tisch mit zwei Jungs sitzen. Beleidigt über ihr Verhalten, verließ ich sofort wieder das Tanzlokal. Wie ich später von Angela erfuhr, wollte ihre Freundin nicht, dass sie immer mit mir ausgeht. Warum ihre Freundin damals so dachte, konnte ich nie in Erfahrung bringen. Einige Jahre später lernte ich ihren Bruder und netten Mann kennen, die auch begeisterte Angler sind. Mit ihnen habe ich mehrere Angelreisen unternommen, die ich im Folgenden noch beschreiben werde.

~

Rosmarie, die ältere der drei weiblichen Lehrlinge, lud uns eines Tages am Wochenende nach Abensberg zum Besuch des dortigen Tanzlokales ein. An diesem Tag entwickelte sich eine längere, intensivere Beziehung zu einem Mädchen, die mich einige Jahre von der Angelei abhalten sollte. Rosmarie sagte, nachdem ich sie mit Gisbert in meinem Fiat abgeholt hatte, wir müssen jetzt noch Edith mitnehmen. Bei Edith angekommen, sah ich auch kurz ihre Schwester Ingrid, die eigentlich nicht mitkommen wollte. Nach einer Weile im Tanzlokal tauchte nun plötzlich auch Ingrid auf. Kokett und flott auftretend fragte sie, ob an unserem Tisch noch ein Plätzchen frei sei. Edith meinte darauf: »Ich dachte, du wolltest deinen Freund besuchen.« Als ob Edith gar nicht da wäre, sagte Ingrid sofort zu Rosmarie: »Stell mir mal deine beiden Herren vor.« Rosmarie stellte uns als ihre Lehrlingskollegen vor.

Ich saß nun mit Gisbert, der Nichttänzer war, und den drei Damen am Tisch und hatte das Problem, mit welcher Frau ich zuerst tanzen sollte. Gisbert hatte seinen halben Daumen und Zeigefinger an der linken Hand bei der Präparation eines Initialzünders einer Handgranate verloren. Wahrscheinlich hatte er deshalb beim Tanzen Probleme damit.

Mein Kumpel, ein gutaussehender schwarzhaariger Jüngling, wurde natürlich von Ingrid zuerst gefragt, ob er auch tanze. Nachdem Gisbert verneinte, wandte sich Ingrid mit fragendem Blick an mich. Rosmarie sagte zu Ingrid: »Es ist doch üblich, dass die Männer die Frauen zum Tanz auffordern.« Ingrid schaute mich immer noch mit großen fragenden Augen an. So konnte ich nicht mehr anders und forderte sie mit aller Höflichkeit zum Tanzen auf. »Siehst du, Rosmarie, Alfred bittet doch mich zum Tanz«, rechtfertigte sich Ingrid.

Ingrid war nur einige Zentimeter kleiner als ich und trug langes, dunkelblondes Haar. Sie hatte eine unbekümmerte, fröhliche Art und führte beim Tanzen mehr als ich. »Na Alfred, mach doch nicht so ein ernstes Gesicht, du tanzt doch recht ordentlich, oder fehlt dir etwas?«, fragte sie. »Nein, nein«, erwiderte ich lächelnd. »Nur deine Fröhlichkeit und Vergnügtheit überrascht mich etwas.« »Na, dann sei doch mit mir fröhlich und vergnügt, ich bin ein lebenslustiger Mensch, wie du siehst.« Nachdem ich zwischenzeitlich auch mit Rosmarie und Edith tanzte, saß ich mit Ingrid einige Zeit allein am Tisch.

Edith hatte mich vorher über ihre Schwester dahingehend aufgeklärt, dass sie den Männern gern den Kopf verdreht. »Alfred, was ist mit deinem Freund los, der spricht aber nicht viel und schaut immer so ernst?«, fragte mich Ingrid. »Vielleicht wundert er sich ebenfalls über deine etwas für ihn übertriebene Heiterkeit. Gisbert ist mehr der ernstere Mensch, soweit ich ihn bis jetzt kenne«, antwortete ich ihr. »Ingrid, du bist für mich wie ein bunter vorüberfliegender Schmetterling, der sich mal da-, mal dorthin setzt und Freude bereitet«, fuhr ich weiter fort. Ingrid schaute mich wieder mit ihrem durchdringenden und jetzt irgendwie verführerischen Blick längere Zeit an und sagte: »Das denkst du, aber es muss nicht so sein.« »Könntest du das genauer erklären«, forderte ich sie auf. Sie schaute mich jetzt intensiver an und sagte dabei: »Ich bleib auch mal länger auf einer Blume sitzen, wenn es mir dort gefällt.« »Ach ja, das ist doch dein Freund«, erwiderte ich ihr. »Da hast du recht, aber momentan bin ich drauf und dran, weiterzufliegen«, gab sie mir zu verstehen.

Ihr Blick zog mich jetzt immer mehr in ihren Bann. »Komm doch am Dienstag um fünf Uhr zum Geschäft und hol mich von der Arbeit ab, dann kann ich dir mehr sagen«, teilte sie mir mit. Diese Worte von Ingrid beflügelten mich immer mehr, sodass ich an diesem Abend bevorzugt mit ihr tanzte, was natürlich den anderen beiden Damen weniger gefiel.

Am Montag in der Firma kam Gisbert zu mir und teilte mir mit, dass wir dienstags in Abensberg am Schießstand Gelegenheit hätten, unsere Schwarzpulverflinten zu testen. Na, dachte ich, der Treff mit Ingrid wird wohl nicht so wichtig sein. Ich sag ihr mal ab. Ich vergaß jedoch, Ingrid anzurufen, und ging zum Schießstand. Am nächsten Abend rief mich Ingrid zu Hause an. »Sag mal, was bildest du dir überhaupt ein«, begann sie sofort zu meckern. »Alleine schon der Anstand verlangt es, zumindest Bescheid zu geben, wenn etwas dazwischengekommen ist. Ich hätte gute Lust, mit dir kein Wort mehr zu reden, aber wenn du dich entschuldigst, werde ich es mir noch einmal überlegen«, drohte sie aufgebracht. Ich entschuldigte mich sofort kleinlaut bei ihr. »Alfred, ist ja schon gut, holst du mich am Samstagabend so gegen neunzehn Uhr ab«, erwiderte sie mit sanfter Stimme. In dieses Abenteuer mit Ingrid wollte ich mich natürlich gern einlassen, da sie ein attraktives Mädchen war.

Ich fuhr samstags so um halb sieben los, um pünktlich bei Ingrid zu sein. Als ich in die Straße einbog, in der sie wohnte, hatte ich plötzlich ein mulmiges Gefühl. Vielleicht ist noch ihr Freund gerade dort, kam in mir der Gedanke hoch. Ich hielt etwas weiter entfernt vom Wohnhaus an und ging zu Fuß zurück. An der Haustür angekommen überlegte ich, was ich sagen könnte, falls ihre Mutter die Tür öffnen würde. Beim Tasten im Dunkeln nach dem Lichtschalter betätigte ich bereits ungewollt die Klingel, sodass ich erschrak. Jetzt war es zum Umkehren zu spät, war mir klar. Mit schnellen Schritten eilte eine Person die Treppen herunter. Es öffnete sich die Tür, wer stand vor mir, natürlich ihre Mutter. Bevor ich etwas sagen konnte, legte sie mit ihren Worten los: »Du bist Alfred, nicht wahr? Rosmaries Bekannter? Ingrid kommt gleich runter, oder willst du oben auf sie warten?« »Danke, ich warte hier«, antwortete ich etwas unsicher. Es war das zweite Mal mit meinen achtzehn Jahren, dass ich ein Mädchen von zu Hause abholte. Nach circa zehn Minuten kam Ingrid die Treppe heruntergeflitzt. »Hi Alfred, nett, dass du gekommen bist. Wo hast du denn dein Auto stehen«, fragte sie lächelnd. »Ich habe euer Haus nicht gleich wiedererkannt, deshalb steht mein Auto ein Stück weiter vorne«, erklärte ich.

Ingrid hatte einen schwarzen Hosenanzug an. Unter ihrem Sakko schimmerte goldglitzernd ihre Bluse hervor. Der intensive, angenehme Geruch ihres Parfüms verwöhnte meine Nase, als sich Ingrid bei mir einhängte, um zum Auto zu gehen. Ich hatte erst seit dem diesjährigen Frühjahr den Führerschein. Jetzt muss ich ihr wohl die Tür öffnen, überlegte ich. »Ja, schau mal an, du bist ein Gentleman«, meinte sie freundlich. »Alfred, weißt du überhaupt, wo wir hinwollen?«, fragte sie. Ich zuckte mit den Schultern. »Wir fahren erst einmal zu ›Pille‹, das ist meine Freundin in Saal. Anschließend fahren wir dann zum Strobel ins Tanzlokal«, klärte mich Ingrid auf. Im Gegensatz zur jetzigen Zeit, in welcher die Jugend erst ab zweiundzwanzig bzw. dreiundzwanzig Uhr ausgeht, waren wir schon um neunzehn Uhr dreißig im Tanzlokal. Zu dieser Zeit war das Lokal bereits ziemlich voll. Dennoch ergatterten wir drei ein gemütliches Plätzchen an einem Tisch. Ingrid war auch diesen Abend sehr lustig und vergnügt. »Pille, wie du siehst, haben wir uns heute Abend Alfred, den Bekannten von Rosmarie, ausgeliehen«, stellte sie fest. »Hoffentlich steht er das auch durch, bezüglich des Tanzens«, fügte sie hinzu, während sie Pille angrinste.

Ich forderte zuerst Pille zu einem Tänzchen auf, was Ingrid wohlwollend zur Kenntnis nahm. Pille tanzte sehr gut und führte auch mehr als ich. Nach kurzer Pause sah ich, wie ein anderer Jüngling auf Ingrid zusteuerte, um sie aufzufordern. Schnell sagte ich zu Ingrid: »Drehen wir eine Runde.« Ingrid fasste mich wortlos an der Hand und führte mich eilig zur Tanzfläche. Der Anstürmende wandte sich nun an Pille. Ingrid zog mich nun weiter durch die tanzenden Paare, um dem helleren Lampenschein zu entfliehen. Da es eher langsamere Musik war, schmiegte sie sich an mich an, was mir natürlich sehr gefiel. Es fühlte sich an, als schwebte ich mit ihr über dem Boden. Ein sehr anschmiegsames, nettes Mädchen, dachte ich. Nach einer Weile konnte ich ihr auf Grund meiner immer noch vorhandenen Schüchternheit nicht ins Gesicht blicken. Ingrid ergriff deshalb zärtlich mein Kinn und drehte dabei langsam mein Gesicht zu ihrem Blickfeld. Ich sah nur noch kurz ihre Lippen, bevor sie meine erreichten. Trotz des kurzen Kusses, der meine Pulsfrequenz steigerte, war es mir in der Öffentlichkeit etwas zuwider. Ingrid merkte dies auch und meinte: »Du brauchst dir doch wegen der anderen nichts denken, die tun das doch auch.« »Ingrid tut mir leid, aber ich bin nun mal etwas schüchtern«, flüsterte ich ihr ins Ohr. »Du brauchst dich doch nicht zu entschuldigen, ich finde das schön«, ermutigte sie mich. Wir tanzten nun Backe an Backe weiter bis zum Ende der Musik.

Wer hat denn nun wen geangelt, rätselte ich, als wir wieder am Tisch saßen. Aber ich muss zugeben, ich ließ mich von Ingrid gerne betören. Dies hatte wiederum zur Folge, dass die Fischerei, die bei mir noch in den Kinderschuhen steckte, immer weiter in Vergessenheit geriet. Ingrid war mir, bezüglich der Erfahrungen mit dem anderen Geschlecht, weit überlegen. Es gefiel mir aber. Der schöne Tanzabend verging viel zu schnell. Es war bereits einige Minuten nach ein Uhr, als Pille sagte: »Ich bin jetzt müde, wollt ihr noch bleiben oder fahren wir nach Hause?« Ingrid und ich entschieden uns in Übereinstimmung mit Pille, das Lokal zu verlassen. Nach ein paar Kilometern verabschiedeten wir Pille und fuhren in Richtung zur Wohnung von Ingrid.

Nun war ich das zweite Mal mit einem Mädchen im Auto unterwegs, was ich ja als junger Bursche so sehr herbeisehnte. Ich war, um ehrlich zu sein, ganz schön aufgeregt. Nach einer Weile sagte Ingrid: »Alfred, musst du denn nicht mal um die Ecke?« »Ja, natürlich«, erwiderte ich ihr sehr ernst, fuhr aber weiter, obwohl schon das zweite Mal Gelegenheit dazu gewesen wäre. »Alfred, ach Alfred, wann legst du denn deine Schüchternheit ab?«, fragte sie und blickte mich mit blitzenden Augen schmunzelnd an. Sie legte ihre Hand auf meinen Oberschenkel und meinte leise: »Da kommt ein Seitenweg.« Ich fuhr in den Weg hinein. Ingrid stieg aus und ging zu dem naheliegenden Busch. »Normalerweise mach ich das nicht gerne«, rief Ingrid mir zu.

Ich stand neben meinem Fiat in der schon etwas kühlen Septembernacht und wartete auf sie. Wegen der Kühle der Nacht setzten wir uns schnell wieder in den Wagen und umarmten uns sofort. »Du zitterst ja am ganzen Körper«, meinte nun Ingrid. »Ja, mich friert etwas, du hast eine warme Bluse an, aber ich trag nur ein dünnes Hemd ohne Unterhemd.« »Na, dann komm her und lass dich wärmen« sagte sie leise. Um vor Ingrids Augen nicht als gänzlich unerfahrener Liebhaber zu wirken, ergriff ich die Initiative und begann sie zu küssen. Es wurde daraus ein langer, intensiver Kuss, der mir nun Ingrids überlegene Erfahrung in Sachen Liebe unter Beweis stellte. »Alfred, du kannst ruhig meine Bluse öffnen«, flüsterte sie mir ins Ohr. In voller Ekstase, meine Verklemmtheit war nun völlig verschwunden, öffnete ich Knopf für Knopf ihre Bluse, die ihre weibliche Erhabenheit umschloss. Sie hatte einen samtweichen, hautfarbenen Büstenhalter an, der mich entzückte. Mit dem Kopf wühlte ich in die weibliche Weichheit hinein. Ingrid flüsterte mir nun wieder ins Ohr: »Heute gehört dir nur die obere Hälfte meines Körpers.« Ich nickte nur und brachte momentan keine Worte mehr über die Lippen. Um die nackte Weichheit ihrer Brüste zu spüren, versuchte ich den an ihrem Rücken befindlichen Verschluss zu öffnen, fummelte aber einige Zeit nur erfolglos daran herum. Ingrid kam mir entgegen und entblößte ihre Brüste mit kurzem Handgriff. Ich ergriff nun mit beiden Händen ihre Brüste und genoss die zarteste, nackte, warme Weichheit, die ich je in meinem Leben bisher verspürt hatte. Es war wunderschön, dem Schöpfer sei gedankt, dass er uns männlichen Wesen eine so wunderbare Gegensätzlichkeit erschaffen hat, beflügelten mich meine Gedanken. Eine Frau ist doch ein wunderbares Geschenk der Natur, man sollte vor jeder äußersten Respekt haben, war mir jetzt bewusst.

Was soll daran Böses sein. Der Mensch ist es doch, der die sexuellen Beziehungen zwischen Mann und Frau zur Erhaltung der Art oft ins dunkle Abseits zieht. Ingrid nahm nun meinen Kopf in ihre Hände, schaute mir in die Augen und sagte mit freudigen, glänzenden Augen: »Was bist du doch für ein zärtlich verspielter, lieber Kerl«, und ergänzte: »Ich wusste es doch, dass aus einem schüchternen, natürlichen Jungen, wie du es bist, ein zärtlicher Liebhaber hervorgeht.« Ingrid schaute nun auf ihre Armbanduhr und stellte fest, dass es schon kurz nach drei war. Ich hatte natürlich jegliches Gefühl für die Zeit verloren.

Während ich fuhr, zog sich Ingrid wieder ihre Kleidungsstücke an. »Was sagt denn deine Mutter, wenn du so spät nach Hause kommst?«, wollte ich wissen. »Alfred, hältst du bitte einige Häuser vor unserem Anwesen an. Meine Mutter muss ja nicht mitbekommen, dass ich mit dir so lange weg

war. Sie macht sich immer noch Sorgen, obwohl ich schon achtzehn bin.«
Nach einem letzten innigen Kuss zum Abschied sah ich, wie Ingrid winkend
an der Haustür verschwand. Ich blieb erst einmal fünf Minuten im Auto
sitzen, um zu begreifen, dass das in jüngster Vergangenheit Geschehene
kein Traum war.

~

Nach dem erfolgreichen Abschluss unserer Laborantenlehre fuhr ich mit
Gisbert und Dieter nach Spanien an die Costa Brava, um dort einen vierzehntägigen Urlaub am Meer zu verbringen. Dieter fuhr nicht mit Gisbert und
mir, sondern wagte alleine mit seinem Lloyd, der auch als »Straßensänger«
bekannt war, die weite Reise nach Spanien. Als Gisberts Vater das Auto von
Dieter sah, meinte er mit sichtlich gemischten Gefühlen: »Hoffentlich geht
das gut.« Dieter hatte für seinen Lloyd als Grundfarbe Orange gewählt und
vom Kofferraum ausgehend schwarze Fußspuren aufgetragen, die sich über
das ganze Auto bis nach vorne über die Motorhaube erstreckten. Zugegeben,
es sah sehr lustig aus.

Während der Fahrt auf der französischen Autobahn verlor ich, trotz des
auffälligen Designs des Lloyd, Dieter aus den Augen, da dichter Verkehr
herrschte und er oft schnelle Spurwechsel vornahm. Ich wusste nicht mehr,
ob Dieter noch hinter uns oder schon weiter vorne war. Wir entschlossen
uns, auf der Überholspur zu bleiben, um Dieter eventuell einzuholen. Nach
einer Weile fuhr ich einen Parkplatz an, um Leute nach Dieters Auto zu
fragen. Da sich dort nur Französisch sprechende Leute aufhielten, fiel uns,
trotz der auffälligen Aufmachung des Lloyd, die Beschreibung nicht leicht.
Zudem kam mancher Person die Beschreibung, die wir mit Händen und
einem Wörterbuch durchführten, seltsam vor. Letztendlich konnten wir
doch in Erfahrung bringen, dass keinem so ein Auto aufgefallen war.

Wir beobachteten noch etwa eine Viertelstunde lang den vorbeifließenden Verkehr und fuhren dann zügig weiter. Plötzlich, nach etwa zehn
Minuten, sahen wir den orangen Lloyd auf der gegenüberliegenden Fahrbahn vorbeirasen. Er hatte tatsächlich die Fahrbahn und damit die Richtung

gewechselt, stellten wir fest. Nachdem es auf der Autobahn ruhiger wurde, wechselte ich ebenfalls durch eine Lücke in der Autobahnmitte zur anderen Fahrbahn hinüber, um Dieter zu verfolgen. Gisbert meinte, ich sei verrückt. Nach einer Weile verfolgte uns ein Motorrad und überholte uns schließlich. Wir sahen nun einen winkenden Polizisten, der uns anwies, auf dem Randstreifen der Autobahn anzuhalten. Obwohl wir sein Französisch nicht verstanden, wussten wir doch, was er wollte. Der Polizist schrieb uns eine Zahl auf einen Zettel und forderte uns mit Handzeichen zur Zahlung der Geldbuße auf. Da wir es verständlicherweise eilig hatten, zahlten wir den Betrag sofort und fuhren weiter. Jetzt kam uns plötzlich das orange Auto auf der gegenüberliegenden Fahrbahn, die nach Süden führt, wieder entgegen. »Ha, ha«, lachte Gisbert und sagte zu mir, »der hat die Fahrbahn schon wieder gewechselt.«

Nur zehn Minuten nach Zahlung der Geldbuße sah ich mich erneut dazu veranlasst, durch eine Lücke in der Leitplanke die Fahrbahn zu wechseln, um die Verfolgung von Dieter, letztendlich in die richtige Richtung, aufzunehmen. Gisbert, der noch keinen Führerschein hatte, schüttelte nur noch den Kopf. Da es nun der Verkehr zuließ, raste ich mit etwa einhundertsechzig Sachen hinter Dieter her. An einer Raststätte stach zum Glück sein oranges Gefährt aus der Menge der parkenden Autos hervor. Als wir uns dem Auto von Dieter näherten, sahen wir, wie er unter der geöffneten Motorhaube hantierte. Schweißgebadet, im Gesicht voller schwarzer Schmierflecke schaute er uns an und meinte: »Da seid ihr ja endlich. Das Kühlwasser hat gekocht.« Die gegenseitige Jagd auf der Autobahn mit illegalen Fahrbahnwechseln war nun endlich zu Ende. Nachdem er das Kühlwasser nachgefüllt hatte, suchten wir auf der Landkarte nach der günstigsten Ausfahrt, um die Reise in Richtung Spanien fortsetzen zu können. Es stellte sich heraus, dass wir die verkehrsgünstigste Ausfahrt bereits verpasst hatten und die nächste Anschlussstelle erst nach einigen Kilometern in die dem Reiseziel entgegengesetzte Richtung kam. Mit der Absicht, diesen Umweg zu vermeiden, meinte Dieter: »Die nächste Ausfahrt ist zu weit weg, sollten wir nicht doch nochmal?!«

»Du bist doch so gut beim Suchen nach Lücken in den Leitplanken«, sagte Gisbert grinsend zu ihm. »Dann sicherst du aber die Lage, ob die Luft rein ist«, erwiderte Dieter. Gesagt, getan. Beim letzten gemeinsamen, illegalen Fahrbahnwechsel beobachtete uns zum Glück kein Polizist. Wir befanden uns etwa einhundert Kilometer südlich von Lyon und hatten bis zur Costa Brava noch ein gutes Stück Fahrstrecke vor uns. Am Abend des zweiten Reisetages kamen wir schließlich ohne weitere Zwischenfälle und Verkehrsverstöße verschwitzt in »La Franche« am Campingplatz an.

»La Franche« ist ein kleines Fischerdorf in einer idyllisch gelegenen kleinen Bucht etwa einhundertfünfzig Kilometer von der spanisch-französischen Grenze entfernt. Der Campingplatz lag auf einem Hügel etwas seitwärts oberhalb der Ortschaft, sodass wir einen schönen Ausblick hinunter zur Bucht mit dem azurblauen Meer hatten. Nachdem die Zelte in der abendlichen Kühle aufgebaut waren, duschten wir genüsslich unsere verschwitzten Körper und krochen in die Zelte.

Am nächsten Tag ging es mit der Schnorchel-Ausrüstung gleich hinunter ans Meer. Vor der Promenadenstraße mit den Ladengeschäften und einem Restaurant mit Terrasse eröffnete sich uns ein feinsandiger Strand, der sanft zum Meer abfiel. Zwischen dem Sandstrand und der Ladenstraße standen einige große Palmen, die zu gegebener Zeit der Terrasse des Restaurants Schatten spendeten. Die Bucht wurde zu beiden Seiten von felsigem Ufer begrenzt, ideal für uns zum Schnorcheln in tiefem Wasser. Barfüßig balancierten wir auf dem scharfkantigen Gestein vorwärts zu ufernahen Felsen. Dieter hatte sich vorher mit einer Harpune ausgerüstet, die es im Ort zu kaufen gab. Nachdem er erfolglos vom ersten Tauchgang zurückkam und behauptete, dass es hier nur kleine Fische gäbe, wollte ich die Unterwasserjagd mit der Harpune versuchen.

Schnorchelnd schwamm ich an den Felsen entlang in Richtung offenes Meer, bis die Wassertiefe zwischen vier und fünf Meter betrug. Jetzt wagte ich das erste Abtauchen. Über die Hüfte abgeknickt, arbeitete ich mich mit einigen Flossenschlägen senkrecht in die Tiefe. Ich schaffte es ohne Druckausgleich nicht gleich bis zum teils sandigen, teils felsigen Grund. Das Wasser war hier herrlich klar. Während des Abtauchens sah ich im Sonnenlicht einen Schwarm kleiner silbriger Fischchen aufblitzen. Am Grund angekommen, fühlte ich mich gleich mit den um mich herumschwimmenden und auseinandertobenden Fischchen als Einheit, obwohl das nasse Element für uns Menschen nicht bestimmt ist.

Irgendwie schien mir diese faszinierende Unterwasserwelt vertraut zu sein, und gleichzeitig war es eine zu respektierende Fremde, als vor mir der steil ins Nichts abfallende Grund auftauchte. Als ich etwas weiter über die abfallende Kante hinwegschwamm, sah ich ein bis zwei Meter weiter unten am Hang einen Schwarm größerer Meerbrassen. Schleunigst musste aber jetzt aufgetaucht werden. Der Luftvorrat in meiner Lunge war schon bis aufs Äußerste aufgebraucht. Aber jetzt packte mich das Jagdfieber. Nach einigen kräftigen Zügen frischer Luft tauchte ich an dieser Stelle sofort wieder ab. Mit gespannter Harpune näherte ich mich vorsichtig über der Kante schwebend dem Schwarm. Die Brassen weideten, mit den Köpfen nach unten geneigt, nichts ahnend einen Felsen ab. Durch den Auftrieb, den die luftgefüllten Lungen bewirkten, fiel mir das Einhalten einer idealen Schussposition nicht leicht. Ich nahm einfach den gesamten Schwarm als Ziel und drückte ab. Der Harpunenpfeil traf tatsächlich einen Fisch, was bei den dicht stehenden Brassen zu erwarten war. Der Pfeil sank mit dem durchbohrten Fisch ab und blieb am felsigen Unterwasserhang liegen. Die getroffene Meerbrasse war im Vergleich zur Harpune vielleicht nur eineinhalb Hand lang. Im Schwarm hatte ich vorher die Fische viel größer eingeschätzt.

Als ich während des Auftauchens mit der Abschussvorrichtung an der Leine zerrte, spürte ich erheblichen Widerstand. Da die Leine nicht bis zur Wasseroberfläche reichte, ließ ich das Gerät absinken. Vermutlich hat sich der Fisch mit dem Pfeil im Felsen verhakt, fiel mir als mögliche Ursache ein. Nach kurzer Erholungspause sah ich beim erneuten Abtauchen die Harpune circa zwei bis drei Meter vor der Hangkante liegen. Mit wenigen Flossenschlägen erreichte ich sie und fasste den Griff. Um den harpunierten Fisch sehen zu können, schwamm ich wieder etwas über die Hangkante ins freie Wasser. Ich sah nun überrascht, wie der Fischleib heftig hin und her gerissen wurde. Beim genaueren Hinsehen stellte ich fest, dass sich eine Muräne an meiner Beute zu schaffen machte. Während des notwendigen Auftauchens ließ ich die Harpune wieder absinken. Als ich nach oben schwebte, erblickte ich über mir etwas Rechteckiges an der Oberfläche schwimmen. Nachdem mein Kopf die Wasseroberfläche durchbrochen hatte, schaute ich auf zwei Fußsohlen am Ende einer Luftmatratze. Gleichzeitig hörte ich ein sanftes, hellstimmiges »Hallo, hallo, wo bist du Taucher denn?«. Voller Neugierde schwamm ich herum und von der Matratze etwas weg, um zu sehen, welche Person auf ihr liegt. Freudig sahen meine Augen, aber noch etwas undeutlich durch die Taucherbrille, einen braungebrannten weiblichen Körper mit weißem Bikini.

Sofort schwamm ich zu dieser Frau hin. Ein lachendes Mädchen mit Blondschopf schaute mich an und wollte wissen, was es unter ihr am Meeresgrund so Interessantes gibt. »Ich habe Ihnen schon eine Weile vom Ufer aus zugesehen«, meinte sie weiter mit Hamburger Dialekt. »Oh, oh, ... entschuldigen Sie, ich muss erst einige Male kräftig Luft holen. Darf ich mich an Ihrer Luftmatratze festhalten?«, erwiderte ich.

Bevor ich weitere Worte über die Lippen brachte, stellte sich das Mädchen als Claudia aus Hamburg vor. »Ich heiße Alfred und bin mit meinen zwei Kumpels Dieter und Gisbert hier, um einen vierzehntägigen Urlaub zu verbringen«, erklärte ich. »Von Dieter habe ich mir eine Harpune ausgeliehen, um damit Fische zu harpunieren. Jetzt liegt eine durchbohrte Meerbrasse am Grund, die momentan von einer Muräne verspeist wird«, gab ich ihr zu verstehen. Etwas ungläubig schüttelte sie lächelnd den Kopf und meinte, sie würde den Fisch gerne mal sehen. »Das ist kein Problem«, sagte ich zu Claudia und tauchte gleich ab. Ich gab mir nun Mühe, ein besonders elegantes Abtauchen zu präsentieren. Nach kurzem Druckausgleich am Meeresgrund angekommen, schwamm ich mit der Harpune schnell über den Abgrund hinweg, um nach dem Harpunenpfeil mit dem Fisch Ausschau zu halten. Erst als ich an der Leine zog, konnte ich das Pfeilgeschoss erkennen. Jetzt war kein Widerstand mehr spürbar. An der Metallspitze war kein Fisch mehr zu sehen. Die Muräne hatte zwischenzeitlich die Meerbrasse anscheinend komplett verspeist. Der Fisch ist zwar weg, aber dafür bahnt sich eine nette Urlaubsbekanntschaft an, dachte ich.

Während ich zu Claudia schwamm, rief sie mir schon entgegen: »Alfred, wo ist denn dein Fisch?« »Tut mir schrecklich leid, Claudia, ich kann dir die Meerbrasse nicht mehr zeigen. Die Muräne hat ganze Arbeit geleistet.«

»Alfred, ich glaub es dir sogar«, sagte sie nun mit heller, froher Stimme. Mir war es inzwischen gleichgültig, ob sie mir mein Erlebnis glaubt oder nicht. Während ich mit ihr über mein Pech lachte, hatte ich das Gefühl, Claudia schon länger zu kennen.

»Was machen wir jetzt?«, fragte ich sie. »Alfred, du hast schon etwas bläuliche Lippen«, stellte sie fest. »Komm doch mit ans Ufer«, empfahl sie mir. »Claudia, pass mal auf, wie schnell ich dich an Land schiebe«, entgegnete ich ihr mit schon etwas fröstelnder Stimme. Ich schob mich mit meinem Oberkörper hinten etwas auf die Luftmatratze und leistete mit meinen Flossenschlägen einen guten Vorschub, der uns schnell zu den von der Sonne aufgeheizten Felsen brachte. Die Harpune legte ich neben ihren schönen Beinen auf der Luftmatratze ab. Trotz der Wassertemperatur von etwa fünfundzwanzig Grad Celsius wurde es für mich Zeit, aus dem Wasser zu gehen. An meinen Fingerkuppen konnte ich spüren, wie sich die Haut runzelte. Ich hatte zwar keinen Fisch gefangen, aber dafür ein nettes Mädchen an der Angel.

Claudia und ich krabbelten nun an dem Felsen hoch, der ihr zuvor schon als Liegeplatz diente. Neben ihrer Tasche lag ein wollig weißes Badetuch ausgebreitet. Sie bot mir an, mich in das Badetuch einzuwickeln. Kaum dass ich mich daraufgelegt hatte, eilte Claudia herbei und half mir, mich einzuwickeln. Sie ging nun zu ihrer Tasche, holte eine Limonadenflasche hervor und sagte zu mir: »Salzwasser macht durstig, du kannst die Limonade austrinken.« Ich genoss es sehr, dass Claudia mich schon nach kurzer Zeit so spontan bemutterte. Während ich trank und allmählich wieder erwärmte, betrachtete ich sie in Ruhe. Sie hatte mehr die dezent mollige, weibliche Figur, was mir sehr gefiel. Ich schätzte sie auf achtzehn Jahre. Claudia saß auf ihrer Luftmatratze und betrachtete auch mich. Nach einer Weile wollte sie wissen, aus welchem Bundesland ich wohl käme. »Wir kommen aus Regensburg«, war meine Antwort. »Aha, da habe ich wohl einen Bayern aus dem Meer gefischt«, sagte sie mit freudig klingender Stimme.

Allmählich neigte sich die Sonne zum Horizont. Claudia sagte, sie müsse jetzt zu ihren Eltern gehen. Wir packten unsere Sachen und hüpften von Felsen zu Felsen in Richtung Bucht zurück. Gisbert und Dieter hatten bereits auch ihren Badeplatz verlassen. Bei einem weiteren Gespräch erfuhr ich von Claudia, dass wir auf dem gleichen Campingplatz wohnten. Claudia grinste mich an und fragte, ob ich mit zu ihren Eltern komme. Warum eigentlich nicht, dachte ich. Sie schaute mich jetzt erwartungsvoll mit großen Augen fragend an. »Ja, ich komme mit Claudia«, gab ich ihr als Antwort. Sie hängte sich an mir ein und stapfte mit mir den Hügel hoch.

Als wir uns näherten, waren Claudias Eltern gerade dabei, vor ihrem großen Familienzelt den Tisch für das Abendessen zu decken. »Hallo Papa«, rief sie, »wie du siehst, habe ich mir heute aus dem Meer einen netten Bayern gefischt.« Nachdem Claudia mich bei ihren Eltern vorgestellt hatte, meinte ihre Mutter, dass ich sehr ausgehungert aussehe und mich deshalb an den Tisch setzen solle.

»Alfred, ich glaube, du solltest erst mal schnell deine Freunde informieren, wo du bist«, kam es plötzlich Claudia in den Sinn. »Wie recht du hast, Claudia«, antwortete ich. Ich stand auf und eilte zu meinen Freunden. Ihr Vater schrie mir noch hinterher, dass ich meine Kumpels zum Essen mitbringen soll. Wirklich sehr aufmerksam diese Familie, dachte ich. Claudia hatte noch eine Schwester mit etwa zehn Jahren. Als Dieter und Gisbert mich sahen, meinte Gisbert kopfschüttelnd: »Wir dachten schon, du wärst ertrunken. Jetzt ist es aber allerhöchste Zeit geworden für deine Rückmeldung.« »Entschuldigt bitte, ich habe ein Mädchen kennengelernt«, erwiderte ich. »Ihre Eltern haben uns drei zum Abendessen eingeladen.« Nach diesen Worten von mir erhellten sich spontan ihre Gesichter. Es dauerte keine fünf Minuten, bis wir uns zum abendlichen Dinner angezogen hatten.

Inzwischen war der Tisch der freundlichen Familie aus Hamburg sehr einladend gedeckt. Sie standen alle vier nebeneinander hinter dem Tisch und empfingen uns mit den Worten: »Herzlich willkommen zum Abendessen.« Es gab Gegrilltes mit verschiedenen Salaten. Ich kann mich noch gut an den weißen Rum erinnern, von dem Claudias Vater einige Flaschen vorrätig hatte. Während die Mutter, peruanischer Abstammung, eine eher mollige Figur hatte, war der Vater ein waschechter Hamburger mit etwas hagerer Figur. Nach dem Essen schenkte er uns bei guter Unterhaltung immer wieder ein, sodass wir zu viert nach zwei bis drei Stunden, eine Flasche Rum geleert hatten. Wir verabschiedeten uns noch einigermaßen kontrolliert. Auf dem Weg zu unserem Zelt aber zeigte der Rum seine volle Wirkung. Wir torkelten durch den Pinienwald dahin. Nach einigen Umwegen fanden wir dann endlich unser Zelt.

Nach einer ruhelosen Nacht, wir mussten alle drei abwechselnd immer wieder zur Toilette, weckte uns Claudia vor dem Zelt mit den Worten: »Hallo ihr drei, aufwachen … aufwachen zum Frühstück bei den Hamburgern.« Es war so gegen halb neun, als wir in Claudias erotischen Ausschnitt ihres Bikini-Oberteiles blickten, während sie sich bückend in unser Zelt schaute. Ich muss wirklich gestehen, der Brummschädel wurde dadurch etwas abgemildert. Die Einladung von Claudia kam uns gelegen, da wir nach diesem Rum-Abend nur wenig Lust hatten, unseren Frühstückstisch selbst herzurichten. Auf dem Weg zur Familie aus Hamburg sagte Dieter zu Claudia: »Einen Rum zum Frühstück brauchen wir aber nicht mehr.«

Grinsend drehte sich Claudia vor uns um und meinte zu Dieter: »Warum müsst ihr auch so viel trinken. Jetzt gibt es gleich ein gesundes Frühstück, das euch wieder auf die Beine stellt.« Tatsächlich war das Frühstück mit Honigsemmeln, Ananas, Müsli, Schinken, Orangensaft und blauen Weintrauben für uns sehr aufbauend. Anschließend verbrachten wir mit der Familie einen schönen, erholsamen Tag am feinsandigen Badestrand.

Am Spätnachmittag wollte Gisbert von Claudia wissen, ob sie mit uns am Abend in die Disco gehen würde. Sie bejahte die Frage natürlich. Ihr Vater belehrte uns jedoch, dass sie mit fünfzehneinhalb Jahren eigentlich nur bis zweiundzwanzig Uhr bleiben darf. Nach einem etwas heftigeren Wortwechsel einigten sich dann Vater und Tochter auf dreiundzwanzig Uhr.

Ich war überrascht, als ich hörte, dass Claudia erst fünfzehn war. Wie bereits erwähnt, schätzte ich Claudia auf achtzehn Jahre. Meine Freunde schätzten sie auch älter ein. Trotzdem blieben wir mit Claudia bis halb zwölf in der Disco. Der Beatschuppen war total überfüllt und teils noch von sehr jungem Publikum besucht. Wir als Ausländer konnten nicht mit den einheimischen Mädchen tanzen, auch wenn wir sie mit aller Freundlichkeit und Höflichkeit dazu aufforderten.

Nur noch eine halbe Woche konnten wir mit der sehr netten Familie aus

Hamburg verbringen, da ihr Urlaub dann zu Ende war. Auf der Heimfahrt orientierten sich meine Gedanken wieder zu Ingrid hin, auf die ich mich sehr freute. Obwohl mir Claudia etwa zwei Jahre später einen Brief schrieb, um mich einzuladen, bin ich nicht zu ihr nach Hamburg gefahren. Ihrem Brief konnte ich entnehmen, dass sie jetzt einen Mini Cooper fährt und in einer eigenen kleinen Wohnung mit Fernseher wohnt. Ich habe Claudia nie mehr wiedergesehen, eigentlich schade.

~

Gisbert und ich hatten uns zum Besuch der zwölften Klasse der Fachoberschule in Regensburg angemeldet. Uns blieben nur ganze acht Monate bis zum Fachabitur. Dies bedeutete harte Büffelei, sodass für Hobbys wie dem Angelfischen wenig Zeit blieb. Auch Gisbert, dem der Jugendfischereischein für seinen weiteren Lebensabschnitt ohne Prüfung überschrieben wurde, fand nun keine Zeit mehr für das Fischen. Deshalb gab es auch damals für mich noch keinen entscheidenden Impuls, der wieder meine ruhenden Gene bezüglich des Schuppenwildes wecken sollte.

Die wenige Freizeit, die mir noch blieb, musste ich in die Freundschaft mit Ingrid einfließen lassen. Nun hatte sich zwischen mir und Ingrid eine feste Beziehung entwickelt. Das Gleichgewicht zwischen Entspannung und zu starker Ablenkung vom Lernen für die Schule verschob sich manchmal zu Gunsten der Ablenkung, nämlich zu Ingrid. Dadurch fiel es mir nicht immer leicht, kontinuierlich zu lernen. Insbesondere für das Fach Englisch investierte ich zu wenig Zeit. So kam es, dass mein Englischlehrer mit meinen Leistungen nicht immer zufrieden war. Nachdem ich ihn versehentlich mit seinem früheren Namen Eber ansprach, war das Verhältnis zwischen uns auf das Höchste angespannt. Unser Lehrer, der früher mit diesem amüsanten Namen durchs Leben gehen musste, hatte nämlich seinen Namen von Eber zu Ebler abändern lassen.

Beim Abfragen der Vokabeln hatte er es besonders auf mich abgesehen, wenn ich mich auf der Schulbank klein machte. Ein paar Mal erwischte er mich bezüglich meines Wissensmangels. Hatte ich gelernt und bot mich aufrecht sitzend an, wollte er von mir keine Vokabeln wissen. So zog ich es vor, während seines Unterrichtes immer mit geduckter Haltung im Stuhl zu sitzen, ob ich nun gelernt hatte oder nicht. Bei weiteren Abfragen erwischte er mich dann oft mit gutem Wissen, was ihm sichtlich zuwider war. Durch diese Taktik konnte ich im Schnitt eine ausreichende Note in Englisch halten. Obwohl ich in der Abschlussprüfung ebenfalls eine ausreichende Note erzielte, bekam ich ins Abschlusszeugnis eine Fünf. Natürlich hätte ich mich beim Schuldirektor, den ich von der Berufsschule kannte, über diesen Lehrer beschweren können. Ich verzichtete aber darauf, um weiteren Ärger zu vermeiden.

Anhand dieses Beispiels möchte ich aufzeigen, wie durch die Willkür eines verkorksten Lehrers die Zukunft eines jungen Menschen beeinträchtigt werden kann. Leider übte ich ja, wie bereits erwähnt, zur damaligen Zeit die Angelfischerei noch nicht als mein Hobby aus. Nehmen wir an, ich hätte damals schon regelmäßiger gefischt, dann wären mir die Attacken des Englischlehrers sicher nicht so auf den Magen geschlagen. Aus heutiger Sicht weiß ich, dass schwierigere Lebenslagen leichter in den Griff zu bekommen sind, wenn man sich zum Fischen zurückzieht, um zunächst allen seelischen Ballast zu vergessen. Technische Probleme während meiner beruflichen Tätigkeit konnte ich schon oft durch ungestörte Gedanken am Fischwasser lösen, wie ich noch beschreiben werde.

Bei der Bundeswehr

Nach dem erfolgreichen Abschluss der Fachoberschule wurden Gisbert und ich zur Bundeswehr eingezogen. Gisbert kam nach Oberviechtach zu den Panzergrenadieren und ich zur Luftwaffe. Warum sich Gisbert zu den Panzern meldete, weiß ich nicht. Ich wurde automatisch zur Luftwaffe eingezogen, da ich mich noch als dummer flugbegeisterter Siebzehnjähriger bereits freiwillig für die Jetpilotenausbildung gemeldet hatte. Gott sei Dank wurde daraus nichts, denn zur damaligen Zeit sind ja bekanntlich viele Starfighter vom Typ F 104 vom Himmel gefallen.

Unser damaliger Verteidigungsminister Franz Josef Strauß musste ja unbedingt, aus welchen Gründen auch immer, den von der Fa. Lockheed entwickelten Kampfjet bei uns in Deutschland einführen. Obwohl diese waagrecht fliegende Rakete bezüglich ihres einzigen Triebwerkes mehr für den Einsatz in trockenen Steppen- und Wüstengebieten konzipiert war, wurde der »Fighter« bei uns in Deutschland mit hoher jahresdurchschnittlicher Luftfeuchtigkeit für die Bundeswehr angeschafft. Jede dritte Maschine stürzte ab, dadurch verloren über einhundert Piloten ihr Leben.

In Roth absolvierte ich meine Grundausbildung. Vielleicht zehn Tage nach der Einkleidung und Waffenausgabe »mussten« wir alle unsere Kampfmesser wieder abgeben. Die Ausbilder hatten durch ihr Verhalten gegenüber einigen Rekruten deren Aggressionspotential freigesetzt. Das Luftwaffen-Ausbildungsregiment 12 war berühmt berüchtigt für seine unverschämten Ausbilder. Dennoch entwickelten ein Kamerad aus Hamburg und ich Methoden, um unsere Peiniger psychisch zu belasten. Während der Formalausbildung pfiffen wir abwechselnd immer kurz, damit ihre Befehlslitanei gestört wurde. Ich kann mich noch gut an den schwäbischen Stabsunteroffizier erinnern, mit seinem ewigen »links, zwo, drreiii, viierr« während des Marschierens und seinen bösen Blicken. Mit unserem Pfeifen brachten wir ihn so weit, dass er freitags so lange nachexerzieren ließ, bis er seinen Termin beim Zahnarzt und den Termin mit seiner Freundin vergaß. Uns war diese zeitliche Verschiebung gleichgültig, da wir innerhalb der ersten drei Wochen übers Wochenende sowieso nicht nach Hause durften.

Um übers Wochenende die sexuellen Bedürfnisse zu hemmen, wurde uns zum Frühstück »Hängolin« verabreicht. Einige Wochen später sahen wir montagmorgens beim Antreten einen PKW im Fahrwerk eines ausgedienten FG 91 stecken. Ein Kamerad wollte nach der sonntäglichen Anreise unter dem Jet vor unserer Unterkunft einparken. Wahrscheinlich stand er unter Alkoholeinfluss.

Zum Ende unserer Ausbildung in Roth gab es einen allgemeinen Besäufnis-Abend mit Wetttrinken der Unteroffiziere. Am nächsten Morgen sah ich im Bett gegenüber mir einen Fremden liegen. Oje, habe ich mich vielleicht mit dem Stockwerk vertan, dachte ich. Sofort schaute ich ins obere Bett. Der im oberen Bett liegende Kamerad war anwesend. Wo wird denn wohl mein Gegenüber sein?, rätselte ich. Vorsichtig näherte ich mich dem unbekannten Kameraden. Kaum zu glauben, aber es lagen zwei Kerle ruhig schlummernd in dem Bett, das eher schmal war. Ein stubenfremder, besoffener Kamerad hatte sich zum Glück nicht in mein Bett gelegt, als er in der Nacht das Stockwerk verwechselte.

Nach der Grundausbildung wurde ich nach Manching bei Ingolstadt zur Starfighter Feldwerft F 104 versetzt. Von dort aus war es mit dem Auto nicht allzu weit zu meiner Freundin Ingrid, sodass ich sie auch während der Woche besuchen konnte.

Eines Tages spielte ich mit meinen Kollegen nach Dienstschluss barfüßig auf einer Wiese Fußball. Wie es das Schicksal so wollte, stachen mich kurz hintereinander zwei Bienen in den rechten großen Zeh. Nach dem ersten Stich tauchte ich die Zehe ins Wasser und spielte weiter Fußball. Ich hätte nie damit gerechnet, dass mir fünf Minuten später eine zweite lebensmüde Biene ihren Stachel nochmal in die gleiche Zehe rammt. Die Bienen, die sich an dem blühenden Klee in der Wiese labten, konnten nur mich nicht ausstehen. Meine Kameraden spielten unbehelligt weiter, während ich die bereits etwas dickere Zehe wieder im kalten Wasser badete.

Am darauffolgenden Morgen war der rechte Fuß so angeschwollen, dass ich keinen Schuh mehr ans Bein brachte. Ich musste mit einem dicken Socken im Büro der Nachschubbuchungs-Abteilung meinen Dienst antreten. Unser Unteroffizier schaute mein Bein an und stellte eine Blutvergiftung fest. Sofort bekam ich den Befehl, mich im Lazarett zu melden. Der diensthabende Arzt diagnostizierte ebenfalls Blutvergiftung. Nachdem der Arzt das Zimmer verlassen hatte, kam eine Krankenschwester zu mir. Sie beugte sich über mich und lächelte. »Ist nicht so schlimm, das kriegen wir wieder hin«, meinte sie während des Aufziehens einer Spritze. Das exotische Erscheinungsbild der hübschen kaffeebraunen Krankenschwester milderte meine Angst vor Spritzen, die ich damals noch hatte, etwas ab.

Am nächsten Morgen lag ich in einem Krankenzimmer des Lazaretts. Schon früh, etwa zwischen sechs und halb sieben Uhr, kam die kaffeebraune Exotin herein, um meinen Fuß zu verbinden. Zuerst legte sie ein mit Isopropylalkohol getränktes Tuch über den Fuß und legte dann einen Verband darüber. Neben mir lag ein Kamerad namens Jakob im Krankenbett, der oft in einem dicken Buch mit schwarzem Einband las. Auf meine Frage, was er denn liest, sagte er: »Die Bibel.« Ich fragte nach seiner Konfession. Es stellte sich heraus, dass er »Zeuge Jehovas« war. Um meine Neugierde gänzlich zu befriedigen, fragte ich ihn schließlich, warum er im Lazarett liegt. »Ich bin Kriegsdienstverweigerer«, antwortete er mir. »Und deshalb bist du krank«, stellte ich verwundert fest. Er sagte, dass er aus Sicht der Bundeswehr wahrscheinlich seelisch krank sei, wegen seiner Waffen ablehnenden Haltung. Als »Zeuge Jehovas« sei er aber dazu verpflichtet. Jetzt würde er auf einen Bescheid hoffen, der ihn vom Wehrdienst befreit. Ich tröstete ihn dahingehend, dass die Bundeswehr verpflichtet sei, seine Kriegsdienstverweigerung als Mitglied einer geachteten Religionsgemeinschaft zu respektieren. Ich wusste natürlich nicht, ob die »Zeugen Jehovas« von unserem Staat als Religionsgemeinschaft anerkannt sind, aber er tat mir natürlich trotzdem leid.

Jeden Morgen um die gleiche Zeit kam die dunkelhäutige Krankenschwester zu mir, um meinen Fuß mit neuen Isopropanol-Umschlägen zu versorgen. Ihr etwas weit herabhängender weißer Kittel eröffnete mir einen Einblick in ihre braune Erhabenheit, während sie sich über meinen Fuß beugte. Die schönen, straffen Brüste wurden nicht durch einen Büstenhalter gestützt. So ging das eine ganze Woche lang. Am Anfang der zweiten Woche nahm ich mir vor, es ihr zu sagen, was mir schon seit drei Tagen durch den Kopf ging. Inzwischen duzten wir uns. »Liebe Justine«, sagte ich mit etwas heiserer Stimme, »zum Dank für deine hervorragende Pflege möchte ich dich einmal zum Abendessen einladen. Du darfst dir das Restaurant aussuchen. Kann ich dich telefonisch erreichen?«, fragte ich nach. »Oh, oh«, sagte sie mit strahlendem Gesichtsausdruck. »Du kommst etwa vier Wochen zu spät, ich bin seitdem verlobt«, und fügte noch hinzu: »Ich weiß, was du willst.« Mit »Okay« äußerte ich mich schwer enttäuscht, ließ es mir aber nicht anmerken. »Na Alfred, hast du eine Freundin?«, fragte sie jetzt. »Ja«, sagte ich mit heller Stimme. »Dann fahr doch morgen Abend gleich hin, ich weiß von nichts. Du kannst dich ja beim Wachhabenden vorbeischleichen, während ich ihn ablenke«, ermutigte sie mich. Sie kam nun näher zu mir, streichelte mich im Gesicht und hielt mir ihre schöne Hand mit den gut gepflegten rotlackierten Fingernägeln vors Gesicht. Ich küsste ihre Hand, ich glaube, mindestens dreißig Sekunden lang. Dabei durchfuhr meinem Körper ein entzückendes Gefühl. Sie streichelte abermals meine rechte Wange und meinte: »Ach, du armer Kerl. Ich kann mir recht gut vorstellen, dass du es nun nicht mehr aushältst«, sagte sie überzeugend. »Liebe Justine, du bringst mich mit deinem schönen Körper auf hundert und gibst mir eine enttäuschende Antwort.« »Alfred, ich kann nichts dafür, dass dich die Bienen nicht schon vor vielleicht sechs Wochen gestochen haben. Ich glaube, mein Verhalten trägt wesentlich zu deiner Gesundung mit bei«, stellte sie fest. »Nicht bei jedem mach ich das, glaub mir, du bist ein netter Kerl«, sagte sie. Winkend verließ diese schöne Frau mein Zimmer, als Jakob hereintrat.

Am Dienstagabend war es dann so weit. Tatsächlich wie versprochen, unterhielten sich Justine und der Unteroffizier vom Dienst, während ich mich an ihm vorbeischlich. Es war kurz vor neunzehn Uhr, als ich mein Auto am Parkplatz aufsperrte, um zur Freundin zu fahren. Sie wohnte inzwischen nicht mehr in ihrem Elternhaus, sondern hatte eine eigene Wohnung im Haus ihrer Verwandtschaft. Auf dem Weg durch die Stadt sah ich plötzlich ihre Schwester mit Begleitung. Beide winkten mir sofort zu und kamen zu mir an den Wagen, als ich vor einer roten Ampel stand. Sie schauten herein und grinsten, da sie meine gestreifte Schlafanzughose sahen. Es war mir äußerst peinlich. Ich konnte mich nämlich vorher nicht umziehen, da sonst meine Kameraden Verdacht geschöpft hätten. In der Eile zog ich mir nur einen Parka über den Schlafanzug, den mir vorher Justine besorgte. Wann wird es denn nun endlich mal grün, dachte ich. Ich fuhr dann sofort los und hielt auch nicht mehr an, um ein Gespräch mit den beiden lachenden Damen zu vermeiden.

Nach einem schönen Abend mit Freundin konnte ich mich wieder so gegen zwei Uhr früh an dem eingenickten Unteroffizier vorbeischleichen. Die nachfolgenden Tage im Krankenbett waren nun dank Justine ausgeglichener. Dazu trug auch ihr nun am Hals zugeknöpfter Dienstkittel bei.

~

Mit meinem Kameraden Herbert F. hatte ich bei der Bundeswehr einige
amüsante Erlebnisse. Noch besonders gut in Erinnerung blieb mir die Angelegenheit mit einer Ratte und unserem Feldwebel Steinich. Da der Feldwebel unseren Kameraden immer gern tadelte, ließ sich dieser etwas Delikates einfallen. Jeden Tag mussten wir mit einem Bus von unserer Kaserne
zur Feldwerft fahren. An einem warmen Tag im September fand Herbert
hinter einem Geräteschuppen eine halbverweste Ratte. Am Schwanz festhaltend, führte er uns das tote Tier vor, indem er es hin und her pendeln
ließ. Dazu meinte er grinsend: »Das ist ein Braten für den Steinich.« Kurz
bevor wir zu Feierabend den Bus bestiegen, band Herbert mit einer Schnur
die Ratte an der Türklinke von Feldwebels Auto fest. Wir saßen schon alle
im Bus, als er sich dem Auto näherte. Geschockt stand er nun vor seinem
Auto und wurde bleich im Gesicht. Als der Bus losfuhr, sahen wir noch, wie
Steinich von seinem Auto wegrannte. Während der ganzen Fahrt zur Kaserne
wurde immer wieder über diesen Vorfall gelacht. Wie der Feldwebel die Ratte
wieder loswurde, haben wir nie erfahren. Am nächsten Tag tat er so, als sei
nichts geschehen. Am Parkplatz vor unserem Dienstgebäude sahen wir an
diesem Morgen jedoch seltsamerweise das Auto seiner Frau.

Nachdem im Jahre 1972 ein palästinensisches Terrorkommando die
israelische Olympiamannschaft in München überfiel, mussten wir in der
Nähe von Manching ein Munitionsdepot überwachen. Man gab uns Listen
mit Autokennzeichen von möglichen, potentiellen Terrorgruppen. Meinem
Kameraden Failner und mir wurde der Ernst dieses Einsatzes erst bewusst,
als wir scharfe Munition erhielten. Es war Samstagabend, als sich eine Person am Zaun zu schaffen machte. Wir lagen hinter unseren Sandsäcken
schussbereit. Nach einigen Zurufen stellte sich heraus, dass es ein Feldwebel
unserer Kaserne war, der unsere Aufmerksamkeit in der abendlichen Dämmerung überprüfen wollte. Erst als er die Parole meinem Kameraden zurief,
nahmen wir die Finger vom Abzug unserer G3-Gewehre. Ich würde meinen,
eine nicht ungefährliche Situation für den mutigen, aber auch leichtsinnigen
Feldwebel.

Im Frühjahr, etwa drei Monate vor meiner Entlassung, durfte ich noch die Absturzstelle eines Starfighters F 104 G Schulversion bewachen. Die beiden Piloten konnten sich glücklicherweise mit dem Schleudersitz retten. Der Kampfjet stürzte in ein Hopfenfeld. Zu dritt bewachten wir den Acker, in dem kein Flugzeugwrack erkennbar war. Ganze Pilgerzüge von Schaulustigen strapazierten unsere Aufmerksamkeit. Wir mussten immer wieder die Frage beantworten, wo sich der kaputte Starfighter befindet. Was war geschehen? Die Piloten brachten den Jet fast in Sturzfluglage, bevor sie ausstiegen. Wie ein Geschoss bohrte sich das Flugzeug in den weichen Boden, sodass nichts mehr zu sehen war. Das Heck befand sich etwa drei Meter unter der Erdoberfläche, wie wir später erfuhren.

Aufgrund meiner Tauglichkeit zum Offizier wollte Major Weigold, dass ich die Laufbahn zum Nachschuboffizier einschlagen sollte. Dies interessierte mich jedoch keineswegs, was den Major äußerst auf die Palme brachte. Ich musste den Unteroffizieren zu Mittag nun immer das Essen vorsetzen, was für mich natürlich nicht gerade angenehm war. Ich schüttete manchmal die Suppe um und schöpfte öfter das Essen etwas neben die Teller. Die Unteroffiziere, unter ihnen auch ein ehemaliger Schulkamerad, beschwerten sich.

Die Antipathie des Majors mir gegenüber spürte ich auch besonders bei der Beförderung zum Gefreiten. Er ließ das Schriftstück der Beurkundung, noch bevor ich zugreifen konnte, einfach zu Boden gleiten. Nach etwa zwei Minuten Wartezeit bückte sich nun der Personaloffizier und übergab mir im Namen der Bundesrepublik die Urkunde. Daraufhin verließ der Major mit hochrotem Kopf das Zimmer. Unser gutmütiger Personaloffizier meinte: »Suttner, du machst dir damit immer mehr Schwierigkeiten.« Er erzählte mir aber dann, dass der Major schon einmal strafversetzt wurde. Diese Kenntnis gab mir wieder frischen Wind in die Segel. Als mich der Major nach einigen Wochen in der Krankenstation traf, war er mit meinem nichtmilitärischen Gruß sehr unzufrieden. Ich stand mit mittelhohem Fieber im Wartezimmer des Militärarztes und grüßte mit einem zivilen »Guten Morgen, Herr Major«. Ein Soldat im Krankenstand ohne Uniform muss keinen militärischen Gruß anwenden, das wusste ich. Dennoch beschimpfte mich der Major derart, dass ich mich erst einmal sammeln musste, um mich zu verteidigen. Er ließ mich nicht zu Wort kommen und schrie mich abermals an, mit den Worten »Hände aus der Tasche!«. Daraufhin erwiderte ich ihm mit leiser Stimme: »Das ist in Bayern so üblich.« Der Major drohte mir daraufhin mit einzelner Formalausbildung an den Wochenenden.

Was mich heute noch wundert, ist, dass mir damals in jener Zeit bei der Bundeswehr die Angelfischerei völlig aus dem Sinn gekommen war. Wenn ich mich mit meinem Freund Gisbert und den Damen an den Wochenenden traf, drehten sich unsere Gespräche fast nur noch um die Bundeswehr. Den Frauen war es oft äußerst zuwider, immer zuzuhören. Denke ich heute darüber nach, ist es kaum zu glauben, wie uns dieses mehr oder weniger notwendige Übel »Bundeswehr« damals vereinnahmt hatte. Zur damaligen Zeit war die Wehrpflicht von achtzehn auf fünfzehn Monate herabgesetzt worden. Ich wurde als Einziger nach dreizehn Monaten erlöst, da mich die Bundeswehr nach der Fachoberschule nicht gleich eingezogen hatte. Um im darauffolgenden Jahr rechtzeitig das Studium an der FH Nürnberg aufnehmen zu können, wurde ich nach etlichen weiteren Schikanen des Majors doch noch rechtzeitig entlassen.

Um vorzeitig entlassen zu werden, sollte ich einen Antrag auf Sonderurlaub stellen. Dieser Antrag musste zur Weitergabe noch vom Major unterschrieben werden. Für den Major war dies das gefundene Fressen, um mich weiter zu schikanieren. Er gab deshalb den Antrag wochenlang nicht weiter. Der Personaloffizier unterrichtete mich diesbezüglich. Obwohl dieser den Major immer wieder daran erinnerte, unterschrieb dieser trotzdem nicht.

Schließlich sendete ich einen Beschwerdebrief an den Bundesminister der Verteidigung. Aufgrund des daraufhin folgenden Briefes vom Sekretär des Verteidigungsministers an den Major musste ich sofort bei ihm antreten. Als ich sein Zimmer betrat, stapfte er mit den Händen hinter dem Rücken hin und her. Er kam mir vor wie Napoleon. »Suttner, ich glaub, du brauchst eins zwischen die Hörner«, fauchte er mich an. »Wieso kommst du darauf, dass ich deinen Antrag nicht weitergeben würde?«, fragte er mich. Ich wusste momentan nicht, was ich sagen sollte. Dann wiederholte er: »Ich gebe dir eins zwischen die Hörner.« »Herr Major«, sagte ich mit bebender Stimme und pochendem Puls, »wenn Sie das Echo vertragen können, dann sollten Sie es mal probieren.« Da ich beim gemeinsamen Sport die Kugel immer weiter stieß als er, fühlte ich mich ihm körperlich überlegen. Es wäre ja kein Zeuge da, dachte ich. Ich war nun zu allem entschlossen, aber der Major packte mich beim Arm und führte mich zur Tür hinaus.

Wie ich in den darauffolgenden Tagen erfahren konnte, ordnete er für mich alleine eine Formalausbildung fürs übernächste Wochenende an. Zwischenzeitlich wurde mein Sonderurlaub von höherer Dienststelle genehmigt. Ich hatte Glück und konnte der Formalausbildung entgehen, da mein Entlassungstermin der Freitag vor dem besagten Wochenende war. Mit meinem fünfzehnhunderter Käfer fuhr ich ziemlich flott nach Hause, übersah dabei aber eine Radarfalle der Polizei. Als mich die Beamten aufhielten, um zu kassieren, reichte ich ihnen meine neunhundertzwanzig Mark Entlassungsgeld entgegen und fragte, wie hoch die Strafe sei. Der Beamte grinste und sagte: »Zwanzig Mark fließen in die Staatskasse gleich wieder zurück.« Ich zahlte und fuhr wieder mit einhundertzwanzig Sachen auf der B 16 meiner Heimat entgegen. Nur schnell weg von dieser Kaserne, dachte ich, und erfreute mich an meiner wiedergewonnenen Freiheit.

Studium

Nachdem ich meinen Kollegen und Freund Gisbert vom Studium an der Fachhochschule in Nürnberg überzeugt hatte, meldeten wir uns beide für das Wintersemester der Fachrichtung »Technische Chemie« an. Nach der Bundeswehrzeit war es nicht leicht für uns, sich wieder mit äußerster Selbstdisziplin ans Lernen zu gewöhnen. Insbesondere durch den Unterschied des zwanglosen Hochschulbetriebes zum schulischen Betrieb fiel uns am Anfang das Erarbeiten des Vorlesungsstoffes nicht leicht. Zudem gab es im Studentenwohnheim genug Ablenkung durch die Kommilitonen und Kommilitoninnen, die das Studium weniger ernst nahmen und sich ebenfalls erst an die neue Situation anpassen mussten.

Es waren damals über zweihundert Studenten eingeschrieben. Aus zeitlichen Gründen konnten daher nur wenige Studenten Fragen an die Dozenten stellen, was vor allem in Mathematik oft notwendig gewesen wäre. In diesen Vorlesungen herrschte anfangs eine »Vogel friss oder stirb«-Situation. Erst nach Anregung mehrerer Studenten ließ sich der Mathematikdozent überzeugen, nachmittags Übungsstunden zur Vorlesung abzuhalten. Dadurch hatten auch die weniger mathematisch Begabten eine Chance, die Vorprüfung (heutiges Vordiplom) nach dem zweiten Semester zu bestehen. Hätten alle Studenten die Vorprüfung geschafft, wären für diesen Jahrgang zu viele Chemieingenieure auf die Arbeitswelt losgelassen worden. Deshalb benutzte man den Mathedozenten als Sieb, um die schwächeren Studenten aus dem Semester zu entfernen.

Am Ende des zweiten Semesters schafften schließlich sechsundsiebzig Prozent die Prüfung in Mathematik nicht. Gisbert und ich gehörten auch zu den Durchgefallenen. Der Mathematikdozent meinte dazu: »Da muss ich wohl die Prüfung etwas zu schwierig gestaltet haben.« Um die Vorprüfung doch noch bestehen zu können, wurde nochmals eine Prüfung als zweite und letzte Chance nach dem dritten Semester angesetzt. Während ich nun diese Mathematik-Tortur mit einem Befriedigend abschließen konnte, schafften es die gelernten Chemielaboranten, die ich von der Berufsschule in Regensburg kannte, nicht. Auch Gisbert, mit seiner hervorragenden künstlerischen Begabung, hatte nicht mehr die Nerven dazu.

So kam es, dass viele der Durchgefallenen zur Fachrichtung »Werkstofftechnik« wechselten. Hier waren nur etwa vierzig Studenten eingeschrieben. Während meiner Lernphase für die Physikprüfung schwärmten meine Bekannten von der neuen Fachrichtung »Werkstofftechnik«. Schließlich ließ ich mich überzeugen und meldete mich ebenfalls für diesen Fachbereich an. Mir fehlte jedoch zur Vorprüfung noch der Abschluss in Physik. Deshalb besuchte ich im zweiten Semester nur noch die Physik-Vorlesung. Ich hatte jetzt genügend Zeit zur Vorbereitung für diese Prüfung. Nach bestandener Vorprüfung begann für uns Chemielaboranten ein Urlaubssemester. Die anderen Studenten mussten im dritten Semester ein Praktikum absolvieren.

Über eine Zeitarbeitsfirma fand ich bei den Leonischen Drahtwerken in Roth bei Nürnberg einen Job. In den Labors dieser Firma waren vier junge

Damen beschäftigt, die ihre Messergebnisse der Werkstoffprüfungen noch mit dem Rechenschieber verarbeiteten. Auch der Laborleiter rechnete noch mit einem Schieber. Bald war ich beliebter als ihr Chef, da ich immer zu Feierabend mit meinem Taschenrechner SR 51 von Texas Instruments ihre Messdaten statistisch sehr schnell auswertete. Eine der Damen namens Frieda unterhielt sich mit mir sehr gerne und brachte mir oft die Brotzeit aus der Kantine mit. Von Tag zu Tag gefiel sie mir mehr, sodass ich auch während der Arbeit ab und zu mit ihr flirtete. Eines Tages, nach Feierabend, luden mich alle vier in ein Restaurant zum Abendessen ein. Es war ein sehr heiterer Abend, der viel zu schnell verging. Frieda schaute mich dabei immer wieder mit verliebten und zugleich mit traurigen Augen an, wie mir später die anderen drei Frauen verrieten.

Während wir das Lokal verließen, fragte mich Frieda, ob sie mich zu meinem Auto am Werksgelände fahren soll. Ich antwortete: »Sehr gerne, Frieda.« Sie öffnete die Tür ihres Autos, aber als ich einsteigen wollte, fuhr sie plötzlich los. Ich stand nun ganz belämmert da und wusste nicht, was ich falsch gemacht hatte. Am nächsten Tag erschien Frieda nicht mehr zur Arbeit. Was war geschehen? Wie ich von ihrer Freundin erfuhr, hatte ich nichts falsch gemacht. Jedoch war Frieda erst seit einem halben Jahr mit einem Fernfahrer verheiratet. Sie bereute es damals, dass sie mich nicht schon früher kennenlernte. Der Mann von Frieda sei sehr eifersüchtig, deshalb wollte sie mich nicht in Gefahr bringen. Ich konnte noch erfahren, dass der Mann von Frieda im Schützenverein ist und eine Waffe besitzt. Während der restlichen zwei Monate, die ich noch zu arbeiten hatte, ließ sich Frieda krankschreiben. Ich habe sie seitdem nicht mehr wiedergesehen.

Die weiteren Semester konnten wir mit gut gelungenen Prüfungen abschließen. Wir unterhielten eine Art Freundschaftsverhältnis mit den Werkmeistern, die unsere Praktikumsversuche vorbereiteten. Nach getaner Arbeit gab es immer öfter ein gemütliches Beisammensein mit Frankenwein, den unser Meister Schmidt sehr gerne aus den einhundert Milliliter Bechergläsern trank. Seine Aufrufe zum Weintrinken leitete er immer mit den Worten ein: »Einhundert Volt gefällig?«

Nach jedem Semesterabschluss wurde im Keller des Wohnheimes

ausgiebig gefeiert. Ich rauchte dazu immer eine Zigarre und tanzte mit einer Lehramtsstudentin namens Gerdi so schnell über die Runden, dass sie mit den Füßen vom Boden abhob, während sie sich an meinem Hals festhielt. Als wir wieder einmal im Zimmer von Gerdi und Co ein Stockwerkfest abhielten, schleuderte ich ein leer getrunkenes Sektglas durchs offene Fenster. Am nächsten Tag wollte der Hausmeister, der mich immer für einen pflichtbewussten Studenten hielt, von mir wissen, wer das mit dem Sektglas war. Ich erwiderte ihm, dass ich nichts gesehen hätte, und stimmte seiner Meinung über die Flegelhaftigkeit mancher Studenten zu.

Während des sechsten Semesters unternahmen wir einen Ausflug in die Fränkische Schweiz. Eine herrliche Landschaft nördlich von Nürnberg gelegen. Es gab hier hoch gelegene Wiesenhänge mit Wacholderbüschen und hochragende freie Felsformationen, umringt von im Herbst bunten Mischwäldern. Insbesondere aber wurde diese Landschaft von naturbelassenen, schönen Bächen in tiefen, schmalen Tälern durchflossen, die es mir besonders angetan hatten.

Immer wieder zog es mich an manchen Wochenenden zu dieser Landschaft hin. Beim Anblick dieser herrlichen Fluss- und Bachlandschaften erwachten in mir wieder die Gene der Urzeit, die für das Beutemachen und Sammeln verantwortlich sind. Gleichzeitig kroch in mir, je öfter ich in dieser herrlichen Landschaft weilte, auch der Wunsch nach einer festen Lebensgefährtin hoch. Irgendwie müsste sich doch eine Freundin finden, die in dieser herrlichen Landschaft wohnt, stellte ich mir vor.

Es war im März 1977 kurz vor Beginn meines zweiten praktischen Semesters. Bei einem Spaziergang in der frischen Frühlingsluft kam ich an dem Gebäude vorbei, in dem vor etwa einem Jahr eine Zeitarbeitsfirma ihr Büro in Nürnberg hatte. Jetzt sah ich an diesem Haus ein Werbeplakat mit der Aufschrift: »Zu zweit in den Frühling mit dem richtigen Lebenspartner«. Nach vielleicht etwa fünfzig Metern kehrte ich plötzlich um und wie von Geisterhand geführt, ging ich hinein. Eine hoch gewachsene rotblonde Frau empfing mich recht freundlich. Ich wollte sofort wieder umkehren, aber die Frau nahm mich bei der Hand und führte mich in ihr Büro. »Hallo junger Mann, ich beiße nicht«, sagte sie mit lächelndem Gesichtsausdruck. »Entschuldigen

Sie, aber war in diesem Gebäude nicht auch eine Zeitarbeitsfirma ansässig«, erwiderte ich ihr mit verlegener Stimme. »Da täuschen Sie sich aber, junger Mann. Wir haben schon seit etwa zehn Jahren unser Büro alleine hier«, klärte sie mich auf. Mit ihrer Frage: »Haben Sie momentan eine Freundin?«, verwickelte sie mich in ein längeres Gespräch, das mein bisheriges Leben in Sachen Frauen entscheidend verändern sollte.

Sie hielt mir einen Vortrag über den Sinn und die Vorteile einer computergestützten Partnervermittlung und legte mir immer wieder Scheine zum Unterschreiben vor. Abgelenkt durch ihre vereinnahmende Ausstrahlung und ihren verzaubernden Charme, merkte ich nicht, wie viele Scheinchen ich unterschrieb. Nach dem Ausfüllen eines Fragebogens gab ich ihr noch meine Adresse des Studentenwohnheimes. Ich stand auf, gab der schönen Frau die Hand und verließ ihr Büro. Nach vielleicht zehn Schritten stellte ich mir die Frage, was ich da eigentlich unterschrieben hatte. Ich kehrte sofort um und klingelte nochmal an der Tür des Instituts. Aber die Tür blieb verschlossen. Nach etwa fünf Minuten Sturmläuten gab ich auf.

Es dauerte eine gute Woche, bis bei mir ein Brief des Instituts einging. Voller Spannung öffnete ich den Brief. Tatsächlich standen die Adressen von zwei Damen drin. Eine der Damen war in der Fränkischen Schweiz ansässig, die andere wohnte in der Nähe von Landshut in Niederbayern. Ich entschied mich sofort für die Dame aus dem Frankenland. Warum? Natürlich auch wegen der Möglichkeit, dass diese Dame ein bezauberndes Töchterchen eines Fischwasserbesitzers sein könnte.

Kurz entschlossen verfasste ich einen Brief mit einem Foto von mir an Veronika Lang aus Pottenstein. Ich wollte ein Foto von ihr und die Angabe eines Treffpunktes. Nach etwa zwei langen Wochen kam ein Antwortschreiben mit Foto von Veronika. Ohne langes Ausschweifen nannte sie mir für die kommende Woche einen Treffpunkt in Pottenstein. Wie ich an ihrem Foto erkennen konnte, hatte sie mittellanges, dunkelblondes Haar. In ihren freundlichen Gesichtszügen widerspiegelte sich Ausgeglichenheit und Zufriedenheit. Sie gefiel mir.

Ich weiß den Wochentag nicht mehr, an dem ich nach Pottenstein fuhr, um sie dort um achtzehn Uhr am Marktbrunnen zu treffen. Von meinem

Auto aus hielt ich Ausschau nach ihr. Nach einer Weile huschte sie etwas grinsend und schnellen Schrittes am Brunnen vorbei, um am Postkasten einen Brief einzuwerfen. Danach steuerte sie geradewegs auf meinen orangen Käfer zu, den sie von meiner Beschreibung her kannte. Sie setzte sich neben mich ins Auto und begrüßte mich sehr freundlich. »Wollen wir in eine Gaststätte fahren, um uns dort zu unterhalten«, meinte sie mit strahlenden Augen. »Ja, das ist ein guter Vorschlag, Veronika. Kennst du ein gemütliches Dorfwirtshaus?«, fragte ich sie. Wir fuhren nach Hühnerloh und unterhielten uns etwa zwei Stunden lang, um uns näher kennenzulernen. Sie erzählte mir, dass sie in Pottenstein in einem Geschäft als Verkäuferin tätig sei und während der Woche auch dort wohne.

Wie sich weiter herausstellte, hatte sie ihren festen Wohnsitz bei ihren Eltern in Allersdorf, etwa fünf Kilometer von Gößweinstein entfernt. Sie erzählte mir von ihrer Chefin, Frau Löhr, die von meinem Brief sehr beeindruckt war. Wer so schreibt, meinte Frau Löhr, ist gebildet und hat ehrliche Absichten. Ich erzählte Veronika, dass ich an der Fachhochschule in Nürnberg studiere und mich im sechsten Semester der Fachrichtung Werkstofftechnik befinde. Nachdem wir uns mehrere Male verabredet hatten, stellte mich Veronika ihren Eltern vor. Ihr Vater war Nebenerwerbslandwirt und hatte einen kleinen Bauernhof mit Kuh- und Schweinestall. Es war eine schlichte, einfache siebenköpfige Landwirtsfamilie, streng katholisch-gläubig. Dies alles gefiel mir.

Besonders erinnern kann ich mich an eine Party in Allersdorf, die von der damaligen jungen Generation veranstaltet wurde. Vroni und ich wurden dazu eingeladen. Die Jugendfreundin von Vroni, namens Maria Baier, wurde von ihrem heimatlichen Dorf verabschiedet, wie wir erfahren konnten. In jungen Jahren verliebte sich Maria in den Soldaten John aus Amerika. Maria verließ 1978 mit Tochter ihre Heimat. Heute lebt sie in New Orleans im Staat Louisiana mit ihrer Familie.

Ich traf mich mit Veronika nun mindestens einmal in der Woche. Als ich mit Veronika vielleicht zum fünften Mal in den elterlichen Hof fuhr, wollte ich ihr den ersten Kuss vor dem Aussteigen geben. Aber jedes Mal kam gleich ihr Vater aus dem Haus und wollte mich zum Abendessen einladen.

Etwa fünfhundert Meter vor dem Ortsschild konnten wir uns dann eines Tages doch noch küssen. Während meines praktischen Studiensemesters im Frühjahr fuhr ich am Sonntag zuerst zu Veronika nach Allersdorf. Früh am Montag setzte ich dann meine Fahrt nach Coburg fort. Streng katholisch wie der Vater von Veronika war, achtete er immer darauf, dass Veronika in ihrem Zimmer schlief, während ich unterm Dachgeschoss nächtigen musste. Heimlich kam aber Veronika manchmal zu mir. War ihr Vater dann im Anmarsch, weil er sie in ihrem Zimmer nicht antraf, verkroch sie sich dann immer schnell unter dem Bettgestell. Es war eine herrliche, lustige Zeit, in der wir unsere Verliebtheit genießen konnten.

Im Sommer fuhr ich mit Veronika für ein paar Tage ins Zillertal. Kurz vor der Abfahrt rief uns der »Moarras« (Hausname von Veronikas Vater) nach, wir sollten in der Pension zwei Einzelzimmer nehmen. Im darauffolgenden Jahr, ich war nun kurz vor der Abschlussprüfung, beschlossen wir zu heiraten.

Die Falle schnappt zu

Der Donnerstag im Jahre 1979 war ein herrlicher Septembertag, als ich mit meinen Eltern nach Gößweinstein fuhr, um am Freitag standesamtlich zu heiraten. Einige Tage vorher, zu Hause an der Donau, saß ich an der Buhnenspitze, an der mich vor einigen Jahren die Polizisten beim Schwarzfischen erwischten, und dachte noch einmal über alles nach. Sollte ich nun wirklich schon heiraten, überlegte ich, während ich die von den Lauben erzeugten Ringe an der Wasseroberfläche beobachtete. Im Urlaub von der Arbeit bei der Fa. Schott saß ich nun am Ufer der Donau und bereitete mich gedanklich auf die Hochzeit vor. Dabei sah ich, wie die Lauben plötzlich auseinanderstoben, um der Attacke eines Hechtes zu entgehen. Ach, wie dumm von mir, dass ich immer noch keinen Angelschein besitze, wurde mir wieder einmal bewusst. Irgendwie war ich noch nicht ganz so glücklich mit meinem Vorhaben, obwohl ich eine liebenswerte Frau zum Heiraten gefunden hatte, siehe **Bild 1**.

Etwa eine Stunde vor der standesamtlichen Trauung, die in Gößweinstein um zehn Uhr angesetzt war, fuhr ich zur Wiesent, um noch einmal am Ufer dieses herrlichen Flusses zu entspannen. Wie ich so das kräuselnde Wasser dieses klaren Flusses beobachtete, fielen mir die etwas zu locker sitzenden Manschettenknöpfe ins Wasser. Angesichts dieser schönen, naturbelassenen Forellengewässer hier in der Fränkischen Schweiz wird es nun endlich Zeit, die Angelprüfung zu absolvieren, nahm ich mir ernsthaft vor.

Bild 1: Unsere Hochzeit

Kurz vor zehn Uhr, auf dem Weg vom Parkplatz zum Gemeindeamt, fiel meiner Mutter auf, dass ich die besagten »Hemdsärmelhalter« nicht anhatte. Ich sagte zu meiner Mutter: »Ach du Schreck, die hatte ich doch schon angebracht.« Während meine Schwester lachte, war meine Mutter äußerst aufgebracht und beschimpfte mich mit den Worten: »Du Halodri, wo hast du die wieder verschlampt!« Ich zog die Hemdsärmel schnell unter das Sakko und sagte: »Dann wird eben ohne diese Dinger geheiratet.« Veronika hängte sich mit nicht gerade freundlichem Blick bei mir ein und lachte dann doch, wobei sie meinte: »Im Alfred steckt eben immer noch etwas Lausbuben-haftes.«

Die kirchliche Trauung sowie der überraschungsvolle, lustige Hochzeits-abend mit all den vielen Verwandten und Freunden verging eigentlich viel zu schnell. Was mir aber noch besonders in Erinnerung blieb, war das zu-sammenkrachende Bett in der Hochzeitsnacht. Sofort kamen damals Bruder Adolf und einige Verwandte ins Zimmer und lachten über unseren Unfall.

Nach einer Woche Urlaub mit dem Hochzeitswochenende musste ich am Montag bei der Fa. Schott in Landshut gleich wieder zur Arbeit antreten. Es gab keine Hochzeitsreise und auch noch keine Wohnung in Landshut. So blieb mir nichts anderes übrig, als mit einem kleinen Zimmerchen vorlieb-zunehmen. Meine Frau wohnte zunächst in Bad Abbach bei meinen Eltern. Es dauerte gute sechs Wochen, bis wir in dem Stadtteil Auloh eine geeignete Wohnung fanden. Zuvor bekamen wir viele Absagen, oft begründet mit der Aussage, ein frisch verheiratetes Ehepaar bekommt bald Kinder. Wir wollen aber keine Kinder in der Wohnung.

Die Wohnung in Auloh stand völlig leer und an den Wänden klebten alte unansehnliche Tapeten. In den Zimmern standen Ölöfen, die von einem zentralen Tank mit Heizöl versorgt wurden. Bis ich alle Zimmer neu tape-ziert hatte, schlief ich auf einer Luftmatratze. Nachdem wir uns Möbel fürs Schlaf- und Wohnzimmer gekauft hatten, konnte dann endlich auch meine Frau zu mir kommen. Unser Hausherr, der die anderen Mieter eher kritisch betrachtete, war freundlich zu mir, weil ich die Wohnung neu tapeziert hatte. Er lud mich öfters zu sich in seine Wohnung ein, um ein Bierchen zu trinken, dabei erzählte er mir immer seine Sorgen und Probleme, die er glaubte, mit den anderen Mietern zu haben. Nach dem vierten Bier schlief er dann oft ein, während ich bei ihm in die Glotze schaute.

Eines Abends, als er wieder schlief, gab es plötzlich einen lauten Knall. Er hatte eine noch verschlossene Flasche Bier vergessen, die er zum Wärmen auf seinen Ölherd gestellt hatte. Fast der ganze Flascheninhalt tropfte nach der Explosion von seiner Zimmerdecke herab. Als er später wieder einmal einige Biere getrunken hatte, sperrte er sich selbst aus seiner Wohnung aus. Meine Frau und ich lagen schon im Bett, als wir seine Hilferufe vernahmen.

Nach einigen vergeblichen Versuchen gelang es mir, mit einem Stück Draht sein Toilettenfenster zu öffnen, das er zu seinem Glück gekippt hatte.

Das Berufsleben

Mein erster Arbeitsplatz im Großraumlabor der Fa. Schott in Landshut war eher enttäuschend, weshalb ich nicht besonders motiviert war. Bei dem Einstellungsgespräch erzählte man mir von Glasrohrabschnitten für Reedschalter. Wie sich später herausstellte, musste ich hochbleihaltige Glaslote zum Abkapseln von LCDs entwickeln. Die Gläser wurden nach vorgegebener Zusammensetzung erschmolzen und anschließend zu feindispersen Pulvern vermahlen. Eigentlich wäre es ja eine interessante Arbeit gewesen, wenn da nicht ein Laborchef regiert hätte, dem die Gesundheit seiner Mitarbeiter ziemlich gleichgültig war. Frau Jungwirth, meine Mitarbeiterin, teilte mir eines Tages mit, dass der Motor im Abzug keine Saugleistung mehr bringt. Dadurch wurden die hochbleihaltigen Feinstäube während der Arbeit nicht gut genug abgesaugt. Diesen Sicherheitsmangel führte ich unserem Laborleiter am Abzug mit aufsteigendem Rauch vor. Daraufhin meinte er, dass ich mich um andere Dinge kümmern soll. »Die Gesundheit von Frau Jungwirth und mir sind eigentlich das Wichtigste in unserem Leben«, erwiderte ich ihm. Dr. M. ließ sich dadurch jedoch nicht beeindrucken. Es geschah nichts.

Zwischenzeitlich erblickte unsere Tochter Kathrin im März 1981 in Landshut das Licht der Welt. Als ich damals auf dem Weg zur Entbindungsstation war, kamen mir zwei Krankenschwestern entgegen, die einen bleich aussehenden jungen Vater stützend fortführten. Eine der beiden Schwestern hielt kurz inne und meinte zu mir: »Wollen Sie wirklich bei der Entbindung dabei sein?« Obwohl dies für mich nicht gerade aufbauend war, entgegnete ich ihr mit einem kurzen: »Warum sollte ich nicht dabei sein?« Auch der leitende Arzt fragte: »Wollen Sie es wirklich wagen nach dem Anblick Ihres Vorgängers?« Voller Entschlossenheit ging ich nun in das Zimmer, in dem meine Frau hechelnd auf dem Bett lag. Ich begrüßte sie mit einem Kuss auf die Stirn, hielt ihre Hand fest und beruhigte sie mit den Worten: »Das werden wir beide schon schaffen.« Nach etwa einer Stunde war alles vorbei und ich stand immer noch mit beiden Beinen fest auf dem Boden. Beide betrachteten wir überglücklich unser Mädchen mit dem rötlichen Haarbüschel. Glücklich beseelt über die gut verlaufene Geburt und das gesunde Mädchen verließ ich gegen zwei Uhr morgens die Entbindungsstation. In Auloh angekommen, beruhigte ich noch meinen aufgewühlten Geist mit zwei Flaschen Bier, bevor ich schlafen ging. Eine Woche später holte ich meine beiden Damen nach Hause.

Ein halbes Jahr später besuchte die komplette Belegschaft des Großraumlabors der Fa. Schott das Volksfest in Landshut. Dr. M. konsumierte dabei einiges an Bier. Beim Verlassen des Zeltes kam er zu Fall durch den Fuß unseres Elektroingenieurs Sternecker. Er meinte zu mir leise: »Jetzt liegt er im Dreck, wo er hingehört.« Wir lachten noch beide über den Sturz unseres Chefs. Am nächsten Tag mussten wir jedoch bei der Obrigkeit zum Rapport antreten. Zunächst ließ er uns ein großes Glas Mineralwasser servieren. Auch er schlürfte bedürftig an dem prickelnden Nass. »Ja, meine Herren, ihr müsst wissen, was ihr wollt«, entgegnete er uns mit blitzenden Augen. »Wir wissen es«, erwiderten wir gemeinsam. Sternecker meinte: »Ich habe schon eine andere Stelle in Aussicht.« Obwohl ich noch nichts wusste, teilte ich dem Chef mit, dass ich in Regensburg in der Nähe meiner Eltern ebenfalls eine andere Arbeitsstelle in Aussicht habe. An seinem Gesichtsausdruck konnten wir ablesen, wie erfolgreich unser Überraschungseffekt war. Die Firma wartete eine Kündigung meinerseits nicht ab und legte mir nahe, im gegenseitigen Einvernehmen das Arbeitsverhältnis aufzulösen. Zur damaligen Zeit wusste ich leider nicht, dass ein Aufhebungsvertrag eine Sperrung des Arbeitslosengeldes zur Folge hat.

Noch im Oktober, nach zweieinhalb Jahren, kündigte ich die Wohnung in Auloh. Zum Jahresende lief mein Arbeitsvertrag bei der Fa. Schott aus. Zum Glück konnte ich gleich im Januar beim Kalk- und Zementwerk in Regensburg meine neue Arbeitsstelle als Laborleiter antreten. Es war ein eher dürftig eingerichtetes Labor, lediglich zur Eigenüberwachung der Kalk- und Zementprodukte. Im Labor arbeiteten zusätzlich zu den vier Schichtarbeitern tagsüber zwei angelernte Laboranten. Wie ich später erfuhr, wollte jeder der beiden Laboranten die Leitung übernehmen. Jetzt hatte man ihnen mich als Laborleiter vorgesetzt. Dieser Umstand war für mich natürlich von vornherein eine schlechte Ausgangssituation.

Trotzdem konnte ich mich schnell in die relativ einfache Kalkchemie und in die etwas anspruchsvollere Zementherstellung einarbeiten. Der ältere der beiden Laboranten wollte möglichst wenig über seine Arbeit am computerunterstützten Röntgen-Fluoreszenzgerät preisgeben. Der Jüngere zeigte mir öfters seine Eigenwilligkeit, wenn ich ihn zum Abholen von Sonderproben aus der Produktion schickte. Für die beiden war nun im Labor ein neuer Gegner vorhanden, dem sie sich verbündet besser entgegenstellen konnten. Sie hatten es aber oft schwer, da sie sich nur schlecht gegenüber meiner allgemeinen Fachkompetenz in Chemie behaupten konnten. So führte ich zunächst bei den nasschemischen Kontrollanalysen Regie. Eines Tages sah ich den Jüngeren, wie er in einer Fachzeitschrift für Angler herumblätterte. Nachdem er hörte, dass ich in meiner Jugendzeit viele Bachforellen fing und mir dieses Hobby viel bedeutet, war seinerseits plötzlich so etwas wie eine vorsichtige Zusammenarbeit mit mir vorhanden. Eigentlich wollte ich damals mit der Angelfischerei beginnen, aber es sollte noch nicht sein.

Die Fliegerei

Während eines Aufenthaltes bei der Schwester meiner Frau, die wir öfters an den Wochenenden besuchten, entdeckte ich den Flugplatz »Feuerstein« bei Ebermannstadt. Dort gab es eine Segelflugschule. Ich meldete mich für eine vierwöchige Schulung bis zum ersten Alleinflug an. Zuerst wurde mit einem Motorsegler im »Touch and Go«-Verfahren geschult. Dabei wurde das Gefühl für den Geradeausflug, für den Kurvenflug und für den Landeanflug vermittelt. Der Fluglehrer steuerte während der ersten zwei Tage die Maschine alleine. Am dritten Tag sollten wir dann bei gedrosseltem Motor den Geradeausflug durch die Steuerung mit den Querrudern und dem Leitwerk erlernen. Mit den Querrudern wurde die Schräglage um die Rumpflängsachse kontrolliert, mit dem Höhenleitwerk die Horizontlage bzw. die Querachse korrigiert. Das Seitenleitwerk wird mit den Pedalen bedient und zur Steuerung um die Hochachse verwendet. Da hieß es nun, ran an den Knüppel. Wanderte der Horizont nach oben weg, wurde der Steuerknüppel zum Bauch hinbewegt. In der Fliegersprache heißt diese Steuerfunktion »Ziehen«. Wandert der Horizont vom Piloten aus gesehen nach unten, muss der Knüppel vom Bauch weggedrückt werden. Was in der Fliegersprache eben »Drücken« heißt. Zum Erkennen der richtigen Horizontlage bei optimaler Fluggeschwindigkeit waren schon einige Flugstunden nötig. Nun aber genug der Flugphysik.

Nach einem Überprüfungsflug mit einem anderen Fluglehrer sollte ich nach dreiwöchiger Schulung mit dem doppelsitzigen Segler »Bergfalke« den Luftraum erobern. Mein Fluglehrer, dessen Gang am Erdboden eher dem Watschelgang einer Ente glich, setzte sich wie gewohnt hinter mir auf seinen Sitz im Cockpit und schnallte sich an. Leise flüsterte er mir ins Ohr: »Nun los, Alfred, willst du mir nochmal eine saubere Landung zeigen.« Ich wusste noch nicht, dass dies der Auftakt zum ersten Alleinflug sein sollte. Nachdem ich den Rudercheck durchführte und die Schleppmaschine eingeklinkt war, sprang plötzlich der Lehrer aus dem Cockpit und sagte etwas schelmisch: »Alfred, du fliegst jetzt alleine.«

Welch großer Schock mich überkam, als ich diese Worte hörte. Während meine Hand zitternd den Steuerknüppel hielt, erwiderte ich mit leiser Stimme: »Soll ich jetzt schon wirklich alleine fliegen?« »Wann denn dann, Alfred, du machst das jetzt«, motivierte er mich. »Beim Fliegen mit dir muss ich nicht mehr eingreifen«, rief er mir noch durch das kleine Fenster der Cockpithaube zu. Der Starthelfer hielt jetzt die linke Tragflächenspitze nach oben, damit der Sperrholzvogel bei der Startposition waagrecht steht. Ich schaute fragend meinen Lehrer an. »Alfred, du kannst ja den Startvorgang abbrechen, indem du das Schleppseil ausklinkst«, rief er mir zu. Ich blickte zum Starthelfer hin und nickte mit dem Kopf. Daraufhin hob dieser die Hand und senkte sie wieder. Dies bedeutete die Startfreigabe für den Piloten in der Schleppmaschine.

Wie so oft im Leben, begann jetzt wieder der Ernst des Daseins. Langsam zog die Maschine an. Der Starthelfer lief noch einige Zeit mit, um die Tragflächen des Seglers waagerecht zu halten. Mit der rechten Hand hielt ich jetzt den Knüppel in Neutralstellung fest. Meine linke Hand umklammerte den Hebel zum Ausklinken für das Schleppseil. Sobald der Vogel abgehoben hat, zieh ich einfach den Hebel, dachte ich. Immerhin wären das dann einige Meter Alleinflug gewesen, beruhigte ich mich mit diesem Gedanken. Der Segler hob nun schon während meiner Gedanken ohne mein Zutun ab und glitt etwa in zwei Meter Höhe hinter dem Schleppflugzeug her. Etwas überrascht, aber jetzt mutiger, ließ ich den Hebel los und drückte etwas nach, um den Segler während des Startvorganges nicht zu hoch steigen zu lassen. Fliegt man nämlich zu hoch hinter der Schleppmaschine her, solange diese noch nicht abgehoben hat, wird das Heck des Flugzeuges hochgedrückt und am Abheben gehindert. Ich konzentrierte mich nun voll auf die immer noch vor mir rollende »Piper Cup«. Jetzt endlich hob auch diese ab. Während des Steigfluges wunderte ich mich nun selbst über mich, warum ich nicht ausklinkte.

Nach einigen weiten Kurven, die mir das Hinterherfliegen erleichterte, wackelte nun der Pilot mit der Tragfläche der »Piper«, um mir das Ausklinken des Schleppseiles anzudeuten. In etwa sechshundert Meter Höhe über Grund zog ich voll entschlossen den Hebel zur Freigabe des Seglers. Ich befand mich jetzt mit dem Segler im freien Gleitflug in der Atmosphäre der Erde. Es überwältigte mich ein überglückseliges Gefühl, sodass ich einfach einen lauten Freudenschrei von mir geben musste. In dieser Höhe fühlte ich mich nun sehr sicher. Das Variometer zeigte null Komma fünf Meter pro Sekunde Sinken an. Durch einige Kurven hatte ich jetzt etwa einhundert Meter an Höhe verloren. Das Flugverhalten des Bergfalken mit seinen achtzehn Metern Spannweite war gutmütig und weitgehend eigenstabil, sodass anfänglich das Fliegen erleichtert wurde. Der Vogel reagierte angenehm träge auf die Querruder und das Seitenleitwerk, weshalb mit Hilfe des angeklebten Fadens auf dem Plexiglas des Cockpits über mir, schiebefreie Kurven geflogen werden konnten. Nach längerem Geradeausflug in westlicher Richtung erschien unter mir die Hangkante des Hochplateaus, auf dem sich der Flugplatz befand.

Jetzt zeigte das Variometer einen Nullschieber an. Sofort flog ich parallel zur Hangkante, die jetzt bei Westwind Aufwinde erzeugte. Das Fliegen in

Form eines Achters an der Hangkante verhinderte zumindest ein weiteres Sinken. Ich erschrak, als plötzlich nach etwa fünfzehn Minuten die Stimme meines Fluglehrers aus dem Funkgerät ertönte. »Hallo Alfred, wie lange willst du das noch so treiben und den anderen Flugverkehr behindern? Fliegen heißt landen. Irgendwann musst du mal runterkommen«, ermahnte er mich mit lachender Stimme. Nur unwillig verließ ich die Hangkante, um durch weiteres Kurven schneller Höhe abzubauen. Über einer großen freistehenden Buche angelangt, die mir als Markierung zum Einleiten des Landeanfluges gezeigt wurde, hatte ich noch eine Höhe von zweihundertfünfzig Meter. Jetzt galt es, ab einer Höhe von zweihundert Metern den Gegenanflug, den Queranflug sowie den Endanflug zu meistern. Voll konzentriert flog ich bis zum Beginn des Endanfluges.

Nach dem Setzen der Stör- bzw. Landeklappen rauschte der Segler momentan mit etwa drei bis vier Meter pro Sekunde dem Erdboden zu. Der Horizont vor mir war verschwunden. Es schien, als wollte sich der Vogel mit mir in die Erde bohren. Obwohl ich diesen Flugzustand mit dem Lehrer mehrere dutzend Mal übte, kroch in mir ein mulmiges Gefühl hoch. Jetzt galt es, das Flugzeug rechtzeitig abzufangen durch Ziehen des Höhenruders, nicht zu früh und auf keinen Fall zu spät.

Als der Boden schon ziemlich nahe war, fing ich den Segler aus dem Sinkflug ab. Zu früh, wie es schien. Ich schwebte in etwa fünf Metern Höhe über der Landepiste. Durch mein Nachdrücken setzte der gleitende Vogel zwar auf, sprang aber mit mir wieder in die Lüfte. Dieses Spiel vollführte der Bergfalke mit mir noch zweimal, bevor er mich endgültig auf der Erde ließ. Der Fluglehrer eilte nun herbei, öffnete das Cockpit und erkundigte sich nach meinem Wohlbefinden. »Alfred, das war eine »Montag-, Dienstag- und Mittwochlandung«, belächelte mich der Lehrer. »Soll ich heute nochmal fliegen?«, erkundigte ich mich bei ihm. »Natürlich«, erwiderte er mir. »Du musst jetzt gleich noch zweimal fliegen, dann hast du die erste praktische Flugprüfung hinter dir«, ermutigte er mich.

Bei der zweiten Landung fing ich zwar rechtzeitig ab, ließ aber beim Ausrollen die linke Tragflügelspitze am Boden aufstreifen, sodass das Segelflugzeug mit mir im Halbkreis ausrollte. In der Fliegersprache wird diese Art des

Ausrollens als »Ringelpietz« bezeichnet. Nach dem dritten Alleinflug gelang mir dann doch noch eine saubere Landung. Etwas stolz im Gedanken, den Luftraum erobert zu haben, stieg ich aus dem Cockpit, um das Luftfahrzeug mit meinen Mitschülern an den Startpunkt zurückzuschieben.

Ich war nicht schlecht überrascht, als plötzlich mein Fluglehrer mit den Schülern einen Halbkreis um mich zog. »Nun, lieber Alfred, musst du schon die Fliegertaufe über dich ergehen lassen«, teilte er mir grinsend mit. Unter den Flugschülern befand sich auch eine Weiblichkeit, die mich jetzt an der Hand nahm, um mich zur Rumpfspitze zu führen. Sie wies mich an, mich mit dem Bauch über die Rumpfnase zu legen. Etwas zögerlich gab ich ihrem Willen nach und wartete auf das, was da kommen sollte. Der Fluglehrer beugte sich jetzt zu mir herab und fragte, ob ich bereit sei, die Fliegertaufe zu empfangen. Nichts ahnend erwiderte ich ihm: »Bringt den Spaß schon hinter euch.« Als mich die Dame zur Rumpfspitze führte, sah ich einen meiner Flugkameraden, wie er einen zehn Liter Eimer halb voll Wasser herbeischleppte. Ich stellte mir nun vor, wie sie mir den Eimer über den Rücken schütten würden. Es kam jedoch anders als erwartet. Der Wassereimer ergoss sich über mein Hinterteil. Sofort prasselten die Hände meiner Mitschüler auf mein Hinterteil nieder. Zum Abschluss spürte ich den etwas sanfteren Schlag fast nicht mehr, den mir die Dame auf meinen mit nasser Hose umspannten Hintern gab. Die Fliegertaufe war überstanden. Nach vierwöchiger Flugausbildung hatte ich die drei Alleinflüge erfolgreich geschafft.

Der Neuanfang – und sonstige notwendige Nebensächlichkeiten des Lebens.

Es geschah 1982 während eines Sommerurlaubes, den ich mit meiner Frau und Klein Kathrin in Allersdorf in der Fränkischen Schweiz verbrachte. Immer wieder fasziniert von den herrlichen Fließgewässern in dieser Gegend, zog es mich an einem zum Baden weniger geeigneten Tag in das Tal der Aufseß. Es war im zweiunddreißigsten Sommer meines Lebens, als ich mich entschloss, an der Aufseß unerlaubt zu fischen. Nachdem ich meinen Golf etwas weiter entfernt vom Bach parkte, näherte ich mich vorsichtig dem kleinen Haus der Mühlanlage. Obwohl der Bach das Wasserrad noch antrieb, wurde die Mühle zum Mahlen des Getreides nicht mehr genutzt. Diese Zeiten waren längst vorbei. Am Ufer des Baches, wo er aus dem Mühlenhäuschen hervorgurgelte, packte ich meine Angelrute aus. Mir war bewusst, was mich für eine Strafe trifft, falls mich hier jemand beim Schwarzfischen erwischt. Bei dem Anblick dieses schönen, natürlich dahinfließenden Wiesenbaches musste ich einfach fischen.

Da ich bereits über das Spinnfischen gelesen hatte, hängte ich einen kleinen Spinner mit Regenbogenforellen-Muster in den Karabinerwirbel ein und warf schräg stromab zum gegenüberliegenden Ufer. Hier war der Bach zunächst seicht. Beim Heranholen des Spinners überquerte dieser jedoch einen tieferen Gumpen mit langsamerer Strömung. Der Spinner drehte in dieser

Strömung optimal und erzeugte keinen so großen Gegendruck mehr wie in schneller Strömung. Ich erschrak, als plötzlich eine Forelle, aus der Tiefe kommend, den Spinner attackierte. Nur kurz blieb sie am Drillingshaken hängen und konnte sich sofort wieder befreien, da von mir keine Gegenreaktion in Form eines Anhiebs erfolgte. Ich konnte kurz den Pulsschlag in meiner Schlagader am Hals fühlen. Es war dieses herrlich prickelnde Gefühl, das ich von meiner Jugend her schon kannte.

Im Eifer des Gefechtes vergaß ich, auf meine nähere Umgebung zu achten. Zwischenzeitlich konnten mich Spaziergänger bei meinen fischereilichen Aktionen beobachten. Als ich mich jetzt umschaute, konnte ich die Leute noch sehen, wie sie sich schnell entfernten. Dies bedeutet für mich nichts Gutes, dachte ich und packte so schnell wie möglich meine Ausrüstung ein. Noch keine hundert Meter vom Tatort entfernt, näherte sich mir ein Jaguar mit Fürther Kennzeichen. Eigentlich könnte ich weglaufen, dachte ich. Über die Bachbrücke hätte mich der Mann mit seinem Auto nicht mehr weiterverfolgen können. Ich blieb aber stehen und wartete.

Ein groß gewachsener, schlanker Mann mit grauem Haar stieg aus und rief mir zu: »Hallo, hallo, Sie da, bleiben Sie mal stehen. Sie haben doch soeben in dem Bach gefischt.« Mit ruhiger Stimme und eher vorgetäuschtem Selbstbewusstsein stellte ich ihm die Frage: »Haben Sie mich beim Angeln gesehen?« Er hielt einige Zeit inne und erwiderte: »Ich habe Sie nicht gesehen, aber andere haben Sie gesehen.« »Wo sind die anderen?«, entgegnete ich ihm mit sicherer Stimme. »Na gut, ich habe leider versäumt, nach deren Adresse zu fragen. Was haben Sie da in Ihrem Beutel?«, fuhr er fort. »Den Inhalt des Beutels muss ich Ihnen nicht zeigen, oder wollen Sie mich dazu zwingen?«, erwiderte ich ihm. »Falls Sie gegen mich handgreiflich werden, bin ich gezwungen, mich zu verteidigen«, erklärte ich dem Mann. Er schaute sich nun um in der Hoffnung, mein Auto erspähen zu können. »Wo haben Sie Ihr Auto stehen?«, fragte er weiter. »Ich bin mit dem Rad da«, gab ich ihm als Antwort. »Haben Sie einen Ausweis bei sich«, wollte er weiter von mir wissen. »Ich habe keinen Ausweis bei mir. Selbst wenn ich einen Ausweis bei mir hätte, würde ich Ihnen das Papier nicht zeigen«, machte ich ihm klar. »Sie würden mich wohl anzeigen, dann könnte ich vielleicht keinen

Angelschein mehr erhalten«, erklärte ich ihm weiter. »Ach so, Sie besitzen keinen Angelschein. Was sind Sie denn von Beruf? Haben Sie etwa das Schwarzfischen zum Lebensunterhalt nötig?«, wollte er weiterhin wissen. »Nein, zum Lebensunterhalt bestimmt nicht. Ich bin Werkstoffingenieur«, sagte ich ihm mit leiser Stimme. »Es tut mir leid, dass ich in Ihrem Gewässer gefischt habe. Ich habe keine Forelle entnommen und keine verletzt«, versicherte ich ihm.

Nun redete er mit sehr ernster Miene, fast ohne Atemzug, weiter heftig auf mich ein. »Ja, sind Sie noch zu retten. Wie lange fischen Sie denn schon schwarz? Warum machen Sie den Angelschein nicht? Sie haben wohl mit dem Blinker mit Drillingshaken gefischt. Schauen Sie mal, welche Haken ich benutze.« Er zeigte mir seine Fliegenschachtel mit den verschiedenen Trocken-, Nassfliegen und Bachflohimitationen. Er verwendete Fliegen ohne Widerhaken. Dann holte er seine edle gespließte Fliegenrute aus dem Auto und drückte sie mir in die Hand. Welch geringes Gewicht, stellte ich fest. Ich stand nun Reue zeigend einige Minuten wortlos da, während er nervös hin und her ging. »Freiwillig geben Sie mir jetzt Ihren Beutel mit der Angel«, forderte er mich mit etwas weniger finsterem Blick auf. Ich gab ihm sofort meinen Beutel mit der Angelausrüstung. »Sobald Sie die Angelprüfung haben, kommen Sie mal samstags wieder hierher. Ich zeige Ihnen das Fliegenfischen.« Mit diesen Worten verabschiedete er sich lächelnd und fügte kopfschüttelnd noch hinzu: »Ich will ja nicht so sein, der Schöpfer hat für uns alle leidenschaftlichen Petrijünger diese schönen Gewässer geschaffen.«

Wie angewurzelt stand ich so lange da, bis ich sein Auto im Waldweg hinter einer Kurve verschwinden sah. Vorsichtshalber ging ich eine Stunde am Bach spazieren und beobachtete dabei die aufsteigenden Forellen, wie sie kleine Wellenringe auf der Wasseroberfläche hinterließen. Nach einer weiteren Stunde, die ich in der Kuchenmühle bei einem Bier verbrachte, setzte ich mich in mein Auto und fuhr schnell weg.

Der geprüfte Angler

Nach diesem Erlebnis meldete ich mich zu einem vorbereitenden Kurs für die Fischerprüfung im kommenden Jahr an. Zwei Wochen nach der Geburt unseres Sohnes Christoph absolvierte ich im März 1983 die Fischerprüfung mit Erfolg. Damals konnte ich noch nicht erahnen, dass Christoph ebenfalls ein begeisterter Angelfischer werden sollte.

Nach dem Erhalt der Urkunde der bestandenen Fischerprüfung und dem Kauf des Jahresscheines für die Donau fuhr ich am Wochenende sofort nach Regensburg ins Angelgeschäft, um mir eine Spinnrute von Balzer und eine Rolle von DAM zu kaufen. Ich ließ mir noch eine »dreißiger« (0,30 mm) Monofile aufspulen und erstand noch verschiedene Spinnköder wie Wobbler, Blinker und Spinner. Ergänzend zu meiner ersten Angelausrüstung suchte ich noch eine handliche Umhängetasche mit Kleinteilen wie Wirbel, Hakenlösezange, Schwimmer, Stopper, Haken und verschiedene Bleigewichte aus. Jetzt müsste ich eigentlich die wichtigsten Dinge haben, die zu meinem ersten offiziellen Angeln nötig sind, dachte ich und wollte zahlen. Die freundliche Verkäuferin zeigte jedoch noch auf einen Kescher und erinnerte mich daran, dass ich ein Fangnetz benötige.

Noch am Nachmittag ging ich zu den Ufern der Donau hinunter, um zu fischen. Von meinem elterlichen Haus war die Donau etwa zweihundert Meter entfernt, sodass ich schnell am Ort des Geschehens sein sollte. Mit großen Schritten näherte ich mich voller Vorfreude der Stelle, an der mich vor vielen Jahren die Polizei beim Schwarzfischen stellen wollte. Ein »Little S«, der Wobbler mit der Kugel im Bauch, wurde nun in den Karabinerwirbel eingehängt. Das Werfen mit der Stationärrolle hatte ich während meines

Schwarzfischer-Daseins schon zur Genüge geübt, sodass ich jetzt mit guter Sicherheit den Wobbler stromab parallel zur Strömungskante platzieren konnte. Es war ein schwimmender Wobbler, der durch die steil stehende Tauchschaufel etwa einen Meter unter der Wasseroberfläche einen Räuber zum Anbiss verleiten sollte. Vielleicht nach dem vierten Wurf merkte ich einen Anbiss. Nun durchdrang mich wieder dieses freudige Gefühl, als der Fisch an meiner Spinnrute zerrte.

Dieses Gefühl, das sich bei unseren Urahnen beim Fang eines Fisches oder bei einem Jagderfolg schon eingestellt haben mag, übermittelt einfach immer wieder enorme Lebensfreude und Glückseligkeit. Wie bereits erwähnt, dient die heutige Jagd- und Angelleidenschaft nicht unbedingt zur Beschaffung essbarer Beute, sondern im Wesentlichen als Ausgleich zur modernen Methode des heutigen oft stressigen und nicht immer umweltfreundlichen Nahrungserwerbs.

Der Fisch, bei dem es sich bestimmt um ein raubendes Exemplar handeln musste, rüttelte an der Angelrute kräftiger, als ich es von den Forellen gewohnt war. Nach einigen Minuten durchbrach er die Wasseroberfläche. Es erschien ein eher länglicher Fisch mit silbrig beschuppten Flanken und blassgrünem Rücken. Trotz heftiger Gegenwehr konnte ich ihn in den Kescher verfrachten. Im Netz liegend stellte ich fest, dass es sich um einen Rapfen handelte. Dieses Exemplar ist ein raubender Cyprinide (Weißfisch), der auch unter dem Namen »Schied« bekannt ist. Bei einer Länge von siebenundsechzig Zentimetern dürfte dieser über ein Kilo wiegen, schätzte ich. Mein erster Rapfen, mit seinem torpedoförmigen Körper, durfte unbehelligt wieder in sein strömendes Revier zurück.

Die Donau führte leichtes Hochwasser, sodass der vordere Abschnitt der Buhne überrieselt wurde. Hier warf ich noch einmal meinen Wobbler stromab, um ihn gegen die Strömung wieder langsam herankurbeln zu können. Kurz bevor der wobbelnde Kunstköder das seichtere Wasser erreichte, wurde er abermals von einem Fisch attackiert. Nochmal warf ich an die gleiche Stelle und holte den Wobbler etwas langsamer ein. Jetzt hat er ihn, ging es mir durch den Kopf. Die Rutenspitze bog sich leicht und zitterte. Der Fisch ließ sich nun deutlich leichter heranziehen als der Rapfen. Wieder sah ich einen Fischleib mit silbrigem Schuppenkleid. Sollte es wieder ein Rapfen sein? Nein, im Kescher liegend, konnte ich einen Döbel begutachten. Er hatte eine Länge von über vierzig Zentimeter. Auch diesen raubenden Weißfisch setzte ich zurück. Mein erster offizieller Angelausflug an der Donau war für mich bis jetzt schon ein voller Erfolg, da ich bei den ersten beiden Würfen hintereinander zwei Fische fing, die ich bisher nur aus den Lehrbüchern kannte. Ich dachte, jetzt müsste es eigentlich so weitergehen, aber nach etlichen Würfen wollte kein Fisch mehr meinen Köder nehmen.

Eigentlich wollte ich noch den Hecht in natura kennenlernen, aber an diesem Tag konnte ich keinen aufspüren. Erst zu Hause fiel mir ein, dass beim Spinnfischen auf Raubfisch, wegen des Hechtes mit seinen scharfen Zähnen, ein Stahlvorfach nötig gewesen wäre.

Nachdem ich mir ein Stahlvorfach zum Spinnfischen auf Hecht besorgt hatte, ging ich wieder von meinem Elternhaus zu Fuß zur Donau. Am Altwasser angekommen, steckte ich meine zweiteilige Spinnrute zusammen und knüpfte einen Karabinerwirbel an die dreißiger Schnur, um dann das Stahlvorfach und letztendlich einen Spinner einhängen zu können. Ich fischte das Ufer des Altwassers, das von einer langen Buhne abgegrenzt wurde, sorgfältig ab. Fächerförmig, wie es in den Angelfachzeitschriften oft beschrieben wird, warf ich den Spinner aus. Schließlich erreichte ich die Stelle, an der das Altwasser zur fließenden Donau hin offen war. Hier bildeten sich kleine Kehrwasser mit Rückströmung und dazwischen wieder ruhigere Zonen. Es war eine Engstelle von etwa zehn Metern, die von zwei Flussbauwerken begrenzt wurde. Voller Erwartung und Anspannung warf ich meinen Spinner in das Kehrwasser bei der gegenüberliegenden Buhnenspitze. Sofort stob ein Schwarm Lauben auseinander.

Der Spinner hatte noch keine zwei Meter rotierend durch das Wasser zurückgelegt, als ich in der Rute einen kräftigen Ruck verspürte. Wieder breitete sich in mir dieses schwer beschreibbare glückselige Gefühl aus. Dies muss ein Hecht sein, dachte ich. Tatsächlich zeichnete sich im dunklen Wasser für einen kurzen Moment ein gelbgestreifter Fischleib ab. Nun war ich mir sicher, einen Hecht zu drillen. Ich vergaß die Welt um mich. Es dauerte nicht lange, bis sich der Hecht ans Ufer führen ließ. Nach ein paar Fluchtversuchen konnte ich ihn keschern. Ein schöner torpedoförmiger Fischleib mit einer kräftigen Schwanzflosse lag erschöpft im Netz. Jetzt erwachte in mir der »Kochtopfangler«. Da der Hecht über sechzig Zentimeter maß, schlug ich ihn ab. Allmählich perfektionierte ich das Angeln mit den Spinnködern und, wie es eben in der Natur des Menschen liegt, wollte ich immer größere Hechte fangen. Die Siebzig-Zentimeter-Marke konnte ich zunächst nicht erreichen.

Als ich an einem Freitagabend wieder einmal auf Hecht fischte, sollte ich einen anderen großen Räuber der Donau kennenlernen. Es war etwa kurz vor Regensburg bei Kleinprüfening, als ich mich auf eine lange Buhne begab, die parallel zur Donau lag und ein größeres Altwasser vom Fluss trennt. Mit der montierten Angelrute und dem Kescher in der Hand war es nicht leicht, sich durch das Weidengestrüpp bis zur Buhnenspitze vorzuarbeiten. Doch nach zehn Minuten war es schließlich geschafft. Nach fünfzehn Meter freien Wassers lag gegenüber eine weitere Buhnenspitze. Zwischen diesen beiden Buhnenspitzen floss das Wasser der Donau hinein und dreihundert Meter flussab wieder hinaus. Die Sonne war schon hinter dem Berg verschwunden, als ich meinen Wobbler »Little S« nahe an die gegenüberliegende Buhne an der Außenseite zur Donau warf. Wegen des sachten Zuges begann der schwimmende »Little S« zu tauchen. Vorsichtig, mit langsamen Kurbelumdrehungen führte ich den künstlichen Fisch gegen die langsame Strömung. Hier müsste ein Hecht sein Revier haben, war ich mir sicher. Doch zunächst tat sich nichts. Kaum dass der Wobbler beim zweiten Wurf in die Tiefe getaucht war, ich ließ ihn etwas weiter abtreiben, wurde er mit einem heftigen Ruck attackiert. Der Donauräuber hing am Drilling. Doch dann gab es nur geringe Gegenwehr. Ich hatte jetzt momentan das Gefühl, als zog ich an einem Stück Ast. Etwa drei Meter vor meinen Füßen kam der Räuber hoch und präsentierte mir seine gekrümmte Breitseite, um gleich wieder abzutauchen. Nur einen kurzen Moment sah ich seine schimmernde Flanke mit blauen senkrechten Streifen. Ich konnte es kaum glauben, der gehakte Fisch sah wie ein Zander aus. Jetzt nur nicht nervös werden, dachte ich.

Trotz jetzt erheblicher Gegenwehr und dem etwas wackelnden Stein, auf dem ich stand, konnte ich den Fisch in den Kescher führen. Mit siebenundsechzig Zentimeter war dies mein bisher größter Raubfisch und erster Zander. Ein herrlicher, ja etwas majestätisch anmutender Fisch lag zu meinen Füßen. Ehrfürchtig kniete ich mich nieder und betrachtete seine einfarbigen und schimmernden, glasigen Augen. Plötzlich hob sich der Kiemendeckel und vorne in seinem Maul erschienen die für den Zander typischen Fangzähne. Momentan war es mir zuwider, diesem herrlichen Großbarsch das Leben zu nehmen. Ich hatte vorher noch nie einen lebenden Zander gesehen.

Mit der Angelrute und dem Kescher in der einen und dem Zander in der anderen Hand kämpfte ich mich wieder durch das dichte Weidengestrüpp zurück zum Auto. Zu Hause angekommen, präsentierte ich meine Beute zunächst meiner Frau und dann meinem Vater. Doch nicht zu vergessen, Christoph war mit seinen zweieinhalb Jahren auch noch da. Als mein Vater mich filmte, hatte ich Christoph im linken Arm und mit der rechten Hand hielt ich den Zander hoch. Mit seinen kleinen Händen fasste Christoph nach der großen, stacheligen Rückenflosse, die ich mit der Hand vom Körper weg spreizte. Christoph war sichtlich an dem Fisch interessiert. Am nächsten Tag ließen wir uns den Zander in Butter-Senfsoße schmecken. Es war ein vorzügliches Mittagessen. Wir waren uns einig, dass der Zander in kulinarischer Hinsicht der wertvollste Speisefisch unter den heimischen Fischen im Süßwasser ist.

Ich wollte nicht glauben, dass der Fang eines Zanders an der erwähnten Buhne in Kleinprüfening ein Zufall war. Eine Woche später ging ich wieder an den besagten Zander-Fangplatz. Trotz Dämmerung blieb jetzt nach vielleicht über zwanzig Würfen kein Zander mehr an meinem »Little S« hängen. Mache ich was falsch oder gibt es hier doch keine Zander?, überlegte ich. Ich besorgte mir Angelliteratur von Rudolf Sack {2}. Genannter Petrijünger hat ein Buch über das Spinnfischen verfasst. Er vergleicht die Köderführung auf Zander mit dem Spinnfischen auf Meerforellen im Fluss. Dabei sollte der Kunstköder so langsam wie möglich knapp über dem Gewässergrund geführt werden. Zunächst hielt ich diese Methode für schwer durchführbar. Außerdem würden sehr viele teure Kunstköder am Grund hängen bleiben, stellte ich mir vor.

Doch dann hatte ich eine Idee. Da ja der »Little S« ein schwimmender Wobbler ist, klemmte ich etwas über einen Meter vor dem Kunstköder ein Blei auf die Schnur. Es gibt schnurschonende Bleie mit einem Gummi im Bleikörper, mit dem man die Schnur fixieren kann. Mit der neuen Fangmontage begab ich mich noch einmal an die schwer zugängliche Buhnenspitze, um erneut mein Glück zu versuchen. Ich warf den Wobbler jetzt nicht mehr direkt stromab, sondern etwas schräg weiter in die Strömung der Donau und ließ ihn abtreiben, bis etwa zehn Meter unterhalb der gegenüberliegenden Buhnenspitze. Etwa fünf Meter vom Ufer entfernt holte ich Schnur ein, um den Wobbler auf Tauchgang zu schicken. Langsam, nach Empfehlung von R. Sack, holte ich den Wobbler mit sachter Kurbelumdrehung wieder ein. Ich sah jetzt sogar die Schwimmbewegungen des Wobblers an der Rutenspitze. Ab und zu ließ ich den taumelnden Kunststofffisch mit der Strömung treiben, um Hänger am Grund zu vermeiden. Bereits nach dem dritten oder vierten Tauchgang des »Little S« verleitete dieser dann einen Zander zum Anbiss. Der zweite Zander war nicht mehr so groß wie mein erster, aber er maß noch über fünfzig Zentimeter.

Auf diese Weise fing ich bis in den Herbst hinein noch mehrere Zander. Besonders gut bissen die Großbarsche während länger anhaltendem Hochdruck-Wetter mit tagsüber herrschendem Hochnebel. Letztendlich ging ich kurz vor völliger Dunkelheit zum Fangplatz und prägte mir die Umgebung ein, sodass ich auch im Dunkeln fischen konnte. Auch während der Nacht fing ich dann immer wieder Zander. Im Laufe der Jahre stellte ich fest, dass die Zander erst ab Ende August gut mit dem Kunstköder zu fangen waren. Wie gut sie in der Donau abwachsen, erlebte ich viele Jahre später mit Christoph, als er ein kapitales Exemplar von über sieben Kilogramm mit einer Länge von sechsundachtzig Zentimetern ebenfalls mit Wobbler überlisten konnte. Auf diesen außergewöhnlichen Fang werde ich später mit einer ausführlichen Schilderung zurückkommen.

~

An einem Wochenende im Sommer fuhren wir mal wieder als vierköpfige Familie mit meinem Vater in die Fränkische Schweiz, um die Schwiegereltern zu besuchen. Immer wenn meine Frau darauf drängte, ihre Eltern zu besuchen, war mir dieser Wunsch sehr genehm, da ich dabei an die Möglichkeit des Spinnfischens auf Forellen dachte. Für die Strecke an der Püttlach, zwischen der Bärenschlucht und Tüchersfeld, wurden Tageskarten vom Pegnitzer Angelverein ausgegeben. Die Püttlach, in der ich heute nur noch mit der Fliege auf Bach- und Regenbogenforelle fische, ist ein Nebenfluss der weitaus bekannteren Wiesent. Die Wiesent wird heutzutage als gutes Fliegengewässer über Deutschlands Grenzen hinaus sehr geschätzt. Während meiner fischereilichen Anfangsphase zur damaligen Zeit aber war mir die Fliegenfischerei noch ein Buch mit sieben Siegeln. Deshalb hatte ich mir eine leichte Forellenrute von Balzer zugelegt, um mit Wobbler und Spinner auf Forellen zu fischen. Gleich früh am Samstag holte ich mir in einer Gastwirtschaft in Pottenstein eine Tageserlaubnis für die Püttlach.

Zuerst versuchte ich es mit einem fünf Zentimeter langen, gold- und rötlichfarbenen Wobbler gleich unterhalb der Straßenbrücke. Ich ließ direkt vor meinen Füßen den schwimmenden »Rapalla« ins Wasser fallen. An diesem Tag war das Wasser der Püttlach glasklar. Die hier nicht zu schnelle Strömung des etwa fünf Meter breiten Flusses transportierte den Wobbler etwa fünfzehn Meter flussabwärts. Kurz vor einem überhängenden Ast klappte ich den offenen Rollenbügel zu, um den gut sichtbaren Balsaholzfisch zu stoppen. Sofort tauchte das künstliche Fischlein unter und begann mit seinen schwingenden Schwimmbewegungen. Langsam holte ich den Wobbler gegen die Strömung wieder ein. Es geschah nichts. Brav und ungehindert stoppte der Rapalla vor meinen Füßen, um erneut flussabwärts zu treiben. Diesmal ließ ich den Wobbler unter den überhängenden Ast treiben, bis ich ihn nicht mehr sah. Nur wenige Sekunden nach dem Schließen des Rollenbügels krümmte sich bereits die Rute. Blieb der Wobbler etwa am Grund des nicht sehr tiefen Wassers hängen, dachte ich im ersten Moment. Nein, welche Freude, die Rutenspitze bog sich durch das Zerren einer Forelle. Durch den nur geringen Uferbewuchs konnte ich der Forelle fast bis zum überhängenden Ast entgegengehen. Die Bachforelle schwamm nun stromauf. Wie ich sah, handelte es sich um einen Fisch mit deutlich über dreißig Zentimeter, der gut im Futter stand. Nachdem sie etwa fünf Meter stromauf geschwommen war, spannte die Forelle die Schnur erneut und konnte sich durch ein schnelles seitliches Ausbrechen vom Wobbler loslösen. Dies ging alles sehr schnell.

Die Rollenbremse war zu stark eingestellt. Durch den starken Zug schlitzte wahrscheinlich ein Haken des Drillings aus, der im äußeren Maulbereich der Forelle nicht richtig gefasst hatte. Bemerkenswert, wie flink und schnell doch diese Forellen sind, stellte ich fest. Etwa einhundertfünfzig Meter stromab vertiefte sich das Flussbett und die Strömung war hier gering. Ich konnte den Grund nicht mehr sehen. Das linke und rechte Ufer wurde von üppigen Unterwasserpflanzen umsäumt, die in der leichten Strömung langsam hin und her pendelten. Direkt hinter einem Baum versuchte ich mein Glück aufs Neue und überließ den Rapalla wieder der Strömung. Nach fünfzehn bis zwanzig Metern schloss ich gespannt wieder den Bügel meiner Stationärrolle. Jetzt hatte ich die Rollenbremse so eingestellt, dass die Schnur per Hand leicht abgezogen werden konnte. Der Kunstköder hatte vielleicht fünf Meter zurückgelegt, als der Biss kam. Immer wieder versuchte die Forelle, durch seitliches Ausbrechen die Fischimitation loszuwerden. Allmählich kam sie näher. Als ich den Zug etwas verstärkte, kam die Forelle hoch und sprang aus dem Wasser. Hierbei sah ich, dass es sich bei diesem Exemplar um eine Regenbogenforelle handelte. Nach heftigen Fluchten stromauf konnte ich den Fisch mit rosafarbener Flanke im Kescher landen.

Pro Angeltag dürfen dem Gewässer drei Forellen entnommen werden. Das Schonmaß von achtundzwanzig Zentimetern ist vereinsintern vorgegeben. Ich wollte an diesem ersten Tag natürlich das Fanglimit erreichen, deshalb suchte ich mir noch einen anderen aussichtsreichen Flussabschnitt. Wieder ließ ich den Wobbler unter ein überhängendes Gebüsch treiben. Durch die rote Farbe konnte ich auch auf größere Entfernung den dahintreibenden Rappala auf der Wasseroberfläche sehen und stoppen, falls es nötig wurde. Auch an dieser Stelle kam schon kurz nach dem Tauchen des Köders ein Biss. Allerdings war dieses Mal der Gegenzug schwach. Der Fisch ließ sich leicht heranziehen. Eine Bachforelle um die zwanzig Zentimeter hing an dem Köder. Die Forelle hatte den vorderen Drilling im Maul. Der hintere Drilling hatte sich knapp neben einem Auge festgesetzt. Behutsam lockerte ich zuerst den äußeren Drilling, um das Auge nicht zu verletzen. Nachdem ich die Forelle wieder in ihr Element entließ, versteckte sie sich sehr schnell unter einer Wasserpflanze. Ein gutes Zeichen, dachte ich. Die Verletzung durch die Haken dürfte demnach nicht so schlimm gewesen sein. Wie leicht hätte doch der Haken das Auge treffen können, dachte ich mir. Deshalb entfernte ich den vorderen Drilling des Wobblers, um keine heranwachsenden Bachforellen zu schädigen. Auf diese Weise fing ich noch mehrere Forellen. Exemplare unter dreißig Zentimeter setzte ich wieder behutsam zurück.

Bei einem weiteren Urlaubsaufenthalt in der schönen Fränkischen Schweiz kam ich durch Beziehungen meines Schwiegervaters zu einer Tageslizenz an einer Püttlach-Strecke bei der Bärenschlucht in Richtung Pottenstein. Es war Mitte Juni und ein heißer Sommertag, als ich mich mit meiner Spinnrute zu den Ufern dieses schönen Flüsschens begab. Wegen des niedrigen Wasserstandes und der Klarsichtigkeit kam ich nur sehr schwer zu meinem angestrebten Fanglimit. Weder den Spinner noch den Rappala mochten die über Kiesgrund in der Strömung lauernden »Regenbogner«. Sie verfolgten nur kurz die Kunstköder, die ich gegen die Strömung zog. Nach längerem Beobachten sah ich, wie ab und zu eine Forelle an die Wasseroberfläche kam, um kleine Fliegen zu nehmen. Erst am Abend konnte ich eine Regenbogenforelle mit dem Fischimitat aus Balsaholz im tieferen Wasser unter überhängendem Gebüsch zum Anbiss verleiten. Da ich schon einiges über das Fliegenfischen gelesen hatte, kaufte ich mir in einem Angelgeschäft bei Ebermannstadt nach ausführlicher Beratung eine Fliegenrute mit Rolle, Schnur, Trockenvorfach und Trockenfliegen.

Mit dieser Ausrüstung ging ich wieder an die gleiche Stelle zu den Forellen über dem Kiesgrund. Ahnungslos, was auf mich zukommen würde, begann ich mit der Fliegenrute zu werfen. Es war jedoch eher ein Peitschen. Jedes Mal beim Rückschwung blieb die Flugschnur nicht in der Luft, sondern klatschte auf dem Boden auf. Ein Vorschwung war dann nicht mehr möglich, da sich die Fliege meist im Gras verfing. Ich erinnerte mich an die Zehnuhr- und die Zweiuhrposition, die für die Wurfdynamik sehr wichtig ist. Trotzdem gelang es mir an diesem Tag nicht, den Rück- und Vorschwung richtig zu koordinieren. Ich musste erkennen, dass die Wurfdynamik nicht so schnell erlernbar ist. Ich sollte wohl doch einen Wurflehrgang absolvieren, sah ich ein.

An ein erfolgreiches Fischen mit der Fliege war vorerst nicht zu denken. Durch das harte Aufklatschen der Flugschnur, die ich über dem Wasser noch nicht strecken konnte, vertrieb ich alle Forellen. Was blieb mir anderes übrig, als wieder zum Auto zu gehen und die Spinnrute zu holen. Ich hatte mir das Fischen mit der Fliegenrute einfacher vorgestellt. Obwohl ich immer öfter die Fliegenrute ans Forellenwasser mitnahm, fischte ich doch wieder mit der Spinnrute. Es war für mich eben wesentlich einfacher, mit der mit Stationärrolle ausgestatteten Angelrute zu werfen und Forellen zu fangen.

Erst im darauffolgenden Frühjahr konnte ich mich dazu überwinden, nur mit der Fliegenrute an die Püttlach-Strecke zu gehen. Ich nahm mir fest vor, das Flüsschen nicht ohne Forelle zu verlassen. Ich konnte tatsächlich eine Forelle mit der Trockenfliege fangen, die durch das viele Hineinklatschen zur Nassfliege wurde. Die Strömung streckte wieder einmal die von mir unkontrolliert auf dem Wasser abgelegte Schnur. Als ich dies bemerkte, zog ich einfach noch mehr Schnur von der Rolle ab. Die Strömung nahm die schwimmende, über ein Millimeter dicke Kunststoffleine mit. Nach einiger Zeit stoppte ich das Abtreiben der Schnur. Meine Trockenfliege sah ich nun nicht mehr, sie war untergegangen. Jetzt begann ich die Flugschnur gegen die Strömung langsam einzuholen. Irgendwie erinnerte mich dieses Vorgehen an das Fischen mit dem schwimmenden Wobbler. Ich stellte mir vor, dass die Fliege in der Strömung hin und her pendelt und eine Forelle zum Anbiss verleiten würde. Um die Fliege etwas absinken zu lassen, unterbrach ich öfter das Einholen der Schnur. Plötzlich, völlig unverhofft kam ein Biss. Herrlich krümmte sich nun die Fliegenrute bis nahe an das Handteil. Alle Bewegungen des Fisches konnte ich jetzt während des Drills besser in der Hand spüren als mit der Spinnrute. Es war ein neues, herrlicheres Drillgefühl. Bei meiner ersten »Fliegen-Forelle« handelte es sich um eine Regenbogenforelle mit circa dreißig Zentimeter Länge. Angespornt durch diesen Erfolg begann ich wieder mit den Wurfübungen. Dabei schaute ich während des Rückschwunges immer nach hinten, um den Boden mit der Flugschnur nicht mehr zu berühren. Bei der Zwei-Uhr-Stellung der Rutenspitze müsste der Schwung nach hinten gestoppt werden, kam mir in den Sinn. Allmählich gelang es mir immer besser. Immer öfter nahm ich deshalb neben der Spinnrute auch die Fliegenrute zum Forellenfang mit.

~

Wieder einmal in der Fränkischen Schweiz im Sommerurlaub, wollte ich auch mal an einem Weiher angeln. Da ich schon einiges über den Karpfenfang in der Angelliteratur gelesen hatte, besorgte ich mir für den Egloffsteiner Weiher, der nahe an der Ortschaft Püttlach am Waldesrand liegt, eine Tageskarte. Ein Teig, den ich am Vorabend aus Haferflocken, Maismehl, Eiern und Vanillepulver als Aromastoff herstellte, sollte als Köder dienen. Aber den ganzen Tag rührte sich an meiner Grundangel mit dem Teig als Köder nichts. Trotzdem war es ein schöner ruhiger Tag am Wasser. Eine Mitanglerin meinte, dass die Karpfen heute nicht beißen würden. Diese Frau erzählte mir von einem größeren Weiher mit sieben Hektar Wasserfläche, den der Pegnitzer Verein ebenfalls angepachtet hatte.

Gleich am nächsten Tag fuhr ich früh am Morgen los. Von Allersdorf aus über Pottenstein gelangte ich zur Bundesstraße 470. Über diese Schnellstraße erreichte ich bereits nach kurzer Zeit die Ausfahrt nach Metzenhof. Von dort führte ein etwa zwei Kilometer langer Feldweg zum Weiher. Mitten in einem Waldgebiet lag diese große Weiheranlage, nahe des Truppenübungsplatzes Grafenwöhr. Es handelte sich um einen größeren See, der durch eine Schotterstraße in zwei Wasserflächen geteilt wurde. Zuerst wollte ich zu Fuß die Ufer begutachten und ging an dieser Schotterstraße entlang. Am Mönch in der linken Hälfte des Sees sah ich plötzlich einen Fisch an der Oberfläche rauben. Sofort ging ich wieder zum Auto zurück, um meine Spinnrute zu holen. Bereits beim ersten Wurf mit einem Spinner erfolgte ein Biss. Nach ein paar kurzen Fluchten konnte ich die gelbgestreifte Flanke des Räubers erkennen. Der schön gezeichnete Hecht gab bald seine Gegenwehr auf, sodass ich ihn über Uferpflanzen hinweg an Land ziehen konnte. Den Kescher im Auto hatte ich natürlich vergessen.

Mit dem abgeschlagenen, etwa sechzig Zentimeter langen Hecht in der Hand ging ich zum Auto. Auf dem Weg dorthin kam plötzlich wie aus dem Nichts ein Mann auf mich zu. Er fragte, ob ich eine Erlaubnis für diesen Privatweiher hätte. »Selbstverständlich habe ich eine Tageskarte für den Sinterweiher«, erwiderte ich ihm. Grinsend meinte er: »Der Sinterweiher liegt rechts von Ihrer Sicht aus gesehen. Der obere Weiher gehört einer Brauerei. Sie sollten sich aber jetzt beeilen, vom Ufer dieses Gewässers mit dem Hecht in der Hand wegzukommen, denn bald trifft hier eine Anglergruppe der Brauerei ein«, belehrte er mich. Schleunigst folgte ich meinem Berater zu dem Wiesenweg, der leicht bergab zu den Ufern des Sinterweihers führte. Ich sah am Weg zwischen See und Waldrand eine hölzerne Tafel mit der Aufschrift »Sinterweiher-Camping und Feuer machen verboten.« Die Holztafel war bereits stark verwittert, weshalb die Aufschrift nur aus nächster Nähe gelesen werden konnte. Mein Retter aus einer heiklen Situation war, wie sich bei weiterem Gespräch herausstellte, ein Mitglied des Pegnitzer Kreisfischereivereins. Viele Jahre später wurde ich ebenfalls Mitglied dieses Vereins. Wie es, trotz der weiten Entfernung von meiner Heimat, dazu kam, werde ich zu einem späteren Zeitpunkt schildern.

Ich bedankte mich nochmals bei dem freundlicher werdenden Angelkollegen und fuhr mit dem Auto am Ufer entlang in Richtung Mönch. Er rief mir noch nach, dass die Karpfen heute gut beißen würden. Etwa fünfzig Meter vor dem östlichen Ufer dieses schön gelegenen Weihers hielt ich an und packte meine beiden Karpfenruten aus. Voller Erwartung baute ich so schnell ich nur konnte die Grundmontage mit Weitwurfgewicht zusammen. Dabei handelt es sich um ein rautenförmiges Stück Blei, an dem ein circa zwanzig Zentimeter langes Kunststoffröhrchen befestigt ist. Dieses Blei wird mit einer Kunststoffperle vor einem Wirbel gestoppt. In fünfundzwanzig bis dreißig Zentimeter Abstand zum Blei wird der Haken angebunden. Mit dem bereits beschriebenen Teig formte ich eine Kugel um den Haken herum. Der Haken wurde dabei völlig vom Teig umhüllt. Da dieser eine zähe Konsistenz hatte, hielt er gut am Haken.

Bild 2: Mein erster Karpfen

Die auf diese Weise beköderte Angelrute mit einer Länge von drei Meter fünfundsechzig warf ich in hohem Bogen zur Mitte des Sees hin. Trotz einer Wurfweite von etwa siebzig Meter erreichte ich die Seemitte nicht, denn dieses Gewässer ist an dieser Stelle etwa einhundertfünfzig Meter breit. Mit einer Schleuder schoss ich noch einige Teigkugeln in die Nähe meiner Grundmontage. Die Angelrute legte ich etwas nach vorne geneigt auf zwei Rutenständer ab, sodass sie mit der in den See führenden Schnur eine möglichst gerade Linie bildete. Zwischen Rolle und dem ersten Rutenring hängte ich als optischen und akustischen Bissanzeiger ein Glöckchen in die Schnur ein. Die Schnur wurde dabei ziemlich gespannt, um den Bissanzeiger auch für geringste Fischaktivität zu sensibilisieren. Unmittelbar nach dem Einhängen des Glöckchens schnellte dieses kurz in die Höhe und pendelte sogleich wieder in die Ausgangsposition zurück. Jetzt wusste ich nicht, was ich tun sollte, abwarten oder die Rute in die Höhe reißen. Nach etwa einer halben Minute wurde das Glöckchen plötzlich erneut in die Höhe katapultiert und die Schnur lief sogleich rasant von der Rolle. Ich erschrak fast, sodass ich momentan handlungsunfähig war. Die Schnur lief nun immer noch von der summenden Rolle. Es war ein herrliches Geräusch, das von der laufenden Spule erzeugt wurde. Nach einigen Schrecksekunden nahm ich die Rute in die Hand, zog sie leicht nach oben und stellte die Spulenbremse etwas strenger ein. Dabei spannte sich die Schnur und ich konnte jetzt den Zug des flüchtenden Fisches spüren. Der Fisch übte enormen Druck auf die Rute aus. Daraufhin lockerte ich die Rollenbremse wieder.

Bei meinen bisherigen Fängen hatte ich eine derart stetige Kraft während des Drills noch nicht erlebt. Der Flossenträger arbeitete jetzt gegen die Spannkraft der Rute sowie gegen die Bremskraft der Rolle. Das ist mein erster Karpfen, freute ich mich. Der Karpfen schwamm jetzt in weitem Bogen zum Ufer hin. Durch Reduzieren der Bremskraft verhinderte ich ein Ausschlitzen des Hakens. Wegen meines starken Gegenhaltens flüchtete der Karpfen wieder in Richtung Seemitte. Allmählich konnte ich Schnur gewinnen, da ich den Karpfen in immer engere Kurvenbahnen zwang. Ich griff nach dem am Boden liegenden Kescher. Aber der Karpfen gab noch lange nicht auf. Noch etwa fünf Meter vor mir sah ich jetzt kurz die Umrisse dieses Friedfisches. Die Fluchten waren nicht mehr so heftig, aber er wollte immer noch nicht in den Kescher. Nach einigen weiteren Schnurabzügen konnte ich schließlich mit Hilfe des langstieligen Keschers den Fisch in das Netz zwingen.

Ein schöner, wohlgenährter Spiegelkarpfen lag nun vor mir im Gras. Mit dem Maßband ermittelte ich eine Länge von achtundvierzig Zentimeter. Eine Waage hatte ich damals noch nicht in meinem Rucksack. Das Gewicht schätzte ich auf über drei Kilogramm, siehe **Bild 2**. Weil mich diese stetige, kraftvolle Gegenwehr während des Drills so beeindruckte, ließ ich meinen ersten Karpfen wieder schwimmen. An diesem herrlichen Tag, an diesem idyllisch gelegenen Gewässer, entdeckte ich eine neue Angeltechnik, die mir viel Freude bereitete. Ich fing noch zwei weitere Karpfen, die ich aber dann doch mitnahm. Trotz der Salven vom Maschinengewehr, die vom

Truppenübungsplatz Grafenwöhr manchmal zu hören waren, wurde dieser Weiher für viele Jahre zu meinem Lieblingsgewässer.

~

Inzwischen waren über vier Jahre meiner Berufstätigkeit im Kalk- und Zementwerk vergangen. Nach weiteren drei Monaten Beschäftigung als Laborleiter wurde mir nahegelegt, das Arbeitsverhältnis im gegenseitigen Einvernehmen zu beenden. Mit drei Monatsgehältern als Abfindung stand ich nun, wie man so schön sagt, auf der Straße (oder am Fluss oder See?).

Die Verantwortlichen im Zementwerk hatten bei der Vermahlung des Zement-Klinkers mit dem Kalkstein die Zugabe von Gips vergessen. Ohne Gips wurde aus diesem Mahlprodukt ein äußerst schnell abbindender Zement. Dadurch wurde das Zement-Wasser-Sandgemisch beim Verbraucher schon in den Beton-Mischmaschinen fest. Dies führte natürlich zu erheblichen Reklamationen und daraus folgenden Schadensersatzansprüchen. Seitens der Firmenleitung suchte man jetzt natürlich den oder die Schuldigen. Bevor im Labor festgestellt werden konnte, was mit dieser mehrere Tonnen umfassenden Mahlcharge los ist, wurden davon schon Säcke abgefüllt und verkauft. Ein dazwischenliegendes Wochenende und ein vorausgegangener Lieferengpass begünstigten diese Misere.

Nun war ich arbeitslos. Was tun? Fischen natürlich. Es war bereits Anfang Dezember, als ich mich entschloss, nach Landsberg am Lech zu fahren. Für drei Tage mietete ich mir ein Zimmer in einem Wirtshaus, um die Huchen im Lech ärgern zu können. Leider fing ich keinen Huchen. Es war aber doch ein schönes Erlebnis, an das ich mich sehr gerne erinnere. Einen Huchen zu fangen ist fast genauso schwierig, wie einen Sechser im Lotto zu bekommen. Dennoch ging ich voller Zuversicht sehr früh am Morgen zu einem Auslauf an einer Staustufe am Lech. Es war sehr kalt, mit dickem Raureif an den Bäumen, der in der Morgensonne wie Diamanten glitzerte. Eigentlich war das Wetter viel zu schön. Man sagt, dass zum Fischen auf Huchen leichtes Schneetreiben ideal wäre. Voller Erwartung warf ich immer wieder einen großen »Heintz Blinker« mit zwei Drillingen bewehrt in die Kehrwasser des

Kraftwerksauslaufes. Plötzlich zupfte etwas an dem silbernen Blech. Zu meinem Erstaunen, ich konnte es kaum glauben, hing am unteren Drilling eine Äsche mit etwa zwanzig Zentimeter Länge. Du kommst mir gerade recht, freute ich mich. Sofort tötete ich die Äsche und benutzte diese als Köderfisch am System. Nach einigen Würfen bekam ich überraschend einen Biss. Der Fisch hatte sich gehakt. Im weiteren Drillverlauf zog er immer wieder nach unten. In dem etwas trüben, grünstichigen Wasser sah ich jetzt eine Regenbogenforelle mit vielleicht vierzig Zentimeter Länge, die an einem der Drillinge ganz leicht vorne am Maul hing. Ich zog die Forelle ein wenig hin und her, damit sie vielleicht von selbst wieder vom Haken kommt. Als die Forelle wieder etwas ins tiefere Wasser zog, näherte sich aus der Tiefe plötzlich ein riesiger Fisch, schnappte zu und verschwand wieder in der Tiefe, ohne einen Widerstand an der Rute zu erzeugen. Ich spürte jetzt meinen Puls an der Halsschlagader heftig pochen. Langsam setzte ich mich am kiesigen Ufer nieder, um das zu verdauen, was vor wenigen Sekunden geschehen war. Es kam mir vor wie ein Spuk. Kaum zu glauben, aber der Huchen zupfte die Forelle ab, ohne an dem Drilling meines Systems hängen zu bleiben. Jetzt erst wurde mir bewusst, dass ich eine reelle Chance hatte, die nun verspielt war.

Am nächsten Morgen nach dem Frühstück wollte ich nach Hause fahren. Doch der Wirt hielt mich davon ab und riet mir, auf Forellen zu angeln. Etwa fünfhundert Meter unterhalb des Wehrschusses mündete ein Bach mit glasklarem Wasser in den graugrünen Lech. Der Wirt erzählte mir von dem Bach, der noch bis zu dreißig Meter flussabwärts am Ufer des Lechs für klares Wasser sorgte. Hier empfahl er mir, es auf Regenbogenforellen zu versuchen. Nach einigen Hindernissen am Ufer gelangte ich zu der Bachmündung. Wie der Wirt beschrieben hatte, bildete sich nach der Bachmündung ein circa drei Meter breiter Streifen klaren Wassers im Lech. Mehrere Male zog ich einen Spinner in Weidenblattformat an der Grenze zum trüben Wasser entlang. Als nach einer Viertelstunde noch kein Biss kam, wechselte ich zu verschiedenen Ködern. Aber auch mit diesen Kunstködervarianten wie Wobbler und Blinker rührte sich nichts.

Als ich es nach zehn Minuten Pause wieder probieren wollte, tauchte plötzlich, wie aus dem Nichts kommend, ein anderer Angler vor mir auf.

»Ich habe dir schon eine Weile zugeschaut. Mit deinen Blechdingern fängst du hier keine Forellen«, meinte er. Er griff in seinen großen Rucksack, den er vor sich hingestellt hatte, und zog ein Stück Emmentaler Käse hervor. »Hier hast du den richtigen Köder«, lächelte er überlegen. »Schneide dir Daumennagel große Stücke davon ab und fisch mit einem Schwimmer. Sobald die Käsestücke knapp über Grund im trüben Wasser treiben, fängst du deine drei Forellen zum Mitnehmen«, waren seine lehrreichen Worte. Kaum hatte ich mich bedankt, war der graubärtige Mann mit seinem Trachtenhut und einer schweren Spinnrute in der Hand im Raureif-Gebüsch wieder verschwunden. Ich wollte ihn eigentlich wegen des Fischens auf Huchen noch um Auskunft bitten, aber dazu gab er mir keine Gelegenheit mehr.

Zum Glück hatte ich in meiner Umhängetasche einen Schwimmer und etwas Blei dabei. So entstand in wenigen Minuten die Posen-Montage mit den Käsestücken. Ich wollte gerade auswerfen, als ich plötzlich einen großen Fisch sah, der sich, gerade aus dem Trüben kommend, ins klare Wasser vorschob und etwa drei bis vier Meter vor meinem Standplatz innehielt. Um den Fisch nicht zu verscheuchen, ging ich langsam in die Hocke und entfernte mich einige Meter, um hinter einem Weidenbusch Deckung zu nehmen. Es war ein etwa achtzig bis neunzig Zentimeter langer Huchen mit bronzenem Rücken. Jetzt habe ich nur die leichte Spinnrute mit sechzig Gramm Wurfgewicht dabei, dachte ich. Ich spürte wieder das Pochen in meiner Halsschlagader. Schnell baute ich hinter dem Busch die Montage mit Schwimmer wieder ab und befestigte mittels eines kräftigeren Wirbels einen Vierzig-Gramm-Blinker. Dann begann ich mit der dreißiger Schnur das Schicksal herauszufordern, indem ich den Blinker dicht an der Seite dieses königlichen Salmoniden vorbeitaumeln ließ. Der Huchen zeigte auch nach mehreren Würfen keine Regung. Bei dem Versuch, den Blinker einige Zentimeter vor seinem Maul absinken zu lassen, traf ich direkt seinen Kopf. Daraufhin begann die Majestät der Salmoniden sich langsam zu bewegen und verschwand beleidigt wieder im Trüben. Vorbei ist der Traum vom Huchen, endgültig aus, sah ich jetzt ein. Heute ist Abreisetag. Zuvor wollte ich aber noch meine drei Forellen fangen.

Eilig montierte ich wieder um und ließ den Schwimmer im kräuselnden

Wasser etwas abtreiben. Nach etwa fünfzehn Meter zog ich die Pose zu mir her und ließ diese erneut abtreiben. Das wiederholte ich immer wieder. Nach einer halben Stunde verschwand endlich das Stück Balsaholz von der Wasseroberfläche. Vorsichtig nahm ich nach wenigen Sekunden Fühlung auf. Jetzt spürte ich leicht die Bewegungen eines Fisches. Ein kurzer Ruck mit der Rutenspitze nach oben und der Fisch war gehakt. Der heftigen Gegenwehr zufolge dürfte es sich um ein größeres Exemplar handeln, dachte ich. Nach einigen kurzen Stößen zappelte zu meiner Freude eine um die fünfundvierzig Zentimeter große Regenbogenforelle im Kescher. Es folgten nach einem Platzwechsel noch zwei weitere Forellen gleicher Größe. Alle drei Forellen wogen insgesamt fast zwei Kilogramm und hatten sehr intensiv rot gefärbtes Fleisch. Im Volksmund würde man diese Forellen als »Lachsforellen« bezeichnen. Dank dieses älteren einheimischen Anglers musste ich nicht ohne Beute zu meiner Familie nach Hause fahren.

Arbeitsstelle für das Leben?

Im darauffolgenden Sommer, im Jahre 1987, traf ich meinen Jugendfreund Franz Schrödl. Er war bei der Post als Ingenieur angestellt. Franz erkundigte sich nach meiner beruflichen Situation. Bis jetzt hatte ich auf meine Bewerbungen nur Absagen erhalten, teilte ich ihm etwas traurig mit. Franz schaute mich mit strahlenden Augen an und meinte: »Alfred, ich weiß vielleicht einen Job für dich.« »Dann plaudere es mal aus«, erwiderte ich ihm voller Spannung. Franz erzählte mir, dass er einen Bekannten habe, der auch mich kenne. Es handelte sich dabei um H. Jodl, den ich bereits von der Berufsschule her kannte. Jodl hat auch an der Fachhochschule in Nürnberg Werkstofftechnik studiert und wurde ein Jahr früher mit dem Studium fertig als ich. Zuletzt hatte ich Jodl im Annawerk bei Coburg gesehen. Er arbeitete dort als Ingenieur, während ich in dieser Fabrik den praktischen Teil meiner Abschlussarbeit absolvierte. Jetzt war Jodl etwa zwanzig Kilometer von meinem Heimatort entfernt bei einer Firma angestellt, die Keramikkondensatoren herstellt.

Wie ich weiter in Erfahrung bringen konnte, suchte der dortige Laborleiter einen Entwicklungsingenieur. Franz gab mir noch am selben Tag die Telefonnummer von Jodl. Dann ging alles sehr schnell. Nach einem kurzen Telefongespräch mit Jodl schrieb ich sofort am Montag eine Bewerbung an die Firma Röderstein. Am Mittwoch rief bereits am frühen Morgen der Laborleiter bei meiner Frau an und teilte mit, dass ich um elf Uhr zu einem Vorstellungsgespräch kommen soll.

Meine Frau rüttelte mich aus dem Bett und erzählte von dem Telefongespräch. »Ja, haben die denn meine Post schon erhalten?«, murmelte ich noch schlaftrunken zu meiner Frau. Da ich am vorhergehenden Abend bis früh um drei Uhr beim Aalfischen die halbe Nacht verbrachte, war ich noch sehr müde. Doch die neue Chance auf einen guten Arbeitsplatz witternd, kroch ich aus dem Bett und warf mich nach dem Duschen in Schale.

Die Fa. Röderstein, die sich im Gewerbegebiet in Schierling befand, war schnell gefunden. Nachdem ich am Firmenparkplatz mein Auto abgestellt hatte, fragte ich beim Pförtner nach Herrn Alfons H. »Sie sind wohl der Herr Suttner. Sie werden schon erwartet«, ließ er mich wissen.

Der Laborleiter wartete im Besucherzimmer gleich neben der Pforte auf mich. Etwas aufgeregt klopfte ich an der Tür, nachdem ich mich kurz innerlich gesammelt hatte. Ich erhielt keine Aufforderung zum Eintreten, öffnete aber nach einer Weile die Tür. Vor mir saß ein zeitungslesender Diplomphysiker mit weißem Mantel. Er legte langsam die Zeitung beiseite und begrüßte mich mit den Worten: »Herzlich willkommen, Herr Suttner. Sie interessieren sich für einen Arbeitsplatz in unserem Entwicklungs- und Betriebslabor. Bitte begleiten Sie mich ins Labor, Herr Suttner!«, teilte er mit. Wir gingen außen an der Endfertigungshalle vorbei zu dem Gebäude der Keramikfertigung, in dem sich auch das Labor befand. In der Halle sah ich schon von Weitem Jodl neben einem seiner Tunnelöfen stehen, in dem die Keramikscheiben für die Kondensatoren gebrannt wurden. Jodl begrüßte mich mit den Worten: »Hallo Alfred, so sieht man sich wieder.« »Servus, ich wusste nicht, dass du so nahe an meinem Heimatort in dieser interessanten Firma arbeitest«, begrüßte ich ihn. Hans gab mir gleich eine Keramikscheibe in die Hand, die etwa die Dimension einer Fünfzig-Pfennig-Münze hat. Ich drehte die Scheibe aus harter, dichtgesinterter Keramik zwischen den Fingern und fühlte dabei die glatte Oberfläche der exakt zylindrischen Form. »Aus welchem Material besteht diese Keramik?«, erkundigte ich mich. »Überwiegend aus Bariumtitanat, eine synthetisch hergestellte, anorganische Verbindung mit sehr hoher Dielektrizitätskonstante«, erläuterte er.

Jetzt gesellte sich noch ein weiterer Firmenangehöriger zu uns. Er stellte sich als Betriebsrat vor und fragte mich gleich nach meinem Wohnsitz. »Ich komme aus Bad Abbach, Herr Betriebsrat. Mein Name ist Alfred Suttner.« »Aus Bad Abbach«, wiederholte er interessiert. »Da hätten Sie ja gar nicht weit zur Arbeit, Herr Suttner«, stellte er fest. »Übrigens, ich heiße Josef Nierer.« »Moment mal, meine Herren, der Herr Suttner muss doch erst mal eingestellt werden, bevor wir uns über weitere Dinge unterhalten«, äußerte sich der Laborleiter. Wegen meines wiederkehrenden Gähnens auf Grund meiner fortschreitenden Müdigkeit in der sehr warmen Ofenhalle schauten die drei mich nun fragend an. »Entschuldigen Sie, aber ich war heute früh bis drei Uhr beim Aalfischen. Die Einladung zu diesem Vorstellungsgespräch kam sehr überraschend für mich«, erklärte ich. Der Betriebsrat lachte nun laut auf. Es klang eher nach einem Freudenschrei. »Was –, jetzt sagen Sie bloß, Sie sind Hobbyfischer, Herr Suttner«, freute er sich. »Ja, Herr Nierer, das bin ich«, bestätigte ich ihm. »Herr H., das ist der richtige Mann für uns. Den müssen Sie unbedingt einstellen«, wandte sich nun der Betriebsrat mit kräftiger Stimme an den Physiker.

Der Laborleiter, der sein Grinsen nicht verbergen konnte, forderte mich auf, ihm in sein Büro zu folgen. Er wollte etwas über meine bisherige berufliche Erfahrung wissen und sagte zum Schluss, dass ich jetzt nicht unbedingt diesen Job als Gruppenleiter antreten müsse, da ich ja vorher als Laborleiter beschäftigt war. »Die Firma hat auf mich bisher einen guten Eindruck hinterlassen. Wichtig ist mir ein Job, der mir von der Materie her Freude bereitet«, gab ich Herrn Alfons H. zu verstehen. »Herr Suttner, ich kann über Ihre Einstellung nicht alleine entscheiden. Sie müssen deshalb morgen nach Landshut, um beim Prokuristen vorzusprechen. Ich gebe Ihnen noch einen Rat mit auf den Weg. Setzen Sie sich bitte aufrechter in den Sessel während des Gespräches mit Herrn Ruhland.« Herr H. teilte mir noch mit, dass er mich wegen des Termins in Landshut anrufen würde. Dann verabschiedete er mich recht freundlich. Gleich früh am nächsten Morgen rief mich der Leiter des Labors an und teilte mir mit, dass ich um zehn Uhr in Landshut ein weiteres Vorstellungsgespräch bei dem Prokuristen wahrnehmen sollte.

Nach kaum einem zehnminütigen Gespräch in Landshut erhielt ich eine Abschrift meines Arbeitsvertrages. Der Prokurist wünschte mir noch viel Glück und eine gute Hand für meine Aufgaben. Voller Freude fuhr ich nach Hause und berichtete meiner Frau von dem neuen Job.

Am 3. September 1987 begann für mich eine fast fünfzehnjährige

Tätigkeit, die mich als Ingenieur meiner Neigung nach voll erfüllte. Dafür habe ich auch Herrn Alfons H. für seinen guten Führungsstil zu danken. Leider wurde die Firma 1992 von einem amerikanischen Konzern mit dem Namen »Haifish« übernommen. Welche Auswirkung diese Übernahme auf mich und die anderen Mitarbeiter der Fa. Röderstein hatte, werde ich zu einem späteren Zeitpunkt schildern.

Anglerfreunde

An einem Fronleichnamstag lernte ich meinen guten Angelfreund Herbert S. kennen. Ich kann mich noch gut erinnern, als mir Herbert auf der anderen Straßenseite entgegenkam, plötzlich innehielt und mit großen, fragenden Augen zu mir herüberschaute. »Hallo, Moment mal«, meinte er. »Ich habe dich doch erst letzte Woche beim Zanderfischen an der Donau gesehen. Hast du was gefangen?«, fragte er mit lauter Stimme. »An diesem Tag nicht«, entgegnete ich. Er erzählte mir von einem Fischerstammtisch in Bad Abbach, beim »Wastlwirt«. Jeden ersten Freitag im Monat würden sich dort sechs Angler treffen. »Meine Angelkameraden und ich freuen uns, wenn du nächsten Freitag zum Stammtisch kommen würdest«, versicherte er mir. Kurz entschlossen sagte ich ihm zu.

An jenem Freitag, ich weiß das Jahr und auch den Monat nicht mehr, begann für mich auch das Reisefieber zu entfernteren Angelrevieren in dieser Welt. Damals waren fünf Angler am Stammtisch anwesend, als ich mich zum ersten Mal dazugesellte. Walter, Eisenbahner von Beruf, der schon sehnlichst auf die Rente wartete, war ein etwas raubeiniger Angelkamerad. Aus Hartholz geschnitzt, aber im Grunde genommen ein gutbürgerlicher Charakter. Er verstand es, zu jedem Thema seinen Kommentar zu geben, auch wenn er davon nichts oder nur wenig wusste. Anton, unser Postbeamter, Karten- und Glücksspieler, der auch mal gerne zechte, ist der klassische Gesellschaftstyp. Er ist einer von der Art, der besonders gerne den größeren Fisch am Haken haben will. Aber wer möchte das nicht. Dann gab es noch den Franz, der selbstständig einen Verlag führt. Ein waschechtes Schlitzohr, auch Kartenspieler und Unschuldslamm, der über andere gerne Witze machte. Eduard, der Medizinstudent, war damals wie heute als Arzt auch der geborene Geschäftsmann. Er brachte zum Stammtisch oft Angelzubehör, Uhren, Bekleidung und Kunstobjekte mit, die er zum Verkauf anbot. Auch er spielte am Stammtisch gerne Karten.

Herbert S., von Beruf Schreiner, unser gutmütiger, hilfsbereiter, ehrlicher Angelkamerad wurde von den anderen nicht immer ernst genommen und gerne ausgenutzt. Manchmal erweckte er den Eindruck, als wäre er mit sich selbst nicht zufrieden. Leider weilt Herbert heute nicht mehr unter uns. Für Herbert wurde, auf Grund der widerlichen Lebensumstände, das Angeln nicht zum Lebenselixier. Aus Diskretion gegenüber seinen Familienmitgliedern verzichte ich auf die Schilderung seines Ablebens.

An einem Freitag am Stammtisch erzählte uns Herbert S. von den neuartigen Karpfenködern aus England, die als »Boilies« bezeichnet werden. Es handelt sich dabei um gekochte Teigkugeln mit verschiedenen Aromastoffen, mit denen selektiv auf große Karpfen gefischt wird. Der Name leitet sich von dem englischen Verb »to boil« (kochen) ab. Die »Boilies« bestehen aus verschiedenen pulvrigen Zusätzen, die mit Eiern teigig angerührt werden. Aus dem Teig werden Kugeln mit Durchmessern von zehn bis dreißig Millimetern geformt und dann gekocht. Das ist das Entscheidende. Durch das Kochen erhalten die Teigkugeln eine harte Konsistenz, damit Weißfische wie Rotaugen etc. diese nicht mehr als Nahrung aufnehmen können.

Herbert ergriff als Erster die Initiative zur Herstellung dieser »Boilies«. Er animierte uns immer wieder, bei der Produktion großer Mengen dieser Zauberkugeln mitzumachen. Er besorgte eine große ausgediente Fettspritze zum Pressen der Teigstränge, aus denen mit Hilfe von »Boilie-Rollern« ungefähr zwanzig nahezu runde Kugeln in einem Arbeitsgang hergestellt werden konnten. Der Herstellungsprozess unterteilte sich in fünf Fertigungsschritte. Ich übernahm das Abwiegen und Trockenmischen der einzelnen Teigkomponenten. Anton war für die Nassaufbereitung mit den Eiern zuständig. Unser Produktchef Herbert presste eifrig die Teigstränge und schimpfte hin und wieder mit hochrotem Kopf Anton, wenn die Teigkonsistenz nicht passte. Franz verarbeitete die Teigstränge zu den rohen Kugeln und warf diese dann in den Kochtopf. Nach dem Kochen wurden die aufschwimmenden »Boilies« mit Hilfe eines Siebes vom Kochwasser getrennt und zum Trocknen ausgebreitet. Der letzte Arbeitsgang wurde mit Hilfe von Walter gemeinsam erledigt. Auf diese Weise erzielten wir oft an zwei bis drei Abenden eine Ausbeute von über zwanzig Kilogramm. Jeder von uns konnte mit über vier Kilogramm »Boilies« auf Großkarpfen angeln gehen.

Wieder am Stammtisch vereint, waren wir uns zu viert einig, sobald wie möglich ein gutes Karpfengewässer zu testen. Herbert machte den Vorschlag, am »Mauerner See« die Zelte aufzuschlagen. Dieses Gewässer gehört zu den Angelrevieren des Kreisfischereivereins Kelheim. Der See hat eine Wasserfläche von circa zwanzig Hektar mit natürlichem Weidenbewuchs und sehr vielfältigen Uferstrukturen. Wir trafen uns Donnerstagmittag zum Zeltaufbau. Damals durfte am See noch ein Lagerfeuer unterhalten werden. Abends beköderten wir unsere Angelruten mit den »Boilies« und platzierten die Grundmontagen in ungefähr sechzig bis siebzig Meter Entfernung zum Ufer. Zwei Tage vorher fütterten Herbert und Anton die Angelplätze mit den Zauberkugeln an. Sie fingen an diesem Abend je einen Graskarpfen mit jeweils über neunzig Zentimeter Länge. Walter und ich hatten weniger Glück. Früh im Morgengrauen konnte jedoch auch ich einen guten achtziger Grasfisch anlanden. Trotz mehrerer Bisse erwischte ich nur diesen einen. Herbert belehrte mich: »Alfred, du solltest den Anhieb schneller durchführen. Diese Fische mit ihren großen Mäulern schlürfen nur allzu schnell die angeköderten Kugeln ab.« Wahrscheinlich liegt es an der Haarmethode, mit der wir die »Boilies« befestigten, fiel mir auf. Bei der Haarmethode befindet sich die Kugel nicht direkt an dem Haken, sondern wird unterhalb des Hakens auf ein kurzes Stück Schnur aufgefädelt und mit einem dünnen Stäbchen fixiert. Der Abstand zwischen Hakenbogen und der Kugel sollte ungefähr dem Kugeldurchmesser entsprechen.

Es schien, als würde der asiatische Grasfisch mit seinen Lippen blitzschnell die »Boilies« herunterzupfen. Ich war es gewohnt, dass unser heimischer Karpfen die »Boilies« eher einsaugt. Wenn der Karpfen beim Weiterschwimmen die Schnur an seinem Maul bemerkt, wird ziemlich schnell Schnur von der Rolle gezogen. Diese Art des Anbeißens wird auch als Fluchtbiss bezeichnet. Auch unser heimischer Karpfen beißt nicht immer so unvorsichtig. Dies macht sich dann durch geringste Bewegungen eines in der Schnur eingehängten Bissanzeigers bemerkbar. Während ich gegen Mittag vom Bäcker ein gebratenes Spanferkel abholte, erlebten meine zurückgebliebenen Kameraden harte Kämpfe mit Graskarpfen von über einem Meter Länge. Ich traute meinen Augen nicht, als Herbert den röhrenförmigen Setzkescher heranholte. Darin befanden sich bereits zwölf Kapitale im Setzkescher. Herbert grinste mir entgegen und meinte: »Während deiner Abwesenheit folgte Biss auf Biss.« Innerhalb einer Stunde fingen diese Glückspilze neun Graskarpfen.

Wir platzierten gerade das Spanferkel zum Warmhalten über dem Lagerfeuer, als unsere besseren Hälften mit den Kindern heranfuhren. »Na, habt ihr ›Wurmbader‹ schon etwas gefangen?«, ertönte es aus dem Mund von Helga. Walter ging daraufhin zum Setzkescher, zog diesen so weit aus dem Wasser, bis die dunklen, langen Rücken der mächtigen Fischleiber zu sehen waren. Da staunten sie nicht schlecht. Besonders Walters Frau Helga fand plötzlich keine Worte mehr. Nach einer Weile meinte die Frau von Herbert: »So große Fische habe ich noch nie gesehen.« Ehrfürchtig stand auch mein Sohn Christoph am Ufer und betrachtete die Fische voller Neugier. »Und nun setzt euch mal an die Tische, jetzt gibt es was Leckeres«, rief Herbert zu den immer noch vor den Fischen staunenden Frauen und Kindern.

Thomas, unser jüngster Nachwuchs, wurde plötzlich von Herberts Tochter Jessica umringt. Die beiden Vierjährigen umarmten sich spontan und küssten sich auf den Mund, siehe **Bild 3**. Es gelang mir, diese doch nur einige Sekunden dauernde spaßige Szenerie fotografisch festzuhalten. Ich schrie nun zu den anderen: »Schaut mal schnell alle her, wie Jessica den Thomas küsst.« Über den See hallte nun ein lautes Gelächter von uns begeisterten Erwachsenen. Herbert sagte: »Ich glaube eher, dass dein Sohn meine hübsche Tochter küsst.« Anton stellte spaßig fest: »Es ist doch egal, wer wen küsst. Hauptsache, sie lieben sich. Herbert, deine Tochter fängt ja schon früh an, das hat sie bestimmt von dir geerbt«, fügte er noch schelmisch hinzu.

Bild 3: Früh übt sich!

Nach diesem Spaß setzten sich alle fröhlich gestimmt an den Tisch und es begann ein heiteres, geselliges Miteinander, wie ich es schon lange nicht mehr erlebt hatte. Herbert zapfte das dreißiger Bierfass an, und alle ließen sich das saftige, knusprige Spanferkel schmecken, das Anton und Walter verteilten. Es war ein unvergessliches, herrliches Angelwochenende mit Familie.

Nachdem am nächsten Tag noch drei weitere Grasfische an den Haken gingen, war das Wasser in der kleinen Einbuchtung, wo vorher der Setzkescher lag, rot gefärbt. Herbert hatte alle Fische geschlachtet. »Du bist doch verrückt«, sagte ich zu ihm. »Was willst du denn mit diesen vielen

Grasfischen?« »Die werden alle verwertet«, entgegnete mir Herbert zuversichtlich. Ich wollte meinen Grasfisch nicht, da ich schon einmal einen gebratenen versucht hatte. Das Fleisch dieses Fisches roch nach Algen. Mein Grasfisch wurde von Walter zubereitet. Er ließ mich ein Stück probieren. Dabei fiel mir der gute Geschmack auf, den Walter mit seinen Kochkünsten erzielt hatte. Walter erklärte mir, dass man bei der Zubereitung von Grasfischen unbedingt die Haut abziehen muss.

~

Wieder einmal am Stammtisch vereint, erzählte uns Anton von einem Hotelbesitzer nahe bei Regensburg, der einen circa zwei Hektar großen Weiher besitzt. In diesem See sollen Spiegelkarpfen weit über zwanzig Pfund das Wasser eintrüben. Auch größere Regenbogner soll es in diesem Gewässer geben. Anton hatte sich mit der Chefin unseres Stammtisch-Wirtshauses verkracht, deshalb verlegten wir unseren Stammtisch in das Hotel »Held«. Der Hotelbesitzer stellte uns Jahreserlaubnisscheine für sein Gewässer aus. Es war Anfang April, als wir zum ersten Mal an diesem Weiher unsere Ruten auslegten. Mit den »Boilies« fingen wir zunächst noch keine Karpfen, da das Wasser noch zu kalt war. Beim Fischen mit der Pose, mit etwas Mais am Haken und ein wenig Mais zum Anfüttern, stellte sich nach zwei bis drei Stunden ein Erfolg ein. Das Gewicht der Karpfen, denen unser Dosenmais zum Verhängnis wurde, lag so zwischen drei und vier Pfund. Trotz des geringen Gewichtes setzten sich die Karpfen kampfstark zur Wehr. Wir waren zuversichtlich, dass in zwei bis drei Wochen die größeren Exemplare auf »Boilies« einsteigen würden. Uns war klar, dass sich diese Fische erst an die Zauberkugeln gewöhnen mussten. Der Inhaber unseres neuen Fischwassers erzählte, dass zuvor noch niemand mit diesen Ködern gefischt hatte. Bei den bisherigen Anglern an diesem Gewässer waren Karpfen mit über zehn Pfund eher die Ausnahme.

Welche Kraft ein flüchtender schwerer Karpfen beim Anhieb auf die Schnur ausübt, bekam zuerst unser Franz zu spüren. Am ersten Mai saßen wir zu viert an diesem See. Meine Kameraden prosteten sich gerade mit einem Fläschchen Pils zu, als bei Franz der akustische Bissanzeiger mit schrillem Ton aufheulte. Bis er sich aus dem bequemen Stuhl erhob, in dem er mehr lag als saß, waren bereits mindestens fünfzehn Meter Schnur von der Rolle abgespult. Franz hatte die Bremse seiner Freilaufrolle zu fest eingestellt, deshalb riss die Schnur während der Flucht des Karpfens durch seinen kräftigen Anhieb. Wie sich herausstellte, war sie am Knoten, mit dem der Haken angebunden war, gerissen. »Das muss ein Brocken gewesen sein«, seufzte Franz enttäuscht. »Ja, den hast du nicht zu Gesicht bekommen wegen deines kräftigen Anhiebes«, merkte ich an. »Bei einem Fluchtbiss, bei dem der Karpfen sehr schnell von dir wegschwimmt, solltest du immer zuerst vorsichtig die Rute hochnehmen und dann mit einem kurzen Ruck, bei nicht zu fest eingestellter Rollenbremse, den Anhieb setzen«, belehrte ich Franz. Nach einiger Zeit hörten wir das akustische Signal des Bissanzeiger von Anton. Die Schnur lief bereits stetig von der Rolle ab. Anton verkörperte die Ruhe selbst, als er die Angelrute mit Bedacht aus dem Halter hob und vorsichtig mit dem langsam abziehenden Fisch Fühlung aufnahm. Durch den erhöhten Widerstand der jetzt fester eingestellten Bremse bog sich die drei Meter sechzig lange Rute fast bis zum Halbkreis. Die Zugkraft an der Schnur war nun enorm, wie an dem singenden Geräusch der Monofilen zu erahnen war. Anton lockerte die Rollenbremse etwas, damit der Karpfen wieder Schnur abziehen konnte.

Nach etwa zehn Minuten kam der Fisch näher ans Ufer. Wir waren alle sehr gespannt, um welchen Brocken es sich wohl handeln würde. Zu dritt beruhigten wir den vom Drill gestressten Anton, um zu verhindern, dass dieser jetzt kurz vor dem Kescher noch einen Fehler macht. Unsere Blicke waren stets auf die im Wasser verschwindende Schnur gerichtet, die mal nach links, mal nach vorne und dann wieder nach rechts ausweichend die Wasseroberfläche durchbrach. »Jetzt wird es aber allmählich Zeit, den Fisch an die Oberfläche zu bekommen«, sagte Franz ungeduldig zu Anton. »Lass dir ruhig Zeit«, gab ich Anton zu verstehen. Jetzt sahen wir den dicken dunklen Rücken, wie er sich immer deutlicher vom graugrünlichen Wasser abzeichnete. Doch der Drill sollte noch nicht zu Ende sein. Als Herbert vorsichtig den Kescher in die Nähe des Fisches brachte, mobilisierte der Karpfen seine letzten Kräfte und zog abermals gute fünfundzwanzig Meter Schnur von der Rolle. Allerdings verlangte diese Flucht dem Karpfen viel Kraft ab, da Anton die Bremswirkung der Rolle erhöhte. Jetzt ließ sich der starke Kämpfer leichter heranziehen als beim ersten Mal. Schließlich gelang es Herbert, den weiß zeigenden Karpfen ins Netz zu führen.

Nach dem Einbringen ins Netz wollte Herbert, wie gewohnt, mit horizontal gehaltenem Kescher den Karpfen so einfach mal schnell aus dem Wasser heben. Doch durch das hohe Gewicht wäre der Kescher beinahe am Stielgelenk zu Bruch gegangen. Wie Herbert erkannte, ließ sich der Karpfen mit senkrecht gehaltenem Kescher ohne Hebel besser an Land bringen. Nach dem Abzug des Gewichtes für den Kescher blieb für den Spiegelkarpfen ein Lebendgewicht von etwas über vierundzwanzig Pfund übrig. Bis jetzt hatten wir alle noch keinen so großen Karpfen in natura gesehen. Nach einigen Fotos entließen wir den dicken Brocken wieder in sein Element. Im Laufe jener Angelsaison fing jeder von uns noch mehrere Karpfen mit Gewichten zwischen zwanzig und fünfundzwanzig Pfund. Schwerere gab es scheinbar in diesem Gewässer nicht mehr.

Wie wir von unserem Pächter noch erfuhren, wurden auch große Regenbogenforellen in den Weiher eingesetzt. An den Fang eines solchen Exemplars kann ich mich noch gut erinnern. Im Volksmund wird diese Forelle auch als »Lachsforelle« bezeichnet. An dem steilen, kiesigen Westufer dieses Sees war ich mit der Spinnrute unterwegs. Ich hatte es eigentlich auf Zander abgesehen, die es in diesem gut besetzten Weiher auch geben sollte.

Doch mein Spinner verleitete an diesem Abend einen anderen Fisch zum Anbiss. Nach vielen Würfen ohne Fischkontakt kam bereits Langeweile auf. Einen letzten Wurf mit einem schwereren Spinner wollte ich aber noch durchführen, um möglichst die Seemitte zu erreichen. Der Kunstköder hatte kaum die Wasseroberfläche durchbrochen, als ein kräftiger Ruck in der Rute mich sofort aus meiner Lethargie zurückholte. Der Anbiss kam so unerwartet für mich, dass ich an dem steilen und kiesigen Ufer mit beiden Füßen ins Wasser rutschte. Doch der Fisch war gehakt. Die darauffolgenden schnellen Fluchten waren untypisch für einen Zander. Der Fisch zog mir, trotz der etwas strenger eingestellten Bremse, immer wieder einige Meter

Schnur von der Rolle. Um den Räuber schneller zu ermüden, stellte ich die Rollenbremse noch etwas strenger ein und forcierte den harten Kämpfer. Daraufhin durchbrach der silbrige Körper einer Forelle die Wasseroberfläche. Jetzt musst du aufpassen, dachte ich. So eine große Regenbogenforelle hatte ich noch nie am Haken. Nachdem ich nun wusste, mit welchem Gegner ich es zu tun hatte, verminderte ich die Bremskraft und begann, die Forelle immer unter gespannter Schnur zu führen, bis sie reif für den Kescher war. Während ich nach dem Kescher griff, sprang die Forelle abermals und zwang mich zu einer Drehbewegung, die bei mir später einen sehr schmerzvollen Hexenschuss auslöste.

Endlich hatte ich nach mehreren kurzen Fluchten den Fisch im Kescher. Ich hob die Forelle im Netz aus dem Wasser und spürte dabei plötzlich einen stechenden Schmerz im Rücken. Mühsam kroch ich auf allen vieren mit der Forelle den Abhang hoch. Oben angekommen, spürte ich wieder Schmerzen im Rücken, während ich die Forelle abschlug. Das Maßband zeigte achtundsechzig Zentimeter. Das Gewicht schätzte ich auf etwa drei Kilogramm. Voller Freude fuhr ich gleich zu meiner Schwester, die in der Nähe dieses Gewässers wohnt, um ihr das Prachtexemplar zu zeigen. Anschließend zuhause angekommen, merkte ich beim Aussteigen aus dem Auto, dass die Rückenschmerzen immer stärker wurden. Ich konnte kaum noch die Treppe hinaufgehen, die vom Keller zur Wohnung führte. Nachdem die Forelle von mir zerteilt und in Gefrierbeuteln verpackt war, legte ich mich im Wohnzimmer auf das Sofa.

Auf dem Rücken liegend, wurden die Schmerzen auch bei geringsten Bewegungen immer unerträglicher. Nach etwa einer Stunde Schlaf wollte ich mich zum Abendessen an den Esstisch setzen, aber es gelang mir nicht. Ich konnte mich nicht mal mehr einen Zentimeter aus der Mulde bewegen, die durch mein Körpergewicht auf dem Sofa gebildet wurde. »Da hast du dir aber was Schlimmes zugezogen«, bemerkte meine besorgte Frau. Sie brachte mir Tee und belegte Brote an den Tisch und half mir sogar beim Essen. Ein weiterer Versuch, vom Sofa aufzustehen, um ins Schlafzimmer zu kriechen, scheiterte abermals. So brachte mir meine Frau Schlafanzug und Bettzeug, damit ich mich im Wohnzimmer zur nächtlichen Ruhe begeben konnte.

»Möglicherweise kannst du morgen noch nicht zur Arbeit, aber zum Arzt wirst du noch gehen können«, vermutete meine Frau. Am nächsten Morgen konnte ich immer noch nicht selbständig aufstehen. Meine Frau und Kathrin unterstützten mich, damit ich zur Toilette gehen konnte. An einen Gang zum Arzt war nicht zu denken, es war noch keine Besserung in Sicht. Meine Frau rief deshalb in der Praxis an und bat um einen Hausbesuch.

Am Nachmittag erschien dann eine junge praktizierende Medizinstudentin. Zuerst wollte sie mich vom Sofa hochziehen, um mir in einen Sessel zu helfen. Doch das gelang ihr nicht. Fragend musterte mich die angehende Medizinerin und erkannte, dass nur eine Spritze hilft. Doch eine Spritze in den Rücken wollte ich mir nicht geben lassen. Ich bat sie deshalb um eine Salbe. Die Frau mit dem pechschwarzen langen Haar im weißen Kittel holte jetzt eine Nadel aus ihrem Köfferchen und stach mir damit in den linken großen Zeh. Mein spontanes »Aua« entlockte der Frau ein freudiges Lächeln. »Gott sei Dank nicht ...«, meinte sie und gab mir eine Salbe zum Einreiben.

Berufliche Aufgaben

Meine erste große Aufgabe im Labor der Fa. Röderstein bestand darin, eine weichere Plastifizierung für das Sprühgranulat einzuführen, um möglichst hohe Rohdichten beim Verpressen des Granulats zu erhalten. Entsprechend sind dann auch höhere Dichten der gesinterten Keramik zu erwarten, was wiederum zu einer besseren Spannungsfestigkeit der Elektrokeramik führen könnte.

Bisher wurde für alle Keramiksorten ein einheitlicher Pressdruck in Abhängigkeit von der Scheibengröße vorgegeben, ohne Berücksichtigung der Rohdichten der ungebrannten Keramik. Ich wollte nun erreichen, dass für die einzelnen Zusammensetzungen der Keramik eine spezifische Sollrohdichte angegeben wird. Die einzustellende Presskraft ergibt sich dann rechnerisch für die verschiedenen Geometrien der Scheiben, um die vorgegebenen Sollrohdichten einzuhalten.

Aus amerikanischer Literatur, die mir mein Chef gab, fand ich einen Polyvinylalkohol (PVA), der eine wesentlich plastischere Eigenschaft besaß als der im Moment eingesetzte PVA in der Fertigung. Durch Laborversuche konnte ich nachweisen, dass mit dem weicheren PVA bei gleichem Pressdruck höhere Rohdichten zu erreichen sind. Dies war auch unter dem Rasterelektronenmikroskop sichtbar. Die bisherigen Hohlräume mit Lufteinschlüssen zwischen den deformierten Sprühkörnern waren an der Scheibenoberfläche der gepressten Keramik mit der neuen Plastifizierung fast nicht mehr erkennbar.

Beim fertigungsnahen Test zeigte sich jedoch, dass nach längerer Zeit die verpressten Scheiben an den Stempeln der Presse kleben blieben. Momentan wusste ich keinen Rat, diese unerwünschte Erscheinung zu vermeiden.

Am nächsten Tag, es war Freitag, rief mich überraschenderweise Gisbert an und fragte mich, ob ich mit ihm zum Fischen gehen möchte. »Ja, selbstverständlich«, entgegnete ich freudig am Telefon. Wir fuhren an den alten Ludwigkanal im Altmühltal, nahe der Ortschaft Essing. Es war bereits Anfang Mai, als wir zum ersten Mal unsere Mistwürmer im neuen Angeljahr zum Baden schickten. Gut austariert stand mein Schwimmer leicht geneigt neben den ersten Seerosenblättern, die aus der Tiefe emporkamen, um sich an der Wasseroberfläche auszubreiten. Als wir so in der Stille dasaßen, wollte Gisbert wissen, wie es mir mit meiner neuen Arbeitsstelle geht. Ich erzählte ihm von den Laborversuchen, bei denen es mir gelang, die Plastizität des Sprühgranulats zu erhöhen. »Jetzt kleben aber die gepressten Scheiben an den Presstempeln an«, informierte ich ihn. Gisbert empfahl mir spontan, es mit einer organischen Säure zu versuchen. »Das ist eine gute Idee«, bestätigte ich.

Mein Schwimmer begann jetzt leicht zu zittern und legte sich nach kurzer Zeit flach auf das Wasser. Gisbert erkannte sofort, dass es sich bei dem Verkoster in der Tiefe um eine Brachse handeln könnte. Blitzschnell tauchte der Schwimmer jetzt ab und verschwand von der Wasseroberfläche. »Der Fisch hat jetzt den Wurm genommen«, sagte Gisbert zu mir. Jetzt musste ich den Anhieb setzen. Schon spannte sich die Schnur und die Rutenspitze krümmte sich. »Hast du ein Glück«, seufzte Gisbert mit missmutigem Blick. »Bei mir rührt sich gar nichts.« Während des Drillens tröstete ich Gisbert mit den Worten: »Für den guten Tipp, den du mir heute gegeben hast, bekommst du den Fisch von mir geschenkt.« Nach einigen weiteren Minuten zeigte sich der Fisch an der Oberfläche. Nachdem ich die Brachse im Kescher hatte, sagte ich zu Gisbert: »Jetzt kann ich mein Versprechen einlösen.« Freudig nahm Gisbert mein Geschenk an. Es war eine goldig schimmernde Brachse mit fast fünfzig Zentimeter Länge. Dieser »Klodeckel« hat zwar viele Gräten, aber auch ein wohlschmeckendes, vitaminreiches Fleisch. Vor dem Braten sollte man das Fleisch mit vielen eng aneinander liegenden Schnitten versehen, damit die Gräten beim Braten leichter entschärft werden, klärte mich Gisbert auf.

In der neuen Arbeitswoche besorgte ich mir sofort in der Endfertigung die Stearinsäure für weitere Versuche mit der neuen Plastifizierung. Um die hydrophobe Fettsäure in eine wasserlösliche Form zu bringen, setzte ich diese mit Ammoniak-Lösung zu Ammoniumstearat um. Während des Sprühprozesses, zur Erzeugung des Granulates, spaltet die Wärmeeinwirkung das Stearat wieder zur Fettsäure auf, dachte ich mir. Bei einem Fertigungsversuch mit fünfzehn Kilogramm Sprühgranulat zeigte sich, dass die gepressten Scheiben an den Stempeln nicht mehr kleben blieben. Ob nun die Stearinsäure als Salz oder als Säure diesen Effekt bewirkte, interessierte mich nicht mehr. Entscheidend war die Antihaftwirkung des Stearinsäure-Zusatzes, der aber die plastische Eigenschaft des verwendeten Polyvinylalkohols dabei nicht beeinflusste. Wieder einmal hatte sich die Angelfischerei als hilfreiches Elixier bewiesen.

~

An einem sommerlich warmen Apriltag kam völlig unerwartet Josef Nierer zu mir ins Büro. Nicht etwa, um nur betriebliche Belange zu besprechen, sondern hauptsächlich wegen der Fischerei. »Hallo Suttner, was macht die Kunst?«, fragte er mit fröhlichem Gesichtsausdruck nach. »Ich habe gehört, es ist dir gelungen, eine qualitätsverbessernde Maßnahme in der Keramikfertigung einzuführen.« Als ich ihm dazu antworten wollte, winkte er jedoch gleich ab und teilte mit, dass er gerne einen Wanderpokal für die Röderstein-Fischer stiften möchte. »Mit dir sind wir jetzt sechs Fischer und eine Fischerin in der Firma. Zusammen mit unserem Personalrat Salfeld sind wir dann acht Leute, mit denen wir ein Wettfischen veranstalten können«, fuhr er fort.

Neugierig geworden fragte ich: »In welchem Gewässer willst du den Pokal ausfischen?« Er erzählte mir von einem Weiher in der näheren Umgebung von Regensburg, den der ortsansässige Schierlinger Angelverein gepachtet hat. »Können wir den Weiher diesen Freitag besichtigen und dort fischen?«, fragte ich. Daraufhin besorgte er mir eine Angelerlaubnis für diesen See. Am Freitag konnte ich es während meiner Dienstzeit kaum noch erwarten, bis Feierabend war. Endlich ging die Tür zu meinem Büro auf und das strahlende Gesicht des Betriebsrates kam zum Vorschein. Gespannt, ein neues Angelgewässer kennenzulernen, fuhr ich hinter Josef Nierer her. Nach fünfundzwanzig langen Kilometern bogen wir endlich in einen befestigten Waldweg ein, der nach etwa dreihundert Metern vor einem Zaungatter für uns endete. Ein Zahlenschloss an diesem Gatter verhinderte die Weiterfahrt in die Weiheranlage. Josef kannte natürlich den Code. Nachdem wir hinter uns die Zufahrt wieder versperrten, sah ich schon durch Büsche hindurch die Wasseroberfläche schimmern. Es war ein sehr schön gelegener Waldweiher mit üppigem Uferbewuchs, aus abwechselndem Schilfbestand, Weidenbüschen und Bäumen. Dazwischen gab es immer wieder freie Uferplätze, die zum Ansitzfischen geradezu einluden. Das zweieinhalb Hektar große Gewässer mit kiesigem Untergrund hatte fast klares Wasser.

Der See war nahezu rechteckig mit anschließend kleinerem Rechteck mit geringerer Breite. Josef Nierer und ich begaben uns ans Ostufer, um mit einem Mistwurm-Maiskorn-Cocktail mit Schwimmer zu fischen. Man musste nicht weit werfen, da die Wassertiefe hier bereits sehr nahe am Ufer über einen Meter ist. Mein Schwimmer stand gut ausbalanciert, knapp neben einem Seerosenfeld. Es war ein herrlicher Anblick, ideal für ein Foto in einem Anglerbuch. Das Wetter war schwülwarm und die Sonne brannte mir in den Nacken. Ich wollte Josef gerade fragen, welche Fische zu erwarten sind, als bei ihm der Schwimmer zu wackeln anfing. Er konnte mir nicht mehr antworten, als er den Schwimmer abtauchen sah. Nach seinem sofortigen Anhieb straffte sich die Schnur und eine Regenbogenforelle katapultierte sich sofort aus dem Wasser. Während ich den Drill noch weiter beobachtete, hörte ich plötzlich das bekannte Geräusch meiner Rollenbremse. Aufgeschreckt erblickte ich meine Rutenspitze, wie sie durch die ablaufende Schnur auf und ab wippte. Der Schwimmer war nicht mehr zu sehen. Behutsam nahm ich die Rute in die Hand und legte den am Heck befindlichen Hebel der Rolle um. Ein kurzer, nicht zu kräftiger Ruck mit der Rute erzeugte den nicht immer spürbaren Gegendruck eines Fisches. Meine »Carp King« krümmte sich jetzt enorm. Ich ließ den Fisch erst einmal zur Seemitte hin flüchten. Inzwischen hatte Josef seine »Regenbogner« im Kescher. Josef sah es meiner Rute an, dass der Flossenträger kein kleiner Fisch war. Er meinte immer wieder: »Alfred, lass dir Zeit, lass dir Zeit, sonst schlitzt der Karpfen noch aus.« Ich nahm mir die Zeit und ließ den Fisch gegen die Spannkraft der Rute arbeiten. Langsam konnte ich ihn zum Ufer herankurbeln.

Josef kam mit dem Kescher heran, aber der Karpfen war noch lange nicht ermüdet. Immer wieder flüchtete er parallel zum Ufer, um unter die Büsche zu gelangen. Aber mit der drei Meter sechzig langen Rute konnte ich gut dagegenhalten. Jetzt sahen wir im klaren Wasser den kampfstarken Schuppenkarpfen. Schließlich und endlich konnte Josef den Karpfen mit schweißgetriebener Stirn in das Netz dirigieren. »Petri Heil, Petri Heil, das ist ein guter Anfang. So einen schönen Schuppenkarpfen fängt man nicht alle Tage, Alfred.« Nach Abzug des Kescher-Gewichtes ermittelten wir sein Lebendgewicht mit vier Komma zwei Kilogramm. Schonend setzte ich den wohlproportionierten Karpfen mit seiner gesunden Farbe wieder zurück.

Jeder von uns hatte zwei Forellen im Gepäck, als wir den Angelnachmittag an diesem schönen Gewässer beendeten. Während der Heimfahrt freute ich mich, ein weiteres schönes Angelgewässer kennengelernt zu haben.

Einige Wochen später, nachdem der Termin für den betriebsinternen Angelwettbewerb für einen Freitag feststand, fing ich mit der Boilie-Produktion an. Ich mischte wieder Baby-Trockenmilchpulver von Beba mit Paniermehl und Maismehl etwa zu gleichen Teilen zusammen. Zu den Eiern tropfte ich das bewährte Vanillekonzentrat zu und bildete mit der Trockenmischung einen leicht zu knetenden Teig. Daraus formte ich mit den Händen die an Erfolg gewohnten Kugeln. Damit während des Kochens der Teigkugeln das Vanillearoma nicht zu sehr ausgelaugt wurde, setzte ich dem Kochwasser immer zwei bis drei Tropfen des Konzentrats zu.

Unser Betriebsleiter Fritz S. stiftete für die Preise zweihundertfünfzig Mark aus der Betriebskasse. Mit diesem Geld kaufte ich einige Tage vor dem Preisfischen Angelzubehör ein. Als ersten Preis zum Wanderpokal wählte ich eine gute Stationärrolle von Shimano aus.

Endlich war es dann an einem Freitag im Juni so weit, dass wir zu dem schönen Waldsee zum Wettangeln fahren konnten. J. Nierer hielt vor dem Fischen noch eine kurze Ansprache und wünschte uns ein kräftiges Petri Heil. Der Fänger des schwersten Fisches sollte den ersten Preis erhalten. Nur ich fischte mit den zauberhaften Aromakugeln. Bei den meisten Schierlinger

Angelkameraden waren diese speziellen Köder zum Karpfenfang noch wenig bekannt. Ich war mir bereits des Sieges sicher, als ich meine beiden Ruten mit jeweils einem Boilie am Haar auf Grund auswarf. Nach Anbringen der Glöckchen setzte ich mich bequem in meinen Stuhl und schaute entspannt einigen Kameraden zu, wie sie ihre Haken mit Mais und Rotwürmern bestückten.

Unser Elektrotechniker Ernst I. begab sich erst einmal mit der Spinnrute auf den Weg, um einen kapitalen Hecht zu erbeuten. Was durchaus sinnvoll war, da in diesem Gewässer immer wieder Meter-Hechte gefangen wurden. Plötzlich schrie der Betriebsrat: »Der Salfeld hat einen Karpfen im Drill.« Einige eilten mit Josef zum Personalrat, um den Karpfen zu bestaunen, der nach kurzem Drill schon im Kescher war. Josef teilte mir mit, dass es ein Vierpfünder war, den der Personalrat nach dem Wiegen vor Zeugen wieder zurücksetzte. Zwei Stunden waren nun schon vergangen. Einige Mitbewerber hatten Barsche, Rotaugen und Brachsen gefangen, die durch J. Nierer bewertet wurden. Aber bei mir tat sich nichts. Die Glöckchen hingen leblos an der Angelschnur. »Na, was ist denn heute los mit dir, deine ›Knödelchen‹ kennen halt unsere Karpfen doch noch nicht so gut«, spöttelte Josef etwas schadenfroh. »Wart mal ab«, antwortete ich, »wir haben ja noch drei Stunden Zeit bis sieben Uhr.« Nach einer weiteren Stunde hatte unser Mechaniker aus der Werkstatt einen Fünfpfünder erbeutet.

Endlich, eine halbe Stunde später hob sich langsam eines meiner Glöckchen, um sofort wieder in die Schnur zurückzufallen. Etwas nervös erhob ich mich vom Stuhl, musste aber nach einer Weile feststellen, dass keine weitere Aktivität mehr folgte. Das ist ein gutes Zeichen, da ist bestimmt ein Karpfen in Grundnähe gegen die Schnur geschwommen, vermutete ich. Nochmal eine halbe Stunde später kam dann endlich der ersehnte Biss. Doch während des Drills wurde mir bewusst, dass ich die Shimano-Rolle noch nicht gewonnen hatte. Der Karpfen, der voll beschuppt war, hatte lediglich etwas über vier Pfund. Die letzte Stunde war angebrochen, der Mechaniker fing sogar einen Sechspfünder. Er kam lachend zu mir und meinte siegessicher, dass er bald Besitzer dieser guten Stationärrolle sein wird.

Doch es kam anders. Endlich mussten die größeren Exemplare meine Boilie-Futterstelle entdeckt haben. Fast gleichzeitig bekam ich an beiden

Ruten einen Biss. Die Glöckchen wurden mit hoher Schnellkraft aus den Schnüren hochkatapultiert. Durch das Geräusch der von den Rollen ablaufenden Schnüre wurde der Betriebsrat aufmerksam und eilte sofort herbei. Zuerst nahm ich die rechte Rute hoch, um den flüchtenden Karpfen sicher zu haken, und stellte die Rollenbremse strenger ein. Der erste Fisch war gehakt. Jetzt legte ich die Rute auf den Boden und trat mit dem Fuß auf den Korkgriff. Nun lief die Schnur etwas langsamer von der Rolle. Josef stand neben mir und bot mir seine Hilfe an. Aber ich wollte von ihm keine Hilfe. Ich musste alleine beide Fische fangen, damit es hinterher keine Zweifel bei der Preisverteilung geben würde. Nachdem ich die zweite Rute aufgenommen und leicht nach hinten, etwas seitwärts gezogen hatte, merkte ich, dass der Gegner sich hier bedeutend schwerer anfühlte. Inzwischen verkündete Josef, etwa eine Viertelstunde vor Ende des Wettbewerbs, lautstark meine Drilltätigkeit. Fast alle Mitangler eilten nun herbei, um mir während des Drills zuzusehen. Schließlich erlaubte ich dem Betriebsrat, meine am Boden liegende Rute aufzunehmen. Ich entfernte mich so weit es ging von meiner ersten Rute, damit während des Drills mein Fisch nicht in die andere Schnur schwimmen konnte. Spannung lag jetzt in der Luft. Man konnte nur ein leises Trillern eines Vogels hören, während ich sachte den größeren Karpfen zum Ufer führte.

Ernst l. kam mir nun mit dem Kescher zu Hilfe. Allmählich zeichneten sich die Umrisse des aus der Tiefe kommenden Karpfens deutlich ab. Ernst hatte den Kescher ziemlich an Grundnähe ruhig gehalten, bis sich der Fisch darüber befand. Jetzt bräuchte er den Kescher nur ruckartig und etwas nach vorne gleitend hochheben und der Fisch wäre sicher geborgen, überlegte ich. Doch der Karpfen war, bei der von Ernst durchgeführten Aktion, noch etwas schneller und glitt über den Bügel. Meine Zuschauer waren darüber sichtlich enttäuscht, obwohl ich doch ihr Wettbewerbsgegner war. Die Größe des Karpfens schien sie so zu faszinieren, dass sie mit mir mitfieberten. Na, endlich hast du ihn, seufzte der Betriebsrat nach einigen weiteren Minuten. Nach Abzug des Kescher-Gewichtes blieb für den wohlgenährten Spiegler ein Lebendgewicht von etwas über viereinhalb Kilogramm übrig. Nachdem der Betriebsrat mein Fanggewicht bestätigt hatte, ließ er den Karpfen wieder schwimmen. Inzwischen war auch die offiziell festgelegte Angelzeit abgelaufen.

Die Preisverleihung fand dann bei der Vereinshütte in Schierling statt und wurde von unserem Betriebsleiter F. Schulte vorgenommen. Ehrenvoll überreichte er mir den Wanderpokal mit der Shimano-Rolle, die ich mir ja selbst ausgesucht hatte. Den zweiten Platz belegte unser Mechaniker Friedel aus der Werkstatt. Er bekam immerhin eine zweiteilige Spinnrute zum Forellenfischen. Unsere Bürodamen, die wir zum abendlichen Fest eingeladen hatten, klatschten dazu immer recht fleißig. Nach dem gemeinsamen Abendessen wurde feuchtfröhlich bis spät in die Nacht hinein gefeiert und getanzt. Es war eine schöne Zeit, an die ich immer wieder denke. Im darauffolgenden Jahr gewann ich den Wanderpokal wieder mit einer selbst ausgesuchten Rolle von Shimano. Beim dritten Wettbewerb wurde dann unsere einzige Dame stolze Besitzerin des Pokals. Zum Schluss übergab man mir den Pokal zum Verbleib, da ich diesen am häufigsten gewonnen hatte.

~

Wieder einmal an einem Freitag nach Feierabend am Mintrachinger Weiher angekommen, beschlossen wir mit der Spinnrute die Hechte zu ärgern. Ich benutzte einen circa zehn Zentimeter langen Gummifisch als Köder. Immer wieder führte ich den Gummiköder knapp an den Seerosenfeldern vorbei, doch nichts tat sich. Auch Ernst hatte noch keinen Anbiss. Endlich vergriff sich ein halbwüchsiges Hechtlein an meinem Spinnköder.

Es war eigentlich ein untypischer Standplatz für einen Hecht im freien Wasser ohne Unterstand. Ich zog den vielleicht vierzig Zentimeter messenden Hecht langsam heran, in der Hoffnung, dass er sich selbst wieder abhaken würde. Plötzlich aber stieß der Hecht an ein Hindernis, welches ich im etwas tieferen Wasser nur schemenhaft sehen konnte. Ich zerrte nun an dem Hechtlein hin und her, um ihn von dem Hindernis zu befreien, das mir vorkam, wie ein dicker Ast eines Baumes. Aber der Ast bewegte sich plötzlich mit dem Hechtlein und kam allmählich nahe an die Wasseroberfläche. Mit Verwunderung und Schrecken sah ich, dass der vermeintliche Ast in

Wirklichkeit ein großer, ja ein sehr großer Hecht war, der jetzt den Kleinen quer im Maul hatte. Durch mein Zerren hatte der Großräuber seinen Artgenossen in der Mitte auseinandergebissen. Da sich diese Szenerie nahe vor mir abspielte, ließ schließlich der kapitale Hecht den kleineren wieder los, um gemächlich wieder abzutauchen. So einen großen Hecht hatte ich zuvor noch nie gesehen. Ich schätzte seine Länge auf über einhundertzwanzig Zentimeter. Was mir jetzt noch am Haken blieb, war der kleinere Hecht, dessen Körper in der Mitte nur von einem dünnen Stück Haut zusammengehalten wurde.

~

Herbert Taschke und mein Sohn Christoph wurden Zeugen eines weiteren, unvergesslichen Angelerlebnisses an diesem Weiher. Josef Nierer kam wieder mal zu mir ins Büro, um mir sein Anglerlatein vom Wochenende zu erzählen. Beim Ansitz auf Aal mit Tauwürmern hatte er einen Biss eines großen Welses erhalten, der ihm nach seinen Schilderungen während eines harten Drills seine Angelrolle demolierte. Ich konnte es nicht glauben, da Josef schon so manches Mal bei seinen Erzählungen etwas übertrieben hatte. Einige Wochen später, ohne mich noch an seine Worte zu erinnern, fuhr ich im September mit Sohn und Herbert T. zum Spinnfischen auf Hecht. Ich erzählte ihnen von dem großen Hecht, der mir meinen kleinen Hecht in der Mitte auseinandergebissen hatte. Etwas ungläubig lauschten sie meinen Worten, gaben mir aber dann zu verstehen, dass sie dies schon für möglich hielten. Durch meine Worte angespornt begannen wir mit schweren Löffelblinkern die Beißfreudigkeit der Hechte zu testen. Nach vielleicht einer halben Stunde fleißigen Fischens schien mein Blinker am Grund festzuhängen. Aus verschiedenen Winkeln versuchte ich, den Bodenkontakt zu lösen. Mein ständiges Ziehen zeigte endlich Wirkung. Ich konnte jetzt mit großer Kraftanstrengung einen Gegenstand fortbewegen. Ich bat meine beiden Begleiter um Hilfe. »Jetzt wollen wir mal sehen, was das für ein großer, schwerer Ast ist«, meinte ich zu den beiden.

Doch plötzlich wich der Ast seitlich aus und strebte wieder in Richtung Seemitte. Wir drei schauten uns fragend an. Ich erinnerte mich jetzt an das

Erlebnis mit dem Wels, von dem Josef erzählt hatte. Ich konnte es kaum glauben, aber ich hatte jetzt tatsächlich einen großen Wels am Haken. Wie sollte ich diesen Großfisch mit meiner leichten Hechtrute und der dreißiger monofilen Schnur an Land bringen, rätselte ich. Herbert rannte jetzt zu seinem Kescher, der eigentlich viel zu klein war. Beide brachten nun keine Worte mehr über die Lippen. Höchste Anspannung herrschte unter uns. Der Wels zog seine Handbremse und beendete seine Fahrt über den Seegrund. Es kam mir tatsächlich so vor, als würde ich mit meinem Blinker an der Stoßstange eines Autos hängen, das am Gewässergrund entlangfährt.

Nach einigen Minuten beschloss der Wels, sich wieder in Bewegung zu setzen, wahrscheinlich wegen meines ständigen, lästigen Ziehens an seinem Maul. Er schlug nun eine andere Richtung weiter weg zum gegenüberliegenden Ufer ein. Mit all meinen Kräften versuchte ich, ihn aus der Bahn zu lenken. Meine zweigeteilte Steckrute ächzte und die Schnur begann zu singen. Tatsächlich konnte ich den Wels etwas von seiner Bahn ablenken, indem ich am Ufer in dieselbe Richtung lief. Jetzt schien er aber auf ein Seerosenfeld zuzusteuern. Ohne Rücksicht auf eventuelles Materialversagen hielt ich abermals mit vollem Krafteinsatz dagegen. Die Angst, den Fisch im Seerosenfeld zu verlieren, trieb mich zu dieser Verzweiflungsreaktion, die bei so einem Großfisch eigentlich völlig unangebracht ist. Es musste kommen, wie es kam.

Der Wirbel als schwächstes Glied im Verbund bog sich auf. Es ist besser so, als wäre die Rute gebrochen, dachte ich mir. Völlig deprimiert setzte ich mich ans Ufer und begann zu rekapitulieren. Hätte ich den Waller ins Seerosenfeld schwimmen lassen, wäre er nach gewisser Zeit vielleicht von selbst wieder rausgekommen. Eventuell bestand doch noch eine Chance, den Waller nach einigen Stunden zu erwischen oder im seichteren Wasser wenigstens zu sehen, überlegte ich. Aber durch meine spontane, ängstliche Gegenreaktion war der Drill schnell zu Gunsten des Wallers entschieden.

Heute wundert es mich immer noch, dass die dreißiger Monofile-Schnur samt Knoten und die Rute so viel Widerstandskraft aufwiesen. Seit diesem Erlebnis verwende ich die Art von Wirbel, die ich damals benutzte, nicht mehr. Übrigens, der Waller in diesem Gewässer wurde bis jetzt, nach mehr als zehn Jahren, wahrscheinlich immer noch nicht gefangen. Alle zwei Jahre werde ich als passives Mitglied vom Verein zum Essen eingeladen, aber unser damaliger Betriebsrat konnte mir noch keinen Fang eines großen Welses melden.

Entdeckung des Fliegenfischens

In einer Angelzeitschrift las ich mal wieder etwas über die Wurfdynamik beim Fliegenfischen. Deshalb entschloss ich mich zum Kauf eines Fliegenruten-Bausatzes mit Kohlefaserblank. Der Bausatz enthielt neben den »SiC«-Zweistegringen alle zum Bau erforderlichen Teile. Zwischenzeitlich hatte ich mir bei der Anfertigung einer Karpfen- und Spinnrute schon genügend Erfahrung für den Angelrutenbau angeeignet, sodass ich mich auch an den Bau einer Fliegenrute heranwagte. (Eine auf meine Erfahrungen beruhende Anleitung zum Angelrutenbau findet sich im Anhang dieses Buches.)

Nach vielen Wurfübungen auf dem Trockenen wollte ich so schnell wie möglich wieder ans Forellenwasser. Während eines Urlaubs bei meinen Schwiegereltern besorgte ich mir deshalb eine Tageskarte an der bereits liebgewonnenen Püttlach. Mein inzwischen vierköpfiger Anhang war bei den Schwiegereltern gut aufgehoben, sodass ich schon frühmorgens mit der neuen Fliegenrute ans Wasser gehen konnte. Bei meiner selbstgebauten handelte es sich um eine Acht-Fuß-Rute in der AFTMA-Klasse sechs. Ich war jetzt ohne Spinnrute unterwegs, so blieb mir nichts anderes übrig, als nur mit der Fliegenrute erfolgreich zu angeln.

Es war Anfang Juni und die Maifliegen schwirrten in großen Mengen am Bach umher. Sie setzten sich ab und zu wieder aufs Wasser, um die Eiablage zu vollziehen. Soweit ich stromauf sowie stromab die Wasseroberfläche des Baches einsehen konnte, waren die Forellen damit beschäftigt, die fetten

Happen an der Wasseroberfläche einzuschlürfen. Obwohl sich die Forellen im Fressrausch befanden, verschmähten sie meine angebundene Bachflohkrebs-Imitation. Es war für mich eine völlig neue Situation. Ich hatte noch keinerlei Erfahrung beim Trockenfliegenfischen. Jetzt schnell das Vorfach wechseln, kam mir in den Sinn. Nach ein paar Fehlgriffen in der Weste fand ich endlich das benötigte Vorfach mit der verjüngten Monofilen, mit einem Durchmesser an der Spitze von null Komma sechzehn Millimeter. Schnell wurde ein Trocken-Fliegenmuster angebunden, das den Maifliegen einigermaßen ähnlich war.

Das Wasser im Bach war zu dieser Zeit glasklar. Eine Bachforelle, die ich mit meiner noch nicht ausgereiften Wurftechnik anwarf, wich meiner angebotenen Fliege aus. Jetzt wurde mir klar, wie wichtig es ist, dass sich beim Wurf das Vorfach streckt, um die Fliege sanft auf der Wasseroberfläche absetzen zu können. Wieder und wieder probierte ich es, doch mein Vorfach fiel entweder in sich zusammen oder knallte auf die Wasseroberfläche. Dies erzeugte natürlich eine große Scheuchwirkung. Besonders die Bachforellen reagierten darauf sehr empfindlich. So hatte ich keine Chance, eine Forelle zu erwischen. Enttäuscht beendete ich an diesem Vormittag meine erfolglose Fischerei und beschloss stattdessen, etwas mit der Familie zu unternehmen. Doch an diesem Tag gab ich noch nicht auf. Am Spätnachmittag las ich in meinem Fliegenfischerheft {1} wieder den genauen Ablauf der Schnurablage. Wie sich herausstellte, senkte ich die Rutenspitze zu weit ab. Mir war also der so wichtige »Stopp« am Ende des Vorwärtsschwunges noch nicht bewusst.

Etwa um neunzehn Uhr stand ich wieder am Bach. Die Maifliegen waren jetzt nicht mehr so zahlreich am Wasser. Nach einigen Schritten flussaufwärts konnte ich eine Forelle nahe am gegenüberliegenden Ufer gegen die Strömung stehend ausmachen. Sie befand sich nahe an der Wasseroberfläche. Um sie nicht gleich beim ersten Wurf zu vergrämen, setzte ich die Fliege zunächst etwas stromab hinter der Forelle aufs Wasser. Mit dem Rutenstopp etwa in Zehn-Uhr-Stellung gelang mir jetzt dies schon einigermaßen gut. Damit ich noch etwas näher an die Forelle herankam, wagte ich noch einen kleinen Schritt nach vorne. Kaum stand ich wieder, um erneut zu werfen, flitzte die Forelle gegen den Strom davon.

Das Fischen mit der Trockenfliege ist nicht so leicht, stellte ich fest. Vorsichtig ging ich weiter den Bach entlang gegen die Strömung. Etwa in fünf Meter Entfernung befanden sich wieder zwei Forellen auf Beute lauernd, knapp unter der Oberfläche des Wassers. Obwohl mir diese beiden Forellen nicht maßig erschienen, versuchte ich mit dem ersten Wurf, die Fliege vor ihnen zu platzieren. Es gelang. Die Fliege setzte sanft nur mit der Monofilen voraus vor den Fischen auf. Der Futterneid oder die Unerfahrenheit musste auch eine Rolle gespielt haben, denn sofort schnappte sich eine Forelle das künstliche Insekt. An der Schnur zerrend, schwamm nun, wie ich sehen konnte, eine Bachforelle stromauf. Zielstrebig steuerte die Rotgetupfte eine Wasserpflanze an, um sich darin zu verstecken. Mit leichtem Gegenzug hielt ich den Fisch davon ab und beendete den Drill so schnell wie möglich. Zum Lösen des Hakens musste ich die Forelle mit der Hand festhalten. Diese hatte die Fliege voll ins Maul gesogen. Die fünfundzwanzig Zentimeter messende Bachforelle, die meine erste mit der Trockenfliege war, erfreute sich sichtlich an ihrer zurückgewonnenen Freiheit. Die Forellen haben sehr oft die künstlichen Fliegen im Maulwinkel, sodass der Haken mit der Arterienklemme leicht entfernt werden kann, ohne den Fisch mit der Hand festhalten zu müssen. Am Abend übte ich noch eine Weile mit der Trockenfliege das sanfte Ablegen des Vorfaches. Eine Forelle ging mir dabei aber nicht mehr an den Haken. Doch nach Vorfachwechsel und Fischen mit der Bachflohkrebs-Imitation stromab fing ich noch zwei verwertbare Regenbogenforellen.

~

An einem stürmischen, nasskalten Abend blätterte ich in verschiedenen Angelzeitschriften. Dabei fiel mir unter den zahlreichen Inseraten zu Angelreisen die Mur in Österreich als gutes Forellenrevier auf. Nachdem ich am Stammtisch davon erzählte, aber kein Gehör fand, beschloss ich, alleine hinzufahren. Es war früh im Morgengrauen am Fronleichnamstag, als ich meine Forellenspinnrute und die Fliegenrute ins Auto packte. Während der Fahrt auf der Autobahn in Deutschland fing es an zu regnen. Je näher ich den Alpen kam, desto heftiger wurden die schauerartigen Regenfälle. Auf der

Tauernautobahn goss es dann dauerhaft, sodass die Scheibenwischer trotz größter Wischgeschwindigkeit kaum noch für klare Sicht sorgen konnten.

Als ich in den Tauerntunnel einfuhr, dachte ich, was werde ich wohl für ein schlechtes Wetter zur Forellenpirsch erwischt haben. Am Ende der Autobahnröhre fiel jedoch kein einziger Regentropfen mehr vom Himmel. Strahlender Sonnenschein begrüßte mich. Es war wie ein Wunder. Voller Optimismus bog ich nach kurzer Autobahnfahrt in das Seitental des Lungau ein, um alsbald das Murtal zu erreichen. Mein Ziel war Tamsweg am oberen Murtal. Im Ort angekommen, suchte ich zuerst das Waffengeschäft, in dem es die Angelkarten geben sollte. Das Geschäft hatte jedoch geschlossen. Natürlich, auch in Österreich war ja Feiertag. Nach einigen Rundfahrten im Ort fand ich schließlich ein Gasthaus mit freien Zimmern.

Sehr freundlich begrüßte mich eine Frau am Empfangstresen. Ich erklärte ihr, dass ich für drei Tage ein Zimmer mit Halbpension benötige. Sie wollte wissen, was ich wohl alleine in diesen drei Tagen so vorhabe. »Tamsweg liegt an einem schönen Fluss, in dem ich gerne auf Forellen fischen möchte«, antwortete ich ihr. »Na ja, dann wünsche ich ein kräftiges Petri Heil, Herr Ingenieur«, erwiderte sie, nachdem sie meinen Beruf auf dem Anmeldeformular gesehen hatte. Am nächsten Morgen, der wegen meines guten Schlafes erfreulich schnell gekommen war, begrüßte sie mich mit den Worten: »Guten Morgen, Herr Ingenieur. Wollen Sie zum Frühstück ein weiches Ei, Herr Ingenieur?« Am Nachbarstisch lächelte mir ein älterer Herr mit gepflegtem Erscheinungsbild entgegen und senkte dabei den Kopf etwas nach vorne. Die Gasthausbesitzerin kam nun wieder ins Frühstückszimmer, um sich mit folgenden Worten von meinem Gegenüber zu verabschieden: »Wünsche wohl gespeist zu haben, Herr Oberingenieur, einen schönen Tag noch.« Nachdem ich mich von der Frau verabschiedet hatte, hörte ich noch im Flur ihren Standardsatz, den sie mir nachrief. Nach kurzer Fahrt in die Ortsmitte stand ich wieder vor der Ladentür des Waffengeschäftes.

Ich nannte meinen Namen, und der freundliche Herr stellte mir sofort meine Tageskarten aus, die ich vorher telefonisch bestellt hatte. In dem zweiundzwanzig Kilometer langen Flussabschnitt, für den sie gültig waren, sollte es nach Auskunft des Ladenbesitzers noch vereinzelt kapitale

Regenbogenforellen geben. Auch die Äschen sollen in kapitalen Größen vorkommen, ließ er mich wissen. Nach diesen motivierenden Worten wollte ich so schnell wie möglich an den Fluss. Beim Parkplatz, auf dem mein Passat stand, war die Strömung des klaren, leicht grünlich gefärbten Wassers sehr schnell. Doch einige Schritte weiter entstand durch die Linkskurve des Flusses an meinem Ufer eine leichte Gegenströmung. Ich montierte an meine Spinnrute einen etwa fünf Zentimeter langen, schwimmenden Rapalla mit rotgoldenem Design. Mit leichtem Rutenschwung beförderte ich den Wobbler aufs Wasser. Die Strömung trug ihn schnell fort. Da ich den Wobbler etwas weiter zur Flussmitte warf, driftete er mit der Strömung an dem turbulenten, ufernahen Wasser vorbei. Nach etwa fünf weiteren Metern klappte ich den Rollenbügel zu. Durch leichten Zug tauchte der Wobbler sofort unter. Mit langsamen Kurbelumdrehungen holte ich das Kunstfischchen ein. Schon nach etwa zwei Metern wurde die Tauchfahrt durch einen Anbiss gestoppt. Ich konnte es kaum glauben, das fängt ja gut an, dachte ich mir. Nach etwa drei Minuten drehte sich vor meinen Gummistiefeln im Wasser eine schöne Bachforelle. Im Kescher liegend, konnte ich ihre Länge von vierunddreißig Zentimetern feststellen. Die herrlich gezeichnete Forelle mit ihren roten Tupfen ließ ich vor Freude wieder schwimmen.

Etwa fünfzig Meter stromab wurde der Fluss breiter und deshalb die Strömung etwas langsamer. Jetzt warf ich den Wobbler aus Balsaholz, so weit ich konnte, schräg flussabwärts und ließ ihn einige Zeit abtreiben. Den roten Rücken des an der Wasseroberfläche treibenden Wobblers erkannte ich auch noch auf größere Entfernung. Das Kunstfischchen erreichte einen Bereich, in dem sich die Strömung wieder kräuselte. Jetzt schickte ich den Köder durch Zuklappen des Rollenbügels wieder auf Tauchfahrt. Die Strömung in Ufernähe war schneller, als der Wobbler abtrieb, deshalb bildete sich ein Schnurbauch, der etwas vorauseilte. Durch den Schnureinzug wurde die Tauchfahrt beschleunigt. Der Wobbler bewegte sich kurzfristig fast im rechten Winkel zum Ufer hin. Vielleicht noch drei Meter vom Ufer entfernt, erfolgte bereits bei diesem zweiten Wurf der nächste Biss. Damit die Forelle nicht in das überhängende Buschwerk am Ufer fliehen konnte, zog ich sie vom Ufer weg. Mit einem gewaltigen Sprung zur Zugrichtung verschaffte sich der schlaue Fisch etwas Freiraum und schüttelte den Wobbler noch in der Luft ab. Eine größere Regenbogenforelle hatte diesen kurzen Drill zu ihren Gunsten beendet. Was für ein gutes Forellenwasser, stellte ich fest. Voller Spannung, was da noch alles bei den nächsten Würfen in die Mur auf mich zukommen würde, wanderte ich weiter flussabwärts.

Die Zeit und den Blick für das herrliche Flusstal vergessend, erreichte ich einen breiten, tiefen Flussabschnitt. Zwei große Felsblöcke störten hier den sonst gleichmäßig breit dahinströmenden Fluss. Das Wasser zwängte sich mit schneller Strömung durch die beiden, in ihrer Größe ungleichen Felsen. Hinter dem größeren Felsblock bildete sich eine ausgedehnte, ruhigere Wasserzone. Ich kletterte auf den größeren ovalen Kalksteinfelsen, um von oben aus zu fischen. Mein Kescher reichte hier nicht bis ans Wasser, sodass ich zum Anlanden einer größeren Forelle wieder vom Felsen runterklettern musste. Mir schien hier der schwimmende Wobbler nicht so geeignet zu sein, deshalb wurde das Stück Balsaholz gegen eine kleine Spinnfliege der Größe sechs ausgetauscht. Zuerst warf ich diesen Köder weit nach vorne, um die tieferen Bereiche abzufischen. Auch nach mehreren Würfen tat sich nichts. Anschließend schleuderte ich einen kleinen Spinner mit buschig verziertem Drilling nahe an der rechten Seite des Felsens so weit nach hinten, bis er kurz vor dem kiesigen Ufer ins Wasser klatschte. Um einen Hänger am Grund zu verhindern, begann ich ihn sofort einzuholen. Jetzt wurde die rötliche Spinnfliege attackiert und beim zweiten Zubiss saß der Haken fest. Meine Rutenspitze bog sich deutlich unter dem Gegenzug des Fisches. Die Forelle versuchte, unter den Felsen zu gelangen. Diesen Fisch wollte ich auf keinen Fall verlieren, deshalb ging ich etwas nach hinten, um vom Felsen auf das angrenzende Ufer zu gelangen. Dabei hielt ich die Schnur stets unter Spannung, während ich von der Rolle mehr Schnur freigab. Von dieser Position aus konnte ich den Fisch besser vom Felsen fernhalten. Ohne davonzuziehen, drehte sich die Forelle mehrmals um ihre Achse unter meinem Gegenhalten. Wegen dieses typischen Drillverhaltens tippte ich auf eine Bachforelle. Allmählich kam die Silhouette des Fisches aus dem etwas trüben, grünlichen Wasser zum Vorschein. Immer wieder drehte sich die Forelle hin und her, dabei sah ich ihren gelblichen Bauch im Wasser aufblitzen. Es war tatsächlich eine Bachforelle, und zwar kein kleines Exemplar. Vorsichtig schob ich den Kescher unter den wälzenden rotgetupften Fischleib. Im Netz konnte ich eine Länge von dreiundvierzig Zentimetern an der gut proportionierten Forelle feststellen. Ich entschloss mich, diese Beute mitzunehmen.

Weiter flussabwärts fing ich mit dem Wobbler noch drei schön gezeichnete Regenbogenforellen, in Längen zwischen dreißig und fünfunddreißig Zentimetern. Nachdem die Forellen versorgt und im Rucksack verpackt waren, schaute ich zum zweiten Mal an diesen Tag auf meine Uhr. Es war bereits zwanzig Minuten nach zwölf und ein leichtes Hungergefühl bewegte mich doch dazu, nach etwa vier Stunden aktiven Fischens Mittagspause zu machen. Das von der Wirtin eingepackte Lunchpaket mundete an der frischen Gebirgsluft vorzüglich.

Mit neuer Kraft marschierte ich voller Vorfreude an der Mur weiter stromab. Da der Fluss jetzt mit überall gleichmäßiger Strömung gerade dahinfloss, wollte ich den Spinner nicht mehr ins Wasser werfen. Allmählich wurden die felsigen Ufer des Flusses immer steiler. Dem Fluss näherten sich jetzt Gleise einer Schmalspurbahn. Um schneller vorwärtszukommen, begab ich mich auf den Bahndamm und marschierte an den Gleisen entlang bis zur nächsten Flussbiegung. Hinter der Biegung sah ich, wie die Gleise im Berg verschwanden. Um den Tunnel zu umgehen, blieb mir nur ein längerer Bergaufstieg zur Auswahl, da ich am Steilufer nicht gehen konnte. Mit den Angelruten in der Hand wollte ich aber den Berg nicht hochklettern. Sollte ich beim Ausrutschen nur einmal gezwungen sein, mich mit den Händen abzustützen, könnte das unweigerlich zum Rutenbruch führen. Deshalb zog ich es, vor durch den Tunnel zu gehen. Vor dem Tunneleingang stehend, kam mir der Abstand der Gleise zu den Felswänden ziemlich gering vor. Trotzdem entschloss ich mich, an der Außenkurve der Gleise zu gehen. Nach hundert Metern war immer noch kein Ende der Röhre in Sicht. Es wurde immer dunkler. Hoffentlich kommt kein Zug, während ich im Tunnel bin, bangte ich. Nach etwa zweihundert Metern kam zwar kein Zug, aber ich hörte in der Ferne Schrittgeräusche, die sich mir näherten. Welcher auch risikofreudige Mensch wird mir da wohl näher kommen, rätselte ich mit gemischten Gefühlen.

Nach einiger Zeit hörte ich eine weibliche Stimme, die ein ängstliches »Hallo, hallo« hervorbrachte. Der Lichtkegel, der vor ihren Füßen den Boden erhellte, wanderte zu mir hinüber und strahlte mir ins Gesicht. Etwas geblendet hielt ich die Hand vor den Augen und brachte mit etwas unsicherer Stimme ebenfalls ein »Hallo« hervor. »Wissen Sie, wie lang diese Eisenbahnröhre ist und in welchen Zeitabständen hier Züge fahren?«, wollte ich wissen. »Da haben Sie Glück, momentan fährt hier kein Zug, da sich auf dieser Strecke eine Baustelle befindet«, erwiderte sie mir. Auf meine weitere Frage, warum sie so alleine durch den Tunnel spaziert, gab sie mir mit heiterer Stimme zur Antwort: »Um Sie hier zu treffen.«

Grinsend erklärte sie mir, dass sie mit einer Wandergruppe unterwegs sei. Sie hätte mit den anderen, die über den Berg diese Schlucht umgehen wollen, eine Wette abgeschlossen. Diese mutige, lustige Frau wünschte mir noch »Petri Heil« und gab mir noch zu verstehen, dass nach etwa dreihundert Meter der Tunnel zu Ende sei. Endlich, nach weiterem vielleicht zehnminütigem Tappen im Dunkeln, sah ich das helle Ende dieses langen Tunnels.

Auf der Jagd nach weiteren Salmoniden begab ich mich wieder an das flacher werdende Ufer dieses herrlichen Flusses. Etwa dreißig Meter vor mir befand sich an meiner Uferseite eine Einbuchtung, in die ein kleiner Bach mündete. Das Wasser in dieser Bucht war sehr klarsichtig. Ich konnte bis zum Grund des vielleicht eineinhalb Meter tiefen Wassers sehen. An dem felsigen Ufer, das hier steil ins Wasser abfiel, konnte ich jetzt einen Fisch erkennen. Beim genaueren Hinsehen erkannte ich eine Äsche mit ihrer großen Rückenflosse, auch Fahne genannt. Die mindestens fünfzig Zentimeter große Äsche zupfte gerade mit ihrem Maul an der steilen Felswand herum. Es sah so aus, als würde sie den grünen Algenbewuchs abweiden. Vielleicht nehmen Äschen auch mal vegetarische Kost auf, dachte ich. Bis jetzt habe ich aber darüber noch nichts lesen können. Wahrscheinlich suchte die Äsche nach kleinen Bachflohkrebsen oder anderen kleinen Wasserbewohnern, die sich an der Felsoberfläche befinden mussten.

Vorsichtig ging ich einige Schritte vom Ufer der kleinen Bucht zurück, um meine Fliegenrute zu holen. An das Sechzehner-Vorfach wurde eine kleine graubraune Nassfliege angeknüpft. Mit einem seitlichen Wurf schlenzte ich die Fliege zur Äsche hin, die vielleicht vier bis fünf Meter von mir entfernt immer noch an dem Felsen knabberte. Der erste Wurf war zu kurz geraten. Beim zweiten Wurf sank die Fliege etwa dreißig Zentimeter neben der Äsche zum Grund ab. Nach weiteren Versuchen gelang es mir sogar, die Fliege nahe an ihrem Kopf vorbeigleiten zu lassen. Doch die Äsche reagierte nicht. Nun wollte ich es noch einmal mit der Spinnrute versuchen. Auch mit meiner kleinen Spinnfliege konnte ich den Fisch nicht zu einer geringsten Aufmerksamkeit bewegen.

Ich gab auf und marschierte weiter flussabwärts. In dem sanft tiefer werdenden, kiesigen Uferbereich sah ich plötzlich eine Mühlkoppe, wie sie über den Grund dahinhopste. Mit dem Kescher gelang es mir nach einigen Fehlversuchen, die etwa fünf Zentimeter große Koppe einzufangen. Zuerst wollte ich diesen Fisch, der ein etwas monströses Aussehen hat, nur mal aus der Nähe betrachten. Aber dann kam mir der Gedanke, die Koppe als Köderfisch zu verwenden. Kurz entschlossen tötete ich das kleine Ungeheuer und montierte es an ein geeignetes Köderfischsystem. Mit diesem Köder müsste doch was Kapitales anbeißen, malte ich mir in Gedanken aus.

Nach etwa zehnminütigem Fußmarsch kam ich an eine Stelle, an der der Fluss ein größeres Gefälle aufwies. Das Wasser rauschte hier über einige Felsbrocken hinweg und ergoss sich dann in einen breiteren, ruhigeren Flussabschnitt mit Gegenströmungen. In freudiger Erwartung einer kapitalen Forelle warf ich das System in die Mitte dieses sicherlich tiefen Kehrwassers. Langsam zupfend imitierte ich das Gehopse einer Mühlkoppe über den Grund. Nach vielleicht zehn Metern gab es einen Stopp. Momentan wusste ich nicht, ob es ein Hindernis am Flussgrund war oder ein Anbiss. Ich ließ sofort die Schnur etwas locker und wartete ab. Nach einigen Sekunden nahm ich vorsichtig etwas Fühlung auf. Ja, ja, es rüttelte an der Leine. Entgegen meiner Erwartung war die Gegenwehr des Fisches nicht so stark. Deshalb konnte ich den Drill schnell beenden. Zum Vorschein kam eine Bachforelle mit vierunddreißig Zentimeter Länge. Wahrscheinlich hätte sie sich an der für sie zu großen Mühlkoppe, die mit halber Körperlänge noch aus dem Maul herausragte, verschluckt. Nachdem ich mit meiner

Arterienklemme den Haken vorsichtig entfernte, ließ ich diesen gierigen Fisch wieder schwimmen. Die noch etwas gestresste Bachforelle hielt ich einige Minuten lang gegen die Strömung, bis sie wieder zu schwimmen begann.

Etwas weiter flussabwärts grenzt das Ufer der Mur an eine Wiese. Hier schien mir eine geeignete Stelle zu sein, um die Fliegenrute zu schwingen. Schnell band ich eine Bachflohkrebs-Imitation an und beförderte den Köder mit dem klassischen Überkopfwurf schräg stromab fast bis zur Flussmitte. Es folgten auf das langsam gegen die Strömung gezupfte Imitat noch zwei Bisse, als dieses sich nahe am Ufer in verwirbeltem Wasser befand. So erfüllte ich mit zwei weiteren Regenbogenforellen doch noch mein Tageslimit. Den Rollwurf kannte ich zur damaligen Zeit noch nicht. Deshalb konnte ich gute Flussabschnitte mit buschbestandenem Ufer, Gegenströmung und ruhigerem Wasser mit der Fliegenrute oft nicht anwerfen.

Mit sechs Forellen im Rucksack machte ich mich auf den Heimweg. Etwa einhundert Meter vor dem Tunnel sah ich einen flach ansteigenden Weg, der es mir ermöglichte, den Tunnel über den Berg zu umgehen. Jetzt erst hatte ich wieder einen Blick für das schöne Murtal. Nach gut einer dreiviertel Stunde Fußmarsch kam ich schließlich wieder an der Pension an. Die Wirtin fragte mich nach meinem Fang. Voller Freude legte ich in ihrer Küche die Forellen am Spülbecken ab. »Da hatte aber der Herr Ingenieur ein großes Glück«, stellte sie in ihrem kärntnerischen Dialekt fest. An ihrem Blick erkannte ich, dass sie gerne was von der Beute abhaben wollte. Sie liebäugelte besonders mit der größeren Bachforelle. Ich überließ ihr jedoch drei Regenbogenforellen. Zufrieden half mir die gute Frau beim Versorgen der Fische und legte diese in die Gefriertruhe. Nach einer guten Mahlzeit und einem Bierchen setzte ich mich noch etwa eine Stunde in ihrem gemütlichen Gästezimmer vor den Fernseher. Dabei fielen mir immer öfter die Augen zu und ich fühlte in mir die immer stärker werdende Bettschwere.

Während der weiteren zwei Angeltage erbeutete ich jeweils wieder sechs Forellen, so hatte ich zur Abreise insgesamt fünfzehn gefrorene Forellen in meiner Kühlbox. Zu Hause am Stammtisch erzählte ich meinen Kameraden von dem guten Forellenrevier in Österreich. Voller Begeisterung legten sie nun doch mit mir einen Termin für das folgende Jahr im Juni fest.

~

Ein Jahr später, es war wieder der Fronleichnamstag, fuhr ich mit meinem Sohn Christoph sowie mit den Stammtisch-Freunden Herbert S., Walter, Franz und Anton nach Tamsweg. Wir quartierten uns wieder bei meiner altbekannten Pensionsdame ein. Gleich zu Anfang gab ich der Frau zu verstehen, mich doch nicht mehr ständig mit »Herr Ingenieur« anzureden, da dies in Deutschland nicht üblich ist. Wie sich im Verlaufe unseres Aufenthaltes zeigte, hielt sie sich an unsere Abmachung. Gleich am Abend des Anreisetages ging Franz mit fünf Pilschen im Bauch lustig zu Bett. Meinen Kameraden gefiel es in der Pension.

Nach dem feuchtfröhlichen Abend rüsteten wir am Morgen unsere Angelruten auf. Da alle mit der Spinnrute auf Forellenpirsch gehen wollten, nahm auch ich meine Spinnrute mit und ließ die Fliegenrute in der Unterkunft. Am Ufer der Mur angekommen, suchten wir uns in ausreichendem Abstand zueinander geeignete Stellen zum Fischen. Meine Kameraden hatten alle einen Spinner als Köder ausgewählt und warfen quer zur Strömung in Richtung des gegenüberliegenden Ufers. Eigentlich wollte ich ebenso einen Spinner auswählen, aber dann fasste ich einen fünf Zentimeter langen Wobbler mit Bachforellen-Dekor ins Auge. Die angerosteten Drillinge am Wobbler störten mich zwar, aber ich war zu bequem, diese auszutauschen. Ich konnte es gar nicht mehr erwarten, den Wobbler endlich auf Tauchfahrt zu schicken. Diese Nachlässigkeit kostete mir wahrscheinlich die Regenbogenforelle des Lebens.

Nach etwa fünfzig Meter erreichten Christoph und ich eine gute Stelle mit Kehrwasser, das durch eine etwas höhere, weit in den Fluss hineinreichende Kiesbank gebildet wurde. Die Stelle schien sehr tief zu sein, da ich trotz des klarsichtigen Wassers den Grund nicht sehen konnte. Dichtes, überhängendes Buschwerk wuchs am Ufer des ruhigen, sich leicht kräuselnden Wassers. Vorsichtig ging ich mit Christoph, der den Kescher trug, bis zur Spitze der Kiesbank. Ich ließ den Wobbler einfach mit der Strömung vielleicht fünfzehn Meter weit abtreiben, um ihn dann näher zum Ufer hin auf Tauchfahrt zu schicken. Sobald der Wobbler den Strömungsbereich verlassen hatte, beschleunigte ich seine Fahrt durch schnelles Einkurbeln. Nachdem der Kunstköder etwa die Hälfte des ruhigen Wasserabschnittes durchschwommen hatte, wurde seine Vorwärtsbewegung gestoppt. Es fühlte sich zunächst wie ein Hänger am Flussgrund an. Der Fisch am Ende meiner Schnur erzeugte alsbald einen enormen Gegenzug. Jetzt wurde mir klar, dass es sich um eine größere Forelle handeln musste.

Die Schnur begann leise unter der Last zu singen, während die Forelle in die Strömung hinauszog. Ich lockerte die Rollenbremse etwas, um einen Schnurbruch zu vermeiden. Meine Rute mit einem Wurfgewicht von fünfundzwanzig bis fünfzig Gramm wurde stark durchgebogen. Christoph führte den Kescher schon ins Wasser, in der Erwartung, dass die Forelle ans Ufer kommen würde. Doch der Drill begann erst jetzt seinen Höhepunkt zu erreichen.

Die Forelle sprang jetzt mehrmals schräg stromab aus dem Wasser. Es gelang ihr, immer mehr Schnur abzuziehen. Nachdem ich wieder einige Meter Schnur einholen konnte, setzte die Großforelle erneut zu einem mächtigen Sprung an. Kurz nach dem Zurückfallen des kapitalen Salmoniden ins Wasser spürte ich keinen Widerstand mehr. Oh Schreck, die Forelle hat sich vom Haken losgedreht, dachte ich. Aber als ich den Wobbler aus dem Wasser gezogen hatte, musste ich feststellen, dass ein Hakenschenkel des hinteren rostigen Drillings abgebrochen war. Wie dumm von mir, die Drillinge nicht ausgetauscht zu haben, ärgerte ich mich. Hinterher ist man aber immer klüger. Meinen Sohn Christoph ließ ich wissen, warum diese prachtvolle Forelle vom Haken gekommen war, aber meinen Kameraden erzählte ich später nichts von dem rostigen Drilling.

Nachdem ich dem Besitzer des Waffengeschäftes vom Drill der großen Forelle erzählte, meinte dieser, es gäbe Regenbogenforellen in der Mur mit einer Länge von gut achtzig Zentimetern. Als ich am Abend meinen Anglerfreunden von meinem Erlebnis erzählte, glaubten mir meine Kameraden nur, weil Christoph meine Schilderungen bestätigte.

Nach dem Abendessen und einer gemütlichen Bierrunde wollte ich mit Christoph unser Schlafgemach aufsuchen. Doch leider konnten wir den Schlüssel zu unserem Zimmer, der immer am zentralen Brett hing, an diesem Abend nicht finden. Zuerst dachte ich an einen Scherz meiner Begleiter und stellte diese zur Rede. Sie beteuerten alle, meinen Schlüssel nicht versteckt zu haben. Walter meinte, ich solle doch nochmal genau nachschauen. »Vielleicht haben die drei Bier deine Sinne getrübt«, fügte er noch lachend hinzu. Nachdem ich auch die Chefin des Hauses im Beisein meiner Kameraden informierte, lachten alle über mich noch mehr.

Die Wirtin wollte jetzt selbst das Schlüsselbrett begutachten. Nach etwa fünf Minuten kam sie mit ernstem Gesicht zurück und sagte mir, dass der Schlüssel am Brett hängt. »Das kann doch nicht sein, so besoffen von drei Bierchen bin ich doch nicht«, gab ich den im Raum anwesenden Personen zu verstehen. Wieder half mir Christoph, indem er sagte, er hätte den Schlüssel auch nicht gesehen. Jetzt wurde es still im Raum und ein Mann betrat die Gaststube. Er setzte sich an einen Tisch und bestellte ein Bier. Die Besitzerin der Pension begrüßte ihn mit den Worten: »Guten Abend, Herr Lindner, wie geht es?« Der Mann würdigte uns keines Blickes und murmelte leise zur Wirtin etwas hin, wobei er einen etwas niedergeschlagenen Eindruck hinterließ. Christoph und ich eilten nun zum Schlüsselbrett und konnten feststellen, dass unter meiner Zimmernummer wieder der Schlüssel hing. Etwas verwundert betraten wir unser Zimmer und ich öffnete den Schrank, um die Schlafanzüge herauszuholen. Ich bin bestimmt nicht der ordentlichste Mensch beim Einräumen eines Schrankes im Urlaub, aber so eine Unordnung, wie wir sie jetzt zu Gesicht bekamen, hatten wir heute Morgen bestimmt nicht hinterlassen. Die vorher zusammengesteckten Socken lagen jetzt alle vereinzelt und durcheinander im Fach. Auch Hemden, Pullover und Unterwäsche lagen durcheinander in einem Schrankfach. Ich schaute Christoph an und meinte zu ihm: »Es sieht so aus, als hätte jemand was gesucht.« »Was wird dieser Jemand wohl gesucht haben?«, fragte ich Christoph. »Geld natürlich«, antwortete ich selbst, bevor Christoph etwas sagen konnte. »Wahrscheinlich hat dieser Herr Lindner bei uns im Schrank nach Geld gewühlt. Zu seinem Pech hat er nichts gefunden, da ich die Wäsche nicht als Tresor benutze«, sagte ich.

Am nächsten Morgen erzählte ich meinen Kameraden von dem Vorfall. Wir waren uns einig, dass wir unser Bares immer bei uns am Körper tragen würden. Sehr wahrscheinlich, so mutmaßte ich, steckt die Wirtin mit diesem Herrn Lindner unter einer Decke. Nach drei Tagen reisten wir ab. Während der Heimfahrt gab ich meinen Mitfahrern zu verstehen, dass ich in dieser Pension in Zukunft nicht mehr übernachten werde.

Neue berufliche Aufgabe

Nach dem Kurzurlaub an der Mur saß ich bereits am Montagfrüh wieder an meinem Schreibtisch und träumte noch von diesem herrlichen Fluss im österreichischen Lungau. Doch wie es nun mal im täglichen Broterwerb ist, wurde ich aus meinen Tagträumen gerissen, als mein Chef die Tür öffnete und eintrat. »Gut erholt und wieder gesund zurück, Herr Suttner, mit neuem Tatendrang, hoffe ich.« So begrüßte mich mein Chef oft nach einem Urlaub. »Habe einen neuen Auftrag für Sie«, meinte er mit frohem Blick. Er erklärte mir, dass unser Elektro- und Sicherheitsingenieur an einem verbesserten Flussmittel zum Weichlöten der Kondensatoren arbeitet. Da er Unterstützung durch das Labor wünschte, sollte ich mit ihm zusammenarbeiten.

So meldete ich mich bei dem Sicherheitsingenieur und nahm seine bisherigen Ergebnisse und Erfahrungen zur Kenntnis. Herr Eben gab mir aber zu verstehen, dass er jetzt mehr Sicherheitsaufgaben auch in anderen Werken der Fa. Röderstein wahrnehmen müsse und daher weniger Zeit für Entwicklungsaufgaben hätte. Die Aufgabe bestand darin, ein Flussmittel am Markt zu suchen, das rückstandsfrei durch die Lötwärme verdampft. Aus dem Branchenbuch suchte ich mir die wichtigsten Flussmittel-Anbieter und ließ mir einige Proben für Versuche bemustern.

Wir hatten im Labor ein kleines Lötbad mit Lötzinn, an dem ich die Automatenlötung annähernd fertigungsgetreu simulieren konnte. Alle bemusterten Flussmittel waren auf Isopropanolbasis mit geringem aktivem Feststoffanteil aufgebaut. Wie zu erwarten war, spritzten alle Flussmittel beim Eintauchen in das etwa zweihundertzehn Grad Celsius heiße Lötzinn. Es erfolgte zwar eine Benetzung der Silberfläche, was die Verlötung der Anschlussdrähte ermöglichte, aber an der Manteloberfläche der zylindrischen Keramikscheibe blieben feine Zinnperlen haften. Der Spritzeffekt beim Eintauchen der Scheiben in das Lötbad wurde durch den niedrigen Siedepunkt des Isopropanols verursacht.

Wie ich nach weiterer Recherche feststellen musste, gab es am Markt kein Flussmittel, das für unser Tauchlötverfahren geeignet war.

Deshalb beschloss ich, selbst ein geeignetes Flussmittel zu entwickeln. Zunächst dachte ich an einwertige Alkohole mit längerer C-Kette. Die Siedepunkte bei einigen flüssigen Homologen lagen zwar im Temperaturbereich des Weichlötens, aber der Dampfdruck war zu hoch und vor allem der Flammpunkt zu niedrig. Deshalb wählte ich Lösemittel mit Siedepunkten im Temperaturbereich des flüssigen Lötzinns. Ich entschloss mich mit zwei Vertretern der Diole zu experimentieren. Ein azeotropes Gemisch der beiden Alkohole schien bezüglich des Verdampfungsverhaltens während des Lötens ideal zu sein. Die Mischung ließ sich auf ausreichend hohe Vorwärmtemperatur bei noch nicht zu hohem Dampfdruck aufheizen und verflüchtigte sich vollständig durch die Lötwärme, ohne zu spritzen.

»Was hat dies alles mit der Fischerei zu tun?« werden sich nun einige Leser fragen. Nun, hierzu kurz die Erklärung. Während des Ansitzfischens, alleine an einem idyllischen See, dachte ich oft über Themen meiner Arbeit nach. Völlig entspannt, sowie ohne Zeitdruck und Hektik, kamen mir dabei oft die guten Gedanken für die wichtigen Nebensächlichkeiten.

Die Benetzung der Silberfläche durch das Lötzinn war durch meine azeotrope Mischung noch nicht gut genug, sodass ich über einen Aktivator-Zusatz nachdachte. Ein Feststoff wie Kolophonium oder andere feste Stoffe, die bei Weichlötverfahren meist eingesetzt werden, kamen natürlich nicht in Frage.

Ein radikalbildender Rückstand, der nach dem Lötprozess auf der isolierenden Mantelfläche des Kondensators verbleibt, würde entweder sofort oder nach gewisser Zeit den Kondensator durch Spannungsüberschläge entladen. Also muss es ein flüssiger Aktivator sein, der ebenfalls durch die Lötwärme rückstandsfrei verdampft. Ich wählte eine flüssige Carbonsäure aus, deren Siedepunkt ebenfalls im Temperaturbereich des Weichlötens liegt.

Nach mehreren Probelötungen an gängigen Kondensatoren wurden diese nach aufwendigen Tests durch die Qualitätssicherung freigegeben. Zuerst wurde ein Lötautomat für das neue Flussmittel umgerüstet, um fertigungsgetreu testen zu können. Später erfolgte der geringfügige Umbau dann bei allen Automaten.

Der mit Tetrachlorethylen betriebene, millionenteure Waschautomat, der die Kondensatoren bisher von dem Lötfett reinigte, war nun überflüssig. Dadurch ergab sich für die Firma ein enormes Einsparungspotential. Für mich gab es zunächst nichts. Wie sich die Sache für mich dann weiterentwickelte, werde ich später ausführlich darstellen.

In der Fränkischen Schweiz

Wie so oft an einem Stammtisch am Freitagabend, blätterte ich in Angelzeitschriften, während meine Angelkameraden die Zeit eifrig kartenspielend verbrachten. Eduard, unser Jüngster und damals noch Medizinstudent, brachte oft diese Fachzeitschriften mit, damit es denen, die nicht die Karten in die Hand nahmen, nicht zu langweilig wurde. Diese Geste von Eduard schätzte ich sehr und blätterte oft Stunden in diesen Angellektüren. Immer wieder faszinierten mich Berichte über das Angeln auf den Atlantischen Lachs. Doch zunächst beschloss ich, in der Aufseß den Bachforellen nachzustellen. Ein Bericht über die herrlichen Wiesenbäche in der Fränkischen Schweiz animierte mich dazu. Dieses Vorhaben konnte ich während eines Besuches mit der Familie bei den Schwiegereltern in die Tat umsetzen.

Während der Woche schlug ich meiner Frau vor, am Wochenende wieder einmal nach Allersdorf zu fahren. Die Kinder würden sich bestimmt wieder über eine Freizeit auf dem Bauernhof freuen, überredete ich erfolgreich meine Frau. Ich wusste, dass es ihr immer schwerfiel, die nötigen Sachen für die Reise einzupacken. Am frühen Samstagmorgen sagte ich dann zu Veronika, dass ich jetzt nur für zwei Stunden an die Püttlach zum Forellenangeln fahren möchte. Darauf erwiderte sie: »Tu, was du nicht lassen kannst, aber bring bitte deine Forellen mit und setze sie nicht wieder zurück.«

Ich wollte natürlich die Aufseß kennenlernen, deshalb fuhr ich den etwa fünfunddreißig Kilometer weiten Weg durch das schöne Tal der Wiesent nach Hollfeld, um die Angelkarte zu kaufen. Die Tageskarte gab es damals bei dem Sägewerk Lauer in Hollfeld. Herr Lauer und seine Frau waren sehr freundliche Leute, die einem bei angenehmer Unterhaltung auch etwas zu trinken anboten, bevor sie die Tageserlaubnis ausstellten. Die Aufseß bei Gasseldorf ist ein natürlicher Wiesenbach, der auf einer Länge von etwa drei Kilometern bis Sachsendorf befischt werden darf. Ab Gasseldorf stromaufwärts darf den reichlich vorkommenden Bachforellen nur mit der Fliegenrute nachgestellt werden. Neben meiner Fliegenrute hatte ich auch meine Spinnrute mitgenommen, da an den Ufern des Baches ab Gasseldorf teilweise dichter, überhängender Uferbewuchs vorherrschte.

Die Aufseß durchfließt ab Gasseldorf ein weit ausladendes Tal, in dem ein Feldweg neben dem Bach bis Sachsendorf führt. Eine interessante Angelstrecke, abgeschieden von jeglichem Verkehrslärm, lag vor mir. Ich wollte zuerst mit der Spinnrute und einem Rapalla mein Glück versuchen.

Um die Forellen zu schonen, entfernte ich am vorderen Drilling zwei Hakenschenkel und vom hinteren Drilling einen Hakenschenkel. Die Breite des kurvenreichen Baches schwankte zwischen unter einem Meter und bis zu zwei Metern. Einige enge Stellen dieses schönen Wiesenbaches wurden von Steinmauern begrenzt. Wahrscheinlich wurden hier einmal Wasserräder betrieben. Hier schoss das Wasser schnell hindurch, um dahinter breitere, ruhigere Zonen mit Kehrwasser zu bilden. Das Ufer wies hier keinerlei Spuren von Anglern auf, die vor mir auf Forellenpirsch unterwegs waren. Anscheinend wird dieser Bachabschnitt nur sehr wenig befischt, freute ich mich. Ungefähr zwei Meter vor der gemauerten Engstelle ließ ich den Wobbler auf das Wasser klatschen. Kaum hatte das Balsaholzfischlein die Wasseroberfläche berührt, schon wurde dieses von einer hochsteigenden Bachforelle attackiert. Die Forelle blieb aber nicht hängen. Der Wobbler begann nun mit der schneller werdenden Strömung seine Fahrt durch die gemauerte Uferbefestigung und verharrte dann etwa zwei Meter dahinter im ruhigeren Wasser. Durch leichten Zug hauchte ich dem Köder Leben ein. Kaum war er abgetaucht, erfolgte schon ein heftiger Biss.

Obwohl ich kräftig zog, konnte ich die Forelle nicht durch die besagte Engstelle gegen die starke Strömung zu mir befördern. Ich ließ etwas Schnur nach und stieg über die Mauer, um in das dahinterliegende Buschwerk zu gelangen. Es war sehr beschwerlich, sich mit der Angelrute durch das Geäst zu hantieren. Ein kleiner Uferbereich ohne Astgewirr ermöglichte es mir, mit dem Fisch wieder Fühlung aufzunehmen. Die Forelle war bereits etwa zehn Meter stromabwärts geschwommen. Auf Grund der heftigen Gegenwehr vermutete ich ein größeres Exemplar. Im leicht getrübten Wasser sah ich die Bachforelle zum ersten Mal und schätzte sie auf gute vierzig Zentimeter. Der fünf Zentimeter lange Wobbler ragte ungefähr zur Hälfte aus dem Maul. Da die Forelle sicher am Haken des Wobblers hing, konnte ich den Drill schneller beenden. Schließlich gelang es mir, mit dem Finger im Kiemendeckel, die Forelle auf das Ufer zu schleifen. Eine sehr schön gezeichnete Bachforelle lag mir zu Füßen. Ich entschloss mich, den Fang mitzunehmen. Vom Kopf bis zur Schwanzflosse zeigte mein Metermaß eine Länge von vierundvierzig Zentimeter an.

Der weitere Bachverlauf wurde jetzt etwa fünfzig Meter weit von einer Wiese mit hohem Gras umsäumt, bevor er wieder in dichtem Buschwerk verschwand. Auf diesem Abschnitt konnte ich drei weitere Forellen mit dem Wobbler verführen. Die Längen dieser Fische lagen nur knapp über der Dreißigermarke. Alle drei Bachforellen erhielten wieder ihre Freiheit. Ich war überzeugt, dass dieses Gewässer mit seinem verwilderten Uferbewuchs noch größere Forellen zum Vorschein bringen würde. Hoch motiviert folgte ich dem abwechslungsreichen Bachverlauf, der von schwer durchdringbaren Weiden- und Erlensträuchern umgeben war. Schließlich erreichte ich einen zweieinhalb bis drei Meter breiten Bachabschnitt mit langsam strömendem Wasser. An beiden Ufern befanden sich viele etwa ein Meter hohe, dicht stehende Brennnesseln. Einen Moment dachte ich an den Nachteil meiner kurzen Hose an diesem Gewässer, aber der über alles vorherrschende Fangtrieb ließ mich das schnell wieder vergessen.

Gute drei Meter vor der Erweiterung des Baches und den Brennnesseln ließ ich meinen Rappala mit rotem Rücken und den goldenen Flanken wieder stromab schwimmen. Am unteren Ende der breiteren Stelle angekommen, tauchte er durch meinen Gegenzug ab. Langsam holte ich voller Spannung den Kunstköder ein. Um ein Hängenbleiben zu vermeiden, hielt ich dabei die Rutenspitze hoch, damit der Wobbler nicht zu tief taucht. Ich sah, wie eine kleinere Forelle das rote Balsafischchen verfolgte. Dann näherte sich plötzlich ein dunkler großer Schatten, der die andere Forelle abdrängte. Das wird doch wohl kein Hecht sein, überlegte ich ängstlich und beschleunigte den Wobbler. Doch der große dunkle Fisch packte sehr schnell zu. Ich traute meinen Augen kaum, als ich eine riesige Forelle erkannte, die sich jetzt an der Wasseroberfläche wälzte. Unter der Last bog sich meine Rute zum Halbkreis. Hastig lockerte ich die Rollenbremse, um dem kapitalen Fisch Schnur zu geben. Sofort flüchtete die Großforelle in die naheliegenden dichten Wasserpflanzen am gegenüberliegenden Ufer. Jetzt darfst du ja keinen Fehler machen und musst ruhig bleiben, dachte ich mir. Ich spürte meinen Puls an der Halsschlagader. Der Fisch wälzte sich ständig und drehte sich immer mehr in das Gewirr der Wasserpflanzen ein.

Nach kurzem Zögern beschloss ich, durch die Brennnesseln ins Wasser zu waten, um die Forelle zu erreichen. Was blieb mir anderes übrig. Mit der Rute konnte ich diese Forelle aus dem Pflanzenknäuel nicht mehr herausholen. In der Bachmitte war das Wasser hier etwa einen dreiviertel Meter tief. An der Forelle angelangt, versuchte ich mit der Hand unter den Kiemendeckel zu greifen. Doch so einfach gelang mir dies nicht. Immer wieder konnte sich die Forelle durch kräftiges Schütteln mit dem Kopf befreien, wobei sie sich noch weiter in das Pflanzengewirr eindrehte. Die Kräfte der Forelle ließen allmählich nach. Schließlich gelang es mir, den mit Wasserpflanzen umschlungenen Fischleib mit beiden Händen zu fassen und auf das Ufer zu legen. Mit einem dickeren Ast betäubte ich die Forelle und ging ans andere Ufer zurück. Ein großer Bachforellen-Milchner mit Laichhaken lag nun vor mir im Gras. Der etwas dunklere, schwach rotgetupfte Körper hatte eine Länge von neunundfünfzig Zentimeter. Kaum zu glauben, welche großen Bachforellen dieser verhältnismäßig kleine Oberlauf der Aufseß hervorbrachte, war ich erstaunt. Nachdem ich meine vollgelaufenen Stiefel entleert und die Socken ausgewunden hatte, spürte ich die von den Brennnesseln, besonders an den Knien, verursachten Schmerzen. Sie konnten aber meine Freude über die bisher größte gefangene Bachforelle nicht trüben.

Kaum war ich am Auto angekommen, fielen aus dunklen Wolken dicke Regentropfen. Während eines starken Wolkenbruchs suchte ich im Auto auf der Landkarte nach einem kürzeren Rückweg nach Allersdorf. Dabei musste ich zum ersten Mal feststellen, dass mein Sehvermögen in der Dämmerung durch die altersbedingte Weitsichtigkeit beeinträchtigt war.

Erst im Bett liegend, nahm ich die immer stärker werdenden Schmerzen an meinen Beinen in vollem Ausmaß wahr. Mein Jammern beeindruckte meine Frau kaum. Sie sagte: »Warum bist du so dumm und läufst wie ein kleiner Junge mit kurzen Hosen durch die Brennnesseln.« Stillschweigend ertrug ich die Schmerzen, während ich immer noch die im Gras liegende große Forelle vor Augen hatte. Erst spät konnte ich einschlafen.

Mein Unfall und die Lachsfischerei in Dänemark

Um endlich den Atlantischen Lachsen im kommenden Jahr nachzustellen, buchte ich bereits im September 1989 einen Trip nach Dänemark an die Skjern Au. Zwei Monate später im November, es war der Tag vor meinem 39. Geburtstag, wurde meine gesunde Fitness für einige Monate unterbrochen. Was war geschehen? Vor meiner Garage war das linke Garagentor an der steilen Abfahrt geschlossen. Jahr für Jahr blieb dieses Tor zur Einfahrt immer offen. Doch an diesem sonnigen, trockenen Tag nach der Arbeit musste ich aus meinem Fiat Uno aussteigen, um das Tor zu öffnen. Ich stellte das Auto so ab, dass es mit den Vorderrädern bereits in die Schräge nach unten zur tieferliegenden Garage reichte. Während ich das Tor öffnete, sah ich aus dem Augenwinkel heraus, wie der Fiat plötzlich nach unten auf mich zurollte.

Jetzt ging alles sekundenschnell. Gerade noch konnte ich mich mit dem Hinterteil auf die Motorhaube schwingen. Dabei blieb ich aber mit dem linken Fuß an der Stoßstange hängen. Deswegen drückte das Auto mein linkes Knie ins hölzerne Garagentor. Eingeklemmt schrie ich voller Schmerz um Hilfe. Meine Frau schaute von der Terrasse oberhalb der Garage auf mich herab und fing ebenfalls an, um Hilfe zu schreien. Etwas vom Schreck erholt, sagte ich zu Vroni: »Setz dich ins Auto und zieh sofort die Handbremse so kräftig wie möglich an.« Weiter erklärte ich, dass sie entkuppeln soll, um den Rückwärtsgang einzulegen. Bevor ich ihr weitere Anweisung zurufen konnte, gab sie Vollgas und bewegte den Wagen mit noch etwas angezogener

Handbremse nach oben. Während ich zusammenknickte, bestätigte ich ihr Können mit einem Zuruf: »Vroni danke, das hast du gut gemacht!« Mein Nachbar kam mit Krücken zu Hilfe und half mir aufzustehen. Von beiden gestützt, erreichte ich über die Terrasse das Wohnzimmer. Während ich auf dem Sofa lag, wurden die Schmerzen im Knie und an den Zehen deutlich spürbar. Nochmal lobte ich meine Frau, da sie durch ihr Geschick beim Zurücksetzen des Autos eine Vorwärtsbewegung vermieden hatte.

Nach dem Anruf waren die Sanitäter schnell vor Ort, um mich ins Krankenhaus nach Kelheim zu fahren. Sofort wurde von meinem linken Bein eine Röntgenaufnahme erstellt. Das Ergebnis wunderte mich sehr, keine Knochen waren gebrochen. Doch die Schmerzen wurden immer unerträglicher. Am nächsten Morgen, nach schlechtem Schlaf, war das Knie stark geschwollen. Meine Frau fuhr mich wieder ins Krankenhaus. Wegen innerer Blutung am Knie wurde ich stationär behandelt. Ein praktizierender Arzt aus Kenia zog mir mit einer Spritze mindestens einhundert Milliliter Blut aus dem Knie. Bei der Behandlung klingelte plötzlich das Telefon. Der Mediziner ging sofort an den Apparat und sprach einige unverständliche Worte mit jemandem. Dann verließ er eilig den Behandlungsraum, ohne mich eines Blickes zu würdigen.

Im Unklaren gelassen, hob ich jetzt den Kopf, um nach meinem etwas angewinkelten Knie zu schauen. Ich konnte es kaum glauben, was ich nun sah. In meinem Knie steckte noch die Spritze. Der Arzt hatte das Instrument vergessen, als er den Raum verließ. Jetzt wurde mir klar, dass ich mein Knie nicht strecken durfte. Nach etwa dreißig Minuten kam er wieder zurück und erschrak, als er die Spritze im Knie sah. »Oh Gott«, sagte er verwundert, »habe ich tatsächlich vergessen.« Er entschuldigte sich und wollte wissen, ob ich das Knie bewegt hätte. »Ich habe die Spritze rechtzeitig gesehen«, versicherte ich ihm. Dann legte ich los und warf ihm einige Schimpftiraden an den Kopf. Der Mann war nun sichtlich erregt, ging kurz an den Schreibtisch, um an einigen Niederschriften herumzusuchen. Doch endlich sammelte er sich wieder und entfernte die Spritze aus meinem Kniegelenk.

Eine Krankenschwester half mir in die Kleidung und begleitete mich in das Chefarztzimmer. Eine Viertelstunde später kam der Doktor zu mir und erkundigte sich nach meinem Befinden. »Herr Suttner, ist es jetzt nach diesem Eingriff mit Ihren Schmerzen besser geworden?« »Das Druckgefühl hat zwar nachgelassen, aber die Schmerzen sind immer noch beständig«, erklärte ich. »Am besten ist es für Sie, wenn wir Ihr gesamtes Bein ruhigstellen. Mit anderen Worten, Herr Suttner, das ganze Bein müssen wir eingipsen.« »Bleibt mir wohl nicht erspart«, entgegnete ich dem Chefarzt.

Mit meiner ungeduldig wartenden Frau fuhr ich anschließend nach Hause. Anfangs konnte ich in den Nächten noch nicht richtig durchschlafen. Meine Frau zog deshalb aus unserem Schlafzimmer aus, da ich sie öfter um ihren Schlaf brachte.

Einmal las ich abends noch ein Buch, um zu entspannen, und trank dabei etwas Whisky. Während des Lesens nahm ich hin und wieder ein kleines Schlückchen von dem guten »Tullamore Dew«. So ging das vielleicht über eine Stunde lang. Vom Lesen allmählich müde geworden, schaute ich auf und erblickte die halb leere Whiskyflasche. Ach, deswegen bin ich gar so müde, dachte ich und ging langsam ins Badezimmer, um mir die Zähne zu putzen. Urplötzlich zog es mir während der Zahnpflege die Beine weg. Der Eckschrank half mir glücklicherweise dabei, meinen Fall zu bremsen. Durch den Lärm aufgeschreckt, kam meine Frau aus dem Schlafzimmer ins Bad und fragte: »Was ist denn passiert?« »Nichts Besonderes«, erwiderte ich ihr, »bin nur ein wenig ausgerutscht.« Meine Frau half mir dann empor, damit ich zu Bett gehen konnte. Schmerzfrei, tief und fest, schlief ich die ganze Nacht durch.

Die Zeit auf dem Sofa verstrich sehr langsam. Es dauerte bis Mitte Januar, bis ich endlich vom Gips befreit wurde. Der Hausarzt verschrieb mir gleich eine Rehabilitationsmaßnahme. Doch der behandelnde Orthopäde vergewaltigte mir eher mein Kniegelenk, anstatt mir zur Genesung zu verhelfen. Ich konnte das Knie noch nicht vollständig durchbiegen. Diese »Behandlung« war sehr schmerzvoll. Erneut lieh ich mir von meinem Nachbarn die Krücken aus. Mit diesen trainierte ich täglich, sodass ich unter Eigenregie meine Gesundung beschleunigen konnte. Schließlich war ich nach zwei Wochen imstande, die Kupplung beim Autofahren wieder ausreichend durchzudrücken.

Anfang Mai, nach völliger Heilung, konnte die Reise nach Dänemark endlich beginnen. In der Nacht vor unserer Abfahrt stellte ich den Wecker auf vier Uhr. Anton, Walter, Herbert S. und ich wollten uns um fünf Uhr früh zur Abfahrt treffen. Am Morgen wurde ich jedoch nicht durch die Klingeltöne des Weckers aus dem Schlaf gerissen, sondern durch das Sturmläuten und die Rufe von Herbert. Wir beide hatten tatsächlich vergessen, den Wecker von der Winter- auf die Sommerzeit umzustellen. So war es bereits fünf Uhr früh und die Herren standen mit Gepäck abfahrbereit vor der Haustür. Unter dem Gelächter meiner Kameraden zog ich mich schnell an und bepackte meinen Passat Variant. Eine halbe Stunde später befanden wir uns bereits auf der Autobahn nach Nürnberg. Während ich fuhr, zogen meine Kameraden ein Fläschchen Pilsner aus der Kühltasche und erfreuten sich an dem kühlen Hopfengebräu. Es war Vatertag. Alle drei tranken immer wieder Bier, so musste ich die gesamte Strecke bis zum Ziel in Dänemark alleine fahren. Nach etwa zwölf Stunden Fahrt, mit vielen Pausen, erreichten wir die dänische Grenze. Jetzt galt es, auf der Landkarte die richtige Straße nach Kolding zu finden. Wir wollten in der ersten Woche unseres Urlaubes zunächst den Meerforellen in der Kolding Au nachstellen. Uns war bekannt, dass der Meerforellenaufstieg von Jahr zu Jahr schwankt, deshalb hatten wir vorab hier keine Unterkunft gebucht. Nach etwa einstündigem Suchen fanden wir endlich Zimmer mit Frühstück. Obwohl ich nach dem Abendessen schon sehr müde war, genehmigte ich mir mit den Kameraden ein »Vatertagsbier«, trotz des hohen Preises.

Am nächsten Morgen war bereits heller Sonnenschein, als ich erwachte. Meine Kameraden saßen schon alle wartend am Frühstückstisch. Anton sagte: »Auch schon ausgeschlafen, die Meerforellen warten schon auf uns.« Die Tageslizenzen lagen bereits ausgefüllt auf dem Tisch. Nach kurzer Aufrüstzeit unserer Spinnruten ging es endlich los. Den schönen, glasklaren Wasserlauf erreichten wir nach halbstündiger Fahrzeit. Die Kolding Au ist ein kleines Flüsschen mit viel Wasserpflanzenbewuchs. Kaum vorstellbar, dass hier Meerforellen mit über zehn Pfund aufsteigen sollten. Mit ausreichendem Abstand zueinander begann jeder, verschiedene Wobbler und Spinner durchs Wasser zu ziehen. Nach gut drei Stunden trafen wir uns wieder. Doch keiner hatte ein Fischlein dabei. Wir beschlossen, in Richtung Meer zu fahren, um erneut unsere Köder auszuwerfen. Auch hier blieb der Erfolg aus. Da kam mir endlich in den Sinn, nicht bei hellem Sonnenschein, sondern zur Dämmerung die Meerforellen zu befischen. Rudolf Sack hat es in seinem Buch beschrieben, erinnerte ich mich.

Noch bei Tageslicht erbarmte sich nach vielleicht einer halben Stunde endlich eine kleine Bachforelle meines Spinners. Die etwa zwanzig Zentimeter messende Forelle setzte ich sofort zurück. Ich hatte das Gefühl, als hätte ich die letzte Forelle in diesem Gewässer gefangen.

Weiter stromab fingen meine Kameraden einige kleinere »Regenbogner«. Lustlos und etwas frustriert gingen wir zum Auto zurück, dabei begegnete uns ein einheimischer Fischer. Er erzählte Deutsch sprechend, dass es zum Meerforellenfang noch etwas zu früh im Jahr sei. Die Meerforellen steigen in diesem Jahr erst in zwei Wochen in die Flüsse auf, schätzte er. Gut zu wissen, dachte ich.

Am nächsten Tag beschlossen wir, früher als geplant, an den bekannten Lachsfluss Skjern Au zu fahren, in dessen Nähe wir eine Ferienwohnung gebucht hatten. Nach kurzer Anfrage am Telefon erfuhren wir, dass die Wohnung bereits frei ist. Gute einhundert Kilometer nördlich unseres bisherigen Aufenthaltes lag nahe an der Skiern Au der Bauernhof mit der Ferienwohnung. Ein sehr freundliches Ehepaar mit einem kleinen Jungen erwartete uns. Die geräumige, komfortabel eingerichtete Wohnung im ersten Stock ließ uns wieder auf einen schönen Urlaub hoffen. Gleich am Nachmittag ging es dann nach dem Kauf einer Tageserlaubnis voller Erwartung an die Ufer des Flusses. Ein naturbelassener Flusslauf in schöner Landschaft tat sich vor unseren Augen auf. Voller Zuversicht montierten wir unsere Spinnruten und verteilten uns am Fluss.

Trotz des leichten Hochwassers war das Wasser verhältnismäßig klar. Es schien, als herrschten ideale Bedingungen für einen Lachsaufstieg. Ein neun Zentimeter langer, schwimmender Rapalla sollte mir zunächst als Köder dienen. Während meine Kameraden flussabwärts ihr Glück versuchten, beschloss ich weiter aufwärts zu angeln. In gutem Abstand zum Ufer folgte ich dem Flusslauf, bis ich an eine vielversprechende Stelle kam. Der Fluss verlief hier in einer engen Kurve und hatte eine Breite von dreißig bis vierzig Metern. Ich befand mich an der Innenkurve mit langsamer, sich kräuselnder Strömung. Mit kräftigem Wurf erreichte ich fast das gegenüberliegende Ufer. Der Wobbler bewegte sich langsam mit der Strömung abwärts. Nach etwa fünfzehn Metern schickte ich ihn auf Tauchfahrt und ließ ihn schräg über die Flussbreite fischen. Es wäre natürlich zu schön gewesen, um wahr zu sein, wenn gleich beim ersten Wurf ein Lachs gebissen hätte. Oft habe ich gelesen, dass manchmal tausend Würfe notwendig sind, um einen Lachs zu erbeuten. Also übte ich mich in Geduld und warf und warf.

Ich fischte viele gute Plätze ab und genoss immer wieder die herrliche Flusslandschaft. Völlig die Zeit vergessend, befand ich mich plötzlich in einem Weidegelände für das gute Rindvieh. Ich registrierte dies zunächst nicht, obwohl ich ein Zaungatter zu der Weidefläche öffnete. Erst als ich hinter mir ein Stampfen und leichtes Schnauben hörte, wurde mir die Gefahr bewusst. Noch gute fünfzehn Meter vor mir baute sich ein schwarzes gehörntes Rindvieh auf und starrte mich an.

Das muss ein Stier sein, war meine Vermutung. Völlig überrascht beschloss ich in den Fluss zu steigen, falls er angreifen sollte. Der Vierbeiner bewegte sich allmählich auf mich zu und ich bekam es mit der Angst zu tun. Doch dann schwang ich die Angelrute hin und her und ging schreiend auf ihn zu. Dies zeigte Wirkung. Der Stier oder Ochse drehte ab und galoppierte wieder die sanfte Anhöhe hinauf. Nach allen Richtungen Ausschau haltend, verließ ich so schnell ich konnte die Weidefläche. Hoffentlich hat dieses Schauspiel niemand beobachtet, kam mir in den Sinn. Nach diesem Schreck war eine Brotzeit fällig. Gestärkt fischte ich noch einmal die guten Angelplätze auf dem Rückweg ab. Ein Erfolg blieb aber leider aus.

Am Auto angekommen staunte ich nicht schlecht, als Walter und Anton jeweils einen Hecht hochhielten. Der Hecht von Anton hatte eine Länge von über siebzig Zentimeter. Der von Walter war etwas kleiner. Jetzt hatten wir wenigstens für den Abend eine gute Fischmahlzeit. Bei der Fahrt zur Unterkunft gab uns Anton zu verstehen, dass dies wohl die letzten beiden Hechte in der Skiern Au gewesen sein dürften. Nach zwei Tagen erfolglosen Angelns im Fluss gaben wir auf.

Unser Gastgeber nannte uns einige Seen, in denen laufend Regenbogen-forellen eingesetzt wurden. Diese Seen waren bekannt als »Put and Take«-Gewässer. In einem dieser Teiche fing unser Herbert mit dem Wurm eine »Regenbogner« von über sechs Pfund. Er war überglücklich, und wir freuten uns alle sehr über seinen kapitalen Fang. Während wir und andere noch fischend am Teichufer saßen, kam ein Kleintransporter mit Milchkannen angefahren. Zwei Frauen stiegen aus, hievten zusammen die schweren Kannen ans Ufer und schütteten den Inhalt in den Teich. Als ich sah, wie die Forellen im Wasserschwall aus den Kannen in das Gewässer glitten, war es bei mir vorbei mit der Fischerei. Ich sagte zu Herbert: »Wenigstens bis zum Abend hätte man mit dem Besatz warten können.« Anton kaufte sich dann am nächsten Tag keine Angelerlaubnis, sondern erstand gleich einige Forellen zum Mitnehmen.

Auf Lachs in Irland

Während eines Winterabends durchstöberte ich Angelliteratur auf der Suche nach Flüssen mit kampfstarken Lachsen. Dabei schien mir der »River Moy« in Irland besonders interessant zu sein. Von den norwegischen Flüssen wurde berichtet, dass neben einem Lachsparasiten hauptsächlich die Versauerung der Flüsse für den Rückgang des Lachsaufstieges verantwortlich ist.

Als ich bei einem Stammtischtreffen über das Lachsfischen in Irland vom »River Moy« berichtete, war Franz als Erster sofort begeistert. Auch Anton, Walter und Herbert S. stimmten zu, im kommenden Frühjahr 1991 einen einwöchigen Trip nach Irland zu wagen. Mit Hilfe des Angelreiseveranstalters »Kingfisher« buchten wir die Flüge, einen Leihwagen und ein Ferienhaus in der Nähe des Berges Nephin.

An einem Samstag Mitte Mai startete unser Flug von Nürnberg nach Shannon. Am Flughafen angekommen, konnten wir direkt unser vorab gebuchtes Auto abholen. Mir war klar, dass das Auto, wie in Irland üblich, rechtsgesteuert wird. Keiner wollte sich ans Steuer setzen. Der Schalthebel befand sich natürlich links und auch die Blinker- und Scheibenwischer-Betätigung waren für uns nicht an der gewohnten Stelle. Schließlich waren sich meine Begleiter einig, dass ich als Reiseführer den Wagen fahren sollte. Besonders Anton amüsierte sich immer über meine anfänglichen Schwierigkeiten, das Auto fehlerfrei zu bedienen. Die Orientierung bezüglich des Linksverkehrs, die ungewohnten Bedienhebel und das gleichzeitige Achten auf die Straßenschilder, all das war anfänglich nicht leicht. Meine Kameraden, die einfach nur abwarteten, bis mir Fehler passierten, waren hierbei keine Unterstützung. Nach einigen Kilometern wechselten wir uns beim Fahren dann aber ab. So erreichten wir nach etwa drei Stunden Fahrt auf kurvenreichen Straßen, die oft durch Steinmauern eng begrenzt waren, unser Ziel. Durch das satte Grün der vielen Weideflächen, unterbrochen von Steinmauern und gelben Ginsterbüschen, erhielt dieses Eiland die Bezeichnung »Grüne Insel«. Es war auch das Land des Regenbogens, da sich während des Tages Regenschauer und Sonnenschein mehrere Male abwechselten.

Von unserem Haus aus konnten wir den Berg Nephin sehen, der achthundert Meter hoch über die sonst nur leicht hügelige Landschaft hinausragte. Am ersten Tag sollten wir uns mit einem Bootsbesitzer am »Lough Cullin« treffen. In diesem großen See gab es Brown Trouts, die wir fangen wollten. Ein wortkarger junger Bursche mit ernster Miene, der uns von Kingfisher zugewiesen war, empfing uns am See. Schnell war das Boot mit unseren Spinnruten beladen. Doch was dann auf uns zukam, war alles andere als lustig. Mit hoher Geschwindigkeit stach er in See. Das Wasser spritzte vom Bug herauf unsere Anoraks in wenigen Minuten tropfnass. In den kurzen Pausen, die seine Raserei auf dem See unterbrachen, sollten wir Forellen fangen. Doch keiner von uns fing eine Forelle. Nach vielleicht einer halben Stunde auf dem See gaben wir diesem unfreundlichen Kerl zu verstehen, dass wir wieder an Land wollten. Am Ufer angekommen, hielt er die Hand auf, aber von keinem erhielt er Geld.

Noch mittags, nach diesem Horror am Vormittag, trafen wir unseren neuen Guide namens Silvester. Er sollte uns zu lachsführenden Gewässern bringen. Er konnte zwar kein einziges Wort Deutsch, aber mein Englisch war ausreichend, um das Wichtigste zu verstehen. Seinen Schilderungen nach wollte er uns an kleinere Flüsse führen, in denen wir ohne Lizenz den Atlantischen Lachs fangen können. Hinter seinem Auto herfahrend, durchquerten wir auf einer Schotterstraße grüne hügelige Landschaft mit vielen eingezäunten Weideflächen. Nach längerer Fahrt durch beidseits der Fahrbahn dicht stehenden Laubwald eröffnete sich uns ein Blick auf einen vor einer Burgruine fließenden Fluss. Zwischen Ruine und Fluss befand sich ein parkähnliches Grundstück mit kurz gepflegtem Rasen und altem Baumbestand.

Der Fluss mit seinem dunklen braunen Wasser war etwa zwanzig bis dreißig Meter breit. Erwartungsvoll verließen wir hastig unser Auto, bestückten unsere Ruten mit den gängigen Kunstködern wie Blinker und Spinner und eilten ans Ufer. Meine drei Kameraden gingen stromauf, ich fischte stromab. Immer wieder warf ich den Spinner schräg zum gegenüberliegenden Ufer. Nach etwa einer Stunde pausenlosen Werfens kam ich an einen Uferabschnitt mit leichtem Kehrwasser. Nach ein paar Schritten entlang des Uferbereichs merkte ich, wie ein nahe am Ufer stehender Fisch durch meine Schritte die Flucht zur Flussmitte ergriff. Da sind ja tatsächlich Lachse im Fluss, dachte ich. Jetzt intensivierte ich meine Würfe zum jenseitigen Ufer hin in der Hoffnung, auf einen dort stehenden Fisch zu treffen.

Nach mehrstündigem Werfen ohne Erfolg kam Silvester auf mich zugelaufen. Er erklärte mir, dass es Zeit zum Abendessen sei. Auch meine erfolglosen Freunde warteten schon hungernd seit einer Viertelstunde auf uns. Ich jedoch hatte Zeit und Hunger vergessen. Etwas enttäuscht sahen meine Freunde zuerst mich an und dann schulterzuckend zu Silvester. Er sagte: »Es muss ja nicht gleich am ersten Tag klappen. Oft sind tausend Würfe nötig, um einen Lachs zu haken.« Wie recht er doch hat, kam mir allmählich die Erleuchtung.

Dann folgten wir wieder Silvester, der vorausfuhr. In anderer Richtung weg vom Fluss erreichten wir nach etwa einer halben Stunde die Ortschaft Crossmolina. Hier führte er uns in ein Pub. Als ob das Bedienpersonal schon auf uns gewartet hätte, zeigte man uns einen Tisch mit fünf Essgarnituren. Sofort standen fünf Gläser randvoll mit »Guiness« bereit. Das Bier schmeckte uns vorzüglich. Während zwei von uns noch den letzten Löffel Suppe schlürften, wurde uns bereits ein halbes Hähnchen mit Pommes aufgetischt. Dann versuchten auch meine Kameraden mit ein paar Wörtern in Englisch, Silvester nach anderen Lachsflüssen zu fragen. Nachdem nun zumindest der Hunger gestillt war, kassierte uns Silvester ab. Frühmorgens, am nächsten Tag, trafen wir uns abermals mit ihm. Er führte uns zu einem neuen Fließgewässer. Auch hier fing keiner von uns einen Fisch. Mittags lotste er uns in ein anderes Pub. Es kam mir erneut so vor, als ob auch hier schon alles vorbereitet wäre. Anschließend kassierte er wieder. Am Abend, nach erfolglosem Fischen, fuhren wir über Umwege nach Crossmolina zum

bereits bekannten Pub. Zur Abwechslung gab es Gulasch und ein kosten-
loses »Guiness« für jeden. Diesmal wurden wir von einer Dame zur Kasse
gebeten. Am Ende des dritten Tages, nachdem er uns abermals zu seinem
Vorteil ans Wasser begleitete, war mir alles klar. Ich sagte zu ihm: »You are
like a butterfly.« Er verstand meine Aussage und wünschte uns noch einen
schönen Tag.

Meine Leidensgenossen und ich berieten uns nun, wie wir die letzten
drei Tage unseres einwöchigen Urlaubs verbringen sollten. Herbert war ge-
nerell vom Fischen auf Lachs enttäuscht. Walter meinte, er möchte jetzt
endlich Fische fangen, es sei ihm gleichgültig, welche Art. Nach einer Weile
fragte uns Franz: »Was haltet ihr vom Meeresfischen?« Ich erwiderte ihm,
das könnten wir an einem Tag probieren. Am »River Moy« würde ich es aber
noch gerne auf Lachs versuchen.

Wir einigten uns darauf, einen Tag auf dem Meer zu verbringen und
fuhren am nächsten Morgen nach Foxford. Dort buchten wir eine Ausfahrt
mit einem Kutter. Dann ging es weiter über Ballina, der Stadt der Lachs-
angler, in Richtung Atlantik zur Kilala Bay. Am Hafen angekommen, sahen
wir den Skipper, der schon auf uns wartete. Während der Kapitän mit uns in
See stach, bestückten wir unsere Angelruten mit den Makrelen-Vorfächern.
Diese Vorfächer bestehen aus null Komma vier dicker Monofilschnur mit
maximal fünf Haken an Seitenschnüren. Die Haken mit den reflektieren-
den und schillernden Kunststoffstreifen sollen kleine Fischchen oder Krebse
imitieren. Am unteren Ende des Vorfaches ist ein Blei angebracht. Zur Be-
schwerung können auch Pilker in den Karabinerwirbel eingehängt werden,
wodurch eine zusätzliche Anbiss-Stelle entsteht.

Keiner von uns hatte Erfahrung im Fang von Makrelen mit der Angelrute. Wir ahnten noch nicht, welches wilde Gezappel und welche Schnurverwicklungen auf uns zukommen würden. Der Skipper orientierte sich
mit GPS und Echolot, um Makrelenschwärme zu lokalisieren. Nach etwa
einer Viertelstunde Suchfahrt gab uns der Bootsführer ein Zeichen zum
Herunterlassen der Köder. Franz war der schnellste von uns. Es dauerte nur
einige Sekunden, bis er das Gewicht des Bleies nicht mehr spürte, welches
die Köder in die Tiefe zog. Franz reagierte darauf hin zunächst nicht. Erst als

der Skipper ihm zurief »pull, pull«, nahm er Schnur auf. Schon krümmte sich die Rute unter der Last der flüchtenden Makrelen. Es schien so, als wäre ein starker Fisch an der Angel, der Franz einen kraftvollen Drill bescherte. Nach einigen Kurbelumdrehungen erschienen die aufblitzenden Fischkörper, die wie wild kreuz und quer durcheinander flitzten.

Als Franz das Ganze aus dem Wasser hob, sahen wir, wie an jedem Haken der Seitenschnüre eine Makrele zappelte. Er ließ nun die Makrelen auf den Bootsboden absinken, um die Haken aus den Fischmäulern zu entfernen. Damit das Vorfach durch die springenden und vibrierenden Fische nicht zu stark verwickelt wird, musste er alle fünf Makrelen zunächst so schnell wie möglich abschlagen. Dann konnte er diese ohne Eile vom Haken lösen. Herbert, Anton, Walter und ich zogen gleichzeitig unsere vibrierenden Fische aus dem Wasser. Nun hatte jeder damit zu kämpfen, die Makrelen, die zwischen dreißig und vierzig Zentimeter maßen, in das dafür bereitstehende blaue Fass zu bringen. Es war ein heilloses Durcheinander und wir behinderten uns oft gegenseitig bei der Versorgung der Fische auf dem eher schmalen Deck.

Wir beschlossen daher, unsere Köder zeitversetzt ins Wasser zu lassen und nur noch mit drei Haken am Vorfach zu fischen. Im Eifer des Gefechtes bemerkten wir den immer stärker werdenden Seegang nicht. Inzwischen hatte der Wind aufgefrischt und die Wellen begannen sich zu kräuseln. Es wurde immer beschwerlicher, während des Angelns auf einer Stelle stehen zu bleiben. Der Makrelenschwarm war weitergezogen und die nächste halbe Stunde verging ohne Fangerfolg. Der Kapitän wollte deshalb erneut auf Suchfahrt gehen. Durch die Fahrt entgegen und parallel zu den Wellen wurde die Schaukelei für Anton immer unerträglicher. Er setzte sich auf die Planken. Sein Gesicht war kreidebleich. Auch Walter lag inzwischen auf dem Boden. Sein Kopf schlug manchmal an den Masten, als wäre er leblos. Ein Rucksack zwischen seinem Kopf und dem Holz schuf Abhilfe. Der Kapitän stoppte die Fahrt und rief »down«. Wir drei Verbliebenen ließen die Vorfächer wieder ins Wasser. Diesmal dauerte die Tauchfahrt der Bleie etwas länger. Erst in ungefähr fünfundzwanzig bis dreißig Meter Wassertiefe verzögerte sich der Schnurabzug durch den Anbiss der Makrelen.

Zu dritt war das Fischen effektiver, sodass während der Anwesenheit des Schwarmes die Ausbeute größer wurde. Anton fütterte inzwischen die Fische mit seinem Mageninhalt. Mit schwacher Stimme meinte er, er würde dem Kapitän zweihundert Mark zahlen, wenn dieser sofort den Hafen ansteuert. Dann fügte er hinzu, dass er bald sterben müsse. Nach kurzer Unterredung mit unserem Bootsführer meinte dieser: »Ihr möchtet bestimmt noch Fische fangen?« Während Franz und Herbert fleißig weiterfischten, holte ich mir unter Deck ein neues Vorfach. Oben angekommen, hatte ich plötzlich ebenfalls ein flaues Gefühl im Magen. Trotzdem begann ich wieder zu angeln und ließ mir nichts anmerken. Aber mein Magen gab keine Ruhe mehr, er wollte seinen Inhalt loswerden. Durch das Anvisieren des Ufers, ich schaute auf die fernen Hausdächer in der Kilala Bay, konnte ich meinen Magen wieder etwas beruhigen. Sobald ich aber auf die unruhige See blickte, dominierte erneut dieses unbeschreibliche, höchst unangenehme Gefühl im Magen. Wer schon einmal seekrank war, der versteht, wovon ich schreibe. Ich konnte jetzt begreifen, dass Anton das Sterben herbeisehnte.

Nachdem ich immer wieder das Festland anpeilen musste, um ein Erbrechen zu vermeiden, gab ich das Fischen auf. Der Brechreiz durch übermäßigen Alkoholgenuss ist bei weitem nicht so unerträglich wie derjenige bei Seekrankheit. So schnell wie möglich holte ich meine Köder ein und wandte mich mit meinem Problem an den Skipper. Dieser reichte mir sofort Salzstangen und eine Flasche Coca-Cola. Etwa eine Viertelstunde nach Einnahme dieser Mittelchen beruhigte sich mein Magen etwas. Inzwischen hatten Herbert und Franz die blaue Tonne mit den Makrelen vollständig gefüllt. Ich schnaufte ein paar Mal tief durch und gab unserem Bootsführer zu verstehen, dass wir zurück zum Hafen wollten. Walter und Anton lagen nach wie vor fast reglos auf dem Boden, während uns das Boot zum Hafen schaukelte. Endlich in der geschützten Bucht angekommen, durchfuhren wir bis zum Landesteg ruhiges Wasser.

Im Hafen dauerte es eine Weile, bis unsere Seekranken vom Boden hochkamen. Noch immer fahl im Gesicht torkelten sie wie Betrunkene an Land. Auch ich spürte an Land immer noch diese Schaukelei. Manchmal dachte ich, es würde mir die Füße vom Boden wegziehen. Der Skipper, Herbert und

Franz hievten den schweren Fischbehälter an Land. Was sollten wir nun mit den vielen Fischen anfangen?, fragten wir uns. Jetzt müssen wir alle Fische versorgen, waren wir uns einig. Irgendwie merkte es uns der Skipper an, dass uns das Putzen der vielen Fische nicht behagte. Walter meinte: »Warum habt ihr so viel gefangen?« Franz sagte daraufhin: »Unser Kapitän wollte es doch so.« Der Irländer erklärte, dass er mal schnell wohin müsse. Er käme gleich wieder zurück.

Nach etwa zwanzig Minuten sahen wir ihn in größerer Entfernung, wie er aus einer Seitengasse mit mindestens zehn Frauen, die ihn im Gänsemarsch begleiteten, hervorkam. Jede der Frauen hatte einen Zehn-Liter-Eimer dabei. Die Frauen begrüßten uns sehr freundlich und einige machten dabei sogar eine leichte Kniebeuge. Wir fühlten uns geehrt. Zwischenzeitlich hatten wir für uns fünfzehn Makrelen beiseitegelegt. Anton, wieder fit, nachdem er einige jüngere Damen begutachtet hatte, fing mit dem Verteilen der Fische an. Es bereitete ihm sichtlich Freude, den vorbeigehenden Frauen immer wieder jeweils drei Fische in den Eimer zu legen, bis die blaue Tonne leer war. Vorher hatte sich auch der Skipper einige Makrelen genommen. Wir konnten an den strahlenden Gesichtern der Frauen erkennen, wie dankbar sie waren. Die Frauen, der Skipper und wir standen für einen Moment als glückliche Einheit auf dem Laufsteg zwischen den Booten. Es war für uns ein herrliches Gefühl, bedürftigen Menschen geholfen zu haben.

An den letzten beiden Urlaubstagen nahmen wir uns endlich den River Moy vor. Im gut sortierten Angelladen in Foxford erhielten wir fängige Montagen mit Shrimps. Diese wurden mit Hilfe eines Schwimmers knapp über Grund angeboten. Franz gab diesmal als Erster nach mehrstündigem, erfolglosem »Shrimp-Baden« auf. Er legte sich am Ufer in die Wiese und schaute verträumt den Wolken zu. Nach etwa einer Stunde hörten wir Schnarch-Geräusche. Walter und ich schauten nach dem Rechten und sahen, wie Franz neben einer halb geleerten Whiskyflasche schlief. Lachend guckten wir uns an, wobei Walter meinte: »Dieser Tag auf Lachs ist für Franz gelaufen.«

Wieder unten an der Uferböschung angekommen, meldete uns Herbert lauthals einen Biss. Tatsächlich bog sich seine Rute bis aufs Äußerste. »Er hat einen Lachs dran«, rief uns Anton entgegen. Aufgeregt liefen wir alle zu ihm, um den Kescher parat zu halten. Doch der Lachs tat zuerst einmal, was er wollte. Herbert war sichtlich nervös und ließ dem Lachs zu wenig Spielraum. Mit kräftigen Schwanzschlägen und Sprüngen quer zur Strömung widersetzte sich der Lachs dem Zug an der Angel. Es war ein großer Frischaufsteiger, wie wir an seinen silbern aufblitzenden Flanken erkennen konnten. Herbert war mit diesem Fisch überfordert. Noch keiner von uns hatte mit so einem großen Lachs an der Rute Erfahrung. Es kam, wie es kommen musste. Durch das starke Forcieren von Herbert schüttelte sich der Lachs während eines gewaltigen Sprunges vom Haken. Vielleicht hatte Herbert auch etwas zu früh angeschlagen, sodass der Haken im harten Maul ungünstig gegriffen hatte, überlegte ich. Mit offenem Mund starrte jetzt Herbert auf die Wasseroberfläche, wo sich der Lachs mit einem Buckeln verabschiedete. Wortlos saß Herbert am Ufer und blickte ins Nichts. Wir sahen seine pulsierende Schlagader am Hals. Alle Versuche, ihn zu beruhigen, halfen nichts. Er sprang auf und ging am Ufer wortlos in Gedanken versunken auf und ab. Zwischenzeitlich war es schon spät am Abend geworden. Erst als Anton Herbert darauf ansprach, dass er als einziger von uns einen Biss und kurzzeitig einen Lachs im Drill haben durfte, fand Herbert die Sprache wieder. Herbert lispelte nur: »Ich habe versagt, jämmerlich versagt.«

Nach dem Zusammenpacken auf der Wiese angekommen, lag Franz immer noch im tiefen Whiskyschlaf. Erst nach mehreren Weckversuchen rappelte er sich hoch und klammerte sich kichernd an Walter. So schlenderten wir über die Wiese zum geparkten Auto. Herbert wollte jetzt unbedingt fahren, wahrscheinlich um sich vom Misserfolg abzulenken. Während der Fahrt erzählte er immer wieder von seinem missglückten Drill. Er redete sich dabei so sehr in Rage, dass er nach einer Kreuzung auf der rechten Fahrspur weiterfuhr. Wir ließen ihn auf der geraden, übersichtlichen Straße noch eine Weile fahren. Nach einigen Kilometern sprachen wir ihn auf seine Fahrweise an, doch er reagierte nicht. Dann sagte ich laut zu Herbert: »Halt mal an, ich muss pinkeln.« Sofort ging ich, ohne zu pinkeln, an die Fahrerseite und machte ihm klar, dass ich jetzt weiterfahren möchte. Herbert rutschte kommentarlos auf den Beifahrersitz, schnappte sich die halbleere Whiskyflasche von Franz und genehmigte sich während der Fahrt einige kräftige Schlucke.

An unserem Ferienhaus angekommen, torkelten nun zwei Petrijünger aus dem Auto. Wir waren froh, dass sich Herbert etwas alkoholisiert hatte und er dadurch ruhiger geworden war. Am nächsten Morgen, es war unser letzter Tag, wollten wir unser Glück noch einmal am Moy versuchen. Kurz gesagt, keiner von uns fing mehr einen Lachs. Ich bekam jedoch auf Shrimp noch einen Biss. Eine etwa vierpfündige Brown Trout ließ in mir noch einmal Hoffnung aufkommen. Leider verlor ich diese kurz vor dem Kescher.

Der Trip
über den großen Teich

Im Herbst 1992 nach unserem Lachstrauma in Irland durchstöberte ich wieder die Urlaubsanzeigen in einer Anglerfachzeitschrift. Ein Inserat stach mir besonders ins Auge. Ein »Bayerwäldler mit Erfahrung in Alaska« suchte Mitfahrer. Während des Lesens dieser interessanten Zeilen spürte ich wieder die Sehnsucht auf neue Angelabenteuer. Bald darauf saßen Anton, Ingo der »Bayerwäldler« und ich am Stammtisch, um einen Reisetermin zu vereinbaren. Es gab damals noch keinen Direktflug von Frankfurt nach Anchorage. Deshalb waren wir mit den Flügen von Frankfurt über Amsterdam und einer Zwischenlandung in Minnesota 36 Stunden lang unterwegs. Von Anchorage aus fuhren wir mit dem Leihwagen weiter nach Soldotna, einer Stadt auf der Kenai-Halbinsel, siehe **Bild 4**. Im Ferienhaus von »Lucky's Home« fanden wir zu sechst eine gemütliche Unterkunft.

Nach dieser langen, strapaziösen Reisedauer wollten wir alle erst einmal schlafen. Gleich am nächsten Tag ging es von Soldotna aus zum Russian River, der als weltweit bester Rotlachsfluss gilt. Dort begann gerade der Aufstieg der Lachse. Hier am Russian, an der Mündung in den Kenai, wird zur Hauptaufstiegszeit der Rotlachse Schulter an Schulter vom Ufer gefischt. Ingo ging circa fünfhundert Meter oberhalb der Mündung ans Ufer des Russian, wo weniger Betrieb herrschte. Es war ein schöner Nebenfluss mit glasklarem Wasser und ausgedehnten Kiesbänken in herrlicher Landschaft, etwa zwanzig bis fünfzig Meter breit. Die Lachse huschten nur so durchs

Wasser. Schöne Exemplare, um die sechzig bis achtzig Zentimeter lang und silbrig aufblitzend. Anglerherz, was willst du mehr, dachte ich. Nun ergriff mich höchste Anspannung, um endlich den ersten Lachs in meinem Leben zu fangen.

Bild 4: Die Kenai-Halbinsel mit gleichnamigem Fluss und Stadt

Den Lachsen darf hier nur mit Fliege nachgestellt werden, deshalb nahm ich gleich meine 6/7er Fliegenrute mit dem von Ingo empfohlenen Streamer zur

169

Hand. Bis auf wenige Angler, die mit Fliegenrute warfen, fischten die meisten mit der Spinnrute und einem speziellen schnurschonenden Klemmblei und den typischen Streamern für Rotlachs. Ich warf den Streamer schräg zur Strömung zum gegenüberliegenden Ufer und verzögerte das Abtreiben etwas. Durch das klare Wasser konnte ich den Streamer gut verfolgen, wie er an den schnell dahinziehenden Lachsen vorbeidriftete, aber es erfolgte kein Biss. Nach mehrstündigem Werfen interessierten sich die Lachse immer noch nicht für meinen Streamer. Ich sah einen Aufseher von »Fish and Game«, der einen Lachs an der Fliegenrute drillte, kescherte und wieder zurücksetzte. »What bait do you have?", fragte ich ihn. »It takes it all or nothing", war seine aufschlussreiche Antwort. Nach meinem wortlosen, längeren Staunen gab er mir ein rotes »egg« mit kurzschenkligem Haken. Sofort tauschte ich den Köder aus. Nur noch einige Würfe waren jetzt notwendig, bis die Flugschnur endlich hochschnellte und sich straffte. Doch was sich da am anderen Ende der Schnur zunächst verhalten zeigte, entwickelte sich in wenigen Sekunden zu einem ungeahnten, explodierenden »Fighter«, sodass ich wünschte, er hätte lieber nicht angebissen.

Meine Fliegenrute bog sich nicht mehr wie gewohnt, sondern bildete nach starker Krümmung nahe am Handteil mit der Schnur fast eine Gerade. Der Fisch sauste erst stromabwärts und zog dabei bis zur Reserveschnur, auch »Backing« genannt, die gesamte Flugschnur binnen weniger Sekunden ab und flitzte dann stromaufwärts, wobei er noch viel vom »Backing« nahm. Ich hatte das Gefühl, der Fisch drillt mich. An ein Bremsen am Rollenrand war nicht zu denken. Zum Glück war ein 40er Vorfach angebunden. Doch es half alles nichts, mein erster Lachs sollte es noch nicht sein. Nachdem ich etwas Schnur während des Nachlaufens einholen konnte, legte ich die Rute auf dem Kies ab und fing an, die Schnur mit den Händen einzuholen. Dies ging etwas schneller, ist aber verrückt. Der Lachs schoss nun auf eine kleine, in der Mitte des Flusses liegende Kiesbank und schlängelte sich auf dem Trockenen über diese hinweg. Er tauchte zwischen Kies und anderem Ufer erneut ins Wasser. Dort verfing sich die Schnur am Ufergestrüpp. Endlich riss das Vorfach. Während ich noch am ganzen Leib zitterte, lachten zwei auf einer Bank sitzende Beobachter über meinen ulkigen »Drill«. Gott sei Dank haben meine Kollegen diesen Pfusch nicht gesehen, dachte ich mir.

Ingo hatte während der ersten beiden Tage auch nur einen Lachs gefangen. Jetzt war mir klar, dass ich mit einer AFTMA 6/7er Fliegenrute solche »Fighter« in harter Strömung nicht halten konnte. Ich stieg um auf Spinnrute mit Streamer und Klemmblei. Nach einem weiteren erfolglosen Tag am klaren Wasser, am dritten Tag also, kam meine Sternstunde. Ich ging mit meinen Kollegen hinunter zur Mündung des Russian. Dort fischte immer noch eine internationale »Angler-Schlange« im Kenai. Als ich einige Male die Bleie wie Geschosse aus dem Wasser zurückschnellen sah, war mir die Angelegenheit zwischen den anderen Anglern zu gefährlich.

Es gab an der Mündung eine bewaldete Insel im Fluss. Das grüngraue, trübe Wasser des Kenai vermischte sich hier mit dem klaren Wasser des Russian. Am Ufer der Insel fischten nur drei Mann. Die sind doch bestimmt zum anderen Ufer gewatet, vermutete ich. Beim ersten Versuch, hinüberzuwaten, konnte ich der starken Strömung im hüfttiefen Wasser nicht standhalten. Deswegen füllte ich meinen Rucksack mit Kieselsteinen und ging hinüber. Am Ufer angelangt, eilte ich zu einem sich leicht kräuselnden Kehrwasser und warf meinen Streamer, an neuer 40er Monofilen, quer zur Strömung in den Fluss. Anschließend ließ ich die Montage etwas abtreiben. Mit gehobener Rute holte ich die Fliege langsam in Grundnähe wieder ein. Ingos Rat folgend, ließ ich manchmal das Blei am Kiesgrund leicht aufschlagen. Nach mehreren Würfen kam endlich der lang ersehnte Biss. Im trüben Wasser sah ich den Fisch nicht, aber der enorme Zug bestätigte mir, dass ich einen ordentlichen Kerl am Haken hatte. Der Lachs stellte sich quer in die Strömung und zog weiter in den Fluss hinein. Doch dank meiner guten Spinnrute mit einem Wurfgewicht von achtzig Gramm konnte ich dem Lachs Paroli bieten. Jetzt bemerkte ich, wie schwach doch die Rollenbremse meiner »Shimano GT 3000« war, bzw. wie stark ein Lachs in der Strömung ist.

Bild 5: Mein erster Lachs

In heimatlichen Gefilden konnte mir bisher noch kein Karpfen die festgestellte Bremse abziehen. Der Lachs zog nun langsam, aber stetig Schnur bei maximaler Bremskraft ab. Ich hielt die Spule der Shimano mit der Hand fest und forcierte den Fisch bis aufs Äußerste. Jetzt sprang er und schwamm dem Ufer zu. Was für einen schönen Rotlachs hatte ich da gehakt, wurde mir bewusst. Ich konnte die Schnur kaum einholen, während er wieder der Flussmitte zustrebte. Nach vielleicht zwanzig Minuten war er endlich müder und ich konnte den Kopf einige Zeit aus dem Wasser halten. Dies ist notwendig, um dem Fisch den Sauerstoff zu nehmen. Jetzt suchte ich den Kescher zur Landung, aber ich hatte ihn am anderen Ufer vergessen. Damit der Fisch möglichst schnell an Land kommt, sprang ich ins Wasser und drückte den Lachs mit dessen ganzem Körper gegen die steile Uferböschung. Auf diese Weise gelang es mir, mit dem Daumen in die Kiemen zu greifen und den Lachs ans Land zu schleudern. Es war ein »Sockeye«, ein Rotlachsmilchner, mit schön ausgeprägtem Laichhaken und schon leicht

172

angedeuteter Färbung. Der Kopf war etwas grünlich gefärbt bei leicht rötlichem Körper, siehe **Bild 5**. Der Streamer saß sauber im Maulspalt. Das Gewicht lag etwas über neun Pfund. Jetzt galt es, so schnell wie möglich ans andere Ufer zu gelangen, um noch ein Foto zu knipsen, bevor es zu finster wurde.

Das Beißverhalten des Rotlachses ist unter Anglern umstritten. Bis auf den Rotlachs sind die wichtigsten pazifischen Lachse wie Königs-, Silber-, Keta- und Buckellachs relativ leicht zu fangen, da diese noch am ehesten im Fluss nach Nahrung suchen. Meiner Meinung nach nehmen die Rotlachse im Fluss fast keine Nahrung mehr auf. Es ist eher von einem Beißreflex zu sprechen. Mein Freund Anton behauptet jedoch, dass man dem Rotlachs den Streamer durchs Maul ziehen muss, um ihn zu haken. Diese Meinung, würde ich sagen, hat eher spaßhaften Charakter. Wie ich einmal am Kenai im trüben Wasser beobachten konnte, flitzte ein etwa vierzig Zentimeter langer »Roter« meinem Streamer an der Oberfläche kurz nach und tauchte dann wieder ab. Wie beschrieben, erwischte ich meinen ersten Rotlachs mit dem Streamer im getrübten und nicht im klaren Wasser. Bei unserem Aufenthalt erzielten wir im leicht trüben Wasser immer die besseren Fangergebnisse.

Bild 6: Rotlachs-Streamer, Lachsei-Fliegen und Klemmbleie

Der Rotlachs darf in Alaska nur mit einem Streamer mit Einzelhaken befischt werden, wobei der Hakenbogen deutlich enger ist als beim Streamer für den Königslachs. Ansonsten gibt es noch Lachsei-Fliege und andere Imitationen, die erlaubt sind, siehe **Bild 6**. Mit Kunstköder wie Spinner, Blinker oder Wobbler würden die Rotlachse bei oft hoher Aufstiegsdichte zu oft am Köper gerissen. Selbst beim Fischen mit dem Rotlachs-Streamer passiert es manchmal, dass ein Lachs am Körper durch Zufall gehakt wird. Am Körper gehakte Fische müssen wieder zurückgesetzt werden. Falls jemand dieses Verbot nicht befolgt und von den Aufsehern am Russian River erwischt wird, wird er dann zum Flughafen befördert und in den Flieger gesetzt. Zudem droht eine saftige Geldstrafe. Es ist zwar nicht sinnvoll, einen gerissenen, eventuell stark verletzten Rotlachs zurückzusetzen, aber wie sonst könnte man dem beabsichtigten, nicht waidgerechten »Reißen« entgegentreten.

Diese Art von Fischräuberei wird konsequent verfolgt und hart bestraft. Wird ein Lachs mit dem Streamer am Körper unbeabsichtigt gerissen, wie es mir selbst schon mal passierte, kann dieser Fisch mit der üblichen Ausrüstung kaum noch gehalten werden. Bewegt sich der Lachs dann mehr und mehr stromab, wird die Schnur von anderen Anglern, die im Fluss stehen, oft durchgeschnitten. Diese Maßnahme ist teils verständlich, da ja die anderen Angler nicht gerne behindert werden wollen. Andererseits schwimmt dann ein Rotlachs mit dem Streamer im Rücken davon. Deshalb sollte nur mit guter Rute, (Steckrute mit Wurfgewicht bis achtzig Gramm) und sehr guter neuer Schnur (mindestens 40er Monofiler oder entsprechender geflochtener Schnur bester Qualität) und Rollenbremse auf Rotlachs gefischt werden. Wie ich beobachten konnte, wurde oft mit zu schwachen Ruten gefischt, sodass viele Rutenbrüche auftraten.

Bei der Montage auf Rotlachs sitzt der einzige Knoten am Streamer als Sollbruchstelle. Weitere Knoten sollten vermieden werden. Das schnurschonende Klemmblei befindet sich, je nach Strömung und Sichtverhältnissen, circa ein bis zwei Meter vor dem Streamer. Nach mehreren Drills ist der Streamer neu anzubinden sowie die ersten fünf Meter der Schnur zu entfernen. Wer sich mit dem Rotlachs anlegen will, der wird spätestens hier den richtigen Einsatz der Rollenbremse erlernen. Ansonsten kann man sich im Drill mit den starken Fightern Brandwunden an den Fingern holen, wenn während der Flucht achtlos an der Frontbremse gedreht wird. Ist die Bremse zu stark eingestellt, so reißt oft die Schnur am Knoten bei der ersten Flucht. Zum Waten ist eine Neopren-Wathose unbedingt erforderlich, da das Wasser im Fluss sehr kalt ist.

Bild 7: Anton mit 15 kg Königslachs

175

Bild 8: Mein erster Königslachs

Am Russian River dürfen pro Tag drei Rotlachse entnommen werden. Das Schonmaß beträgt offiziell vierzig Zentimeter, wird aber nicht so ernst genommen. Trotzdem sollte jedem wichtig sein, kleinere Rotlachse nicht zu entnehmen, da diese nochmals aufsteigen können. Der Rotlachs wird im Durchschnitt acht Pfund schwer und fünfundsechzig bis achtzig Zentimeter lang. Rekordfische werden bis zu fünfzehn Pfund schwer (Reisehandbuch Kanada Alaska, Angeln u. Kanu, Harald Barth). Der Laichaufstieg erfolgt je nach Ort von Juni bis Oktober. Der Frischaufsteiger besitzt einen metallisch blaugrün gefärbten Rücken und silbrige Flanken ohne Tupfen. Diejenigen Angler, die schon Rotlachse gefangen und gegessen haben, werden mir bestimmt beipflichten, wenn ich behaupte, dass dieser Lachs gebeizt (graved Salmon) von allen pazifischen Lachsen am besten schmeckt. Dieser Lachs sollte nur kalt-, nicht aber warmgeräuchert werden.

In der Stadt Kenai am gleichnamigen Fluss erkundigten wir uns nach einer Möglichkeit zum Fischen auf Königslachs. Dort wurden Boote zum Mieten angeboten. Ingo organisierte für uns ein Boot für das Schleppen auf den »King« mit dem »Spin-O-Glow«-System. Dieses System besteht aus zwei hintereinander angeordneten Einzelhaken mit einer Schnurschlaufe am Ende. Im Abstand von circa dreißig bis fünfzig Zentimeter vor dem Haken befindet sich ein Propeller mit integriertem Auftriebskörper. Als Naturköder dient präparierter Lachsrogen, der mit der Schnurschlaufe fixiert wird.

Wir fingen innerhalb der dreitägigen stromaufwärts führenden Schleppfahrt fünf Königslachse. Ein von Anton gefangener, ein Frischaufsteiger, brachte fünfzehn Kilogramm auf die Waage, siehe **Bild 7**. Der kleinste, von mir gehakte »King« wog immerhin noch über acht Kilogramm, siehe **Bild 8**. Pro Woche darf nur ein Königslachs je Person gefangen werden. Der Fang musste damals sofort auf der extra ausgestellten Lizenz eingetragen werden.

Ich möchte nochmals auf die äußerst reizvolle Landschaft am Russian River hinweisen. Abgesehen von der internationalen »Anglerschlange«, können hier Weißkopfadler, Elche und, wenn man früh genug aufsteht, auch Bären beobachtet werden. Es ist bestimmt sehr reizvoll, dem Rotlachs mit der Fliegenrute nachzustellen. Allerdings braucht man mindestens eine Rute ab AFTMA 7/8 mit guter Rolle. Fischt man an der Mündung des Russian in den Kenai, so sollte eine Zweihandrute zum Einsatz kommen, da hier auch der Königslachs den Streamer nehmen kann. Beißt allerdings ein großer

King, besteht vom Ufer aus, wegen der schnellen Strömung, kaum eine Chance, den Fisch zu landen.

Der Russian River befindet sich auf der Kenai-Halbinsel und mündet in den Kenai River. In der Nähe der Quellgebiete durchfließt der Fluss aus einem See, den Russian Lake (siehe **Bild 4** Seite 169). Der Hauptaufstieg der Rotlachse findet stets in der Zeit von Mitte Juli bis Mitte August statt. Zu bedenken ist allerdings, dass zu dieser Zeit auch der »Run« der Angler am größten ist. Mit dem Auto fährt man von Anchorage aus in etwa vier bis fünf Stunden nach Soldotna, einer Stadt am Kenai. Dort gibt es viele Möglichkeiten, Angeltrips durchzuführen. Von Soldotna aus ist der Russian in circa zwei Autostunden erreichbar. Natürlich kann auch im Kenai auf Rotlachse, Königslachse, Dolly-Varden (Saiblinge) und große Regenbogen- forellen gefischt werden. Dieser Fluss ist aber in der Hauptsaison sehr stark frequentiert. Dennoch ist der Kenai River ein lohnenswertes Ziel. Highlight eines jeden Urlaubs ist ein »Fly-In« über das »Cook-Inlet« zum Silberlachs- oder Arctic-Char-Fischen, in wirklich unberührter Natur – so wie eben der größte Teil Alaskas noch ist und bleiben sollte.

~

Nach dem sonntäglichen Flug in die Heimat durfte ich am Montag gleich wieder in der Firma antreten. Bedingt durch den Jetlag schlief ich in der Mittagspause am Schreibtisch ein. Mein Chef, der Betriebsrat und andere Personen, die durch die Glaswand in mein Büro blickten, ließen mich alle schlafen. Nach etwa zwei Stunden kam Josef Nierer zu mir ins Büro und wollte wissen, wie es in Alaska mit der Fischerei gelaufen ist. Meine ausführ- lichen Erzählungen nahmen etwa eineinhalb Stunden in Anspruch. Damit war der Nachmittag fast schon vorbei. Herr Alfons H. wollte auch wissen, wie es mir ergangen ist, und teilte mir aber gleich noch folgendes neues Arbeitsthema mit:

Die Firma Bosch hatte eine Hochspannungseinheit für eine neuartige Gasentladungslampe mit Xenon entwickelt. Diese Lampe sollte für Auto- scheinwerfer verwendet werden. Um das Xenongas in der Lampe, vereinfacht gesagt, zum Leuchten zu bringen, ist eine Hochspannung von mindestens zwanzig Kilovolt nötig. Ein so hoher Spannungsimpuls würde den Funkverkehr und Radioempfang beträchtlich stören. Deshalb sollten wir eine hochspannungsfeste Keramik für einen Entstörkondensator entwickeln. In der Hochspannungseinheit war allerdings wenig Platz für einen gut dimensionierten Kondensator. Der Entwicklungsbeauftragte der Firma Bosch ließ uns bezüglich der Kondensatorgröße nur wenig Spielraum. So war ich gezwungen, eine Keramik mit hoher spezifischer Spannungsfestigkeit bei geringem Verlustfaktor zu entwickeln.

Gut erholt vom Angelurlaub in Alaska, wagte ich mich an diese nicht einfache Aufgabe. Als Basis für weitere Optimierung der Spannungsfestigkeit wählte ich aus früheren Versuchsreihen eine Elektrokeramik aus, die den Anforderungen am ehesten entsprach. Dieser Keramik, mit bereits geringem Verlustfaktor, fehlte es jedoch noch an ausreichend hoher Spannungsfestigkeit.

Wie schon so oft in meinem Leben, kam mir der entscheidende Gedanke am Fischwasser, während eines Karpfenansitzes. Karpfen fing ich an diesem Tag zwar keine, aber dafür trug ich in meinem Kopf vielleicht die Lösung zur Optimierung der Spannungsfestigkeit mit nach Hause.

Das verwendete Oxid in der Keramik, das für die Spannungsfestigkeit entscheidend ist, hatte meines Erachtens eine zu geringe spezifische Oberfläche. Dadurch kann die Reaktivität bei Festkörperreaktionen vermindert sein. Deshalb wollte ich das Oxid durch ein im Handel erhältliches Hydroxid mit nachweislich höherer spezifischer Oberfläche ersetzen. Nach dreitägiger Probenpräparation war es endlich so weit. Die elektrischen Eigenschaften konnten ermittelt werden. Das Ergebnis bestätigte meine Vermutung. Die Spannungsfestigkeit nahm bei gleicher Keramikdicke mehr als ausreichend zu. Die Messwerte einer Fertigungscharge bestätigten die Labordaten. Mein Chef und ich freuten uns darüber sehr und so konnte der Kondensator nach Kundenbemusterung zur Fertigung freigegeben werden.

Ein finanzielles Fiasko

Wieder einmal am Stammtisch vereint, begann Herbert S. über Spar- bzw. zusätzliche Verdienstmöglichkeiten zu sprechen. Er kenne jemanden, der gute Geldanlagen vermittelt. Nach ein paar Tagen meldete sich bei mir ein Herr Lange als Finanzberater der AWD, der durch Herbert meine Adresse erfahren hatte. Kaum waren zwei Tage nach der Kontaktaufnahme vergangen, saß dieser Herr schon bei mir im Wohnzimmer, um mich von seiner Geldanlage zu überzeugen. Es handelte sich um eine Wohnbaugesellschaft der WGS in Stuttgart. Es sollte eine monatliche Rate von etwa einhundertfünfzig D-Mark in einen Immobilienfond gezahlt werden. Dafür erwarb man einen entsprechenden Anteil an einem Miethaus mit Geschäften. Stuttgart hörte sich für mich gut an. Völlig unerfahren und leichtsinnig in meinem noch jungen Leben, stimmte ich zu. Mit zunehmendem Anteil an vermieteten Geschäftsräumen sollte sich die monatliche Rate vermindern. Natürlich handelte es sich dabei um einen anteiligen Wohngebäudekauf in Form eines geschlossenen Immobilienfonds. Diesen Umstand verschwieg mir aber damals der feine Herr Lange. Selbst wenn er mir damals gesagt hätte, dass es sich um einen geschlossenen Immobilienfond handelt, hätte ich ihm vertraut. Über dessen Vor- und Nachteile hätte er mich nie von sich aus aufgeklärt, ist mir jetzt klar. Erst kurz vor der Tür des Notarbüros händigte er mir den Verkaufsprospekt der WGS aus. Auch als mich der Notar fragte, ob ich den Prospekt der WGS gelesen und verstanden hätte, meinte dazu Herr Lange, darin steht nur etwas über bauliche Maßnahmen.

Der für den Kauf erforderliche Kredit über dreißigtausend D-Mark wurde von der Schilling Bank in Hameln zur Verfügung gestellt. Etwa fünf Jahre später verminderte sich plötzlich der Mietanteil, sodass die monatliche Rate für mich höher wurde. Wie sich herausstellte, zahlte ich an die Bank keine Tilgung, sondern nur Zinsen, natürlich immer in gleicher Höhe. Ich bat die Bank um ein Annuitätsdarlehen. Die Bank lehnte aber ab. Erst als ich schriftlich damit drohte, mich an die Sendung »Nepper, Schlepper, Bauernfänger« zu wenden, gestattete man mir, das Darlehen durch einen Kredit meiner Hausbank abzulösen.

Nach einem weiteren Jahr ging zu allem Überfluss die Firma WGS pleite. Als Gläubiger zweiten Ranges war vom Insolvenzverwalter zunächst keine Entschädigung von der WGS zu erwarten. Nach einem weiteren Jahr wollte mir die Schilling Bank meinen Anteil für fünftausend Euro abkaufen. Meine DAS-Rechtsschutzversicherung übernahm die Streitigkeiten mit der Bank nicht. So blieb mir nichts anderes übrig, als einen von mir beauftragten Rechtsanwalt, der ein Honorar von einhundertzwanzig Euro kassierte, die Sache abschließen zu lassen. Ich verkaufte für fünftausend Euro meinen Anteil an die Schilling Bank. Insgesamt hatte ich einen Verlust von ungefähr fünftausend Euro. Der Rechtsanwalt meinte dazu, ich sei im Vergleich zu anderen Geschädigten noch recht günstig davongekommen.

Die beiden Wohnungsbauverwalter saßen mittlerweile in Untersuchungshaft. Deshalb schwor ich mir für alle Zukunft, Finger weg von sämtlichen Finanz- oder Wirtschaftsberatern und natürlich von geschlossenen Immobilienfonds. Für mich bewegen sich die meisten Berater am Rande der Legalität. Ich möchte schon fast behaupten, dass es sich in meinem geschilderten Fall um geplante Wirtschaftskriminalität handelte.

Erlebnisse in Alaska bei George Stek

Im Frühjahr planten wir erneut eine Angelreise nach Alaska. Neben Anton und mir wollten zwei Neulinge die Rotlachse im Drill kennenlernen. Der Schwager von Herbert S., ebenfalls mit Vornamen Herbert, und unser alter Brummbär Walter wollten sich die kostspielige Reise nach Alaska gönnen. Da mir die Aufgabe zufiel, die Reise zu planen, wählte ich eine neue Unterkunft aus. Es sollte eine »Fishing-Lodge« am Ufer des Kenai sein. Nach längerem Blättern in verschiedenen Angelfachzeitschriften fiel mir die »Funny Moose Lodge« von George Stek auf, die sich direkt am Ufer des Kenai befindet. Lage und Preis waren für uns in Ordnung und so buchten wir für zwei Wochen im Juli eine Hütte.

Einen Monat später erkrankte plötzlich unser Kollege Walter, der sich als ehemaliger Bahnmitarbeiter schon in Pension befand. Er hatte immer wieder starke Schmerzen im Brustkorb. Im Krankenhaus wurde bei ihm im Bauchraum ein bösartiger Tumor diagnostiziert. Nach vier Wochen verschlimmerte sich sein Zustand. Wir besuchten ihn zweimal pro Woche in der Klinik, um ihm den Mut für seine Reise zu erhalten. Ich las ihm oft von Angelreiseberichten vor, in der Hoffnung, dass er dadurch wieder schneller gesund wird. Doch es half leider nichts. Nach weiteren zwei Wochen wurde er von dem Krebsleiden erlöst. Wie gern hätte ich Walter die Alaska-Reise noch gegönnt. Diese Geißel der Menschheit wird noch vielen von uns zum Verhängnis, wurde mir bewusst. Wir alle waren für einige Wochen sehr traurig. Es wäre doch besser gewesen, wenn diese schreckliche Krankheit noch bis nach seiner Reise gewartet hätte. Wir überlegten uns, ob wir den Trip nach Alaska nicht doch besser aufgeben sollten.

Etwa zwei Wochen nach Walters Heimgang traf ich seine Frau Helga. Sie bat mich, mit zu ihr nach Hause zu kommen. Wir erinnerten uns bei einem Glas Wein an unseren gemeinsamen Urlaub im österreichischen Murtal in der Nähe von Knittelfeld. Dort verbrachten wir auf einem Bergbauernhof gemeinsame unbeschwerte und kurzweilige zwei Wochen. Obwohl auch die Fischerei auf »Regenbogner« in der Mur sehr erfolgreich war, erinnerte ich mich besonders an unsere höchst rekordverdächtige Ausbeute beim Pilzesuchen. An einem einzigen Vormittag fanden wir so viele Pfifferlinge, dass wir diese bis zu vierzig Zentimeter hoch auf einen eineinhalb Meter langen Tisch aufhäufen konnten. Es war überwältigend. Helga und Walter verkauften damals die Pfifferlinge sogar in den umliegenden Wirtshäusern, da wir so viele weder einfrieren noch mitnehmen konnten.

Nach vielleicht einer Stunde meinte Helga, dass wir die Angelreise nach Alaska doch durchführen sollten. »Es ist bestimmt im Sinne von Walter, wenn ihr für ihn einen Ersatz sucht«, gab sie mir zu verstehen. Eine Woche später hatten wir glücklicherweise einen Ersatz für ihn. Anton und Herbert T. überredeten Peter M., unseren Wirt vom Stammtisch. Er, als Fischereiberechtigter der Donau, sollte mal die Kampfkraft der Rotlachse im Vergleich zu unseren heimischen Fischen kennenlernen.

Am zweiten Juliwochenende 1995 ging es mit einer Condor-Maschine dieses Mal von Frankfurt aus im Direktflug nach Anchorage. Nach neun Stunden Flug fanden wir trotz der Unübersichtlichkeit des großen Flughafens schnell unseren Mietwagenanbieter. Bis zur Kenai-Halbinsel hatten wir noch eine Strecke von über zweihundert Kilometern vor uns. In den frühen Morgenstunden erreichten wir nach etwa vierstündiger Fahrt die mir und Anton bekannte Stadt Soldotna. In der Stadt kam endlich die Abzweigung in eine Schotterstraße, die wir anhand der Anfahrtsskizze von George erkennen konnten. Nach meiner Schätzung waren wir noch gute dreißig Kilometer gefahren, bis endlich eine umzäunte Lodge im morgendlichen Nebel auftauchte.

Ein großes, helles, einzelnes Haus mit Holzveranda war mit hohem Zaun umgeben, auf dem sich Stacheldraht befand. »Das kann doch nicht die Lodge von Georg sein«, meinte ich zu meinen drei Begleitern. Kaum hatte ich den Satz zu Ende gesprochen, ging im Haus Licht an. Nach einer Weile trat ein Mann mit Cowboy-Hut heraus und ging langsam auf uns zu. Er trug an der Hüfte angeschlagen eine Schrotflinte, die er auf uns richtete. Wir verstanden nicht, was er uns entgegenmurmelte. Wir gaben ihm mit schlechtem Englisch zu verstehen, dass wir die Lodge von George Stek suchten und entschuldigten uns für die Ruhestörung. Anscheinend hatte er uns doch verstanden, da er sein Gewehr senkte und uns mit Handzeichen die Richtung vorgab, in der wir weitersuchen sollten. Ungeduldig und müde setzten wir die Fahrt fort. Endlich, nach weiteren zehn Meilen, sahen wir in der bereits helleren Umgebung einige Hütten und Bauwagen vor uns. »Das muss die richtige Lodge sein«, meinte Anton erleichtert.

Es war schon kurz vor fünf Uhr morgens, als wir vor dem Haupthaus anhielten. Durch den Lichtschein in einem der Fenster bemerkten wir, dass George schon auf den Beinen war. Während wir aus dem Auto stiegen, öffnete sich schon die Tür und George, wie wir annahmen, trat mit freundlicher Miene auf uns zu und schüttelte jedem von uns die Hand. Mit »Guy's from Germany welcome", begrüßte er uns mit morgendlich krächzender Stimme. George konnte nur wenig Deutsch sprechen. Er fragte uns deshalb, ob wir mit Englisch ein Problem hätten. Anton und ich erklärten ihm, dass wir anfänglich noch nicht so gut sprechen könnten, aber mehr verstehen würden. Auch Peter konnte etwas Englisch. Er fragte ihn sofort, ob die Rotlachse schon im Fluss wären. George antwortete lächelnd, dass wir uns erst einmal ausschlafen sollten, und zeigte uns die Unterkunft. Bezüglich der Lachse blieb er uns die Antwort schuldig. »Wahrscheinlich sind die Lachse noch nicht im Fluss, aber das werden wir im Laufe des morgigen Tages schon erfahren«, beruhigte ich Peter. Er, Herbert und Anton ließen sich noch von George auf eine Flasche Bier als Begrüßungstrunk einladen. Ich brauchte zum Einschlafen kein Bier mehr. Nach der langen Anreise hatte ich nur noch den Wunsch, so schnell wie möglich zu schlafen.

Es war bereits nach zwei Uhr nachmittags, als ich aufwachte. Ich kroch aus dem Schlafsack, den uns George zur Verfügung gestellt hatte, und öffnete die Tür des Bauwagens. Es herrschte herrlicher Sonnenschein. Die Lufttemperatur dürfte bei über zwanzig Grad Celsius gelegen haben. Meine drei Kollegen schliefen noch. Wahrscheinlich ist es doch nicht bei einem Bier geblieben, vermutete ich. Schnell zog ich mir eine Hose über und stapfte zum Ufer des Kenai. Gemächlich wälzten sich die graugrünen Wassermassen hinunter. Aus den Bergen kommend, führte der Fluss immer noch Schmelzwasser. Nach einigen Minuten völliger Stille kam George die Uferböschung herab und begrüßte mich freundlich. Zuerst fragte er mich, wie wir auf seine Lodge gekommen seien. Ohne eine Antwort abzuwarten, teilte er mir mit, dass der »Run« der Rotlachse laut Radiobericht frühmorgens begonnen hat. »Eventuell sind die Lachse am frühen Abend schon vor Ort«, meinte er lächelnd. Dann eilte er wieder die Böschung hinauf. Nachdem er meinen Augen entschwunden war, hörte ich, wie er meinen Freunden etwas zurief. Er gab ihnen zu verstehen, dass die Lachse noch nicht im Fluss wären und wir daher in aller Ruhe unsere Angelruten auspacken könnten. Kaum war wieder Stille im Tal, hörte ich schon Anton nach mir rufen. »Hast du auch gehört, was George gesagt hat?«, fragte er mich. »Ja, die Lachse sind noch nicht da«, seufzte ich. »Wir könnten doch heute schon mal vom Ufer aus auf die Saiblinge fischen«, schlug ich vor.

Die Saiblinge, die hier als »Dolly Varden« bezeichnet werden, sind, ebenso wie die Lachse, anadrome Wanderfische. Anton murmelte mir nur etwas Unverständliches entgegen, während er wieder verschwand. Immer noch am Ufer in den Fluss starrend, kam mir jetzt die Idee, doch selbst auf die »Dolly's« zu fischen. Während es sich meine drei Kollegen noch im wärmenden Sonnenschein auf den Holzbänken vor unserer Unterkunft beim Frühstück gut gehen ließen, packte ich meine leichte Spinnrute aus und brachte eine einfache Grundmontage mit Laufblei an. Von George holte ich mir die Lizenz, die er uns freundlicherweise schon vorab besorgt hatte, und ließ mir präparierte Lachseier geben. Um besser am Haken zu halten, waren diese mit einer klebrigen Masse getränkt. Voller Vorfreude eilte ich zum Ufer, dabei rief mir Peter nach, dass ich aufpassen sollte, um nicht von einem Lachs ins Wasser gezogen zu werden. Was für ein alter Spaßvogel,

185

schmunzelte ich. Am Ufer angekommen, schnitzte ich mir schnell eine Ast-gabel als Rutenständer zurecht und schlenzte mein Blei mit Köder leicht stromab nahe am Ufer in den Fluss.

Nach einer halben Stunde, welch große Freude, wippte endlich meine Rutenspitze. Sofort dachte ich an einen Saibling und setzte einen leichten Anhieb. Aber was kam nach nur geringem Widerstand zum Vorschein? Eine Art Mühlkoppe mit etwa zehn Zentimetern, die auch hier im Norden des amerikanischen Kontinents vorkommt. Immer wieder zupften nun diese ge-fräßigen Fische an den Lachseiern herum. Ich hatte nach etwa zwei Stunden schon fast keine Lachseier mehr, als plötzlich die Rute so stark wippte, dass der Rutengriff bereits vom Boden abhob. Noch bevor ich die Rute in die Hand nehmen konnte, wurde bei ertönender Rolle Schnur abgezogen. Ich spürte meinen Puls am Hals, wie so oft in meinem bisherigen Anglerleben. Der Fisch zog vehement schräg stromab noch einige Meter Schnur von der Rolle, bis ich die Bremse etwas strenger einstellen konnte. Nach einigen Mi-nuten heftigen Widerstands war der Spuk vorbei. Der Fisch hatte sich wieder befreit. Bei Überprüfung des Sechserhakens heimischer Qualität konnte ich feststellen, dass dieser ziemlich weit aufgebogen war. Das war bestimmt ein Rotlachs, war ich mir sicher. Aber der Rotlachs beißt nicht auf die Fischeier, wusste ich. Allerdings könnte es sein, dass er beißt, wenn die roten Eier in der Strömung hin und her pendeln und so als Reizköder wirken, überlegte ich. Vorsichtshalber nahm ich meine kräftigere Spinnrute mit größerer Rolle und 0,35er Monofilen für den Fang der Saiblinge. Erneut beköderte ich den stärkeren Haken und beförderte das Ganze wieder in die Fluten.

Nachdem ich bereits drei Stunden alleine am Ufer saß, wollte ich doch mal nach meinen Kollegen sehen. Als ich über die Uferböschung blickte, sah ich schon von Weitem, wie Peter mit dem Kopf unter seinem Hut auf dem Tisch lag. Bei näherer Betrachtung sah ich zu Peters Rechten eine Liter-flasche Jack Daniels stehen, in der sich nur noch wenig Whisky befand. Die werden doch nicht die volle Flasche bis auf diesen Rest geleert haben?, fragte ich mich. Suchend sah ich nach den beiden anderen. Hinter unserer Hütte traf ich Anton an. Er kauerte am Boden und meinte, dass ihm schlecht sei und er sich deshalb übergeben müsse. »Weißt du, wo Herbert ist?«, fragte ich ihn. »Ja, der schläft in der Hütte«, gab er mir zur Antwort. Herbert lag nicht in seinem Bett, sondern daneben und schnarchte. Ach du Schreck, der hat wohl einiges an Whisky erwischt, ging mir durch den Kopf. Schuld an dem Trinkgelage war wohl Peter, der zu Hause ein Restaurant besitzt und für seinen übermäßigen Alkoholkonsum am Stammtisch bekannt war. Was tun?, dachte ich. Da bring ich heute keinen Kameraden mehr hoch zum Angeln, war mir klar. Wieder auf dem Weg zum Ufer kam mir George entgegen und winkte mir aufgeregt zu. Es war so weit, der »Run« der Rotlachse hatte begonnen, meine drei Kollegen aber waren besoffen und unfähig, eine Angel in die Hand zu nehmen. Schnell eilte ich alleine ans Ufer zu meiner Angelrute und montierte den typischen Streamer mit Klemmblei.

Der Abstand zwischen Klemmblei und Haken sollte mindestens fünfzig Zentimeter betragen, wusste ich. Auch die Hakenbogenweite ist für den Rotlachs und Königslachs unterschiedlich. Mit dieser Montage warf ich etwas schräg stromab, aber nicht zu weit, da die Lachse eher in Ufernähe stromauf schwimmen. Liegt das Blei auf dem Grund, hebe ich die Rutenspitze an, bis sich die Schnur zum Blei hin leicht spannt. Bedingt durch den Strömungsdruck, der auf die Schnur wirkt, rollt das Blei allmählich zum Ufer hin, bis die Schnur parallel zur Strömungsrichtung liegt. In dieser kurzen Zeit von etwa zwei Minuten soll der Streamer fangen. Wie bereits erwähnt, frisst der Rotlachs während des Laichaufstiegs nichts mehr. Es ist nur der spielerische oder aggressive Beißreflex, der den Fisch an den Haken bringt. Wahrscheinlich ist dies ein ähnliches oder gleiches Beißverhalten wie beim Atlantischen Lachs. Nur aufgrund der höheren Aufstiegsdichte ist der Rotlachs leichter zu fangen als der Atlantische Lachs in den europäischen Lachsflüssen.

Nach etwa zwanzig Minuten kam der erste Biss. Wie ich bereits von meinem ersten Trip nach Alaska wusste, muss während der Drillphase die Rollenbremse sehr streng eingestellt werden, damit der Fisch nicht zu weit stromab schwimmt. Je weiter weg er sich während des Drills bewegen kann, umso schwieriger wird es, ihn gegen die Strömung wieder heranzuziehen. Dauert der Drill dadurch länger, besteht die Gefahr, den Lachs zu verlieren.

Es dauerte etwa zehn Minuten, bis ich den Lachs am Ufer hatte. Immer wieder zog er hinaus in das schnellere Wasser und stellte sich quer zur

Strömung. Es schien, als ob er nicht ermüden würde. Nach einem Hilferuf an meine Kameraden war ich nach weiteren bangen Minuten immer noch allein. Es blieb mir nichts anderes übrig, als den Fisch selbst mit dem Kescher zu landen. Die Rute bog sich dabei fast zum Halbkreis während ich den Kescher mit der anderen Hand heranführte. Ich hatte Glück, der Lachs schoss dabei selbst in den Kescher. Selbst darin wälzte er sich heftig hin und her und zeigte noch keinerlei Ermüdung. Nach dem Versorgen legte ich den Fisch in das kalte Flusswasser, mit einer Schnur fixiert. Voller Freude, den ersten Lachs gefangen zu haben, eilte ich die Uferböschung hinauf, um meinen Freunden den Fangerfolg mitzuteilen. Doch immer noch schliefen sie ihre Betrunkenheit aus. An diesem Tag war mit ihnen wohl nicht mehr zu rechnen. Gespannt auf den nächsten Anbiss eines Lachses ging ich wieder zum Ufer. Nach vielen Würfen mit der Rotlachsfliege konnte ich an diesem Tag nur noch einen fangen, siehe **Bild 9**. So wie es schien, zogen an diesem Tag wahrscheinlich nur vereinzelt einige Lachse als Vorboten den Fluss hinauf.

Am nächsten Tag holte uns der Ruf von George schon sehr früh aus dem Schlaf. Er hatte im Radio gehört, dass der große Schwung der Lachse bei Soldotna noch nicht angekommen sei. Aber warum weckte er uns schon so früh, fragten wir uns. George hatte für uns einen »Fly-In« angemeldet. Nach kurzem Frühstück und schnellem Verpacken unserer Angelruten sowie Proviant fuhren wir eilig zu einem See in der Nähe des Ortes Kenai. Dort erwartete uns schon der Buschpilot mit seiner Beaver. Es handelte sich um ein einmotoriges Flugzeug mit kräftigem, sechszylindrigem Sternmotor und sechs Sitzplätzen.

Der etwa einen Meter achtzig große Pilot, blauäugig und mit sportlicher Figur, begrüßte uns mit den Worten: »Hi Guys, let's go, my name is Jo.« Er schien in Eile zu sein, weshalb wir mit seiner Hilfe schnell unsere Ausrüstung in einer der Schwimmkufen verstauten. Ich als leichteste Person musste mich auf der hintersten Sitzreihe anschnallen. Anton war der schwerste, deshalb saß er neben dem Piloten. Schade, dachte ich, ich wäre eigentlich gern vorne gesessen. Jo befreite den Flieger von den Fesseln und startete den Motor, nachdem er den obligatorischen Rudercheck durchgeführt und den Kopfhörer für den Sprechfunk aufgesetzt hatte. Mit schwachem Gas brachte er die Beaver in Startposition und beschleunigte. Nach vielleicht dreißig Meter Fahrt auf dem Wasser hob das Flugzeug ab. In ungefähr drei bis fünf Meter Höhe über dem Wasser flog er die Beaver bis zur Seemitte. Dann zog er die Maschine hoch. Im Zwanzig-Grad-Steigflug näherten wir uns dem bergigen Hindernis vor uns und überflogen es in geringer Höhe. Nach diesem Flugmanöver schauten wir uns fragend an. Der Pilot neigte den Kopf zu uns und lächelte. Nach kurzer Zeit überflogen wir das »Cook-Inlet« und sahen den vor uns hochragenden Vulkan »Redoubt Mountain«, wie er allmählich auf uns zukam. Eine grandiose Landschaft eröffnete sich uns. Kein Haus, keine Straße oder Pfad und keine Strommasten waren vorhanden, hier war die wirkliche Wildnis Alaskas!

Bild 9: Rotlachse

George hatte uns für einen Flug zu einem See in der Nähe dieses Vulkans angemeldet. Im See gab es die großwüchsigen Saiblinge, bekannt als »Arctic Char«, die in nördlichen Gewässern nicht nur in Alaska vorkommen. Aus dem See floss ein mäandernder Fluss, wie wir aus der Vogelperspektive sahen. Nach einer Viertelstunde wasserte der Pilot den Flieger gekonnt im See und befestigte die Beaver an einem Holzsteg, damit wir bequem aussteigen konnten. Eifrig und voller Vorfreude nahmen wir unsere Angelausrüstung aus der Schwimmkufe. Maximal fünf Saiblinge pro Person dürfen aus dem See und dem Auslaufbereich entnommen werden, wurde uns gesagt. Als Köder gab es präparierten Rotlachsrogen. Auch Königs- und Rotlachse, die in den See aufsteigen, gibt es hier. Der Königslachs ist momentan geschützt und muss zurückgesetzt werden, klärte uns der Pilot auf. Er fügte noch hinzu, keine Essensreste auf dem Boden liegen zu lassen. Sollte ein Braunbär ungewöhnlich nahe kommen, so ist die auf Pfählen gebaute Hütte als Fluchtort zu nutzen. Nach diesen für uns wichtigen Worten verabschiedete sich der Pilot und erklärte, dass er kurz vor Sonnenuntergang zurückkommt.

In so einem Paradies wie hier müssten doch die Fische geradezu an die Angel springen, vermutete ich. Meistens kommt es zwar anders als man denkt, aber hier bewahrheitete sich fast meine Annahme. Bereits um acht Uhr morgens kamen wir am See auf der anderen Seite des »Cook-Inlet« an. Die Sonne geht an diesem nördlichen Breitengrad im Juli erst um Mitternacht unter. Eigentlich wird es hier gar nicht so richtig dunkel. Die Sonne taucht nur für zwei Stunden am Horizont unter. Man könnte vierundzwanzig Stunden lang fischen. Wir hatten nun gute sechzehn Stunden Zeit, um in der absoluten Wildnis Alaskas den echten Wildfischen nachzustellen. Das Wasser des Gletschersees und des daraus fließenden Flusses war trüb, deshalb sollten wir laut Ratschlag des Piloten mit Grundblei fischen. Voller Erwartung montierten wir die Angelruten und verwendeten Vorfächer mit Schlaufen an den Haken, um den präparierten Rotlachsrogen so anzubringen, dass dieser ausreichend lange hielt. Zuerst versuchten wir unser Glück etwa einhundert Meter vom See entfernt im Fluss.

Der Fluss war hier schätzungsweise noch fünfzig bis siebzig Meter breit und langsam fließend, während er im weiteren Verlauf, bedingt durch das zunehmende Gefälle, schmaler und schneller wurde. Die Ruten wurden am Ufer in flachem Winkel zum Wasser aufgestellt, ähnlich wie zu Hause beim Aalfischen. Wir beobachteten nun unsere Rutenspitzen bei leicht eingestellter Rollenbremse. Wer würde den ersten Biss bekommen und welcher Salmonide wird es wohl sein, überlegte ich in gespannter Erwartung. Die Berge, die den See und das Flusstal mit ihren schneebedeckten Gipfeln säumten, waren bestimmt Zweitausender. Der Vulkan »Redoubt Mountain« überragte in nördlicher Richtung sogar die uns vorgelagerte Bergkulisse. Es war im wahrsten Sinne des Wortes für uns ein Angelansitz im Paradies. Nur entfernte Vogelrufe unterbrachen ab und zu die Stille, die uns umgab.

Endlich durchbrach der Ruf von Anton diese Stille. Seine Rutenspitze vollzog die von uns erwartete Verneigung. Sofort nahm er die Rute auf und stellte die Bremse etwas stärker ein. Der Fisch zog zunächst einige Meter Schnur von der Rolle stromab, bis er wendete, um wieder stromauf zu schwimmen. Nach einigen Fluchtversuchen zur Flussmitte konnten wir den ermüdenden Fisch mit dem Kescher anlanden. Es war ein großer Saibling, ein Arctic Char, mit einer Länge von über siebzig Zentimeter und orange-rot gefärbten Bauchflanken. Während wir um den Fisch herumstanden und seine Farbenpracht bewunderten, rief Herbert mir auf dem Weg zu seiner Rute Folgendes zu: »Alfred, deine Angelrute hüpft.« Schnell sprintete ich zu meinem Fangplatz und erhöhte die Bremskraft, um den abziehenden Fisch vor weiterer Flucht zu hindern. Nun standen alle neben mir und gaben mir gut gemeinte Tipps während des Drills. Der Fisch zog, nachdem ich ihn mit kräftigem Einsatz zur Umkehr zwang, mit stetiger Kraft stromauf an uns vorbei. Herbert meinte zutreffend: »Das ist bestimmt ein Lachs.« Obwohl die Rollenbremse jetzt stärker eingestellt war, flüchtete er immer noch weiter mit kräftigen Stößen stromauf. Es dauerte noch zehn Minuten, bis der Nervenkitzel vorbei war. Anton konnte tatsächlich einen Lachs keschern. Es war ein Königslachs mit fortgeschrittener Laichfärbung. Noch im Kescher lebend bestimmte ich seine Länge. Trotz seiner hinderlichen Bewegungen konnte ich eine Länge von über neunzig Zentimetern messen.

Nach einem Foto setzte ich den König der Lachse sanft ins Wasser zurück. Leider blieb das Fotografieren erfolglos, da der Film in meiner Spiegelreflex schon zu Ende war. Nachdem noch zwei weitere Saiblinge um die fünfzig Zentimeter im Fluss gefangen wurden, beschlossen wir ans Seeufer zu gehen. Im weiteren Verlauf des Tages konnte jeder von uns fünf Saiblinge erbeuten. Bis auf den arktischen Saibling von Anton lagen die Längen zwischen fünfzig und sechzig Zentimetern. Bei zwei der gefangenen Saiblinge handelte es sich um die bekannten »Dolly Varden«. Aufgrund des Fanglimits mussten wir einige Fische zurücksetzen, wie viele genau weiß ich nicht mehr. Als wir das Motorengeräusch der Beaver hörten, war es kurz nach einundzwanzig Uhr. Vom Flusstal kommend, sahen wir die Maschine in niedrigem Flug auf uns zufliegen, um dann gleich aus dem Geradeausflug auf dem See zu landen. Jo stieg aus und sah unsere Beute am Flussufer liegen. Kopfnickend und mit freudigem Gesichtsausdruck meinte er, »successful work«. Schnell waren die Fische in einer der Wasserkufen verstaut. Und wieder beschleunigte er nach dem Abheben aus dem Wasser den Flieger einige Minuten lang knapp über dem See, um ihn dann förmlich hochzureißen. Entweder wollte er mit diesem Flugmanöver seine Gäste immer wieder aufs Neue beindrucken, oder er hatte einfach selbst Spaß daran. Es könnte auch sein, dass er aus Sicherheitsgründen beim Start aus dem Wasser so handelte. Dieses Angelabenteuer vor über fünfundzwanzig Jahren wird mir unvergesslich bleiben. Heutzutage sind diese »Fly-In« wesentlich teurer.

George winkte uns schon von Weitem zu, als wir in seine Lodge einfuhren. Aufgeregt rief er uns zu »the red's are running now«. Es war bereits kurz vor zweiundzwanzig Uhr als wir die Lodge erreichten. Da die Sonne noch vom wolkenlosen Himmel schien, brachten wir zuerst unsere Saiblinge in die Kühlschränke und gingen mit unseren vorbereiteten Ruten ans Ufer des Kenai. Jetzt wollten wir noch wissen, ob die Rotlachse wirklich schon da sind. Sie waren da. Wir fingen noch fünf Lachse. Schon sehr müde begannen wir die Fische zu filetieren. Immerhin hatten wir noch fünfundzwanzig Fische zu versorgen. Mit einem Glas Whisky, der mir nicht schmeckte, beendeten wir unseren erfolgreichen Tag um Mitternacht.

Am nächsten Tag bot uns George einen neuen Angeltrip an. Es sollte auf Pazifischen Heilbutt gehen. Wir stimmten voller Vorfreude zu. Nach kurzem Telefongespräch mit Toni de Michelle, dem Kapitän des Fangbootes, packten wir frühmorgens schnell noch etwas zur Stärkung ein und fuhren mit unserem Leihwagen in Richtung Homer. Die Stadt liegt am südlichsten Punkt der Kenai-Halbinsel. Am Hafen angekommen, sahen wir schon von Weitem einen winkenden Mann mit einer Tafel mit der Aufschrift »Toni's Halibut-fishing«. Er begrüßte uns mit kräftigem Handschlag und führte uns zu seinem Boot. Vor dem Boot warteten bereits zwei Amerikaner als Mitangler. Freundlich begrüßten sie uns.

Das Boot war ein hochseetüchtiges Schiff mit Doppeldeck. Für uns sechs Angler war genügend Platz. Die Reling war ausreichend hoch, was ein über Bord gehen bei dem Drill eines schweren Fisches verhinderte. In der Mitte des Decks war ein größerer Deckel am Boden angebracht. Wir alle mussten Wathosen während des Fischens tragen. Warum, sollte sich später noch herausstellen. Nach längerem Kreuzen einige Seemeilen vom Hafen entfernt, wurde der Anker gesetzt. Jedem von uns wurde eine kurze, kräftige Hochseerute ausgehändigt. Nach kurzer Einweisung an den großen Multirollen bestückte er die Haken, deren Spitze nach innen gebogen war, mit den Köderfischen. Dank der großen, schnell laufenden Spulen waren unsere Köder in kurzer Zeit am Grund angelangt. Das Meer war hier circa sechzig Meter tief. Laut Toni sollten wir unsere Köder knapp über dem Meeresboden auf und ab bewegen. Nachdem von uns fünf Anglern nach etwa zwanzig Minuten noch keiner einen Biss bekam, suchte der Kapitän mit seinem Echolot erneut den Grund ab.

Wahrscheinlich wollte er größere sandige Flächen finden, wo sich die Plattfische am wahrscheinlichsten aufhielten. Es dauerte mindestens eine halbe Stunde, bis er endlich den Anker setzte und wir von unserer Anspannung erlöst wurden. Dann hielt er den Daumen hoch, deutete mit dem Zeigefinger nach unten, während er ein kurzes »okay« von sich gab. Mit Zuversicht öffnete ich die Rollensperre und ließ die beschwerte Montage nach unten sausen, bis der Köder auf dem Grund auftraf. Jetzt ging es wieder los, dieses kräftezehrende Auf und Ab in der Hoffnung, endlich einen Biss zu bekommen. Keine fünf Minuten waren vergangen, da meldete einer der Amerikaner »fish on«. Ja, es war so weit, seine Rute bog sich deutlich weiter nach unten als sonst. Sofort rannte »Toni« zu ihm, nahm kurz Fühlung mit dem Fisch auf und gab ihm zu verstehen: »Pull up.« Auch bei Peter bog sich nun die Rute durch. Er sagte: »Ein Stein oder versunkenes Holz hängt bei mir am Haken.« Alle schauten auf Peters Angel, während unser amerikanischer Kollege drillte.

Langsam zeichnete sich im klaren Wasser ab, was da aus der Tiefe hochkam. Es war ein Oktopus. Er gehört zur Familie der achtarmigen Kopffüßer. Toni freute sich und sagte, dies sei ein guter Köder zum Fang des Butts. Ich habe nicht gesehen, wie er den Kraken tötete, aber jeder von uns hatte jetzt einige zurechtgeschnittene Fangarmstücke als Köder. Inzwischen war der erste Heilbutt an der Wasseroberfläche aufgetaucht. Nach Angaben von de Michelle lag sein Gewicht um vierzig englische Pfund (zur Erklärung: englische Pfund minus zehn Prozent ergibt deutsche Pfund). Damit dürfte das Gewicht dieses Fisches bei etwa achtzehn Kilogramm gelegen haben. Dieser Fang motivierte uns jetzt sehr, da wir von Toni wussten, dass Fänge von bis zu dreihundert englischen Pfund möglich sind.

Ich kurbelte nun schnell meine Montage hoch, um das Stück Fangarm an den Haken zu montieren. Beim Ausbringen des Köders klebte plötzlich, durch das Schaukeln des Bootes, der Fangarm an der Außenwand des Bootes. Die Saugnäpfe waren anscheinend immer noch intakt, sodass ich den Fangarm nur mit Hilfe eines Messers von der Bordwand ablösen konnte. Schnell war der Köder wieder am Grund. Der nächste Kandidat, der drillen durfte, war Herbert. Auch er fing einen Butt mit einem Gewicht von gut dreißig Pfund. Im weiteren Verlauf der Drift, bei der fünf Fangarme am Grund auf und ab tanzten, bekamen unsere amerikanischen Kollegen wieder Bisse. Der bis dahin größte Fisch mit fünfundfünfzig Pfund blieb dann bei Peter hängen. Anton und ich gingen während dieser Drift leer aus. Anton war schon ganz zermürbt und demotiviert, als uns Toni seinen Spezialköder anbot. Es war ein für unsere Begriffe sehr großer Gummifisch mit fünfhundert Gramm schwerem Bleikopf.

Inzwischen hatte Toni den Anker eingeholt und einen Driftsack gesetzt, um die Fahrt des Bootes abzubremsen. Es handelt sich dabei um eine Art Fallschirm, der sich unter Wasser öffnet und mit einem etwa fünf Meter langen Seil am Boot befestigt ist. Da Anton Pause machen wollte, fischten wir zu viert weiter. Ich hatte nun noch mehr Arbeit zu leisten. Der schwere Bleikopf, den ich am Meeresgrund auf und ab bewegte, zehrte an meinen Kräften. Unglücklicherweise hatten wir vergessen, unser Frühstückspaket mit auf das Boot zu nehmen. Allmählich stellte sich bei mir ein Hungergefühl ein. Trotzdem fischte ich weiter, in der Hoffnung, einen Biss mit diesem riesengroßen Gummifisch zu bekommen. Nach vielleicht zwanzigminütigem Auf und Ab blieb der Kunstköder plötzlich am Grund hängen. Ich zerrte an der Schnur so gut ich konnte, bekam aber den Haken nicht los. Toni beobachtete mich und kam mir zu Hilfe. Er nahm die Rute in die Hand und zog sehr kräftig nach oben, sodass diese sich bis ins Handteil zum Halbkreis bog. Dann schaute er mich mit glänzenden Augen an und sagte »big fish on«. Sofort befahl er den anderen, ihre Angeln aus dem Wasser zu holen. Mir gab er die Rute wieder zurück. Sofort lockerte ich die Rollenbremse, um nicht ins Wasser gezogen zu werden. Toni verschwand in der Kajüte und kam mit einem Harnisch für Big-Game-Angler zurück. Er legte mir das Zeug über die Schultern und befestigte mit zwei Karabinern die Rolle an den Gurten. Jetzt konnte ich mit dem Oberköper ziehen. Ich spürte das Zerren des Fisches. Wie groß wird der wohl sein?, fragte ich mich.

Mein Hungergefühl meldete sich erneut. Ich bat Herbert darum, Toni zu fragen, ob er etwas Essbares an Bord hat. Er reichte mir aber eine Flasche Bier und legte mir einen Apfel zurecht. Mit zwei Zügen leerte ich fast die ganze Flasche und aß den Apfel, während ich drillte. Toni feuerte mich immer wieder an mit den Worten »pull, pull«. Nach unendlich langen dreißig Minuten sah ich den Butt, wie er allmählich aus der Tiefe nach oben kam. Als dieser ziemlich ruhig an der Wasseroberfläche verharrte, schoss Toni dem Fisch mit großkalibriger Munition in den Kopf. Zu meinem Entsetzen zog der etwa zwei Meter lange Fisch nun wieder in die Tiefe. Erneut musste ich ihn mit meinen schwindenden Kräften hochpumpen. Während meiner Schwerstarbeit fragte mich Toni de Michelle, warum ich während des Drills essen musste. Ich gab ihm zu verstehen, dass ich an diesem Morgen noch kein Frühstück hatte. Lachend sagte er, ich hätte nur fragen brauchen. Dann hätte er mir ein Frühstück serviert. Endlich setzte Toni das Gaff. Zu zweit zogen sie den sich noch immer windenden Plattfisch an Bord. Bis Toni den

Butt unter Deck brachte, wurde noch eine Menge Blut verschmiert und verspritzt. Wir und der Bootsboden wurden dann von Toni mit einem Wasserschlauch abgespritzt. Selbst die vier wieder angelnden Kollegen mussten die intensive Reinigung ertragen. Nach drei weiteren gefangenen Fischen beendete Anton diese überaus erfolgreiche Ausfahrt mit einem vierzig Pfund schweren Heilbutt.

Im Hafen angekommen, erwarteten uns insgesamt fünf Leute. Darunter fielen mir zwei großgewachsene Damen in nobler Kleidung besonders auf. Was wollen die denn, rätselte ich. Neben den beiden Frauen unserer amerikanischen Mitangler war noch ein muskulöser US-Bürger anwesend. Nach dem Festmachen des Bootes sprang der Helfer von Toni an Bord und zerrte den Heilbutt an Land. Zu zweit hievte ich mit dem Helfer den schweren Fisch auf einen Wagen. An der Messstation zeigte die Waage einhundertfünf englische Pfund an. Dies entspricht etwa fünfundneunzig deutschen Pfund. Der Platte war einhundertsiebzig Zentimeter lang. Genauso groß wie ich, siehe **Bild 10**.

Somit hatte ich den größten Fisch der Ausfahrt gefangen. Nach einem gemeinsamen Foto kamen die großgewachsenen Damen auf mich zu und stellten mir eine Frage in schwer zu verstehendem Englisch. Es brauchte einige Erklärungen durch Toni, bis ich wusste, was sie wollten. Die Ladys waren scharf auf die Gehörknöchel im Kopf des Heilbutts. Der Helfer legte die beiden Knöchel frei und gab diese den Damen. Sie wollten daraus Ohrschmuck fertigen lassen. Nach dem Filetieren der Fische und Verteilen der Filets, es war mehr als genug für jeden, verabschiedeten wir uns.

Zurück bei George in der Lodge, bereiteten wir uns am Abend des letzten Tages auf unsere Heimreise vor. Mit unserem Fang waren wir zufrieden. Jeder bekam seine Box voll mit den eingefrorenen Filets von Heilbutt, Rotlachs sowie einigen Saiblingen.

Am Montag saß ich wieder in meinem Büro, noch müde von dem neunstündigen, langen Flug vom Sonntag. Mein Chef, der meist etwas später zur Arbeit kam, begrüßte mich freundlich. Er erkundigte sich nach meinem Angelurlaub. Nachdem ich ihm kurz das Wesentliche schilderte, sagte er: »Nach dem Urlaub ist vor dem Urlaub.« Er fügte noch die gewohnten Worte hinzu: »Nun wieder ran an den Speck, Herr Suttner.« So schnell konnte ich mich jedoch nach der sechsstündigen Zeitverschiebung nicht an das Arbeiten gewöhnen.

Bild 10: Der größte Fisch (Heilbutt) meines Lebens

Nach dem Mittagessen schlief ich, wie beim letzten Mal, wieder auf dem Schreibtisch ein. Wie mir unser Betriebsrat Josef Nierer später mitteilte, dauerte mein Mittagsschlaf fast zweieinhalb Stunden. Mein Büro konnte durch eine Verglasung neben der Eingangstür eingesehen werden. Deshalb sahen mich die vorbeigehenden Personen auf dem Schreibtisch liegen. Obwohl mich mein Vorgesetzter schlafen sah, weckte er mich nicht. Der Betriebsrat hatte meinem Chef empfohlen, mich wegen des Jetlags nicht zu wecken.

Hechte in den schwedischen Schären

Einige Wochen später kam Gerhard Beck, der Leiter unserer Keramikabteilung, zu mir ins Büro. Freundlich lächelnd wollte er von mir wissen, ob ich meinen nächsten Angelurlaub schon geplant hätte. Ich kratzte mich kurz am Kopf und sagte ihm, dass ich für neue Angelabenteuer immer ein offenes Ohr hätte. »Meine Landshuter Freunde organisieren für nächstes Jahr eine Reise zum Hechtfischen in den schwedischen Schären der Ostsee«, berichtete er mir. »Bin dabei«, antwortete ich spontan. »Mit dir sind wir dann fünf Angler«, bestätigte mir Gerhard.

Im zeitigen Frühjahr des darauffolgenden Jahres mietete Konrad, unser Reiseplaner, einen sechssitzigen Mercedes-Transporter an. Er hatte uns bereits bei dem Veranstalter »Pit's Angelreisen« vorgemerkt. Der Inhaber dieser Firma ist Peter Gaidos, der von seinen Freunden »Inselkönig« genannt wird. Das Inselreich des Landshuters liegt vor der schwedischen Ostseeküste bei Sankt Anna, etwa zweihundert Kilometer südlich von Stockholm. Die nächstgelegenen größeren Städte sind Söderköping und Norrköping und befinden sich fünfzig bzw. achtzig Kilometer nordwestlich von Sankt Anna. Etwa vier Wochen vor unserem Abreisetermin im Juni trafen wir uns noch einmal zur letzten Besprechung. Eine Fährverbindung hatten wir laut Konrad noch nicht. Wir wählten die Verbindung von Rostock nach Trelleborg.

Am 18. Juni 1996 war es endlich so weit. Die vier Angelkameraden holten mich frühmorgens um sechs Uhr bei mir zu Hause ab. Konrad, der etwas quirlige Mensch, saß am Steuer. Die anderen Landshuter, Vincent und Werner, breiteten sich auf den hinteren Sitzbänken aus. Platz war genug für uns fünf. Auch der Kofferraum war für unser Gepäck samt Angelausrüstung ausreichend dimensioniert. Gerhard Beck und ich hatten als Einzige Steckruten mitgenommen. Meine Sorge bestand darin, dass unsere Landshuter Kameraden, die ich bisher nicht kannte, im Gepäckgewühl nicht genügend auf unsere zweiteiligen Angeln achtgeben könnten. Deshalb machte ich sie darauf aufmerksam. Konrad witzelte mir entgegen: »Bis wir auf der Insel sind, ist mindestens eine Rute angeknackst«, und grinste dabei. Die Autobahnfahrt bis Rostock erwies sich als kurzweilig, da besonders Vincent mit der Bierflasche in der Hand sehr oft gute Witze erzählte und Konrad flott fuhr. Gegen Abend erreichten wir ohne einen einzigen Stau den Hafen. Einige Stunden mussten wir noch warten, bis wir einschiffen konnten.

Die Fähre benötigt sechs Stunden für die Überfahrt. Währenddessen ruhten wir uns in den gemütlichen Schlafkabinen aus. Ich hatte gemeinsam mit Gerhard eine Kabine bezogen. Er fragte mich, ob ich noch vor dem Schlaf duschen möchte. »Muss nicht mehr sein«, erwiderte ich. Daraufhin duschte sich Gerhard. Am nächsten Morgen wurden wir vom schrillen Signalton geweckt. Es stand uns nur wenig Zeit zur Verfügung, um die Kabine zu verlassen. Trotzdem wollte Gerhard schnell nochmal in die Duschkabine. Da ich jetzt eigentlich auch gerne kurz geduscht hätte fragte ich ihn, ob er über Nacht im Bett sehr geschwitzt hat oder im Traum schmutzig geworden sei. Er gab mir mit ernster Miene als Antwort: »Nein, nein.« Jeder hat so seine Angewohnheiten, dachte ich.

Es war kurz nach sieben, als wir von Bord gingen. Gerhard blätterte nervös in seiner gefalteten Landkarte herum, um die Zufahrt zur E22 zu suchen. Diese Straße führt entlang der Ostseeküste in Richtung Stockholm. Wir saßen mit Pausen noch einen dreiviertel Tag lang im Auto, bis wir die Abzweigung zu den Schären bei St. Anna erreichten. Eine dieser Pausen war ein nicht geplanter Stillstand, nachdem Konrad plötzlich stark bremste. Was war geschehen?

Konrad zog mitten auf der Fahrbahn eilig die Handbremse, nahm seinen Fotoapparat und rannte wie ein Irrer über die Straße in den Birkenwald.

Gut, dass zu dieser Zeit wenig Verkehr herrschte. So überstand er lebend seinen ersten Waldausflug in Schweden. Nach etwa fünf bis zehn Minuten kam er wieder aus dem Wald, überquerte achtsam die linke Fahrbahnhälfte zum Auto und meinte aufgeregt: »Habt ihr ihn gesehen?« »Was sollen wir gesehen haben?«, fragte Gerhard. Keiner von uns hatte etwas gesehen. Wir lächelten uns gegenseitig zu. Vincent murmelte leise vor sich hin: »Der ist verrückt geworden.« Nach einigem Ringen nach Luft brach es endlich aus ihm heraus, dass ein Elch über die Straße gerannt sei. »Habt ihr Schläfer denn nichts gesehen?«, fragte er fassungslos und fügte hinzu: »Schnell, wer geht mit, ich muss ihn fotografieren?« Gerhard und ich stiegen aus und rannten dem erneut ins Gebüsch entschwundenen Elchjäger mit der Kamera hinterher.

Es ging einen sanft ansteigenden Hügel hinauf, bis wir Konrad erblickten. In das immer enger werdende Dickicht spähend, schweifte sein Blick suchend hin und her. Doch kein Elch war mehr zu sehen. »Das wäre mein erster Elch gewesen, den ich in freier Wildbahn hätte fotografieren können«, sagte er sichtlich traurig. Wir trösteten ihn mit den Worten: »Wir sind ja noch eine ganze Woche in Schweden, da läuft dir bestimmt noch einer über den Weg.« Voller Vorfreude fuhren wir weiter auf der E22 in Richtung Söderköping. Ohne weitere Zwischenfälle erreichten wir die Abzweigung in die Straße 210, auf der wir noch vierzig Minuten lang in Richtung St. Anna fuhren. Nach der Vrångö brygga sahen wir den Anlegeplatz von Ole Helmersson. In seinem Boot sitzend, wartete er bereits auf uns. Es war der Vermieter der von uns gebuchten Hütte, die sich auf der Hauptinsel befand.

Nach Einparken des Kleinbusses begrüßte uns Ole sehr freundlich auf Schwedisch. Sofort luden wir unser Gepäck mit Angelausrüstung in das Boot. Das Transportschiff aus Holz in Klarlackoptik war sieben Meter lang und ohne Kajüte. Der Dieselmotor war im Heck integriert. Am Steuerstand stehend, manövrierte uns Ole an einigen kleineren Inseln vorbei zur Hauptinsel. Nach etwa dreißig Minuten gelangten wir an die Anlegestelle. Diese Insel, die vielleicht fünfhundert Meter lang und schätzungsweise zwei- bis dreihundert Meter breit ist, hatten wir für uns alleine. Es stand nur eine Hütte darauf. In ihr gab es nebst Wohnküche drei Zimmer mit je zwei Betten.

In dem ebenerdigen Bad waren nur zwei Waschbecken. Die Dusche befand sich außerhalb der Hütte mit einem Durchlauferhitzer, der für warmes Wasser sorgte. Die Toilette, in Form eines »Plumpsklos«, war circa fünfzig Meter vom Holzhaus entfernt.

Heutzutage können mehrere Hütten von Ole auf dessen Insel »Risö« gebucht werden. Während sich Konrad, Vincent und Werner wegen der Zimmerbelegung noch uneinig waren, bezogen Gerhard und ich bereits ein Zimmer. Er hatte von zu Hause sein gewohntes Kopfkissen mitgenommen. Nachdem nun alle ihren Schlafplatz gefunden hatten, ging es an das Abendessen. Konrad und Vincent packten je eine Stange Hartwurst aus und einige Knollen Knoblauch. Dazu tranken sie Bier. Konrad holte noch eine Flasche Korn aus seinem Gepäck und sagte: »Jungs, setzt euch zu uns. Wir wollen unsere Ankunft ein wenig feiern«, fügte er mit breitem Grinsen hinzu. Ich hatte nichts dagegen und nahm die Einladung gerne an. Gerhard freute sich ebenfalls und teilte mit, dass er aber keinen Knoblauch verträgt. »Du musst ja keinen essen«, erwiderte ihm Konrad. Vincent hatte noch ein großes Holzofenbrot mitgebracht. Während wir uns das Essen schmecken ließen, spekulierten wir über die Fangaussichten für Hechte und andere Räuber. Vincent, der erst in diesem Frühjahr seine Fischerprüfung bestanden hatte, beteuerte seine Unerfahrenheit. Gerhard machte ihm Mut mit den Worten: »Wir haben ja einige Profis dabei. Die können dir noch viel beibringen.« Je mehr von dem Hochprozentigen getrunken wurde, desto lustiger wurde die Runde. Dabei schmeckte besonders auch der Knoblauch zur Wurst. Da auch ich einiges an Knoblauch verspeist hatte, meinte Gerhard: »Ich schlafe diese Nacht nicht mit dir im Zimmer, Alfred.« Konrad lallte zu Gerhard: »Dann musst du vor der Hütte schlafen.« Allgemeines Gelächter brach aus.

Um Mitternacht, es war noch ziemlich hell draußen, überkam uns die Müdigkeit. Gerhard nahm tatsächlich sein Bettzeug und ging vor das Haus. Dort gab es eine Holzbank, die durch das überstehende Dach vor Regen geschützt war. Ich gab ihm noch eine meiner Decken, bevor er sich hinlegte. Alle kamen vor die Tür, um mit Gelächter seine Schlafstätte zu begutachten. »Na ja, Bären gibt es in diesem Inselreich nicht«, scherzte ich. »Da kannst du in der frischen Luft bestimmt besser schlafen als in unserem Gestank«, meinte Konrad, bevor er ins Haus zurückwankte.

Am Morgen krochen die einzelnen Petrijünger nur allmählich aus ihren Betten. Konrad musste sogar extra geweckt werden. Gerhard war vermutlich schon seit längerer Zeit wieder im Haus und kochte Kaffee bzw. Tee für uns. Nach dem Frühstück montierte jeder seine Spinnrute. Bezüglich der Kunstköder hatte uns Ole am vorherigen Tag keine besonderen Empfehlungen gegeben. Er meinte nur, dass wir nicht mit zu schweren Ködern fischen sollten, um nicht am Grund hängen zu bleiben. Die Uhr in unserer Hütte hatte bereits zehn geschlagen, als wir die Tür verriegelten. Nach kurzem Weg durch buschiges Gelände erreichten wir eine kleine Bucht am Ufer, umgeben von rundgeschliffenen Granitblöcken der letzten Eiszeit. Dazwischen lagen zwei Boote mit Außenbordern und etwas weiter entfernt war noch ein kleineres Ruderboot. In jedem Boot befand sich ein blauer fassförmiger Kunststoffbehälter zur Aufnahme der gefangenen Fische.

Vor uns lag Östergötlands Schärenlandschaft mit unzähligen Buchten und tausenden Inseln, die es zu entdecken gab. Ole überließ uns eine Landkarte. Damit sollten wir uns in dem Gewirr von Inseln zurechtfinden. Zuerst blieben wir einige Zeit lang mit den Booten zusammen, während wir uns flott mit den zwanzig PS starken Viertaktern durch die Inseln schlängelten. Erst nachdem ich eine Insel entdeckte, an deren Westseite sich ein langer Schilfgürtel befand, verloren wir uns aus den Augen. Ich steuerte langsam etwas näher an das Schilf heran. Gerhard und Vincent waren mit mir im Boot. Wir stellten den Motor ab und sahen ins Wasser. Zigtausende von kleinen Hechten wimmelten vor unseren Augen umher. Entlang des ganzen Schilfgürtels befand sich ein unendlich scheinender Schwarm Hechtbrut, bestehend aus bis zu fünf Zentimeter langen Fischchen. Angesichts dieses überwältigenden Hechtvorkommens sahen wir uns verwundert an. »Auf was warten wir noch«, sagte ich. »Bringen wir unsere Köder aus.« »Dann schauen wir mal, wer den ersten fängt«, gab Vincent von sich.

Wir warfen eine halbe Stunde erfolglos Richtung Ufer. Wir befanden uns dabei etwa fünfzig Meter vom Schilfgürtel entfernt. »Bestimmt stehen hier keine hungrigen Eltern, die ja ihre Jungen zum Fressen gernhaben«, meinte ich. Nach zehnminütiger Fahrt näherten wir uns einer kleineren Insel mit kiesigen Uferabschnitten. Meine Kameraden ließen mich aussteigen und fischten vom Boot aus in geringer Entfernung zur Insel. Ich wechselte meinen Köder und warf mit einem Spinner parallel zum Ufer. Erst nach einer guten halben Stunde verspürte ich den lang ersehnten Ruck in der Rute. Nach kurzem Drill konnte ich einen Hecht mit vierundsiebzig Zentimetern ans flache Ufer ziehen. Die beiden im Boot beobachteten mich und fuhren an Land. Zusammen freuten wir uns über den ersten Hecht.

Während wir weiter in den Inselirrgarten vordrangen, beschäftigten mich mit zunehmender Nervosität meine Gedanken zur Navigation. Zwar hatten wir eine Landkarte, aber wir wussten nicht, wo wir waren. Zumindest hätten wir einen Kompass mitnehmen sollen, ärgerten wir uns. Aus größerer Entfernung zurückblickend, verschmolzen die zuletzt durchfahrenen Inseln zu einer kompakten Landmasse. Angeregt durch die Diskussion über Möglichkeiten zur Orientierung meinte Gerhard, ihm seien mehrere gekennzeichneten Holzmasten auf einigen Inseln aufgefallen. »Das ist es, was wir brauchen«, erwiderte ich. Seit unserer Abfahrt hatten wir uns jedoch bis jetzt deren Nummern nicht gemerkt. Zumindest anhand des Sonnenstandes wussten wir, wo wir hergekommen waren, dachte ich.

Unser Angelneuling Vincent seufzte: »Ich will jetzt endlich einen Hecht fangen.« Gerhard startete den Außenborder und los ging es wieder auf der Suche nach neuen Fangplätzen. Wir fuhren durch einige eng nebeneinander liegende Inseln. Dann sahen wir vor uns eine kleinere Insel von etwa zweihundert Quadratmeter Fläche. Die Insel war ohne Bewuchs mit einigen glattgeschliffenen Felsen am Ufer. Zwischen den Felsen befanden sich sandige Bereiche. »Ideal zum Anlegen«, stellte Vincent fest. Er sprang als Erster mit seiner Spinnrute an Land und eilte zum gegenüberliegenden Ufer. Als Gerhard und ich das Boot verließen, hörten wir Vincent schon rufen: »Hallo, ich habe einen.« Freudig eilten wir zu Vincent, um seinen Drill mitzuerleben. Seine Rute bog sich unter den Fluchtversuchen des Hechtes immer wieder stark durch. »Das müsste ein größeres Exemplar sein«, meinte Gerhard. Nach etwa fünf Minuten kam der Hecht aus tieferem Wasser hoch, sodass wir ihn in voller Länge bewundern konnten. Mit zittrigen Händen an der

Rute gab uns der Drillende zu verstehen, wir sollten den Fisch keschern. Aufgrund der Größe des Hechtes war Vincent sichtlich nervös. War es doch der erste Fisch in seinem Leben, den er an seiner neuen Angelrute drillte.

»Ruhig Blut«, besänftigte ich ihn. »Du solltest jetzt deine Rollenbremse etwas lockern, der Hecht ist noch lange nicht reif für den Kescher«, ergänzte Gerhard. Wir schätzten die Länge des Hechtes auf über achtzig Zentimeter. Der Hecht stand nun vor den staunenden Augen seines Fängers einige Sekunden regungslos im Wasser. Dann beschleunigte er in Richtung freien Wassers und durchbrach mit seinem kompakten Körper die Wasseroberfläche. Die Rollenbremse heulte dabei für einige Sekunden lang auf. Bei weiteren Fluchtversuchen gegen die Zugkraft der Bremse ermüdete der Fisch allmählich. In gebeugter Körperhaltung versuchte Gerhard den nahe am Ufer befindlichen Hecht mit dem Kescher zu sichern. Erst der vierte Versuch, den Fisch ins Netz zu bringen, war erfolgreich. Von seiner Anspannung erlöst, breitete sich nun im Gesicht von Vincent ein siegesfrohes Grinsen aus. »Mein erster Hecht, mein erster Hecht in meinem Leben«, jauchzte der Landshuter voller Freude. (Vincent ist ein deutscher Vorname mit lateinischem Ursprung, der »siegen« bedeutet.) Wie es sich gehört, gratulierten wir ihm mit Schulterklopfen und kräftigem Händeschütteln. Der Hecht maß siebenundachtzig Zentimeter. Der Fänger hob ihn voller Stolz für ein Erinnerungsfoto. Nach dem Versorgen des Fisches verteilten wir uns auf der kleinen Insel, um weitere Räuber zum Biss zu verleiten. Fast gleichzeitig hatte jetzt jeder von uns eine Attacke auf den Köder. Nun lagen noch drei weitere kleinere Hechte zwischen sechzig und siebzig Zentimetern auf einem der zahlreichen Felsen.

Während meine Kameraden die Fische versorgten, wollte ich mit dem »Mozzi-Blinker« noch einen Versuch starten. An einem Felsen stehend, ließ ich immer wieder den mit echtem Silber überzogenen Metallkörper nahe am Ufer langsam in die Tiefe taumeln. Zunächst geschah nichts. Etwa zwanzig Meter vom Ufer entfernt ließ ich den Kunstköder erneut zu Boden sinken. Nach zwei oder drei Rollenumdrehungen packte bereits ein Räuber zu. Die enorme Gegenwehr offenbarte mir einen stärkeren Fisch. Ich forcierte den Drill durch kräftigeren Gegenzug, sodass der Hecht aus dem Wasser sprang. Ein schöner Kerl zeigte sich. Nach einigen weiteren Minuten hatte auch er seine Freiheit verloren und landete im Fangnetz. Es war ein schön gezeichneter Hecht mit kompakter Rumpfform. Ich dachte schon darüber nach, den Hecht wieder zurückzusetzen, aber meine Kameraden ließen dies nicht zu. Jetzt lagen sechs Hechte in unserem blauen Fass. Nach Besprechung mit meinen Freunden entschieden wir uns in voller Zufriedenheit für die Rückfahrt zu unserer Insel.

Während der Angelaktivitäten bemerkten wir nicht, dass mittlerweile der Himmel bedeckt war. Die Sonne, unsere einzige Orientierungshilfe, war nicht mehr zu sehen. Zumindest dem Schein nach sorglos saßen meine Kameraden im Boot und warteten, bis ich den Motor startete. In guter Hoffnung fuhr ich los und visierte über die größere freie Wasserfläche die Stelle an, von der wir aus den vor uns liegenden Inseln gekommen waren. Vor uns löste sich nun allmählich die aus größerer Entfernung geschlossen wirkende Uferlinie wieder auf und bot mir mehrere Möglichkeiten zur Durchfahrt an. Ich entschied mich für die naheliegende Passage und fuhr um eine Insel herum. An diesen Weg konnte ich mich soweit noch erinnern. Wie es aber weitergehen sollte, wusste ich nicht mehr. Die Richtung müsste eigentlich stimmen. Irgendwann würden wir das Festland erreichen, falls uns nicht vorher der Sprit ausgeht, dachte ich. Die Kollegen im Boot bemerkten meine Orientierungslosigkeit nicht. Um noch größere Verwirrung zu vermeiden, ließ ich sie nichts von meiner Hilflosigkeit wissen. So versuchte ich trotz mehrmaliger Richtungsänderungen, die durch die Lage der Inseln verursacht waren, die von mir intuitiv gedachte Hauptrichtung einzuhalten.

Plötzlich kam links von uns zwischen zwei Inseln ein Boot in Sicht. Das Boot bewegte sich quer zu unserem Kurs in voller Fahrt auf uns zu. Mit zunehmender Nähe erkannte ich jetzt Konrad winkend im Boot. Ich stoppte meine Fahrt und wartete, bis er bei uns war. Es fiel mir ein Stein vom Herzen. »Hallo ihr, wie lange wollt ihr denn noch fischen?«, fragte er uns. Vincent erwiderte ihm: »Wir haben sechs Hechte gefangen und hören jetzt auf.« »Okay, wir fahren jetzt auch zur Hütte«, ließ er uns lächelnd wissen. Ich wartete, bis Konrad seinen Motor wieder startete, und fuhr ihm hinterher. Er wählte wieder die Richtung, aus der er gekommen war, und bog dann nach rechts zur nächsten größeren Insel ab. Erst jetzt erkannte ich beim Näherkommen unsere Hütte und war heilfroh, nicht an unserem Eiland vorbeigefahren zu sein. Mein hoffnungsloses Verirren bemerkte zum Glück niemand. Am Abend, nach dem Filetieren der Fische, wurde mir während des Abendessens erst richtig bewusst, dass ich bei meiner Irrfahrt großes Glück hatte. Später erzählten mir andere Reiseteilnehmer von Peter Gaidos bei einem Treff auf unserer Insel, dass eine Suche mit dem Hubschrauber bis zu dreitausend Mark kosten würde.

»Neuer Tag, neue Abenteuer, meine Freunde«, begrüßte uns Konrad am folgenden Tag fröhlich, als wir noch unser Frühstück einnahmen. Schnell war unsere Ausrüstung in den Booten verstaut. Ich schipperte hinter Konrad her, wobei wir uns diesmal die Nummern an den hölzernen Masten aufschrieben. Nach etwa zwanzig Minuten Fahrt in westlicher Richtung kamen wir zu vielen kleineren Inseln ohne Bewuchs. Winkend näherte ich mich Konrad, um ihm mitzuteilen, dass diese Inselgruppe interessant zum Hechtfang sei. Wieder zu dritt mit gleicher Mannschaft, steuerte ich die rechts von uns gelegenen Inseln an. Konrad mit Werner fuhr in entgegengesetzter Richtung von uns weg. Bei meinen letzten Würfen mit der Spinnrute verwendete ich immer Blinker oder Spinner. Meine Kameraden ließen mich auf einer kleineren Insel alleine zurück. Ich wechselte jetzt den Köder und wollte einen acht Zentimeter messenden Gummifisch mit blauer Rückenfärbung und hellem, glitzerndem Bauchdekor testen. Bereits der erste Wurf mit diesem Gummiköder, der mit seinen verführerischen Schwimmbewegungen einen kleinen Fisch lebensnah nachahmte, erbrachte einen Hecht mit knapp siebzig Zentimeter Länge. Bei einem fischenden Rundgang um die Insel ließen sich noch vier weitere Hechte mit diesem Köder zum Anbiss verleiten. Beim Versorgen der Fische wurde mir bewusst, dass ich mit diesem gummiartigen Kunstköder die vier Hechte doch in erstaunlich kurzer Zeit fangen konnte. Ist dies Zufall oder nicht?, überlegte ich.

Meine Freunde Gerhard und Vincent näherten sich mit dem Boot, um mich abzuholen. Als sie meine fünf auf einem Felsen aufgereihten Hechte sahen, stellte Vincent zufrieden fest: »Das Abendbrot ist mehr als gerettet.« Ein Hecht mit immerhin über achtzig Zentimeter Länge war bei ihnen im Boot zu sehen. Es war der Fangerfolg von Vincent. Zu dritt steuerten wir diesmal eine nächstgelegene größere Insel mit Bewuchs an. Langsam, mit geringer Motorleistung näherten wir uns dem längsten geraden Uferabschnitt mit überhängendem Erlenbewuchs. Mit einem Abstand von ungefähr dreißig Metern warfen wir unsere Köder in Richtung Ufer. Meinen Gummifisch schleuderte ich schräg zum Ufer hin, während meine beiden Kameraden direkt zum Ufer warfen. Nach Absinken meiner Fischimitation dauerte es nur etwa fünf Kurbelumdrehungen, bis diese erneut von einem Hecht attackiert wurde. Während des Drills wunderte ich mich immer wieder über diese kampfstarken Ostseehechte, die nicht so schnell wie bei uns ermüdeten. Schließlich landete auch dieser über siebzig Zentimeter lange Hecht sicher im Kescher. Beim Abhaken des Raubfisches sah mir Vincent über die Schulter, wobei er aufmerksam meinen Köder betrachtete. »Wie lange fischst du schon mit diesem Gummifisch?«, wollte er von mir wissen. »Wie du siehst, war dieser gerade gefangene Hecht mein sechster mit diesem Kunstköder«, erwiderte ich ihm. »Ist ja unglaublich«, schüttelte er den Kopf. Noch bevor er fragen konnte, ob ich noch so einen Köder für ihn habe, hielt ich ihm die begehrte Fischimitation bereits entgegen. Freudestrahlend sagte er: »Du bist einfach ein guter Angelkumpel.« Nun sah auch Gerhard mit fragenden Augen zu mir. »Ja Gerhard, das ist mein Vorletzter, den ich dir noch geben kann«, sagte ich zu ihm. Anscheinend ist das wirklich ein sehr fängiger Köder, dachte ich und belehrte meine Kameraden dahingehend, dass sie auf meine Hechtverführer beim Fischen gut aufpassen sollten, um sie nicht zu verlieren.

Es war bereits spät am Nachmittag und wir einigten uns darauf, die Heimfahrt anzutreten. Unter Zuhilfenahme der nummerierten Masten war der Heimweg zwischen den Inseln nun leichter zu finden. Zu unserer Verwunderung stand das Boot von Konrad schon da. Beim Anlegen am Ufer trat er uns mit hochgehobener Hand entgegen. Der Zeigefinger seiner Hand war mit einem fachgerechten Verband geschützt. Was war geschehen? Laut seiner Schilderung versuchte er im Boot am lebenden Hecht den Spinner ohne Zange aus dem Maul zu entfernen. Dabei wurde ihm der Drilling durch das Kopfschütteln des Hechtes in den Zeigefinger gerammt. Nach seiner weiteren Erzählung konnte er sich nicht mehr selbst von dem Haken befreien. Zu zweit fuhren sie dann nach Norrköping in ein Krankenhaus. »Warum bist du nicht ans Ufer gefahren, um den untermassigen Fisch mit einer Zange vom Blech zu befreien?«, wollte ich wissen. »Das frag ich mich jetzt auch, aber manchmal ist man eben dumm«, sagte er. Da Konrad ein unternehmungslustiger Mensch ist, den nichts so leicht aus der Fassung bringt, schlug er uns für den Abend einen Stadtbummel in Norrköping vor. Nach kurzer Unterredung waren alle mit dem abendlichen Ausflug einverstanden. Fünf Hechtjäger von der Hütte auf der Hauptinsel machten sich zurecht, um zwischendurch ins zivile Leben zurückzukehren.

In der Stadt angekommen, meinte Konrad, in der Nähe des Krankenhauses sei ihm ein Café mit Eisangebot aufgefallen. Er dirigierte unseren Fahrer Gerhard in die Nähe dieses Hospitals. Während der Fahrt in der Stadt saß Konrad in der hinteren Sitzreihe neben mir. Plötzlich drehte er die Scheibe herunter und streckte seinen Arm mit seinem verbundenen Zeigefinger durch das Fenster in die Höhe. »He Leute, schaut mal nach hinten links, da fährt die Krankenschwester mit dem Fahrrad, die mich verbunden hat«, jauchzte er. »Eine schöne schwedische Blondine«, fügte er noch lächelnd hinzu. Durch den stockenden Verkehr auf unserer Fahrbahn holten wir die Schwedin wieder ein. Auf gleicher Höhe mit unserem Auto grinste sie Konrad an und gab ihm in Schwedisch etwas zu verstehen, was keiner von uns verstand. Kaum dass ihre Worte ausgesprochen waren, stürzte sie plötzlich mit dem Rad auf die Fahrbahn. Momentan völlig fassungslos, aber dann mit sehr lauter Stimme schrie Konrad zu Gerhard: »Halt mal an.«

Trotz des dichten Verkehrs konnten wir schnell stoppen. Konrad und ich eilten zu der noch auf der Fahrbahn liegenden Frau. Zum Glück hatte das hinter ihr fahrende Fahrzeug rechtzeitig gebremst. Konrad fragte auf Englisch, ob sie aufstehen kann. Sie nickte mit dem Kopf. Ich eilte dazu, um ihr hoch zu helfen. Wir begleiteten sie unterstützend zu einer Bank am Fahrbahnrand. Sie hatte leichte Abschürfungen am rechten Knie und Unterarm, die aber glücklicherweise nicht bluteten. Beim Bergen des Fahrrads bemerkte ich die Straßenbahnschienen. Diese Schienen waren meines Erachtens schuld an dem Fall der Radfahrerin. Das Vorderrad rutschte dabei in die Schienenfuge und blockierte. Ich forderte Konrad auf, dass er sich bei der Krankenschwester entschuldigen soll. »Der verletzte Zeigefinger, den dir die Dame mit großer Sorgfalt verbunden hat, hat sie nun durch deine plumpe Anmache zu Fall gebracht«, meinte ich zu ihm.

Konrad schaute die Schwedin jetzt schuldbewusst an und versuchte geeignete Worte zu finden. Doch bevor Konrad seine Gedanken zum Ausdruck bringen konnte, fing unsere Leichtverletzte zu lachen an, als sie in unsere Gesichter blickte. Auch ich konnte das Lachen nicht mehr zurückhalten, während ich Konrad musterte. Schließlich grinste auch Konrad. Inzwischen hatten uns unsere drei Kumpels umringt und wollten wissen, wie es dem Unfallopfer geht. Gerhard meinte: »Wir könnten Ihr Rad ins Auto laden und Sie zum Krankenhaus fahren.« Die Schwedin gab uns jetzt in einwandfreiem Deutsch zu verstehen: »Es geht schon wieder, ich kann mit dem Fahrrad fahren.« Auf Grund ihrer zuversichtlichen Antwort wollte Konrad die nette Frau zu einem Eis ins Café einladen. Doch sie lehnte ab. Nachdem die Schwedin uns mitteilte, dass sie nach Hause fahren will, packten wir ihr Rad ins Auto und fuhren sie heim. »Schade, dass sie nicht mitkommen wollte«, seufzte Konrad mit gesenktem Kopf, während wir ohne sie zum Café fuhren. Es war noch ein lustiger Abend, bei dem wir uns über den Flirtversuch mit dem eingebundenen Finger amüsierten.

Am nächsten Tag, nach einem ausgiebigen Frühstück, begaben wir uns schon sehr früh wieder auf Hechtjagd. Gemeinsam fuhren wir nebeneinander mit unseren Booten wieder los, um neue Fanggebiete zu ergründen. Konrad zog es zunächst vor, spritsparend vorwärtszukommen. Ich passte meine Geschwindigkeit an. Doch plötzlich grinste Konrad zu mir herüber und gab dabei sehr schnell mit dem Drehgriff am Außenborder Vollgas. Gerade noch konnte sich der etwas dahindämmernde Werner auf der vorderen Sitzbank festhalten. Der dabei lachende Konrad ließ sich von seinem schimpfenden Kameraden nicht beeindrucken und fuhr mit Vollgas weiter. Lachend meinte Vincent zu mir: »Ich glaube, Konrad will dich zu einem Rennen herausfordern.« »Das kann er haben«, erwiderte ich. »Achtung, haltet euch fest«, sagte ich und drehte nun am Gasgriff. Trotz des Vorsprungs von Konrad konnte ich ihn schnell einholen, da wir die leichtere Mannschaft waren. Vor allem der Sitzplatzwechsel meiner Mitfahrer zur hinteren Bank begünstigte die höhere Geschwindigkeit unseres Bootes. Konrad rief mir zu: »Wollen wir doch lieber Sprit sparen.« Er wollte seinen Kameraden nur mal beim Schlaf stören, erklärte er uns. Nach allgemeinem Gelächter bewegten wir uns dann mit gemäßigter Fahrt weiter.

Wir näherten uns jetzt einigen kleineren Inseln, die wir noch nicht kannten. Drei der nebeneinander liegenden Inseln waren ohne Bewuchs. Jedes Boot legte auf einer anderen Insel an, um zu fischen. Schnell hatte jeder von uns einige Hechte mit Längen zwischen sechzig und fünfundachtzig Zentimetern erbeutet. Etwa eineinhalb Meter vom Ufer fiel die Wassertiefe sehr schnell ab. Man konnte den hinabtaumelnden, matt versilberten Blinker noch ungefähr bis zu einer Tiefe von einem Meter beobachten, bis er in der Dunkelheit des Abgrundes verschwand. Manchmal sahen wir dabei, wie ein vom Grund hochkommender Hecht das Licht reflektierende Metall nahm und wieder ins Dunkle abtauchte. Der Drill in Ufernähe war dann besonders heftig und spannend. Wichtig war dabei, die Rollenbremse nicht zu stark einzustellen. Ansonsten droht Schnurbruch oder im schlimmsten Fall sogar Rutenbruch, falls ein Kapitaler einsteigt.

Mittlerweile stand die Sonne am wolkenlosen blauen Himmel sehr hoch und bescherte warmes Wetter. Jetzt war es an der Zeit, auf einer der Inseln gemeinsam eine Ruhepause einzulegen. Auf einem der größeren Felsplateaus packten wir unsere belegten Brote aus. Konrad riet uns, die Hechte zu versorgen und mit den Fässern ins Wasser zu stellen, um diese in der Mittagssonne kühl zu halten. Die Fischinnereien vergruben wir, um die ständig um uns kreisenden Möwen fernzuhalten. Werner aber fütterte die Möwen, indem er einige Fischabfälle ins Wasser warf. Dann holte er aus dem Boot seine Rute und bestückte einen Einzelhaken mit Hechtleber.

Eine Weile sahen wir ohne Kommentar zu. Konrad fragte neugierig, auf welchen Fisch er den Naturköder auslegen möchte. Werner grinste und sagte zu Konrad: »Ich will damit keinen Fisch fangen.« Ohne weitere Erklärung ging er zu einem der entfernteren Felsbrocken mit der Angel in der Hand. Er legte diesen Köder mit Haken auf den Felsen, öffnete den Bügel seiner Rolle, um Schnur freizugeben, und bewegte sich auf uns zu. Gespannt warteten jetzt alle, was geschehen würde. Konrad schmunzelte und meinte: »Der Verrückte will doch tatsächlich eine Möwe fangen.« Nachdem Werner noch einige Innereien auf mehreren Steinen verteilte, kamen die noch fliegenden und im Wasser befindlichen kreischenden Vögel immer näher zu den Futterplätzen. Einige der kreisenden Möwen stürzten sich bereits auf die an Land ausgelegten Köder.

Jetzt war es nur noch eine Frage der Zeit, bis sich einer der Vögel auf die mit Angelhaken garnierte Leber stürzen würde. Kaum hatte ich den Gedanken beendet, was er wohl mit einer Möwe anfangen will, setzte einer der weißgefiederten Vögel auf den von uns beköderten Felsen zur Landung an. Hüpfend näherte sich der gute Gleiter der Hechtleber, nahm diese mit seinem gelben Schnabel auf und erhob sich in die Luft. Werner nahm schnell seine Rute und klappte den Bügel der Rolle zu. Durch den starken Schnurzug wurde die Möwe auf den Felsen zurück gezwungen. Er holte die Schnur schnell wieder ein. Die gehakte Möwe setzte aber immer wieder neu zu einem Start an. Mit einem Handschuh versuchte er den flatternden Vogel zu ergreifen. Die Möwe wehrte sich und hackte oft mit dem Schnabel in seine Hand und in den Arm. Schließlich gelang es ihm, das sehr wehrhafte Tier am Hals zu fassen. Entsetzt folgten wir wortlos dem weiteren Geschehen. Werner erdrosselte das gestresste Tier mit seiner Hand an dessen Hals. Wie wir später erfuhren, wollte er die Möwe äußerlich nicht verletzen, da er diese für seinen Onkel zum Anfertigen eines Präparates mitbringen sollte. Im Gegensatz zu unseren Möwen haben jene Exemplare im Norden eine Spannweite von bis zu eineinhalb Metern. Deshalb sind sie bei Tierpräparatoren begehrt.

Wir waren von Werners Aktion immer noch so betroffen, dass während der Rückfahrt mit dem Boot kein Wort gesprochen wurde. Auch beim Abendessen in der Hütte kam keine rechte Unterhaltung auf. Werner bemerkte unsere niedergedrückte Stimmung und entschuldigte sich. Er hätte uns besser schon vorher von seinem Vorhaben unterrichten sollen, gab er zu.

Früh am Morgen des vorletzten Tages unseres Aufenthaltes wollte Konrad von mir wissen, auf welche Fische wir es noch probieren sollten. »Wir fischen auf Flussbarsche, bekannt als ›Stachelritter‹«, erwiderte ich ihm. »Ja, mir ist dieser Name für den Flussbarsch auch bekannt, bei uns fängt man aber meistens überwiegend kleinere Exemplare«, meinte er. Dem stimmte ich zu und erklärte, dass bei uns an der Donau das gleiche Problem besteht. Wenn sich die Barsche stark vermehren, bleiben sie mangels Futterangebot kleiner. Dies kann auch örtlich begrenzt in den Altwässern größerer Flüsse der Fall sein.

Nach kurzem Frühstück bestückten wir unsere Ruten mit den üblichen Metallködern für den Barschfang. »Ich denke, wir brauchen eher Köder für vertikales Fischen vom treibenden Boot aus«, meinte Gerhard. »Stimmt, gute Idee von dir«, gab ich ihm als Antwort. Schnell lief ich zurück zur Hütte, um in meinem Köderbehälter nach geeigneten Imitationen aus Gummi mit Bleibeschwerung zu suchen. Von den blauen Gummifischen konnte ich noch zwei finden. Zudem befanden sich in meiner Schachtel noch einige bunt-gefärbte dieser Art, die von der Größe her besser zum Barschfang geeignet schienen. Nachdem ich die Barschköder verteilt hatte, fragte mich Konrad, wohin wir fahren sollen, um auf Barsche zu angeln. »Konrad, ich weiß es so wenig wie du, wir müssen sie vielleicht vor vorgelagerten kleineren Inseln suchen«, erklärte ich. »Da kein Echolot zur Verfügung steht, sollten wir vom treibenden Boot aus Unterwasserberge suchen«, empfahl ich.

Voller Optimismus schwang sich Konrad ins Boot und fragte: »Worauf wartest du noch, Alfred?« Nach etwa zehnminütiger Fahrt kamen wir an eine Inselgruppe, bestehend aus kleineren Felsen ohne Vegetation. Hier ver-suchten wir zunächst unser Glück mit den rotierenden Spinnködern, die wir zwischen diese Inselchen warfen und auf Grund absinken ließen, um sie in Grundnähe einholen zu können. Selbst nach mehreren Wechseln des Standortes wurden nur Hechte gehakt, die wir zurücksetzten. Auf Wunsch von Konrad fuhr ich mit Vincent und Gerhard mit dem Boot voraus, um die besagten Barschberge zu finden. Eigentlich zweifelte ich daran, dass es solche Unterwasserberge zwischen den Inseln geben könnte.

Wir näherten uns jetzt einer größeren Wasserfläche, die links und rechts von Inselgruppen fast gleichmäßig eingeschlossen war, sodass der Eindruck entstand, sich in einem breiten Fluss zu bewegen. Inmitten dieser Szenerie sahen wir eine aus dem Wasser ragende Fahnenstange auf uns zukommen. »Meine Herren, hier können wir vielleicht Barschberge finden«, meinte ich zu meinen Begleitern. »Wieso?«, fragte Vincent. »Was bedeutet wohl diese Fahnenstange, Vincent?« »Das sind Hinweise zu Untiefen für Motorboote«, wusste Vincent. »Genau«, sagte ich. »Dies bedeutet, dass sich knapp unter der Wasseroberfläche große Felsbrocken befinden können oder der Gewässergrund ansteigt«, ließ ich meinen Kameraden wissen.

Inzwischen näherte sich Konrad mit seinem Boot unserem Standort. Gerhard erklärte ihm unser weiteres Vorgehen, um Barschberge zu finden. Die Windrichtung ließ es zu, dass wir fünfhundert Meter in nördlicher Richtung von der Untiefe entfernt mit unseren beiden Booten nebeneinander driften konnten. Im Abstand von fünfzehn Metern ließen wir unsere Boote vom Wind treiben. Es war nur schwach windig, somit hatten wir jede Menge Zeit, den Gewässergrund mit fünf Angelruten abzutasten. Ich hoffte, dass sich bald eine Rutenspitze beim Anheben des Kunstfisches nach unten verneigen würde. Aber es dauerte eine gefühlt unendlich lange halbe Stunde, bis dies endlich geschah. Gerhard, der ganz links im Boot sein klassisches Pilken vollführte, hatte den ersten Biss. »Ah, ich habe einen«, meldete er freudig. Sehr gespannt verfolgten wir sein Hochkurbeln aus der Tiefe. Zum Vorschein kam ein Hecht. Ohne ihn aus dem Wasser zu heben, wurde er mit einer Zange vom Einzelhaken befreit. Kaum hatte Gerhard seinen Köder wieder auf Tiefe gebracht, meldete Konrad einen Anbiss. Nach einigen spannenden Minuten Drill schrie Konrad – »Baaarsch«! Endlich war es so weit, Konrad hatte einen Stachelritter mit sechsunddreißig Zentimeter erwischt. Er schlug uns vor, unsere Bootsdrift mehr nach links zu verlagern, da er in unserer Reihe ganz links fischte. Vielleicht befindet sich der Unterwasserberg mehr links von uns, vermutete ich. »Warte noch einen Moment, Konrad, ich möchte noch einige Würfe mit dem Spinner nach rechts versuchen«, rief ich zum anderen Boot rüber. Ich machte noch einige weite Würfen mit einem tieflaufenden Spinner. Es folgte kein einziger Biss. Anscheinend waren nicht mal hungrige Hechte da, die sich zu einem Anbiss verführen ließen.

Konrad und ich starteten die Boote, um einhundert Meter südlicher die neue Drift zu beginnen. Etwa fünfzig Meter nach links versetzt und mit einem Abstand von zehn Metern zwischen den Booten versuchten wir erneut unser Glück. Nach einer dreiviertel Stunde sehr langsamer Bootsdrift unterbrach nicht mal ein Hechtbiss unsere Langeweile. Während ich noch in Gedanken versunken ins Wasser sah, bemerkte ich plötzlich Wasserpflanzen an der Oberfläche. Momentan war mir nicht bewusst, dass diese Pflanzen für den Barschfang von Bedeutung sein könnten. Erst nach einer Weile wurde mir klar, dass die Pflanzen auf Unterwasserberge hindeuteten. Durch mein lautes Rufen, »hallo aufwachen, Seegras in Sicht«, schnellten die Oberkörper meiner Kameraden fast gleichzeitig in die Höhe. Auch Konrad bestätigte die Anwesenheit von Wasserpflanzen. Der Wind frischte jetzt etwas auf, sodass wir an Fahrt aufnahmen. Extrem angespannt setzten wir unsere Fischerei in Grundnähe mit großer Aufmerksamkeit fort. Werner meldete jetzt einen Biss. Auch bei mir merkte ich jetzt das typische Zerren und Rütteln an der Rute. Zwei weitere Barsche lagen bald in den blauen Fischbehältern. Werner rief mir zu: »Zweiundvierzig Zentimeter.« Das Maßband bei meinem gefangenen »Stachelritter« zeigte achtunddreißig Zentimeter an.

Bei uns an der Donau sind Fische dieser Größenordnung eher eine Seltenheit. Wir alle waren einverstanden, als Konrad uns vorschlug, noch einmal mit den Booten zurückzufahren, um die Drift zu wiederholen. Ziemlich am Rand der Unterwasserflora, wo wir die beiden letzten Flussbarsche gefangen hatten, konnte sowohl Konrad als auch ich noch ein Exemplar landen. Nachdem für jeden von uns ein Barsch im Behälter lag, entschlossen wir uns zur Unterkunft zurückzufahren. Unsere Fahrt zur Hütte wurde anfangs noch einmal zur Suchfahrt, da sich keiner von uns die letzten Zahlen an den Masten der passierten Eilande gemerkt hatte. Doch anhand des Sonnenstandes fanden wir schließlich zwischen den uns bekannten Inseln den Heimweg zu unserem Zuhause im Reich der Inseln. Die Sonne stand nur noch flach über dem Horizont, als wir ankamen. Keiner von uns hatte jetzt noch Lust auf ein längeres Beisammensein. Nach kurzer Brotzeit verschwanden alle im Bett.

Frühmorgens, unser letzter Tag war angebrochen, klopfte es unerwartet an der Tür. Ole mit seinem freundlichen Lächeln trat ein. »Der Inselkönig lässt grüßen«, sagte er mit etwas heiserer Stimme. »Heute Nachmittag um fünfzehn Uhr kommt das eingeflogene Fünfzig-Liter-Fass Bier aus Landshut zu uns«, berichtete er noch voller Stolz. »Kaum zu glauben, da kommt doch tatsächlich ein Fass mit frischem Bier aus unserer Heimat zu uns geflogen«, wunderte sich Konrad. Zwei Tage zuvor hatte Ole bereits angekündigt, dass am letzten Tag unseres Aufenthaltes auf unserer Hauptinsel ein Abschlussfest zusammen mit den anderen Angelgästen stattfinden sollte.

Während Konrad, Werner und Gerhard ihre Angelausrüstung reisefertig verpackten, wollte Vincent noch einmal zum Hechtfischen ausfahren. Kein Problem, meinte ich, unsere Angelruten liegen ja noch im Boot. Wir entschieden uns spontan für Inseln in unserer Nähe, deren Ufer wir noch nicht befischt hatten. Nach kurzer Fahrt näherten wir uns einer größeren Insel, deren Form an ein auseinandergebogenes Hufeisen erinnerte. In dieser etwa einhundert Meter breiten Bucht versuchten wir beide zum letzten Mal unser Glück in den schwedischen Schären.

Nach einigen gelangweilten Würfen mit einem blauen Gummifisch wollte Vincent einen schwereren Spinnköder vom Ufer aus verwenden. Ich erklärte ihm noch, dass er diesen Köder mit angehobener Rute führen soll, um Hänger am Grund zu vermeiden. Vincent vollführte mit diesem schweren Metall einen Weitwurf parallel zum Ufer. Wenn er so nah am Ufer fischt, wird er bestimmt öfter Grundkontakt haben, war mir klar. Bereits nach seinem fünften Wurf, der etwa zwanzig Meter entfernt vom Ufer endete, stoppte sein Spinner die Fahrt nach einigen Kurbelumdrehungen. »Hängt dein Spinner jetzt am Grund?«, wollte ich von ihm wissen, während ich im Boot stand. Ohne eine Antwort zu geben, zog er wiederholt an seiner Rute. An seiner Rutenbewegung war nun zu erkennen, dass er einen Fisch drillte. Bei seinem Gegner, der jetzt gegen die zu fest eingestellte Rollenbremse kräftige Fluchtversuche vollführte, dürfte es sich um einen größeren Hecht handeln, vermutete ich.

Vincent wirkte äußerst angespannt und war mit diesem kapitalen Fisch, wie es schien, überfordert. Ich rief ihm zu, dass er die Rollenbremse etwas lockerer einstellen und den Hecht nicht zu stark forcieren sollte. Nach weiteren Fluchtversuchen schwamm ihm der »Esox« plötzlich entgegen. Vielleicht zehn bis fünfzehn Meter vor ihm sprang der Hecht aus dem Wasser und schüttelte dann mit erhobenem Kopf über Wasser den Spinner aus seinem Maul. Für den Verlust dieses kapitalen Hechtes fehlten uns momentan die Worte. Endlich begann Vincent zu jammern. »Ich hätte ihn wenigstens fotografieren und messen wollen«, sagte er traurig zu mir.

Diese große Hechtdame schätzte ich auf über einhundertzwanzig Zentimeter und sagte zu ihm, dass dieser Großhecht noch für viel Nachwuchs sorgen kann. »Möglicherweise hätten wir diesen Vorzeigefisch wegen unseres Treffens doch getötet«, wandte ich mich an Vincent. Jetzt wieder etwas lächelnd, bestätigte mir Vincent meine Vermutung. Kurz vor dem Anlegeplatz am Ufer unserer Insel stand er mit ausgebreiteten Händen im Boot, um die Größe seines verlorenen Hechtes anzuzeigen. Konrad, der am Ufer stand, wollte wissen, wo der Fisch sei. Vincent sagte zu ihm: »Ich habe den Hecht zurückgesetzt.« Mit lächelnder Miene meinte ich zu Konrad: »Wir erzählen es später.«

Gerhard und Konrad holten unsere Lebensmittel und richteten sie auf einem Tisch vor der Hütte an. Gegen dreizehn Uhr brachte Ole mit seinem Dieselkutter die angekündigten Biergarnituren, bestehend aus drei Tischen und sechs Sitzbänken. Ein jetzt hörbares, typisches Viertaktgeräusch ließ uns vermuten, dass die ersten Festgäste bald eintreffen würden. Kurz darauf traten drei vollbärtige Männer aus dem Ufergebüsch hervor und gingen lächelnd auf uns zu. »Hallo, ihr Petrijünger, ihr seid bestimmt aus Bayern, wo auch das Fass Bier herkommen soll«, begrüßte uns einer von ihnen in Hamburger Dialekt. Konrad begrüßte die drei mit den Worten: »Seid herzlich willkommen auf unserer Insel.« Wir setzten uns an einen der Tische und es begann bereits eine lustige, witzige Unterhaltung mit den Hamburgern, zu der Konrad am meisten beitrug. Wir fragten uns jetzt, warum am Ende dieses einwöchigen Angelurlaubes der Inselkönig eine Feier veranstalten will. »Es gibt auch einige Gäste, die an diesem Freitag einen zweiwöchigen Aufenthalt beenden«, berichtete uns einer der drei Hamburger mit dem Vornamen Sven. Er fuhr fort mit den Worten: »Heute ist doch der 21. Juni, geht euch da nicht ein Licht auf, meine Herren?« Konrad wiederholte freudestrahlend: »Tatsächlich, der 21. Juni ist heute. Dann ist alles klar. Wir begehen heute mit allen Inselfischern die Sonnwendfeier.«

Näherkommendes Motorengeräusch war jetzt zu hören, mehrere Boote waren unterwegs. Während der ganzen Woche unseres Aufenthaltes begegnete uns sonst nie ein anderes Boot. Weitere Gäste näherten sich unserer Insel. Es waren zwei Boote, die ihre Motoren drosselten, um anzulegen. Drei

Angelkollegen stiegen lächelnd aus. Die noch sehr jungen Kameraden aus Osnabrück begrüßten uns gleich mit der Frage: »Wie lang war bei euch der größte Hecht?« Vincent fühlte sich sofort angesprochen und meinte: »Geschätzt über einen Meter. Er hat sich aber leider beim Drill verabschiedet, gab er noch mit leiseren Worten zu. »Sehr schade«, entgegnete ihm einer der drei Neuankömmlinge, der sich als Peter vorstellte. »Genau und ehrlich gemessen war mein größter Esox achtundneunzig Zentimeter«, teilte Peter uns voller Stolz mit. »Das dürfte bis jetzt der größte Räuber sein«, stellte ich fest und blickte dabei die beiden Insassen des zweiten Bootes an. Der größere von den beiden, der eine »Sherlock Holmes«-Mütze trug, sagte uns mit deutschen und englischen Worten, sie hätten einige Exemplare mit über dreißig Zoll gefangen. Der zweite Engländer, der die deutsche Sprache etwas besser beherrschte, übersetzte für uns die Zollangabe mit etwa achtzig Zentimeter. Genauere Maße ihrer größten Hechte wussten sie nicht.

Während wir an den Tischen weiteres lustiges »Anglerlatein« austauschten, ertönte wieder das bekannte Viertaktgeräusch. Welche Nationalitäten würden wohl jetzt noch kommen?, rätselte ich mit Gerhard im Gespräch. »Sherlock Holmes«, der sich als George vorgestellt hatte, ging mit Gerhard und mir ans Ufer, um die neuen Gäste zu empfangen. Zwei hintereinanderfahrende Boote näherten sich uns. Schon aus größerer Entfernung winkten drei männliche Angelgäste vom ersten Boot aus uns zu. Hinten am Motor war eine Schweizer Fahne angebracht. Alle drei begrüßten uns in Schweizer Deutsch mit kräftigem Händeschütteln. Bruno, der Bootsführer, ein breitschultriger Kerl mit langem Haar und grauem Vollbart, sagte zu uns: »Wir freuen uns, mit euch Hechtverrückten das gute bayrische Bier zu genießen.« »Seid herzlich willkommen zum Sonnwendfest mit Bier aus Bayern«, entgegnete ich den Schweizer Gästen.

Wenige Minuten später legte ein weiteres Boot an. Zwei junge Männer samt Freundinnen aus Dänemark wurden von Konrad in Empfang genommen. Mit Händeschütteln, Umarmungen und gegenseitigem Austausch ihrer Vornamen standen die Inselfischer neben den Tischen und Bänken. Am längsten Tag im Jahr, bei herrlichem Sonnenschein, erzählten sich Petrijünger aus vier Nationen ihre Angelerlebnisse. Oft gesellten sich einige

Herren zu den beiden Damen, um deren Erlebnisse hören zu können. Wegen der lauten Unterhaltung und dem Gelächter hörten wir den sich nähernden Dieselkutter von Ole nicht. Wie aus heiterem Himmel stand er plötzlich am Ufer und rief uns zu: »Das Bierfass ist da. Ich brauche zwei starke Männer.«

Allmählich verstummte die laute Gruppe. Einige Sekunden vergingen, bis Bruno laut meldete: »Freunde, das bayrische Bier ist angekommen.« Darauf folgten ein lautstarkes Jubeln und Jauchzen der Angelfischer. Sofort gingen Konrad und Vinzent mit Ole zum Boot, um das begehrte Getränk zu holen. Er hatte auch einen Grill und Würste aus Rentierfleisch mitgebracht. Wir mussten jetzt noch eine Holzbank aus unserer Hütte holen, um mitgebrachtes Grillgut und alkoholische Getränke einiger Gäste darauf zu lagern. Das schwere Fünfzig-Liter-Holzfass der Brauerei Wittmann trugen wir dann zu einem kleinen Holztisch, den Ole mitgebracht hatte. Während andere aus dem Boot noch die Anzapfgarnitur holten, fragte ich ihn, ob noch weitere Gäste kommen würden. »Ich glaube, es kommen keine mehr«, sagte Ole. »Mit euch fünf sind zwanzig Angler auf den Inseln verteilt.« Dies hörte Konrad mit und meinte, ohne die beiden Frauen sind wir dann achtzehn Leute für die fünfzig Liter Bier. Bevor jetzt die grauen Gehirnzellen von Konrad das Literergebnis pro Mann lieferten, sagte ich: »Mit den Damen sind es genau zweieinhalb Liter Bier pro Person. Das dürfte genügen«, stellte ich fest. »Das sind fünf Halbe Bier pro Angler, so viel Bier trink ich nicht«, teilte ich Konrad noch mit. »Alfred, du hast recht, diese Menge Bier ist gut ausreichend«, gab Konrad mir recht.

Konrad wollte von Ole wissen, wann denn unser Gastgeber Peter auftauchen würde. Der Schwede sagte, er müsste bald mit seinem Motorboot eintreffen, da er bereits gestern in St. Anna angekommen sei. Für die Tische fanden wir keine Tischdecken in unserer Hütte. Wir hatten aber ausreichend viele Porzellanteller mit Essbesteck und fünf Halbe-Liter-Gläser. Kurz nach fünfzehn Uhr waren Geräusche von einem Bootsmotor hörbar. Ole, Konrad und ich eilten zum gegenüberliegenden Ufer, um zu sehen, welches Boot Kurs auf unsere Insel nahm. Kurz nachdem das Schiff in unserem Blickfeld auftauchte, erkannte Ole die Yacht von Peter Gaidos. An einem auf der anderen Seite der Insel gelegenen Holzsteg legte Peter mit seinem Motorboot an.

Der Inselkönig aus Landshut sicherte sein Boot und kam schnellen Schrittes auf uns zu. »Seid gegrüßt, meine Landshuter«, waren seine ersten Worte. Von Konrad, den er bereits kannte, wollte er wissen, ob wir gut gefangen hätten. Konrad teilte ihm mit, dass wir mehr als genug Hechte fangen konnten und von dem Hechtbestand in den Schären sehr begeistert sind. Dank der Filetierarbeit von Alfred und der Hilfe der Kameraden konnten wir für jeden genügend Filets einfrieren. »Dann war es ja für euch ein sehr erfolgreicher Angelurlaub«, freute sich Peter. »Das kann man wohl sagen«, bestätigte ich ihm.

Angekommen an unserem Festplatz, begrüßte Peter seine Urlaubsgäste mit einigen kurzen, freundlichen Worten und eilte zum Bierfass. »Ich sehe es euren durstigen Gesichtern schon an. Es wird Zeit zum Anzapfen«, sagte er zu den Gästen. Es lag Spannung in der Luft und kein Laut war zu hören, als Peter den Zapfhahn am Fass ansetzte. Bevor er mit dem hölzernen Hammer zuschlug, drehte er sich noch einmal zum Publikum um und lächelte. Durch einen einzigen kräftigen, gut gezielten Schlag konnte er gleich eine dichte Verbindung vom Hahn zum Fass herstellen. Triumphierend drehte sich Peter sofort mit erhobener Hand zu den Gästen um und merkte nicht, dass aus dem offenen Hahn Bier ausfloss. Während die Menge schrie, »Hahn zu«, war Konrad schon mit dem Krug schnell zur Stelle und vermied weiteren Bierverlust. Dann klatschten alle und jubelten. Peter befüllte ein zweites Glas mit dem noch stark schäumenden Bier und ging mit den beiden Krügen zu den Anglerinnen. »Sehr aufmerksam ist unser Gastgeber« sagte Vincent, der neben mir stand. Konrad befüllte die Krüge der vor dem Fass anstehenden Herren. Es herrschte windstilles, warmes Wetter. Nachdem jeder sein gefülltes Glas Bier in der Hand hielt, prosteten alle dem edlen Spender zu. Ole hatte inzwischen den Grill angeheizt und einige Rentierwürste aufgelegt. Unsere beiden Damen richteten von den mitgebrachten und von uns bereitgestellten Lebensmitteln ein Buffet an.

Etwa um Mitternacht musste das Fass schräg nach vorne gehalten werden, damit die letzten Krüge befüllt werden konnten. Das letzte Viertelchen Bier schenkte sich noch Vincent ein. »Das wäre jetzt die siebte Halbe Bier, die ich noch trinken könnte, wenn das Fass nicht leer wäre«, meinte er bedauernd. Mit schon schwankendem Schritt ging er zu einem Tisch. Dort angelangt, zeigte er wieder mit ausgestreckten Armen die von ihm geschätzte Länge seines verlorenen Hechtes. Eine der Damen meinte lachend: »Der Hecht wächst mit der Anzahl der getrunkenen Biere.« Es begannen wieder witzige Erzählungen mit Anglerlatein, das sich über alle drei Tische ausweitete. Am Ende des Bieres wurden nun konzentrierte alkoholische Getränke aufgetischt. Konrad wollte von Peter Gaidos wissen, ob es im Inselreich Hotspots für Hechte mit über einem Meter geben würde. Peter verwies auf die Randbereiche der Inselwelt zur offenen Ostsee. Dort hätte er in den letzten Jahren einige Hechte mit über einhundertzwanzig Zentimeter gefangen. Konrad sagte: »Mit deiner Yacht und der technischen Ausrüstung ist die Fahrt dorthin leicht möglich, aber mit unseren kleinen Booten können wir das nicht.« »Mit einem zweiten Tank und einem Navigationsgerät wäre dies aber möglich«, erklärte er uns.

Allmählich graute der Morgen. Kurze Zeit später durchfluteten um drei Uhr früh die ersten Sonnenstrahlen die Insel. Da es nun bereits hell war, verabschiedeten sich die Gäste. Ole und Peter kamen gegen Mittag zurück, um alles im Dieselkutter zu verstauen. Nachdem wir unser Reisegepäck im Kutter verstaut hatten, verließen wir schweren Herzens die uns liebgewonnene Insel. Peter und Ole wünschten uns gute Heimreise und verabschiedeten sich mit den Worten: »Wir würden euch gerne wieder als Urlaubsgäste begrüßen.« Leider kam es nicht mehr dazu.

Ein berufliches Desaster

Nach diesem Angelurlaub gab es keinen Jetlag. Von der späten Heimkehr an einem Samstag konnte ich mich am darauffolgenden Tag gut ausschlafen. Gut erholt begann dann am Montag wieder der zivilisierte Broterwerb im Betriebs- und Entwicklungslabor des Firmenkomplexes Röderstein. Inzwischen war unsere Firma vom Haifish-Konzern übernommen worden.

Nach ein paar ruhigen Tagen mit allgemeinen Arbeiten zur Überprüfung unserer Elektrokeramik mit neuen Rohstoffen trat unser Betriebsleiter hastig in mein Büro. »Hallo Herr Suttner, wir haben ein schwerwiegendes Problem in der Keramik-Masseaufbereitung. Aus einer unserer großen Kugelmühlen fließt kein Schlicker mehr aus. Die Mühle lässt sich nicht mehr entleeren. Die Keramikmasse weist quarkartige Konsistenz auf«, berichtete er mir in sichtlich erregtem Zustand. Gerhard, der ja Leiter der Keramikabteilung ist, meinte am Telefon: »Alfred, sollen wir den Pudding mit Wasser verdünnen?« »Auf keinen Fall«, erwiderte ich ihm. »Mit so einem stark verdünnten Schlicker bekommst du beim Sprühprozess kein gut rieselfähiges Granulat mehr. Es gibt dann enorme Probleme bei der Formgebung durch den Pressvorgang«, klärte ich ihn auf. Nach Rücksprache mit meinem Chef, dem Betriebsleiter und Gerhard einigten wir uns, dass ich zuerst an einer entnommenen Probe Untersuchungen durchführen soll.

Ich rührte zunächst einmal mit einem Glasstab in der nicht mehr fließfähigen Keramikmasse, die sich in einem Becherglas befand. Das Keramikpulver in dem Wassergemisch, mit den organischen Zusätzen zur Plastifizierung, war homogen verteilt.

Das Einwiegen der Rohstoffe wurde sicherheitshalber immer von zwei

Personen erledigt. Das Wiegeprotokoll war ordnungsgemäß abgearbeitet. Ich verglich die Rohstoffe von älteren Einwaagen zur aktuellen Charge. Nur die Hauptkomponente, das Bariumtitanat, wurde durch eine neue Liefercharge ersetzt. Folglich könnte hier der Grund liegen, vermutete ich. Aber warum sollte dieser Rohstoff das Wasser so stark binden oder wurde vielleicht doch ein Teil des erforderlichen Wassers vergessen?, überlegte ich.

Da ich an diesem Abend zum Zanderfischen gehen wollte, ging ich, trotz der Dringlichkeit des Fertigungsproblems, bereits am frühen Nachmittag nach Hause. Wie so oft bei Problemen in der Arbeit, wollte ich erst einmal Abstand nehmen und darüber schlafen.

An der Donau bei Kleinprüfening angekommen, arbeitete ich mich durch das Gebüsch zur Buhnenspitze vor, um mit einem Wobbler die Zander zu befischen. Es war Hochdruckwetter, und kurz vor der Dämmerung könnten die Zander in Jagdstimmung sein, hoffte ich. Während ich den Wobbler immer wieder langsam über Grund führte und darauf achtete, keine Hänger zu verursachen, dachte ich immer wieder an unser Problem in der Fertigung. Dabei kam ich auf die Idee, meine Untersuchungsberichte bezüglich der Eingangskontrolle für das Bariumtitanat zu vergleichen.

Es erfolgte keine einzige Attacke der Großbarsche. Die Zander waren heute nicht in Beißlaune, wie es schien. Am nächsten Tag beschloss ich, schon früh nach Schierling zur Arbeit zu fahren.

Bereits um zwanzig nach sieben standen der Betriebsleiter und ein Vorarbeiter der Keramikabteilung vor meinem Büro. Der Vorarbeiter hatte die Idee, die gewünschte Viskosität des Schlickers mit dem schon verwendeten organischen Verflüssiger einzustellen. Das können wir versuchen, stimmte ich seinem Vorschlag zu. Unter Beisein der beiden Herren ließ ich das organische Mittel zu einer Probe vorsichtig zutropfen. Es zeigte keine Wirkung. »Noch mehr, Herr Suttner, noch mehr«, meinte der Vorarbeiter, aber die Konsistenz der dickflüssigen Masse blieb unverändert.

»Meine Herren, ich habe jetzt eine Idee, um die Ursache herauszufinden«, sagte ich zu den beiden. Der Betriebsleiter war gespannt und meinte zum Betriebsgehilfen: »Dann lassen wir mal den Suttner in Ruhe arbeiten. Gut Ding braucht Weil«, fügte er hinzu.

Die letzten Untersuchungsberichte meiner Eingangskontrollen für Bariumtitanat führten mich nicht gleich auf die richtige Spur zur Lösung des Problems, waren aber der richtige Ansatzpunkt dazu.

Eine wichtige Kontrollgröße zur Beurteilung der Qualität des gelieferten Bariumtitanats aus den USA stellt der freie, ungebundene Bariumgehalt dar. Die von mir erstellte Analysenmethode mit Hilfe der Atomabsorptions-Spektrometrie (AAS) lieferte dabei typische Werte für eine Probe aus einem fünfundzwanzig Kilogramm Sackgebinde der ein bis zwei Tonnen umfassenden neuen Lieferung. »Was war es dann?«, rätselte ich. Bisher verließen wir uns allerdings immer auf das Analysenergebnis einer Stichprobe aus einem zwanzig Kilogramm Sackgebinde.

Ich konzentrierte mich auf den Herstellungsprozess des Bariumtitanats. Das Bariumtitanat (BT) wird durch stöchiometrischen Umsatz von Bariumcarbonat mit Titandioxid bei hohen Temperaturen hergestellt, wobei Kohlendioxid entsteht. Wird der brenntechnische Prozess so geführt, dass die beiden Ausgangsstoffe vollständig umgesetzt werden, wird eine gute Qualität erzielt. Ob das großtechnisch immer exakt durchgeführt werden kann, hängt von vielen Einflussgrößen ab, überlegte ich. Ich stellte mir die Frage: Wenn viel ungebundenes Barium vorliegt, wie kann dies die Konsistenz der wässrigen Suspension beeinflussen? Momentan fand ich dazu keine Erklärung. Dann kam mir aber die entscheidende Idee. Das Barium muss in dem dickflüssigen System in ionisiertem Zustand in größerer Konzentration ungebunden vorliegen. Durch die Hydratation könnte viel Wasser gebunden werden. Mit welchem Reaktionspartner könnte das freie Barium wieder im Schlickersystem gebunden werden?, überlegte ich.

Bei der Herstellung von BT wird ja das Barium als Karbonat eingesetzt und Bariumcarbonat ist in Wasser schwerlöslich. Mit Karbonat-Zusatz könnte das freie Barium gebunden werden, war mir jetzt klar. Ich entschied mich für das lösliche Salz Ammoniumhydrogencarbonat (AHC). Ein weiterer Vorteil von AHC dürfte sein, dass sich dieses Salz beim späteren Brennprozess verflüchtigt. Sofort holte ich mir eine neue Probe des fest gewordenen Schlickers aus der Mühle und streute etwas festes AHC ein. Durch kurzes Rühren mit dem Glasstab verflüssigte sich das Ganze tatsächlich sofort zu einer fließfähigen Suspension. Nachdem ich meinen Chef informiert hatte, ging ich freudestrahlend in das Büro des Betriebsleiters. An einer weiteren Probe aus der Mühle demonstrierte ich im Labor den beiden das Einstreuen des Salzes ins Laborglas.

Sie staunten nicht schlecht, welche Wirkung dadurch erzielt wurde. Mein Chef, der Physiker, war sichtlich begeistert und klopfte sich auf den Oberschenkel. »Was haben Sie da für ein Zaubersalz, Herr Suttner?«, fragte der Chef des Betriebes. Ich erklärte den beiden meine Überlegungen. »Das ist ja genial«, meinte der Betriebsleiter. Lachend entgegnete er mir: »Das müssen Sie in der Fertigung an der Mühle vorführen.« Schnell war ein Termin mit Gerhard vereinbart. Dieses Mal wurde gleich eine Probemenge aus der Mühle in das Becherglas eingewogen und die einzustreuende Menge AHC bestimmt. Mit den zwei Mitarbeitern der Fertigung waren wir zu fünft, als ich das Salz einrührte. Aus dem dicken Quark wurde wieder ein gut flüssiger Schlicker. Einer der beiden Mitarbeiter äußerte sich verwundert: »Das ist ja unglaublich, der Mann ist ein Zauberer.« »Ohne Wasser wird es wieder fließfähig. Wer soll das verstehen«, meinte Gerhard zu seinem Vorarbeiter. Der Betriebsleiter sagte: »Wie ihr seht, der Suttner hat es drauf.« Sofort bestimmte einer der Herren die Viskosität der verflüssigten Probe mit einem Viskosimeter, das bei den Mühlen bereitstand. Der Messwert lag geringfügig zum Sollwert noch etwas zu hoch. Gerhard berechnete gleich die Probemengen auf die Einwaage der großen Mühle um. Nach einer Stunde Mahlbetrieb trafen wir uns wieder vor der Mühle. Die Viskosität lag jetzt im Sollbereich für den Sprühprozess und die Mühle konnte entleert werden.

Als ich am nächsten Tag frühmorgens mein Büro betrat, stand auf meinem Schreibtisch eine Flasche Sekt. Mein Chef kam zu mir ins Zimmer und meinte lachend: »Das ist der Dank der Fertigung.« Er sagte noch: »Herr Suttner, jetzt ist gleich ein Untersuchungsbericht fällig.« Einer Mitarbeiterin im Labor schrieb ich gleich einen Masseversatz mit den gleichen Rohstoffen und Zusätzen der Fertigung auf, um eine kleine Labormühle zu bestücken. Bei dieser Labormühle ergab sich wieder die quarkartige Konsistenz wie bei der Mühle in der Fertigung. Zur Ergänzung meines Untersuchungsberichtes fügte ich noch die Abhängigkeit der Viskosität vom

Ammoniumhydrogenkarbonat-Zusatz in graphischer Darstellung bei. Als Grund für die Verdickung des Schlickers gab ich an, dass die Barium-Ionen eine Hydrat-Hülle ausbilden und dadurch dem System Wasser entziehen.

Gerhard kam nun, wie zu erwarten war, nachmittags zu mir ins Büro und sagte:»Alfred, welche Sackgebinde sollen wir aus dieser Liefercharge nicht mehr für die Produktion verwenden?« »Eine gute Frage«, sagte ich zu ihm. »Für dieses Problem, das eine Menge Arbeit für mich bedeutet, solltest du meinen Chef anrufen.« Ich einigte mich mit meinem Chef darauf, jedem zweiten Sack eine Stichprobe zu entnehmen. Für mich bedeutete dies, die Proben aus vierundzwanzig Säcken zu analysieren.

Von den Einzelproben der Säcke wurde jeweils eine Extraktion mit heißem, deionisiertem Wasser durchgeführt, um anschließend den Bariumgehalt quantitativ mit dem AAS ermitteln zu können. Nach einer Woche hatte ich das Analyseergebnis in Tabellenform an die wichtigen Leute im Betrieb verteilt. Aus den Analysedaten war ersichtlich, dass die Proben aus dem mittleren Bereich der Palette im Vergleich die höchsten freien Bariumwerte aufwiesen. Diese Werte lagen oft bis zu zehnmal höher als üblich. »Herr Suttner, sind Sie sich sicher, dass Ihre Analysenmethode richtig ist?«, fragte mich mein Chef noch skeptisch. »Natürlich bin ich mir sicher. Es wird ja immer vor jeder AAS-Bestimmung die Kalibrier-Standardprobe gemessen. Selbst wenn der Absolutwert mit bis zu fünf Prozent fehlerbehaftet sein sollte, sind die Relativwerte in diesem Fall eindeutig. So hohe Werte habe ich bis jetzt noch nicht gemessen«, antwortete ich ihm. Der Laborleiter entschloss sich, meine Analysenwerte an die Firma in Amerika weiterzugeben. Nach vorangegangenem Schriftverkehr mit meinem Chef kam nach einigen Wochen der Produktionsleiter indischer Abstammung aus Amerika angereist.

Nach kurzem Gespräch mit meinem Vorgesetzten sollte ich gleich die Analysenmethode erklären. Wegen seiner guten Deutschkenntnisse gab ich dem Inder meine Analysenvorschrift zur Einsicht. Anschließend zeigte ich ihm unsere AAS-Anlage, die Eichkurve für Barium mit den gekauften Lösungen sowie den Kalibrierstandard, der vor jeder Messung eingesetzt wird. Nach längerer Diskussion beider Herren bat mich der Besuchende um eine

Kopie meiner Analysenvorschrift. Eine Woche später wurden die von uns reklamierten Säcke durch eine neue Charge ersetzt. Von allen neuen Säcken analysierte ich wieder den freien Bariumgehalt. Die Werte lagen bei jeder Sammelstichprobe aus einem Sack unter einem Prozent. Die zukünftigen Liefermengen wiesen dann keine erhöhten Bariumwerte mehr auf.

~

Nach etwa zweieinhalbjähriger Kondensatorproduktion mit dem von mir entwickelten Flussmittel kam eines Tages mein Chef zu mir ins Büro und wollte wissen, was ich von einer Patentanmeldung halten würde. Ich freute mich über seinen Vorschlag und fühlte mich bestätigt, dass meine Entwicklungsarbeit von der neuen Firmenleitung sehr geschätzt wurde. Durch meine Erfindung konnte die Firma einiges an Produktionskosten einsparen. Vor allem der Wegfall der mit »Per«, ein giftiges Lösemittel, betriebenen Waschanlage für die Kondensatoren dürfte den Hauptanteil der Ersparnisse ausgemacht haben. Mein Vorgesetzter reichte die Unterlagen beim Patentamt in München ein. Eine Woche später wurde uns die patentrechtliche Niederschrift zum Kontrollieren des fachlichen Inhaltes vorgelegt. Nach mehrmaligen Korrekturen konnte schließlich das Patent erteilt werden.

Eines Tages besuchte uns Herr Dr. Kornfeld von der Firma Kapitol aus der Oberpfalz, die ebenfalls zum Haifish-Konzern gehört. Er war dort der Leiter des Betriebslabors. Mein Chef führte ihn nach kurzer Unterredung zu mir ins Büro und wies mich an, ihm unser Labor zu zeigen. Unter anderem interessierte er sich besonders für unsere AAS-Anlage. Er wollte auch Näheres über unser neu eingesetztes Flussmittel erfahren. Damals konnte ich noch nicht ahnen, dass dieser Besuch der Anfang vom Ende für unseren Standort in Schierling bedeuten würde.

Später wollte unser Laborleiter wissen, für was sich der Besuch besonders interessiert hatte. »Über die AAS-Messung und unser jetziges Weichlötverfahren wollte er Wesentliches erfahren«, berichtete ich ihm. »Das denk ich mir, Herr Suttner«, gab er mir als Antwort. Er sagte noch: »Besser wäre es gewesen, Sie hätten das Flussmittel nie erfunden.« Natürlich wollte ich den Grund von ihm hören, aber mein Chef äußerte sich nicht mehr dazu.

~

Nach diesem Arbeitstag hatte ich das Bedürfnis, meine Gedanken an eine wahrscheinliche Werksverlegung zu zerstreuen. Deshalb beschloss ich, am Abend zum Fischen zu gehen. Es war ein lauer Sommerabend, an dem ich meine Fliegenrute einpackte und an das vereinseigene Gewässer im Altmühltal fuhr. Das Gewässer ist ein ehemaliger Flussabschnitt der Altmühl bei der Ortschaft Essing. Nach dem Bau des Main-Donau-Kanals wurde dieser Abschnitt durch die Abtrennung vom Hauptstrom zum Stillgewässer. Heute wird es durch einen auch im Sommer kühlen Quellbach gespeist, der in der Nähe dieses idyllisch gelegenen Ortes aus den Jurafelsen entspringt. Eine alte Brücke aus Eichenholz führt über dieses Forellenwasser direkt in den Ortskern von Essing. Hier werden vom Kelheimer Angelverein Regenbogen- und Bachforellen aus eigener Zucht eingesetzt. Darunter sind hin und wieder kapitale Exemplare, die zur Laichgewinnung dienten und dann in die Freiheit entlassen wurden. Dieses Gewässer, das vereinsintern als »Blaues Wasser« bezeichnet wird, darf nur mit der Fliegenrute mit Trocken-, Nassfliegen und Streamern bis zur Hakengröße zwölf befischt werden. Auch darf nur ohne Widerhaken geangelt werden.

Ein kurzer Weg vom Parkplatz führt zu dem oft glasklaren Gewässer. An diesem Abend herrschte eine leichte Trübung. Das ist gut, dachte ich. Dann sind die Forellen nicht so vorsichtig beim Annehmen des Köders. Ansonsten ist es bei klarem Wasser und selbst an tieferen Stellen nicht leicht, eine Forelle zu haken. Ich verwende meist ein leicht sinkendes Vorfach und als Endschnur ein »Fluorocarbon« mit einer Stärke von null Komma achtzehn Millimeter. Es herrschte Windstille und daher eine glatte Wasseroberfläche. In der Hoffnung, steigende Forellen zu sehen, ging ich langsam am Ufer entlang. Obwohl manchmal kleine schwarze Fliegen über das Wasser huschten, war keine steigende Forelle zu erspähen.

Bis jetzt blieb ich mit meinem langsam sinkenden Bachflohkrebs erfolglos.

Deshalb wählte ich eine beschwerte Nymphe mit schwarzem Kugelkopf aus und ließ diese bei den nächsten Würfen länger absinken. Nach einer halben Stunde intensiveren Fischens erfolgte immer noch kein Biss. Etwa einhundert Meter vor der alten Eichenholzbrücke vollführte ich mehrere weite Würfe, um die Nymphe in der Gewässermitte anbieten zu können. Bereits etwas ermüdet wollte ich noch ein letztes Mal die Rute schwingen. Noch einmal ließ ich etwas Schnur zu Boden sinken, um eine gute Weite mit dem Doppelzug zu erreichen. Jetzt reichte meine Flugschnur fast bis zur Gewässermitte, wobei das Vorfach schön gestreckt auf dem Wasser sanft ausrollte. Damit diesmal die Nymphe ausreichend tief fischt, wartete ich noch etwas länger als zuvor. Dann holte ich mit der linken Hand ruckartig Schnur ein, um dem Köder ein lebendiges Spiel zu verleihen.

Unerwartet spürte ich plötzlich einen Gegenzug in meiner Hand. Es fühlte sich nicht wie sonst üblich als Anbiss an. Der noch geringe Gegenzug entwickelte sich stetig, sodass die vor meinen Füßen liegende Flugschnur immer schneller durch die Rutenringe gezogen wurde und sich dann komplett straffte. Es dauerte einige Sekunden, bis ich meine zu fest eingestellte Rollenbremse lockern konnte, um den Druck auf die Rute zu verringern. Der Fisch spulte nun bei seiner Flucht sehr schnell Schnur ab. Durch Nachjustieren der Bremse konnte ich den Drill wieder unter Kontrolle bringen. Zunächst dachte ich an einen Karpfen oder Hecht, die ja auch vereinzelt in diesem Gewässer vorkommen. Der Fisch strebte jetzt auf das gegenüberliegende Ufer zu, welches von überhängendem Buschwerk geprägt war. Durch Verstärken der Bremse wollte ich dies verhindern. Daraufhin sprang der Fisch in voller Länge aus dem Wasser. Ich traute meinen Augen nicht. Es war eine überwiegend silbrig gefärbte große Forelle. Jetzt bloß keinen Fehler machen, dachte ich. Obwohl die Rute während des Sprunges reflexartig von mir hochgerissen wurde, blieb die Schnur immer noch locker. Das konnte nur bedeuten, dass die Forelle auf mich zuschwamm. So schnell wie möglich holte ich die Schnur ein. Im hier klaren Wasser sah ich den Salmoniden etwa zwei Meter vor mir am Ufer vorbeiziehen, um wieder im tieferen Wasser zu verschwinden.

Die Forelle zog jetzt die Schnur in Fluchtrichtung hinter sich her, bis sich die Schnur wieder spannte. Durch den kurzen Ruck im Maul löste sich der Haken. Entsetzt stand ich einige Minuten regungslos am Ufer. Was ist bei dem Drill mit dieser Großforelle schiefgelaufen?, überlegte ich. Besonders bei Verwendung von Haken ohne Widerhaken ist es grundsätzlich wichtig den Fisch immer auf Spannung zu halten, war mir geläufig. Ich hatte es bisher beim Drill noch nicht erlebt, dass der gehakte Fisch die Schnur hinter sich herzieht. In diesem Fall kann sich, bei zu fest eingestellter Bremse durch spontanen rückwärts gerichteten Zug, der Haken leichter lösen. Wahrscheinlich wäre es eine der größten Forellen dieses Gewässers gewesen. Es dürfte sich um eine Seeforelle gehandelt haben, die ich auf eine Länge von siebzig Zentimeter schätzte. Da das »Blaue Wasser« mit einer Länge von zwei Kilometern und mit maximal einhundert Meter Breite ein großes Stillgewässer ist, können Bachforellen hier zu größeren Exemplaren heranwachsen. Dabei wird die rotgetupfte Forelle zur silbrigen Seeforelle mit den typischen X-Markierungen an den Flanken.

~

Einige Monate später kam mein Chef zu mir ins Büro und wollte wissen, ob ich das Patent privat nutzen möchte. Die Firma hätte kein Interesse daran, das Patent länger zu halten, teilte er mir mit. Auch mein Chef hatte nicht vor, das Patent privat zu verwerten. Ich entschloss mich, meinem Chef am nächsten Tag Bescheid zu geben. Gleich früh am nächsten Tag fragte mich mein Vorgesetzter, wie ich mir eine private Nutzung vorstelle. Ohne auf eine Antwort zu warten, sagte er zu mir: »Herr Suttner, ich gehe davon aus, dass Sie das Patent für sich haben wollen. Aber Sie wissen schon, dafür ist eine jährliche Gebühr beim Patentamt fällig«, informierte er mich. Meine Zusage meldete er sofort an die Firmenleitung in der Oberpfalz weiter. Am Abend zu Hause stellte ich mir die Frage, warum mir die Firmenleitung das Patent überlassen wollte. Hierfür fand ich jedoch momentan keinen plausiblen Grund. Für die folgenden zwei Jahre hielt ich das Patent.

Eines Tages bot mir die Fa. Kapitol eine Erfindervergütung für das Flussmittel an. Als Bedingung verlangte man von mir, auf mein angemeldetes

Patent zu verzichten. Einige Nächte überschlief ich die Sache und beriet mich mit meiner Frau. Sie schlug vor, mit dem Geld eine Darlehenstilgung für das Haus vorzunehmen. Schließlich gab ich das Patent auf und teilte dies der Firmenleitung mit. Von diesem Geld kaufte ich mir dann aber ein Chopper-Motorrad. Was mir mit dieser Fehlentscheidung »durch die Lappen« ging, werde ich später noch schildern.

Nach etwa einem Jahr kam es, wie ich bereits befürchtet hatte, zuerst zur Werksverlegung. Als Grund wurde angegeben, dass die angepachteten Produktionsgebäude in Schierling von dem Besitzer selbst gebraucht würden. Unser Labor samt aller Produktionsstätten und der Qualitätssicherung wurden in das nahegelegene Pfaffenberg in die dortigen Gebäude verlegt, die immer noch zu dem alten Firmenkomplex Röderstein gehörten. Bereits vor einigen Monaten wurde dort die Produktion von der Fa. Haifish aufgelöst und in die Oberpfalz verlagert. Die Entfernung zu meinem neuen Arbeitsplatz von jetzt vierzig Kilometern störte mich weniger, aber der Verdacht, dass unser Betrieb früher oder später auch endgültig geschlossen würde, bereitete mir große Sorgen. Auch unsere Damen im Labor vermuteten, dass ihr Arbeitsplatz bald verloren sein könnten und redeten darüber mit unserem Chef.

Eines Tages lud uns unser Laborleiter nach Feierabend zum Abendessen ein. Wir waren jetzt nur noch zu viert im Labor. Unser Elektrotechniker Ernst sowie drei der ursprünglichen fünf Laborhelferinnen in Schierling waren bereits entlassen worden oder hatten selbst gekündigt. Beim Abendtisch in einem nahegelegenen Restaurant eröffnete uns Herr Alfons H., dass unsere Arbeitsplätze noch mindestens zwei Jahre sicher wären und er sich über weitere gute Zusammenarbeit mit uns freuen würde.

Die von uns produzierten Kondensatoren wurden in der Fertigung mit einer organischen Umhüllung versehen, die durch eine Wirbelsinterpulver-Anlage erzeugt wurde. Als Entflammschutz wird das organische Pulver mit Antimon angereichert. Da an der Wirbelsinteranlage Feinstaub entsteht, ist es wichtig, den Gehalt des gesundheitsschädlichen Antimons zu kennen, damit die MAK-Werte beurteilt werden können. Deshalb wurde mir die Aufgabe übertragen, den Antimongehalt im Wirbelsinterpulver zu bestimmen.

Zur Unterstützung für diese Aufgabe kam eine Chemie-Ingenieurin zu uns, die vorher bereits hier in Pfaffenberg beschäftigt war. Bevor das Werk in Pfaffenberg verlegt wurde, ging Frau Schellenberg in Mutterschaftsurlaub. Jetzt nach ihrem Urlaub war die Eingliederung in unser Labor eine neue Situation für sie, wie man sich vorstellen kann.

Um das Antimon in Ionenform zur quantitativen Messung zu erhalten, musste vorher die organische Matrix aufgeschlossen werden. Dies wurde ermöglicht durch einen Säureaufschluss in einem Druckbehälter. Die säurehaltige Lösung wurde dann noch mit einem Oxidationsmittel behandelt. Frau Schellenberg übernahm die Aufgabe, die Lösung während des Erhitzens im Laborglas zu beobachten. Vorsorglich sagte ich zu ihr: »Die Lösung darf während des Erhitzens nicht eintrocknen, da sonst Explosionsgefahr besteht.«

Trotz dieser Belehrung war plötzlich ein sehr lauter Knall zu hören. Entsetzt vollführte mein Vorgesetzter einen Satz in die Höhe, während er gerade eine Besprechung mit mir führte. Sofort eilten wir ins Labor zu Frau Schellenberg. Regungslos stand sie neben dem Abzug, bei dem die Schutzscheibe nur halb heruntergezogen war. Unser Chef beruhigte sie, während wir die blasse Frau zum Sanitätszimmer führten. Nach Entblößung ihres verletzten Unterarmes stellte der Sanitäter fünf leicht blutende Verletzungen fest. Die Glassplitter steckten noch im Ärmel ihres dicken Pullovers. »Gott sei Dank hatten Sie einen dicken Pullover an«, meinte der Sanitäter zu Frau Schellenberg. Der Vorgesetzte lobte sie, da sie während ihrer Arbeit eine Schutzbrille getragen hatte. Zu dritt gingen wir später zum Abzug, um den Explosionsort zu begutachten. Der Glaskolben aus Duran war fast spurlos verschwunden. Nur wenige sehr kleine Splitter befanden sich noch auf der gefliesten Arbeitsfläche.

Herr Alfons H. wollte wissen, wie es zur Explosion kommen konnte. Fr. Schellenberg erzählte uns, dass sie die Heizung am Kippschalter ausschaltete, dann sei es passiert. Der Laborleiter meinte: »Pech gehabt. Sie konnten ja nicht wissen, dass diese Mischung explosiv sein kann. Wir können froh sein, dass Sie die Schutzscheibe weit genug heruntergezogen hatten.« Nachdem ich Fr. Schellenberg zugezwinkert hatte, bekräftigte ich die Ansicht meines

Chefs bezüglich dieses Vorfalls. Wie bereits erwähnt, hatte ich mit der Kollegin zuvor die Möglichkeit einer Explosion besprochen.

Im November zur Jahrtausendwende hatte ich meinen fünfzigsten Geburtstag. Es freute mich sehr, als unsere beiden Laborhelferinnen am Nachmittag mit einem mit brennenden Kerzen verzierten Kuchen vorbeikamen, um mir zu gratulieren. Wir setzten uns im großen Büroraum zusammen, um den mitgebrachten Kuchen und den Kuchen der Damen mit Kaffee und Tee zu genießen. Nachdem Fr. Schellenberg schon eine Weile etwas nachdenklich und wortkarg in unserer Runde saß, holte sie aus ihrer Tasche einen Briefumschlag heraus. Sie öffnete das Kuvert und teilte uns den Inhalt des Schreibens mit. Es war eine Kündigung der Firmenleitung aus der Oberpfalz. Entsetzt schaute Alfons H. Frau Schellenberg an und sagte, davon habe er nichts gewusst. Die frohe Stimmung auf meiner Geburtstagsfeier war nun schlagartig zu Ende. Das Läuten des Telefons im Chefbüro beendete endgültig unsere Kaffeerunde. Auf dem Weg zu meinem Büro folgte mir Fr. Schellenberg. Weinend kam sie ins Zimmer und umarmte mich.

Ab Januar nächsten Jahres sei sie mit ihrem zweijährigen Kind dann ohne Job und ohne Mann. Ihre noch rüstigen Eltern würden sie aber unterstützen, erklärte mir Frau Schellenberg. »Das ist gut für Sie«, tröstete ich die Frau. »Haben Sie für Ihren Sohn schon ein Kinderbett«, wollte ich wissen. »Nein«, antwortete sie. »Frau Schellenberg, wir schenken Ihnen zum Abschied ein Kinderbett, das Sie für später auch zu einem Jugendbett umgestalten können.« »Das ist aber sehr nett von euch«, sagte sie und wischte die Tränen aus den Augen. Fünf Wochen später war die Weihnachtsfeier im Labor für Frau Schellenberg zugleich eine Abschiedsfeier.

Am 11. September 2001 kam ich von der Arbeit nach Hause und sah das Unfassbare im Fernsehen. Ich dachte zuerst, es läuft ein Spielfilm. Man sah, wie in einen der Türme des »World Trade Centers« ein Linienflugzeug eindrang und eine gewaltige Explosion erzeugte. Dabei wurden schlagartig tausende Menschen getötet. Am nächsten Tag ordnete der Chef des amerikanischen Haifish-Konzerns an, dass ab elf Uhr jeder für fünf Minuten die Arbeit niederlegen und stehend der Toten gedenken sollte.

Der Firmengründer und Leitende Dr. F. Z. des Haifish-Konzerns wurde als Jude vom Nazi-Regime verfolgt. Er verdankt sein Leben einer polnischen Familie, die ihn fast ein Jahr lang in einem Erdloch unter einem Keller versteckte. Während der Nachkriegszeit konnte er in Amerika einen Elektronik-Konzern aufbauen, den er auch nach Deutschland ausweitete.

Der Inhaber unserer Firma Röderstein, der ebenfalls Jude war, übergab im hohen Alter die Leitung seinen Söhnen. Diese hatten nach kurzer Zeit kein Interesse mehr an dem Unternehmen, und so kam es, dass auch unsere Firma Röderstein im Jahre 1995 an diesen Konzern verkauft wurde.

Im April des Jahres 2002 rief mich plötzlich an einem Wochenende mein Chef zu Hause an. Er teilte mir mit, dass das Werk in Pfaffenberg zum 30. Juni 2002 geschlossen wird. Nach dieser Nachricht musste ich mich erst einmal hinsetzen und einige Male gut durchschnaufen. Eigentlich war es ja absehbar, dass dieses Werk in Pfaffenberg bald aufgegeben werden würde, um die Kondensatorproduktion nach Tschechien zu verlagern, aber die Hoffnung stirbt zuletzt, dachte ich.

Jetzt wurde mir erst richtig bewusst, dass das von mir entwickelte Flussmittel der entscheidende Impuls dafür gewesen sein musste. Dessen großer Vorteil besteht wie bereits erwähnt darin, dass dieses nach dem Weichlöten rückstandsfrei verdampft. Dadurch entfiel die Reinigung der Kondensatoren. Die Firma Kapitol konnte die Produktion deshalb verlagern, weil das in Tschechien verbotene Lösemittel Tetrachlorethen (Kurzname »Per«; Verdacht auf karzinogene Wirkung) zur Produktion nicht mehr nötig war. Letztendlich hatte ich eine Mitschuld, dass wir alle den Arbeitsplatz durch meinen Erfindergeist verloren hatten. Mein Chef wurde nun zum Wochenendpendler, mit einfacher Fahrstecke von über zweihundert Kilometern zum neuen Arbeitsplatz.

Glücklicherweise bot man mir für den Verlust meines Jobs eine Abfindung an. Durch diesen Geldsegen wurde mein Haus mit Grundstück fast schuldenfrei. Jetzt galt es, mit meinem Arbeitswillen noch bis zum Ende durchzuhalten, da die Firma die Abfindung als Druckmittel einsetzte. Falls ich nicht bis zum Ende gearbeitet hätte, hätte die Firma die Abfindung nicht ausbezahlt. Meine Aufgabe bestand darin, die automatisierte Weichlötung mit dem neuen Flussmittel zu betreuen, die sich jetzt in Sokolov (Falkenau) in Tschechien befand.

Da ich noch drei Wochen Urlaub hatte, konnte ich nach fast fünfzehn Jahren die Fa. Haifish in Pfaffenberg vorzeitig verlassen. Ich kann mich noch gut erinnern, wie ich meine Fachbücher und sonstige Literatur in eine Schachtel packte und schweren Herzens nach Hause fuhr. Zu Hause angekommen, schaute mich meine Frau mit traurigen Augen an. »Einen neuen Arbeitsplatz mit über fünfzig Jahren zu finden, wird wohl für dich schwierig werden«, sagte sie sorgenvoll. Mit den Worten: »Mach dir mal keinen Kummer, jetzt leben wir erst einmal vom Rest der Abfindung und erhalten dazu noch Arbeitslosengeld«, tröstete ich sie. »Bevor ich mich um einen neuen Job bemühe, benötige ich erst einmal einen einwöchigen Angelurlaub zur Entspannung«, erklärte ich meiner Frau.

Die Hoffnung auf einen neuen, interessanten Arbeitsplatz stirbt zuletzt, dachte ich. Auch in fischereilicher Hinsicht sollten sich für mich wieder interessante Möglichkeiten in naher Zukunft ergeben.

Entspannung in Südnorwegen

Da ich schon seit längerem im Sinn hatte, wieder einmal zum Meeresfischen nach Norwegen zu fahren, rief ich meinen Angelfreund Herbert T. an, um ihn zu fragen, ob er mitfahren würde. Herbert war sofort begeistert. Er teilte mir mit, dass er erst kürzlich mit Kurt darüber gesprochen hatte. Nach kurzer Abstimmung entschlossen wir uns, zum Trysnes Marina Center zu fahren, dass sich im Trysfjord in Südnorwegen befindet. Wir fuhren mit der Fjordline Fähre von Hirtshals in Dänemark nach Kristiansand. Von dort aus erreichten wir über die E39 die Ortschaft Lunde. Ab hier gelangten wir nach sieben Kilometern auf einer Nebenstraße in Richtung Südwesten zur Ortschaft Trysnes.

Im Hafen von Trysnes sahen wir die Ferienappartements, die im Fjord an einem Holzsteg in Reihe aneinandergebaut waren. Dadurch konnte direkt vor der jeweiligen Ferienwohnung mit dem Boot geparkt werden. Das war der kürzeste Weg von der Wohnungstür zum Boot, den ich bisher bei einem Angelurlaub an der Nordsee erlebt hatte. Im Büro wurden wir vom Chef der Anlage freundlich begrüßt. Ein aus Hamburg stammender Mitarbeiter, der sich als Ben vorstellte, führte uns zu den Bootsanlegern. Er zeigte uns ein Kabinendieselboot aus Holz mit Unterdeck, welches zwei Personen Platz zum Schlafen bot. Auf Deck gab es rechts neben dem Steuerstand eine Art lange Schaltstange für einen Rückwärts- und zwei Vorwärtsgänge, was uns weniger gefiel. Wir fuhren mit Ben eine Runde im Hafen, um uns beim Steuern an die Trägheit des Bootes zu gewöhnen. Danach musste ich das Boot unter seiner Aufsicht vor unserer Wohnung einparken. Jetzt könntet ihr schon mal losfahren für eine Erkundungsfahrt, empfahl er uns.

Bereits am frühen Nachmittag unseres Ankunftstages konnten wir unsere Pilker in die Tiefe hinablassen. Ben wollte wissen, ob jemand von uns ein Mobiltelefon besitzt. »Keiner von uns hat eines«, erwiderte ich ihm. »Dann solltet ihr noch nicht zu weit hinausfahren«, riet er uns. »Im vorgelagerten Inselbereich kann man sich leicht verirren. Der Anlagenbesitzer empfiehlt allen Angelurlaubern, ein Mobiltelefon zu den Ausfahrten mitzunehmen«, meinte er fürsorglich. Kurt versicherte Ben: »Wir werden uns morgen früh eines kaufen.« Mit großer Vorfreude verstauten wir unsere bereits vormontierten Pilkruten im Boot. Meine Kameraden setzten sich auf die hintere Sitzbank im Boot und schauten mich fragend an. »Ja, will denn keiner von euch dieses schöne Dieselboot steuern?«, fragte ich. »Du bist doch unser Kapitän, unser Käpt'n Blaubär«, meinte Kurt lachend. Ich konnte mir schon vorstellen, warum jeder der beiden sich vor dem Führen des Bootes drückte. Die Schaltung des Motorgetriebes mit dem langen, unhandlichen Gestänge war nicht jedermanns Sache.

Diese gewöhnungsbedürftige Schalttechnik machte mir zu schaffen, als ich das Boot rückwärts wieder ausparken wollte. Erst nach mehreren Versuchen gelang es mir, das dieselgetriebene Schiff rückwärts in Bewegung zu setzen. Die Trägheit bei langsamer Fahrt war viel höher als bei kleineren Booten mit Außenborder. Weiter draußen, zum offenen Meer, testete ich das Trägheitsverhalten bei unterschiedlichen Geschwindigkeiten. Allmählich tauchten vor uns die vielen Inseln auf, die dem Fjord vorgelagert waren. »Wollt ihr noch etwas weiter in die Inselwelt hineinfahren?«, fragte ich meine Kameraden. Kurt sagte: »Fahr noch einige hundert Meter rein bei diesem schönen Wetter.« Wegen des Kompasses an Bord war ich mit dem Vorschlag einverstanden. »Wir sind jetzt immer nach Süden gefahren. Nach Hause geht es dann nach Norden«, teilte ich Kurt mit. »Alfred, du verstehst ja was vom Navigieren im Gegensatz zu uns, deshalb vertrauen wir dir«, äußerte sich Herbert.

Zwischen zwei circa dreihundert Meter langen, schmalen Inseln stoppte ich den Motor. Durch den leichten Nordwestwind drifteten wir langsam weg vom Fjord in südöstliche Richtung. Das Echolot zeigte eine Tiefe von über sechzig Metern an. Der Meeresgrund war nur sehr wenig strukturiert und überwiegend flach. Wir ließen unsere Einhundertfünfzig-Gramm-Pilker trotzdem in die Tiefe. Auch nach einer halben Stunde hatten wir noch keinen Fischkontakt. Langsames Hochkurbeln und wieder in die Tiefe taumeln lassen in unterschiedlichen Wasserschichten brachte keinen Fisch. Mehrere Angelpositionen in Richtung Süden blieben ohne Erfolg. Kurt klagte: »Da sind keine Fische.« »Das kann doch nicht sein, meine Herren«, erwiderte ich. »Jetzt fahren wir mal näher zu dieser Insel heran, um am Unterwasserhang zu fischen«, sagte ich zu Kurt. Dazu kam es aber nicht mehr. Eine Nebelwand hatte sich plötzlich zwischen uns und der Fjordöffnung gebildet. Erstaunt saßen wir jetzt alle drei regungslos im ruhig dahintreibenden Boot und wussten im Moment nicht, was wir unternehmen sollten. Kurt haderte mit dieser prekären Situation: »Wir hätten uns gleich ein Mobiltelefon besorgen sollen.« »Jetzt fahren wir erst einmal näher an die Nebelwand heran, um nicht weiter abzudriften«, beruhigte ich meine Kameraden, in der Hoffnung, dass sich der Nebel bald auflösen würde. Trotz unserer misslichen Lage nahm Herbert die Angelrute und ließ den Pilker in die Tiefe sausen. Herbert hatte noch Ruhe und Besonnenheit. Wir ließen Herbert alleine fischen und schauten ihm zu. Nach fünf Minuten begann er den Pilker wieder hochzukurbeln. Unerwartet beugte sich plötzlich seine Rutenspitze. »Ich, ich habe was«, murmelte er erwartungsvoll. Gespannt sahen wir alle drei immer wieder auf die Bewegungen der Rutenspitze und beobachteten den Schnurverlauf in die Tiefe, soweit es das einfallende Tageslicht zuließ.

Das Wasser des Meeres war sehr klar. Allzu schwer musste sich Herbert während des Hochkurbelns nicht anstrengen, deshalb vermuteten wir einen kleineren Fisch. Aus der Tiefe emporkommend, zeichneten sich dessen Umrisse immer deutlicher ab. Der spindelförmigen Gestalt nach zu urteilen, handelte es sich nicht um einen Dorschartigen. Herbert jauchzte: »Ich glaube, das ist ein kleiner Lachs.« Kaum war der Pilker mit dem Fisch an der Oberfläche, drehte sich der Salmonide von einem Haken des Drillings ab. Nun wieder frei, schwamm der Fisch mit taumelnden Bewegungen langsam in die Tiefe. »Schade«, meinte Kurt, der von Beruf Koch ist. »Den hätte ich gerne in der Küche verwendet.« Ich schätzte die Körperlänge auf etwa fünfundvierzig Zentimeter und sagte zu Herbert: »Es könnte auch eine Meerforelle gewesen sein.«

Der Nebel hatte sich zwischenzeitlich etwas gelichtet, sodass es nun wieder möglich war, mit langsamer Fahrt in die Fjordöffnung hineinzuschippern. Dabei orientierte ich mich am Kompass in nordwestlicher Richtung. Allmählich erschienen am rechten Ufer einige Häuser, die ich mir bei der Ausfahrt aus dem Fjord gemerkt hatte. Schließlich kam die Hafeneinfahrt in Sicht. Ich war sehr froh, dass ich es trotz des Nebels bis hierher geschafft hatte. Etwas zu schnell fuhr ich an den Steg heran, sodass ich mit der langen Schaltstange den Rückwärtsgang suchen musste, um die Trägheit des Bootes abzubremsen. Dabei half Kurt mit dem Fuß am Holzsteg mit, den Geschwindigkeitsüberschuss noch zusätzlich abzudämpfen.

In der Ferienwohnung machten wir es uns gemütlich und verzehrten die Reste unseres Reiseproviants. Kurt gab uns zu verstehen, dass er von diesem Gebiet enttäuscht sei. »Keine voreiligen Schlüsse, wir sind nicht weit genug rausgefahren. Eine ganze Woche liegt noch vor uns, um das Gebiet fischereilich kennenzulernen«, entgegnete ich ihm. Herbert meinte: »Morgen früh fahren wir als Erstes in die Ortschaft und kaufen ein Mobiltelefon.« Kurt und Herbert hatten eigentlich kein Interesse an einem solchen Gerät, wie sich herausstellte. »Wir brauchen aber hier ein Telefon an Bord, sonst lassen die uns nicht mehr ausfahren«, machte ich ihnen klar. Eigentlich wollte ich mir schon seit längerer Zeit ein Mobiltelefon zulegen, aber bis jetzt hatte ich noch keinen wirklichen Bedarf. Obwohl, damals in Tschechien bei der Firma »Haifish« wäre ein solches Telefon durchaus nützlich gewesen.

Nach dem Frühstück suchten wir im Zentrum von Trysnes nach einem Laden mit Mobiltelefonen. Erst im dritten Geschäft hatten wir Erfolg, ein passendes »Handy« zu finden. Der freundliche Verkäufer, der auch etwas Deutsch sprach, bot mir ein Exemplar der Firma Siemens an. Es war das damals moderne blaue »C 45« mit silbrigem Rahmen um das Display. Dieses Telefon war klein, kompakt und bereits ohne ausgeprägten Antennenstummel. Zufrieden kaufte ich dieses Telefon. Zusätzlich zum Gerät war eine SIM-Karte für einen norwegischen Mobilfunkbetreiber nötig. Der Verkäufer machte mich darauf aufmerksam, dass ich für Deutschland eine neue SIM-Karte benötige. Er würde auch das komplette Telefon wieder zurücknehmen, bot er mir an. Nach dem Urlaub schickte ich das Telefon nach Norwegen zurück und kaufte mir erneut ein »Siemens C45« in Deutschland.

Gleich nach Ankunft in der Ferienanlage ging ich ins Büro und hinterlegte unsere mobile Telefonnummer. Neu gerüstet und guten Mutes steuerte ich den Dieselkutter jetzt schon mit einiger Sicherheit aus dem Hafen. Mittlerweile war es schon Mittag. Die Sonne stand hoch am Himmel und es wehte kein Lüftchen. »Schlecht für uns«, meinte ich zu Kurt und Herbert, »da haben wir ja fast keine Drift.« »Das stimmt, da fischen wir ja am Grund immer an der gleichen Stelle«, meinte Herbert. Kurt sagte: »Dann wechseln wir eben oft die Position.« »Alfred, fahr doch mal zu den Unterwasserhängen, die du gestern bereits ansteuern wolltest«, äußerte er seinen Wunsch. Langsam tuckerten wir näher zur dort gelegenen Insel. Etwa fünfzig Meter davor stellte ich den Motor ab. Das Boot bewegte sich noch etwa fünfzehn Meter in Richtung Insel, bis es zum Stillstand kam. »Dann lasst mal eure Köder in die Tiefe«, sagte ich zu den beiden. »Ich werde dann in kurzen Intervallen rückwärtsfahren, um den Hang nach tieferen Stellen abzutasten«, erklärte ich. Am Echolot sah ich die Fortsetzung der steilen Felswand unter Wasser. Nach einer halben Stunde hatten weder Herbert noch Kurt Kontakt mit einem Fisch. Ab einer Tiefe von sechzig Metern flachte der Meeresgrund allmählich ab. Wir entschlossen uns weiter ins Inselreich vorzudringen. Dabei durchquerte unser Boot eine größere Wasserfläche bis zu den nächstgelegenen größeren Inseln. An einigen Untiefen, die durch eiserne Fahnenstangen gekennzeichnet waren, fuhren wir vorsichtig vorbei. Hier wollte Kurt mit einem Einhundert-Gramm-Pilker einen Versuch starten. In einer Wassertiefe von fünfundzwanzig Metern bekam er am Grund einen Biss. Zügig und ohne größere Gegenwehr kam ein Schellfisch an die Oberfläche. Der gut dreißig Zentimeter messende Fisch wurde gleich wieder zurückgesetzt. Nach einigen weiteren erfolglosen Versuchen in unterschiedlichen Wassertiefen beschlossen wir, in den Hafen zurückzukehren.

Kurt ging gleich zu einem öffentlichen Telefon am Steg, um seine Frau anzurufen. Wir hörten neben der Fernsprechanlage zu. »Hallo Renate, wir haben schönes Wetter, aber es gibt hier keine Fische. Du brauchst in der Gefriertruhe keinen Platz vorbereiten.« Mit folgenden Worten beendete er sein Gespräch: »Vielleicht kommen wir schon einige Tage früher nach Hause.« Kurt war völlig enttäuscht von diesem Gebiet. »Ich habe ja schon immer vermutet, dass der südliche Bereich Norwegens überfischt ist«, sagte er völlig demotiviert. Momentan konnte ich mir diese Beißflaute auch nicht erklären. Dass es sich um ein völlig fischleeres Meeresgebiet handelt, konnte ich einfach nicht glauben. »Ich schau mal, ob ich Ben finden kann«, sagte ich zu meinen Leidensgenossen. Hinter der Tankstelle mit Bootskran befand sich ein Gebäude mit einer Werkstatt. Hier arbeitete Ben gerade an einem Bootsmotor, den er aus einem Kabinenboot, wie wir es benutzten, ausgebaut hatte.

Als er mich sah, fragte er, wie es uns denn ginge. Ohne auf eine Antwort zu warten, sagte er grinsend: »Ihr könnt wohl auch keine Fische fangen.« »Wieso können wir das nicht?«, fragte ich zurück. »Ihr seid hier mit diesem Problem nicht alleine. Es gibt hier genug Fisch, die ganze Palette der Dorschartigen und sogar vereinzelt Lachs und Meerforelle«, ermutigte er mich. »Aber es gibt nun mal auch Wetterlagen, bei denen hauptsächlich die am Grund lebenden Fische nicht oder schlecht beißen«, belehrte er mich. So eine extreme Beißflaute hatte ich noch nie beim Meeresfischen in Norwegen erlebt. »Hoffentlich dauert dieser Zustand nicht die ganze Woche an«, sagte ich. »Nach dem aktuellen Wetterbericht zieht heute Abend von Westen her eine Gewitterfront auf«, berichtete Ben. »Dann bekommt ihr noch diese Woche eure Gefrierboxen voll Fisch«, versuchte er mich zu überzeugen.

Beim Anblick des aufgebahrten Schiffes fiel mir der mit Stahlband verstärkte Holzrahmen auf, der schützend um die Schiffsschraube samt Ruder angebracht war. Eine effektive Sicherheitsvorkehrung, um beides zu schützen. Falls das Boot doch einmal auf einen Unterwasserfelsen auffahren würde, bliebe es weit draußen auf See immer noch fahrtüchtig, war ich überzeugt.

Mit neuer Zuversicht ging ich zu meinen Kameraden, um ihnen die freudige Nachricht von Ben zu übermitteln. Herbert und Kurt befanden sich vor unserer Wohnung auf dem Steg mit Stühlen und schauten interessiert ins Wasser. »Was seht ihr da?«, fragte ich sie. »Schau mal runter«, forderten sie mich auf. Ich traute meinen Augen nicht. Im drei bis vier Meter tiefen, klaren Wasser direkt unter unserem Bootssteg befanden sich am Grund einige Meerforellen in beachtlicher Größe. »Kurt, bevor du jetzt deine Angelrute holst, um die Meerforellen zu fangen, möchte ich euch von Ben eine gute Nachricht übermitteln.« Nach meiner Erklärung war Kurt immer noch pessimistisch, da er glaubte, es gäbe hier zu wenig Fische. »Lassen wir uns doch morgen überraschen«, meinte Herbert.

Jetzt holte Kurt sofort seine mit einem Gummifisch bestückte Spinnrute. Er führte diesen Köder immer wieder knapp über den Forellen hin und her und auch seitlich vorbei. Aber die Fische zeigten kein Interesse an seinem künstlichen Material. Herbert grinste bei der Betrachtung dieses Schauspieles und meinte zu Kurt: »Die fressen doch, wenn überhaupt, nur natürliche Nahrung.« Daraufhin holte Kurt ein Stück gekochten Schinken, bestückte damit einen Einzelhaken und versuchte die Forellen zum Anbiss zu verleiten. Auch dieser Köder wurde von den mittlerweile hektisch umherschwimmenden Salmoniden ignoriert. »Es könnte sein, dass die Vorgänger in unserer Wohnung die Forellen öfter mit Speiseresten gefüttert haben«, sagte ich zu ihm. »Ja, das kann sein«, bestätigte Herbert. »Jetzt sind sie so gesättigt, dass sie nichts mehr fressen.« Kurt unternahm keine weiteren Versuche mehr. In der abendlichen Sonne saßen wir auf dem Steg und tranken einige Biere, während wir für den folgenden Tag Pläne zur Ausfahrt diskutierten.

Überrascht sahen wir jetzt, wie ein großer Zweimaster in unseren Hafen einfuhr. Als das Schiff direkt an uns vorbeikam, winkten uns von Bord viele Jugendliche mit Bierflaschen in den Händen zu. Das altertümlich anmutende Segelschiff fuhr weiter bis zum Landungssteg am Ende des Hafens. Nach einiger Zeit, es herrschten Gesang und Gejohle auf Deck, sprangen die weiß gekleideten Burschen und Mädchen ins kühle Meer. Immer wieder kletterten einige von ihnen an den herabgelassenen Strickleitern zum Schiff hoch, um erneut zu springen. Einige der Jugendlichen sprangen mit entblößtem Oberkörper ins Wasser. Kurt sagte zu uns, nachdem er die Szenerie genauer beobachtet hatte: »Schaut mal genauer hin, die Damen springen überwiegend oben ohne runter. Alfred, du hast doch ein Fernglas dabei. Beeil dich und hol es her«, beauftragte er mich. Ich wollte natürlich gleich selbst durchschauen, aber er riss es mir sofort aus der Hand. Das Spektakel hielt noch einige Zeit an, sodass wir es mit Hilfe des Fernglases aus näherer Perspektive abwechselnd beobachten konnten.

Jetzt, kurz vor elf Uhr ist es noch ziemlich hell, fiel mir auf. Gestern als ich das Mobiltelefon kaufte, war doch der 20. Juni, erinnerte ich mich. »Hallo Kumpels, wisst ihr, was heute ist?«, fragte ich. Beide schauten mich an und Kurt meinte: »Was soll denn sein?« »Überlegt doch mal, heute ist Sonnwendfeier, meine Herren.« »Tatsächlich«, bemerkte Herbert überrascht, »du hast recht.« »Dann trinken wir noch eins«, sagte Kurt und holte drei Flaschen aus der Wohnung. Wir gingen am Steg entlang zum Zweimaster und prosteten der feiernden Gesellschaft auf Deck zu. Der auffrischende Wind und die ersten Regentropfen um Mitternacht kündigten den vorhergesagten Wetterwechsel an.

Nach ausgiebigem Schlaf hörten wir am Morgen das rhythmische Klopfen des Regens an unseren Fensterscheiben. »Schaut mal raus, der Regen kommt ziemlich schräg daher«, stellte ich fest. »Da haben wir wahrscheinlich stärkeren Wind«, bemerkte Kurt im Bett gähnend. Die bereitgestellten Angelutensilien waren nach kurzem Frühstück schnell im Boot verstaut. Der Regen hatte etwas nachgelassen, aber der Wind blies noch heftig. Trotzdem fuhren wir gut geschützt mit Regenbekleidung aus dem Windschatten des Fjordes heraus, um den Wellengang im offenen Meer zu testen. Der Wind flaute allmählich ab, aber die See war noch zu stark aufgewühlt. Solange noch Wellen mit Schaumkronen zu sehen waren, wollten wir während der Schaukelei noch nicht fischen. Wir fuhren wieder zu unserer Unterkunft und besorgten uns im nahegelegenen Supermarkt einige Lebensmittel. Am späten Nachmittag kam dann ab und zu die Sonne wieder zum Vorschein und zumindest im Fjord herrschte fast Windstille.

Noch mit Regenbekleidung ausgerüstet, fuhren wir wieder zum Fjordausgang, um die Wellen beurteilen zu können. Der Seegang erwies sich als erträglich. Besonders Kurt war jetzt voller Spannung und konnte es kaum erwarten, bis wir weit genug in die Schären hineinkamen. »Wenn du willst«, sprach ich zu ihm, »probieren wir es gleich hier in dieser Gegend, in der wir am Anreisetag die Pilker ins Wasser ließen.« Er hatte nichts dagegen. Das

Echolot zeigte wieder flachen Grund und eine Tiefe um die sechzig Meter an. Ich ließ die beiden erst mal fischen und schaute zu. Der mittelschwere Pilker von Kurt erreichte zuerst den Meeresboden. Als er wieder hochkurbelte, um knapp über dem Grund zu fischen, krümmte sich schon die Rute. Die kräftige Biegung und die ruckartigen Bewegungen der Rute nach unten ließen auf einen größeren Fisch schließen. »Das gibt es doch nicht!«, murmelte er mit freudigem Gesichtsausdruck. »Am ersten Tag war hier doch kein Fisch.« Kurt musste sich jetzt deutlich anstrengen, um den Fisch nach oben zu befördern. Während seines Drills bekam auch Herbert einen Biss. Mit dem Kescher abwartend, stand ich neben Kurt und beobachtete bei Herbert die Bewegungen seiner gekrümmten Rute. Auch bei ihm könnte ein größerer Dorschartiger eingestiegen sein, dachte ich. Aus siebzig Meter Tiefe dauert es eben einige Zeit, bis der Fisch an der Oberfläche angekommen ist, vor allem wenn es sich um einen kapitalen handelt, war mir klar.

Ein größerer Dorsch zeichnete sich jetzt aus der Tiefe kommend ab. Oft kommt es vor, dass sich größere Dorsche noch in letzter Sekunde vom Haken abdrehen. Deswegen sollte die Anlandung mit dem Netz so schnell wie möglich erfolgen. Nachdem der Kabeljau im Boot lag, war Kurt sichtlich erleichtert. Auch Herbert konnte den Drill erfolgreich beenden und hob seinen Dorsch mittels Kiemengriff über die Bordwand. Mit gut über achtzig Zentimeter war der Nordseeräuber von Kurt etwas länger als der von Herbert. Durch den leichten Wind war die Drift des Bootes ideal. Das Echolot zeigte jetzt über achtzig Meter an. Bei höherer Driftgeschwindigkeit des Bootes ist es von Vorteil, den Köder weit nach vorne in Driftrichtung auszuwerfen. So kann der Pilker noch weit vor dem Boot absinken, bis die Schnur senkrecht nach unten verläuft. Dies ermöglicht ein längeres und effektiveres Befischen des Grundes. Gespannt, welcher Fisch als nächstes beißen würde, ließ ich gleichzeitig mit meinen Kameraden den zweihundert Gramm schweren Pilker in die Tiefe. Am Meeresgrund angekommen, verliehen wir den Metallködern durch Heben und Senken der Rute ein lebendiges Spiel.

Kurz bevor wir hochkurbeln wollten, verneigte sich die Rute von Herbert erneut zur Wasseroberfläche hin. »Biss«, meldete Herbert erfreut. Er beförderte seinen zweiten Dorsch ebenfalls mit Kiemengriff ins Boot. Wir einigten uns auf ein Mindestmaß von fünfundfünfzig Zentimetern. Kleinere Fische sollten zurückgesetzt werden. Nach weiterem Auf und Ab mit dem Metallköder am Meeresboden bekamen Kurt und ich fast gleichzeitig einen Anbiss. Die Maße der zuletzt an Bord gebrachten drei Fische lagen über sechzig Zentimeter, sodass sich jetzt fünf Dorsche in unserer Fischkiste befanden.

Wir entschlossen uns, in östlicher Richtung weiter in die Schären vorzudringen. Die Sonne stand jetzt schon rötlich über dem Horizont. »Wie lange möchtet ihr denn noch fischen?«, wollte ich wissen. Kurt bemerkte euphorisch: »Wir sollten noch mindestens drei Fische fangen, bevor wir an die Rückfahrt zum Hafen denken.« Herbert und ich waren mit diesem Vorschlag einverstanden. Zwischen zwei kleineren Inseln mit einem Abstand von ungefähr einhundertfünfzig Metern zeigte das Echolot eine Tiefe um die fünfzig Meter an. Der Meeresgrund war hier strukturierter. Mit leichteren Ködern versuchten wir, hier Fische zum Anbiss zu verleiten. Den ersten Fisch bekam ich an den Haken. Ich drillte gerade einen Fisch, als es bei mir in der Brusttasche klingelte. Etwas erschrocken und überrascht, fummelte ich an dem Taschenknopf herum, um das Mobiltelefon herauszuholen. In Englisch meldete sich der Leiter der Ferienwohnungen höchst persönlich. »Wo seid ihr, habt ihr die Orientierung verloren?«, fragte er mit sorgenvoller Stimme. Ich beruhigte ihn mit den Worten: »Wir sind nicht weit hinausgefahren und haben kein Problem, in den Hafen zurückzufinden.« »Dann kommt bitte bald zurück, bevor es dunkler wird«, belehrte er uns. Kurt, dem ich meine Rute gegeben hatte, beendete den Drill mit einem Dorsch von ungefähr siebzig Zentimetern. Herbert fing noch einen Schellfisch, und ich konnte während des erneuten Einholens in mittlerer Wassertiefe einen Seelachs haken. Beide Fische mit über einen halben Meter ergänzten unseren Fang für diesen Tag. Bei einsetzender Dämmerung dauerte die Fahrt bis zum Hafen nicht länger als zwanzig Minuten. Nach dem Filetieren der Fische sahen wir von der Wohnung aus, wie unser Vermieter den Kontrollgang entlang des Steges durchführte.

Gleich früh am Morgen eilte Kurt noch vor dem Frühstück zur Telefonanlage, um seine Frau anzurufen. Wir gingen mit, da auch Herbert zu Hause anrufen wollte. Durch die offene Anlage konnte sein Anruf von uns wieder mitgehört werden. Seine ersten Worte waren: »Renate, wir fangen jetzt doch Fische. Du kannst die Gefriertruhe vorbereiten.« Dann erst begrüßte er seine Frau und fragte, wie es ihr ginge. Anschließend saßen wir noch beim Frühstück, als uns Ben eine Seekarte der vorgelagerten Inseln vorbeibrachte. Auf der Karte hatte er uns verschiedene Plätze markiert, an denen wir es auf Großdorsche versuchen sollten. Kurt schätzte Ben als ehrlichen Betreuer und fragte ihn, ob er schon ein Frühstück hatte. Ben ließ sich gerne einladen. Kurt bereitete für Ben Rühreier mit Schinken zu.

Bei morgendlicher Sonne und leichtem Wind bepackten wir voller Vorfreude unser Boot. »Möchte heute jemand von euch den Kutter steuern?«, fragte ich wieder meine Begleiter. Herbert meinte: »Du hältst doch schon den Zündschlüssel in der Hand und kennst das Boot bereits am besten von uns.« »Du hast recht, Herbert«, bestätigte ich ihm. »Dachte ja nur, vielleicht hat jemand von euch Lust, Steuermann zu sein. Man muss sich eben mit diesem Boot einfach Zeit nehmen, um es aus dem Hafen zu manövrieren«, erklärte ich den beiden. »Du machst das schon«, erwiderte Kurt.

Mit der Karte in der Hand dirigierten mich die beiden zwischen den Inseln hindurch, um einen der eingezeichneten Angelplätze zu finden. Eine gute halbe Stunde verging, bis wir an dem bisher am weitesten entfernten Bereich waren, den Ben markiert hatte. Während der Drift zeigte das Echolot strukturierten Grund bei schwankenden Tiefen von vierzig bis sechzig Metern auf kurze Distanz an. »Scheint mir hier interessant zu sein«, sagte ich zu Kurt und Herbert. Da jetzt der Meeresgrund auf über achtzig Meter abfiel, fuhr ich dieselbe Strecke wieder zurück. Wir einigten uns auf einhundertfünfzig bis zweihundert Gramm schwere Pilker, um den atlantischen Räubern hier nachzustellen. Ich sah zu, wie mein blausilbrig fluoreszierendes Köderfisch-Imitat in der Tiefe verschwand. Bei geschätzt fünfzehn bis zwanzig Meter Tiefe klappte ich den Rollenbügel zu und hob die Rute auf und ab. Vielleicht sind hier Räuber in mittlerer Wassertiefe unterwegs, die den vom Echolot angezeigten Fischschwärmen folgen, hoffte ich. Schon nach ungefähr einer Viertelstunde stoppte ein Fisch die Aufwärtsbewegung meines vorderen Rutendrittels. Die Gegenwehr des Räubers vermittelte mir, dass es sich um ein größeres Exemplar handeln könnte. Meter für Meter holte ich durch Heben der Rute und anschließendes Absenken, bei gleichzeitigem Betätigen der Rollenkurbel, Schnur ein. Es dauerte nicht allzu lange, bis die Art des Fisches aus der Tiefe kommend erkennbar wurde. Zu meiner Freude konnte ich einen schönen Kabeljau erkennen. Herbert eilte mir zu Hilfe und barg den Fisch mit dem Netz. »Petri Alfred«, meinte er. Sofort ging Herbert wieder an seine Rute und fischte in mittlerer Wassertiefe weiter. Auch Kurt holte jetzt seinen Köder hoch. »Wegen der geringen Drift haben wir vielleicht noch das Glück, einige raubende Dorsche bei den Fischschwärmen anzutreffen«, sagte ich meinen Kameraden. Ich hatte meine motivierenden Worte kaum ausgesprochen, als sich fast gleichzeitig die Ruten meiner Freunde krümmten. Mein Dorsch von etwa achtzig Zentimeter wurde von den Dorschen der beiden mit deutlich darüberliegenden Längen übertroffen. Kurt lobte mich mit den Worten: »Alfred, das hast du gut gemacht. Wir wussten doch, dass du als ›Kapitän Blaubär‹ ein guter Steuermann und taktischer Angelführer für das Meeresfischen bist.«

Auf dem Echolot konnte ich jetzt keine weiteren Fischschwärme mehr sehen. Deshalb wollten wir zu tieferem Wasser wechseln. Meine Freunde überließen mir die Suche nach neuen Fischgründen. Ich beschloss, in südwestlicher Richtung zu einer entfernteren Inselgruppe zu fahren. Die Sonne stand bereits hoch am Himmel und es herrschte eine schwülwarme Luftströmung aus Westen. Meine beiden Begleiter hatten es sich jetzt unter Deck auf zwei Liegebänken gemütlich gemacht, während ich eine größere freie Wasserfläche mit gekennzeichneten Untiefen überquerte. Um die größere Distanz schneller zu überwinden, ließ ich das Schaltgestänge in der zweiten Vorwärtsstellung einrasten. Die dabei erreichte Geschwindigkeit schätzte ich auf zwanzig Kilometer pro Stunde trotz Gegenwind. Plötzlich wurde das Boot um einen halben Meter nach oben gehoben und schlitterte einige Meter über etwas hinweg, bis es wieder den normalen Tiefgang einnahm. Sofort schaltete ich den Motor ab. Meine beiden Kameraden kamen aus dem Unterdeck hervorgekrochen und fragten mich erschrocken, was passiert sei.

»Das war eine nicht gekennzeichnete Untiefe. Im schlimmsten Fall hat das Boot jetzt durch einen scharfkantigen Felsen Leck geschlagen«, teilte ich besorgt Kurt und Herbert mit. Da sich über dem Ruder und der Schraube ja ein stabiler Holzbügel mit Metallbeschlägen befand, war ich weniger beunruhigt. Voller Entsetzen meinten beide fast gleichzeitig: »Worauf wartest du, setz doch endlich einen Notruf ab.« »Jetzt schauen wir zuerst einmal in den Motorraum«, sagte ich. »Du hast vielleicht Nerven und die Ruhe weg«, entgegnete mir Kurt mit ernster Miene. Unter der hinteren Sitzbank, die weggeschoben werden konnte, war in den Deckbeschlägen eine Klappe integriert, die ich jetzt öffnete. Im Motorraum konnten wir keinen Wassereinbruch feststellen. Herbert eilte zum Unterdeck, um eine Öffnungsmöglichkeit zur untersten Rumpfkonstruktion zu finden. Er entdeckte eine Öffnung. Er streckte seinen Kopf hinein und tastete mit der Hand eine Weile im Dunkeln nach unten. »Kannst du Feuchtigkeit spüren?«, fragte ihn Kurt. »Nein, es ist alles trocken«, meldete Herbert. »Vielleicht sickert allmählich Wasser ein. Wir sollten etwas warten und dann nochmal kontrollieren«, beruhigte ich wiederholt. Kurt, wieder besonnener und ruhiger, sagte zu mir: »Alfred, vielleicht können wir die nächstgelegene Insel erreichen, wenn langsam Wasser eindringen sollte.« »Ja, Kurt, das machen wir. Schwimmen können wir aber mit den Schwimmwesten nicht, wegen des zu kalten Wassers«, erklärte ich ihm. Nach fast einer halben Stunde kontrollierten wir noch einmal den Rumpfboden mit einer Taschenlampe, die Herbert Gott sei Dank zufällig in seinem Angelrucksack hatte. Zum Glück konnten wir keine feuchten Stellen entdecken. »Meinst du, dass die Schiffsschraube noch intakt ist«, wollte Herbert wissen. Jetzt klärte ich meine Kameraden bezüglich der angebrachten Schutzeinrichtung auf, die sich über Antrieb und Steuerung befand.

»Deswegen hat es das Boot auch angehoben, während wir über den Felsen fuhren«, erkannte Kurt. Herbert grinste und meinte dazu: »Kapitän Blaubär hat uns absichtlich hinters Licht geführt.« »Jetzt lasse ich mal den Motor laufen«, sicherte ich Herbert lachend zu. Der Motor klang wie gewohnt. Dann drückte ich die Schaltstange in die erste Vorwärtsposition. Das Boot setzte sich in Bewegung und der Motor tuckerte, als wäre nichts gewesen. Inzwischen war viel Zeit nach Mittag vergangen und es machte sich bei uns der Hunger bemerkbar. Wir waren uns einig, dass wir nach diesem nicht ungefährlichen Vorfall zurück zum Hafen fahren sollten. Bei kurzen Zwischenstopps unterwegs fingen Kurt und Herbert noch einige Dorsche,

Seelachse und sogar eine Meerforelle. Im Hafen angekommen, sahen wir Ben mit einer Angelrute in der Hand auf dem Steg sitzen. Noch während ich den Dieselkutter am Holzpfosten befestigte, wollte Kurt von Ben wissen, auf welche Fischart er es abgesehen hat. »Das könnt ihr euch wohl denken, natürlich auf die Meerforellen«, antwortete er.

»Wahrscheinlich habt ihr es schon probiert. Diese Salmoniden, falls sie einmal beißen würden, nehmen den Köder äußerst vorsichtig«, erklärte er Kurt. »Ich benutze kleine Stücke von rohen Shrimps, wobei der Haken völlig bedeckt und die Schnur so gut wie unsichtbar sein sollte«, fuhr Ben fort. Kurt nahm die Ratschläge von Ben sehr ernst und wollte mit uns sofort zum Supermarkt fahren, um Shrimps und geeignete Vorfächer zu besorgen. Zurück auf dem Steg, montierte er eilig die neue Vorfachschnur mit Haken und sensiblem Schwimmer an die Rute.

Währenddessen schaute ich mich nach Ben um. In seiner Werkstatt erzählte ich ihm von unserem Kontakt mit einem Unterwasserfelsen in voller Fahrt. Er schaute mich mit ernster Miene an und wollte wissen, ob das Boot dadurch stark angehoben wurde. »Na ja, so schätzungsweise einen halben Meter wird es schon gewesen sein«, berichtete ich ihm. »Alfred, das schauen wir uns gleich mal an, denn morgen früh wollt ihr ja wieder rausfahren«, erkannte er richtig. Ich musste das Boot zum Kran fahren und über zwei Bänder bugsieren, die im Wasser lagen. Es dauerte einige Zeit, bis ich das Boot in Schwerpunktlage über die Bänder gebracht hatte. Dann hob er das Boot aus dem Wasser und schwenkte es zum befestigten Ufer. Gemeinsam betrachteten wir die Unterseite des Schutzbügels über Ruder und Schraube und überprüften die Stabilität. Das Metallband über der Holzkonstruktion wies einige Schleifspuren auf. Verformungen konnten wir nicht feststellen. »So wie es aussieht, ist das Boot über einen glatten Felsen geschlittert«, sagte Ben. »Morgen ist es bestimmt wieder einsatzfähig, nachdem ich mir nochmals alles genauer angesehen habe«, versicherte er mir.

Nun saß Kurt mit Herbert auf dem Steg und beobachte den Schwimmer, der etwa fünf Meter seitlich von ihnen nahe am Steg ruhig aufrecht im Wasser stand. Um nicht zu viel Scheuchwirkung zu erzeugen, verzichtete Herbert auf ein eigenes Fanggerät.

Ich musste mich jetzt auf leisen Sohlen auf dem Steg bewegen, wenn ich in die Wohnung oder hinauswollte. Mit drei Flaschen Bier in der Hand gesellte ich mich zu ihnen. Im Schneidersitz verharrend, aß ich ein Käsebrot und ließ mir das Bier schmecken. Nach etwa einer Viertelstunde saßen dann meine Kameraden auch im Schneidersitz neben mir, nachdem sie zuvor noch ihre Beine über Wasser pendeln ließen. Spätestens nach zwei Stunden musste jeder von uns wieder aufstehen, um die verkrampften Beine zu lockern. Kurt lachte jetzt plötzlich hellauf und meinte: »Warum holen wir uns eigentlich keine Stühle?« Kaum waren wir alle drei in der Wohnung, um die bessere Sitzgelegenheit zu holen, hörten wir die aufheulende Rollenbremse. Kurt war als Erster mit dem Stuhl am Steg und ließ diesen schnell fallen, um seine mit einer Schraubzwinge befestigte Rute zu ergreifen. Trotz Verstärkung der Bremskraft zog der Fisch immer noch Schnur von der Rolle, wobei sich die Rute stark krümmte. Das sieht nicht nach Forelle aus, dachte ich.

Dann sahen wir, wie ein großer Dorsch in vier Meter Tiefe an der Angelschnur zerrte. Mit nervösem Blick wandte sich Kurt fragend an uns, ohne ein Wort über die Lippen zu bringen. Wir brauchen den Kescher, dachte ich. Jetzt fiel mir ein, dass der Kescher noch im Boot lag. »Ich muss den Kescher aus dem Boot an der Tankstelle holen«, sagte ich zu Kurt und rannte los. Das Boot befand sich wieder im Wasser, sodass ich den Kescher problemlos herausnehmen konnte. Das Fangnetz war fast zu klein, als Herbert versuchte, den Dorsch ins Geflecht zu bringen. Mit vereinten Kräften hievten wir den Kabeljau auf die Holzplanken. Aus seiner Angeltasche holte Kurt den Meterstab und legte diesen am Fischkörper an. Mit siebenundneunzig Zentimetern war es der bisher größte Dorsch in diesem Urlaub, gefangen direkt vor der Haustür. Wir gratulierten Kurt und prosteten uns mit einer frischen Halben Bier zu. Voller Elan baute Kurt sein Fanggeschirr zum Ansitzfischen um und fischte ohne Schwimmer etwas weiter vom Steg entfernt. Doch an diesem Abend interessierte sich kein Fisch mehr für seine angebotenen Shrimps.

Am nächsten Morgen herrschte auffrischender Wind aus nördlicher Richtung. Es war unser vorletzter Tag. Wir entschlossen uns, eine längere Fangfahrt bis zum Nachmittag vorzunehmen. Mit Proviant und leichten

Spinnruten ergänzten wir unsere Ausrüstung zu den bereits im Boot liegenden Pilkruten. Dieses Mal wollten wir die westlich unseres Hafens gelegenen Inselgruppen ansteuern. Auf der Seekarte fielen uns einige größere Inseln auf, an deren Küste die Tiefenlinien sehr eng aneinander lagen. »Pollacks halten sich bevorzugt an diesen steil abfallenden Kanten auf«, erklärte ich meinen Kameraden. Verglichen mit den bisher angefahrenen Fangplätzen war dieser doppelt so weit entfernt. Der Seegang war heftiger als sonst. Nach vierzigminütigem Wellenhüpfen erreichten wir unser Fanggebiet. Im Abstand von etwa zwanzig Metern drifteten wir parallel zu dem felsigen Ufer. Ich nahm gleich meine Spinnrute und montierte einen Gummifisch mit einhundert Gramm schwerem Bleikopf. Während meine Kameraden von der Insel weg in Richtung tieferes Wasser fischten, warf ich in Driftrichtung parallel zum Ufer.

Nach ein paar Würfen, als sich der Gummifisch nahezu senkrecht unter dem Boot befand, erfolgte ein Anbiss. Das Echolot zeigte steil abfallenden Meeresgrund bei fünfunddreißig Meter Tiefe an. Meine Rutenspitze neigte sich fast bis zur Wasseroberfläche. Nur durch abwechselndes Heben und Senken der Rute konnte ich Schnur einholen. Der Meeresräuber erzeugte enormen Zug nach unten. Es dauerte eine gute Viertelstunde, bis der starke Gegner sichtbar wurde. Aus der Tiefe emporkommend, zeichneten sich die Umrisse eines kapitalen Pollacks ab. Meine Sorge, den Fisch in den letzten Minuten des Drills zu verlieren, war groß. Herbert kam hilfsbereit mit dem Fangnetz an. Das Netz war deutlich zu klein, deshalb versuchte er, den Kapitalen mittels Kiemengriff zu fassen. Der kräftige Fisch drehte sich nach mehreren Versuchen immer wieder ab. Schließlich gelang es ihm, den Einzelhaken abzuschütteln. Na gut, dann soll er seine Freiheit haben, dachte ich. Unser Koch kommentierte trocken »Warum habt ihr diesen kapitalen Fisch ausgelassen!« Bei Ködern mit Einzelhaken kann es leicht passieren, dass sich der Fisch vom Angelhaken abdreht, sofern dieser nicht sicher im Maul sitzt.«

Ich fuhr das Boot zum Ausgangspunkt der Driftstrecke zurück. Herbert warf seinen Pilker schräg zu tieferen Stellen aus. Kurt und ich fischten näher zum Ufer hin. Fast gleichzeitig verneigten sich unsere Ruten nach kurzem Einholen. Freudestrahlend meinte Kurt: »Jetzt habe ich einen kräftigen

Pollack am Haken.« Nach höchstens fünf Minuten zeigte sich bei mir ein mittelgroßer Pollack, den ich selbst landen konnte. Er hatte eine Länge von knapp siebzig Zentimetern. Kurt hingegen musste den Fisch erheblich mühsamer durch Pumpen (Heben und Absenken der Rute) heranholen. Herbert eilte erneut mit dem Netz zu Hilfe, stülpte es mit Drehbewegungen über den Kopf des Pollacks und setzte den Kiemengriff an. Als der Fisch im Boot lag, triumphierte Kurt mit einem Freudenschrei. Der Meterstab zeigte am Ende der Schwanzflosse gut neunzig Zentimeter an. Bei vier weiteren Driftfahrten fingen wir noch sieben Pollacks. Herbert fing zusätzlich einen Dorsch.

Bei sehr langsamer Fahrt in Richtung Hafen konnte ich über tiefem Wasser Fischschwärme sichten. Daher versuchten wir mit leichten Pilkern erneut unser Glück. Den ersten Biss hatte Herbert. Ein kleiner Seelachs mit etwa dreißig Zentimeter zappelte an der Angel. Es folgten drei brauchbare Seelachse zwischen fünfundvierzig und fünfzig Zentimeter, die wir für unser Abendbrot mitnahmen. Im Hafen angekommen, versuchten wir es noch kurz auf Meerforellen. Es ging uns kein Fisch mehr an den Haken. Müde, aber hungrig und zufrieden freuten wir uns an diesem Abend auf die von Kurt zubereiteten Seelachse.

Am Morgen des letzten Tages unseres Aufenthaltes verschafften wir uns einen Überblick über die eingefrorenen Fischfilets. Kurt war mit dem bisherigen Fang zufrieden. »Ihr habt bestimmt nichts dagegen, wenn wir uns heute nochmal wegen der Meerforellen auf das Fjordinnere konzentrieren?«, fragte ich. Meine beiden Begleiter waren einverstanden. Auf der Seekarte konnte ich an der rechten Uferseite zum Ende des Fjords zwei Fließgewässer finden, die in den Fjord mündeten. Im Gegensatz zum Seegang während der Ausfahrt am Vortag war die Fahrt im Fjord auf spiegelglatter See recht angenehm. Als wir uns einer Flussmündung näherten, mussten wir feststellen, dass dessen Mündungsbereich mit einem Radius von circa einhundert Metern mittels Bojen abgesperrt war. Im Abstand von etwa einhundertfünfzig Metern zur Mündung fischten wir abwechselnd mit leichten Spinnködern und Meerforellenblinkern.

Nachdem dieser Versuch erfolglos blieb, fuhren wir aus dem hinteren Bereich des Fjords heraus. In der Nähe unserer Wohnung konnten wir noch zwei Dorsche und zwei Schellfische mittlerer Größe erbeuten und fuhren dann zum Hafen. Zu Mittag bereitete uns Kurt aus deren frischen Filets ein delikates Essen zu. Am Nachmittag saß er wieder am Steg und beobachtete seinen Schwimmer, in der Hoffnung, eine Meerforelle zu überlisten. Keiner von uns hatte an diesem späten Nachmittag noch Lust, eine letzte Fangfahrt mit dem Boot zu unternehmen. Deshalb machte ich mich auf die Suche nach Ben, um ihm das Boot zu übergeben. Er hob den hölzernen Dieselkutter aus dem Wasser und inspizierte den Rumpf auf eventuelle Schäden. Er konnte nichts beanstanden. Anschließend hatten Herbert und ich die Angelausrüstung reisefertig verpackt. Kurt ließ sich davon nicht beeindrucken und legte noch ein zweites Fanggerät aus.

Während ich meine Reisetasche einräumte, dachte ich zum ersten Mal in diesem Urlaub an meine Arbeitslosigkeit. Welche Post vom Arbeitsamt würde da auf mich warten, grübelte ich. Ein Ruf von Kurt riss mich aus meinen sorgenvollen Gedanken. Der Schwimmer war völlig untergetaucht, als wir beide bei ihm ankamen. »Lass dir noch Zeit mit dem Anschlag«, meinte Herbert, während ich das Fangnetz vorbereitete. Da jetzt langsam Schnur von der Rolle lief, setzte Kurt einen sachten Anhieb. Die typischen Bewegungen der Rutenspitze deutend, meinte ich: »Du hast eine Meerforelle am Haken.« Tatsächlich, im drei Meter tiefen Wasser sahen wir die sich heftig wehrende Forelle. Kurt forcierte den Fisch jetzt stark, um ihn möglichst schnell in meinen Kescher zu bringen. Er hatte sichtlich Angst, den Kampf zu verlieren. Aber der Haken saß tief im Schlund. Eine gut proportionierte silbrige Meerforelle mit zweiundsechzig Zentimeter Länge lag Minuten später auf dem Steg.

»Das ist der krönende Abschluss«, jubilierte Kurt und holte gleich drei Biere aus dem Kühlschrank. »Diese Forelle hast du dir redlich verdient«, waren wir uns einig. Am nächsten Morgen verstauten wir unser Gepäck im Auto und teilten die gefrorenen Filets auf. Wir bedankten uns bei Ben und dessen Chef für deren Unterstützung und fuhren in früher Morgenstunde los, um die Fähre bei Kristiansand rechtzeitig zu erreichen.

Arbeitslos

Nach diesem erlebnis- und erfolgreichen Angelurlaub im Juni holte mich zu Hause die traurige Arbeitslosigkeit ein. Jetzt musste ich mir im Alter von zweiundfünfzig Jahren tatsächlich noch einen neuen Job suchen. Meine Frau hatte mir schon zwei Briefe vom Arbeitsamt zurechtgelegt. Bei einem der Briefe handelte es sich um eine Einladung zu einer Besprechung bezüglich meiner Arbeitsplatzsuche. Im anderen Brief bot man mir einen Kurs bei einer Sozialpädagogin an, die meine Bewerbungskenntnisse auffrischen sollte. Die Kosten des Kurses wurden vom Arbeitsamt übernommen. Sofort meldete ich mich für den Kurs an und vereinbarte einen Besprechungstermin.

Zwischenzeitlich wurde ich auf ein Inserat der Firma Pressol aufmerksam, die auf Basis eines Minijobs für deren Schmier- und Werkstattprodukte einen Texter für Betriebsanleitungen suchte. Kurz nach meiner telefonischen Vorstellung wurde ich zu einer Besprechung eingeladen. Mit der Prokuristin hatte ich eine angenehme Unterredung, die zu einer Zusage führte. Als freier Mitarbeiter wurde mir eine Vergütung von 120 Euro je angefertigter Anleitung zugesagt.

Bei der Besprechung am Arbeitsamt zeigte mir der Betreuer Herr J. einige Stellenanzeigen, die für mich interessant sein könnten. Er schlug mir vor, selbständig im Internet zu suchen. Unter anderem nannte er mir Stepstone. Für den Kurs bei der Sozialpädagogin wurde ich von Herrn J. angemeldet. Dieser lief über einen Monat, wobei ich Unterricht für zwei Stunden pro Woche erhielt. Zum Schluss unserer Unterhaltung teilte ich ihm mit, dass ich bald als freier Mitarbeiter für die Firma Pressol tätig sein würde. »Die

Höhe meines Honorars wird dabei noch unter der Zuverdienst-Freigrenze bleiben«, versicherte ich ihm.

Anfang Juli blieb plötzlich die Überweisung meines Arbeitslosengeldes aus. Ich wollte von meinem Betreuer den Grund für die Sperrung wissen. Er erklärte mir, dass ich keine Angabe über die Höhe des monatlichen Zusatzeinkommens gemacht hätte. Ich sollte mich deshalb mit dem Mitarbeiter, Herrn B., der für Zahlungen zuständig ist, in Verbindung setzen. »Wissen Sie was, Herr J., ich fasse das jetzt als Schikane auf«, entgegnete ich ihm. »Über das monatliche Einkommen kann ich noch keine Angaben machen, da ich den Job noch nicht begonnen habe. Die Prokuristin der Fa. Pressol kennt meine Situation und wird Ihnen bald die Höhe der monatlichen Zahlung mitteilen«, ließ ich ihn noch wissen. Nach kurzer Rücksprache mit dem im Arbeitsamt zuständigen Herrn war bereits am nächsten Tag die finanzielle Unterstützung auf meinem Konto. Was war geschehen?

Ich teilte Herrn B. mit, dass ich jetzt die fischereiliche Aktivität steigern müsse, um meine Familie zu ernähren. »Dadurch werde ich natürlich weniger Zeit haben, um einen neuen Job zu suchen.« Herr B. sagte mir daraufhin, dass er ebenfalls Mitglied beim Kreisfischereiverein Kelheim sei, und unterhielt sich mit mir über das Fliegenfischen im »Blauen Wasser«. Einige Minuten nach Beendigung unseres Gespräches meldete er sich zurück mit den Worten: »Herr Suttner, Sie bekommen Ihr Geld morgen ausbezahlt.«

Im September kam ein weiterer Brief vom Arbeitsamt. Für mögliche Stellenangebote als Umweltingenieur sollte ich zu einer Behörde nach Nürnberg fahren, die einen Vorbereitungskurs für diesen Job anbot. Ich ließ mich darauf ein und fuhr nach Nürnberg. Für diesen Kurs waren zwölf Teilnehmer angemeldet, die bundesweit anreisten. Der Referent eröffnete seine Lehrveranstaltung mit folgenden Worten: »Umweltschutz sollte immer in Abwägung zu den wirtschaftlichen Interessen der Firmen betrachtet werden, die euch den Job anvertraut haben. Schließlich geben euch diese Firmen euer tägliches Brot. Individuelle Gemüter mit Rauschebart und Lederhose zum Beispiel sollten sich daher mit dieser Disharmonie ausführlicher auseinandersetzen.« Dann teilte er eine Übersicht über die zu behandelnden Themen aus.

Zwei andere Teilnehmer und ich fühlten sich durch seinen letzten Satz angesprochen. Ein Kursteilnehmer aus Hamburg mit Kapitänspatent hatte einen leicht ungepflegt wirkenden Bart. Ein Maschinenbauer aus Amberg war mit langer nicht traditioneller Lederhose erschienen. Während der ersten Pause sprachen die beiden mich als Bartträger sofort an. »Was meinst du dazu? Das ist doch offensichtlich eine Diskriminierung von dem Kerl«, sagte der Hamburger zu mir. Nach kurzer Diskussion über das Verhalten des Vortragenden entschlossen wir uns, nach der Pause nicht mehr den Unterrichtsraum zu betreten. Keine zwei Minuten nachdem die Zugangstür geschlossen war, kam der Kursleiter heraus und trat auf uns zu. »Aber meine Herren« meinte er lächelnd, »verstehen Sie denn keinen Spaß?« Der Kapitän teilte ihm mit, dass in einer behördlichen, offiziellen Veranstaltung, die vom Arbeitsamt gefördert wird, solche diskriminierenden Äußerungen fehl am Platz sind. Etwas verstört blickte er uns kurz an und ging zurück in den Unterrichtsraum. Ohne uns abzumelden, verließen wir das Amt und suchten uns in der Nähe einen Biergarten. Unter einer großen Kastanie unterhielten wir uns bei einem Bier über Bewerbungsanschreiben und Vorstellungsgespräche. Nach einer guten Stunde wünschten wir uns gegenseitig viel Erfolg bei Bewerbungen und verabschiedeten uns.

In der damaligen Zeit war der Job als Umweltingenieur noch sehr breit aufgestellt. In der Industrie übernahmen oft Chemieingenieure und auch Maschinen- oder Elektroingenieure diese Aufgabe. Aus diesem Grunde stellten Firmen nur selten einen separaten Arbeitsplatz für Umweltaufgaben bereit. Im Vergleich zu damals ist das öffentliche Bewusstsein für die Umwelt erheblich gestiegen, sodass die Nachfrage für Fachleute aus der Umwelttechnik höher ist und sogar eigene Studiengänge dafür geschaffen wurden. Damals teilte ich Herrn J. vom Arbeitsamt telefonisch mit, nur ungern als Umweltingenieur in der Industrie arbeiten zu wollen.

Als weitere Möglichkeit, mich von der Arbeitslosigkeit abzulenken bzw. mir das Gefühl zu geben, gebraucht zu werden, bot mir unser ehemaliger Chef der Qualitätsabteilung der Fa. Röderstein, Herr Nagel, die Mitarbeit in der tschechischen Firma »Keramicke Kondenzatory a. s.« in Hradec Kralove (Königgrätz) in Nordostböhmen an. Zusammen mit anderen Firmen ist dieser Betrieb auf dem ehemaligen Fabrikgelände der Firma Tesla ansässig. Die Entfernung von meinem Wohnsitz nach Königgrätz beträgt über vierhundert Kilometer. »Keramicke Kondenzatory« wird von der Firma »AB-Electronic« geführt. Inhaber der »AB-Electronic«, ansässig im vorderen Bayrischen Wald, ist Herr Bauer, ebenfalls ein ehemaliger Mitarbeiter der Firma Röderstein.

Auf Grund meiner langjährigen Erfahrung als Entwicklungsingenieur für Elektrokeramik wurde ich von den beiden Herren sehr geschätzt. Die Fahrt mit dem Auto nach Königgrätz dauerte über vier Stunden. Wir trafen uns immer mit dem Elektroingenieur Herrn Machut in der Kantine, bevor wir im technischen Keramiklabor an die Arbeit gingen. Die Produktion der Keramikkondensatoren wurde von neun Mitarbeitern durchgeführt. Die Ausstattung des Keramiklabors war, im Vergleich zur technischen Ausrüstung bei Röderstein, sehr einfach gehalten. Um das Pressverfahren zu optimieren, unterrichtete ich Herrn Machut dahingehend, dass er die Presskraft für jede Keramikmasse in Abhängigkeit der Scheibengeometrie und unter Berücksichtigung der theoretischen Dichte gesondert zu berechnen hat.

Um das Gewicht der verpressten Scheiben zu bestimmen, besorgte ich preisgünstige, mechanische Analysenwaagen von einem ehemaligen Mitarbeiter der Firma »Süddeutsche Chemiefaser« in Kelheim. Diese hatte er der Firma vor deren Entsorgung abgekauft.

Ich kann mich noch gut erinnern, als beim Transport nach Tschechien die Mechanik in den Waagen durch die schnelle Kurvenfahrweise von Herrn Nagel durcheinandergeraten war. Meine ständigen Warnungen, vorsichtiger zu fahren, halfen nichts. Lachend fuhr er seinen Fahrstil weiter und meinte: »Wird schon nicht so schlimm werden.«

Doch es wurde schlimm. Nach dem Mittagsessen versuchten wir, die Waagen zu reparieren. Es dauerte über drei Stunden, bis wir die vielen Gewichte wieder an Ort und Stelle gebracht hatten. Mit Gewichten von ein, zehn und fünfzig Milligramm prüften wir die Funktion der beiden Waagen. Herr Machut war von diesen sehr begeistert. Anfänglich übernachteten wir öfter vor Ort, um die Produktion zu optimieren. Ich bekam jedoch für meine

Dienste kein regelmäßiges Gehalt bezahlt. Lediglich die Übernachtungs- und Verpflegungskosten wurden von den Herren Nagel und Bauer übernommen. In den weiteren Monaten wurden viele Muster nach Kundenanfragen gefertigt, die ich aufgrund meiner Erfahrungen entwickelte. Immer öfter blieb ich mit Herrn Nagel nur einen Tag in Königgrätz, um die wichtigsten Aufgaben zu erledigen. Deshalb blieben nur vier bis maximal sechs Stunden für fruchtbare Arbeit am Tag übrig, da für Hin- und Rückfahrt mehr als acht Stunden nötig waren.

Innerhalb eines Monats fuhr ich mit Herrn Nagel oft dreimal nach Tschechien, was allmählich in Stress ausartete. Die beiden Herren sprachen mir Mut zu und erklärten, wenn alles läuft, könnte ich wochenendpendeln und würde als Laborleiter eingestellt. Wegen des niedrigen Gehaltes in Tschechien wünschte ich mir das eigentlich nicht. Trotzdem hielt ich durch bis Ende September 2003.

Endlich Sicherheit

Anfang September fand ich im Internet ein Stellenangebot, das mich sehr interessierte. Die Universität Bayreuth suchte einen Chemieingenieur für die Züchtung von Kristallen. Sogleich schrieb ich eine Bewerbung. Es dauerte sieben lange Wochen, bis ich eine Nachricht erhielt. Zwischenzeitlich verfasste ich noch fünf weitere Bewerbungen, die jedoch alle erfolglos blieben. Im Nachhinein war ich froh, dass diese durch das Arbeitsamt vermittelten Stellenangebote nicht zu einem Job führten. Alle fünf Angebote entsprachen nicht meinen Vorstellungen und waren teils sehr weit von meinem Heimatort entfernt.

Es war Anfang der vorletzten Oktoberwoche, als mein Sohn Christoph einen Anruf von der Universität entgegennahm, während ich unterwegs war. Wieder zu Hause angekommen, erfuhr ich von dem Anruf, der in mir eine freudige Stimmung aufkommen ließ. Christoph sagte, dass ein Herr am Apparat gewesen sei, der mich wegen meiner Bewerbung sprechen wollte. Zwar wusste Christoph dessen Name nicht mehr, aber er meinte, dass der Unbekannte wieder anrufen würde.

Im Laufe der Woche kam endlich der ersehnte Anruf. Es meldete sich ein Herr van Smaalen von der Uni Bayreuth. Etwas aufgeregt und doch freudig meldete ich mich mit meinem Namen. »Aufgrund Ihrer Bewerbung möchte ich Sie gerne zu einem Vorstellungsgespräch einladen, Herr Suttner. Mein Name ist Sander van Smaalen und ich bin der Leiter des Lehrstuhls Kristallographie«, sagte er. »Wie wäre es am Freitag kommender Woche?«, schlug er vor.

Ich bedankte mich für die Einladung und stimmte seinem Vorschlag zu.

Zwei Tage später kam die schriftliche Einladung für Freitag den 7. November um neun Uhr, mit Wegbeschreibung zur Universität.

Um sieben Uhr früh, mit Lederjacke und Krawatte, fuhr ich hoffnungsvoll los. Die Uni war nach der Autobahnausfahrt Süd leicht zu finden. Wie beschrieben, parkte ich vor dem Bayerischen Geoinstitut (BGI), das als separates Gebäude zur Uni gehört. Nach Betreten des lichtdurchfluteten Erdgeschosses suchte ich auf der Infotafel den Gebäudeteil, in dem sich der betreffende Lehrstuhl befinden sollte. Kaum hatte ich es gelesen, wollte ein Herr, der links vom Eingang sitzend rauchte, von mir wissen, wonach ich suche. »Wo befindet sich der Lehrstuhl Kristallographie?«, entgegnete ich ihm. Grinsend schaute er mich an und sagte: »Sie sind Herr Suttner?« Mit kurzem »Ja« bestätigte ich seine Frage. Scheinbar hatte er bereits mein Bewerbungsfoto gesehen. »Der Lehrstuhl befindet sich im Bauteil sechs im zweiten Stock«, informierte mich der vollbärtige freundliche Herr. Wie sich herausstellen sollte, handelte es sich um den Elektroingenieur des Lehrstuhls.

Im Treppenhaus betrachtete ich für einen Moment die Grünanlagen vor der Verwaltung, bevor ich den Eingang zum Lehrstuhl erreichte. Vor dem Sekretariat stehend, als ich gerade anklopfen wollte, öffnete sich plötzlich die Tür. »Guten Tag, Herr Suttner«, begrüßte mich die Sekretärin. »Sie können gleich zu Herrn Professor dr. Sander van Smaalen kommen«, fuhr sie fort. Die Tür zum Büro des Lehrstuhlinhabers stand halb offen, weshalb er mich schon kommen sah. »Hallo Herr Suttner«, begrüßte er mich, und forderte mich auf einzutreten. Dann schloss er hinter mir die Tür.

Zuerst erzählte er mir von seiner Lehrtätigkeit und der Forschungsarbeit zur Festkörperphysik. Dann wollte er von mir den Titel meiner Abschlussarbeit wissen. Gerne gab ich zur Antwort: »Sorptionsisothermen von Tonen und deren Festigkeitsentwicklung während der Readsorption.« Ohne dazu weitere Fragen zu stellen, ließ er mich wissen, dass meine Erfahrungen mit Industrieöfen für die Tätigkeit am Lehrstuhl sehr wichtig sind. Außerdem gefiel ihm meine absolvierte Chemielaborantenlehre. Seine Frage, ob ich noch ein weiteres Stellenangebot hätte, ließ in mir die große Hoffnung aufkommen, eine Zusage zu erhalten. Am Ende unseres relativ kurzen Gesprächs nannte er mir die Höhe des monatlichen Gehaltes und der Urlaubs- und Weihnachtsvergütung. Mit den Worten: »Herr Suttner, Sie hören bald von mir«, verabschiedete er mich. Nach kurzen Gesprächen mit dem bereits bekannten Elektroingenieur und einem promovierten Physiker des Lehrstuhls trat ich die Heimreise an.

Bereits am nächsten Tag rief mich der Lehrstuhlleiter vormittags an und sagte: »Herr Suttner, die Universität stellt Sie ein.« Meine Frau und ich freuten uns sehr über diese gute Nachricht. Zwei Tage später kam der Arbeitsvertrag. Noch in diesem Jahr, kurz vor Weihnachten, sollte ich am 15. Dezember meine neue Arbeitsstelle antreten. Gut gelaunt unterschrieb ich den Vertrag sofort, obwohl dieser wegen Mutterschaftsvertretung für drei Jahre befristet war. Jetzt war für mich alles wieder im Lot. Ich genoss die verbleibende Zeit zuhause und dachte bereits an Angelreisen für das kommende Jahr.

Zuhause in der Fremde

Meine Gedanken, in der Nähe von Bayreuth eine gute Unterkunft zu finden, ließen mich nicht mehr los. Zusammen mit meiner Frau fuhr ich wieder nach Bayreuth zur Uni, um mir dort zunächst Fachliteratur zu besorgen. Anschließend fuhren wir auf der Autobahn in südlicher Richtung bis zur Ausfahrt Trockau.

Mein Ziel war die Fränkische Schweiz mit den interessanten Forellenflüssen. In Trockau besichtigten wir einige Zimmer, die vorwiegend an saisonale Handwerker vermietet wurden. Diese lagen jedoch in der Nähe der Autobahn und gefielen mir deshalb nicht. Über Vorderkleebach bewegten wir uns weiter in Richtung Pottenstein. Auf der Fahrt dorthin fiel mir der auf einer Anhöhe befindliche hölzerne Aussichtsturm auf. Der Aufstieg auf den zweiundzwanzig Meter hohen Turm wurde mit einem herrlichen Ausblick über die Fränkische Schweiz belohnt. Unterhalb, am südlichen Hang des sechshundertvierzehn Meter hohen Berges war die Ortschaft Hohenmirsberg zu sehen. Nach kurzer Fahrt auf kurvenreicher Straße erreichten wir den Ortskern.

An der rechten Straßenseite sahen wir den Gasthof zur Post. Wir beschlossen hineinzugehen. Bei einem erfrischenden Getränk fragte ich die Wirtin, ob sie jemanden kennt, der in der Nähe eine kleine Wohnung vermietet. Sie gab mir die Adresse eines Vermieters mit einer kleinen Wohnung in Trockau. Nach Besichtigung der Wohnung, die mir zum Wochenend-Pendeln zu teuer war, fuhren wir nach Allersdorf, dem Heimatort meiner Frau. Obwohl es hier mehrere Möglichkeiten zum Übernachten gegeben hätte, war mir der Ort auf Dauer zu weit weg von der Uni. Deshalb fuhr ich wieder nach Hohenmirsberg zum Gasthof zur Post. Dieses Dorf zog ich als dauerhafte Bleibe in Betracht, da es etwa fünfundzwanzig Kilometer von der Uni entfernt ist und sich nicht allzu weit von den Flusstälern entfernt in schöner Landschaft befindet.

Kurz nachdem ich in diesem Wirtshaus wieder Platz genommen hatte, fragte mich die Wirtin, ob mir die Wohnung gefallen hat. Ohne einen Grund zu nennen, antwortete ich mit »nein«. »Haben Sie ein Zimmer zu vermieten?«, fragte ich, während sie mir ein Getränk servierte. »Ja«, antwortete sie und wollte wissen, wie lange ich das Zimmer mieten möchte. Jetzt erklärte ich ihr, dass ich das Zimmer erst ab 15. bis zum 23. Dezember benötigte. Da schaute sie mich verwundert an und fragte: »Wäre das für Sie ein Winterurlaub?« »Nein, ab Mitte Dezember beginnt für mich ein neuer Job an der Universität Bayreuth. Frau Schmitt, könnten Sie für mich in dieser Zeit ein Zimmer reservieren?«, fragte ich. »Ich kann Ihnen auch eine Anzahlung überweisen, wenn Sie wollen.« »Nein, das müssen Sie nicht, das geht schon in Ordnung«, meinte sie lächelnd. Freudig schrieb ich ihr meine Adresse und Telefonnummer auf und nahm dankend ihre Visitenkarte entgegen. Händeschüttelnd verabschiedeten wir uns. Aus dieser kurzen, aber herzlichen Unterhaltung sollte sich für mich eine zweite Heimat mit Familienanschluss entwickeln, die weit über meinen Renteneintritt hinaus Bestand haben sollte.

Am Montag, den 15. Dezember des Jahres 2003 begann für mich mit dreiundfünfzig Jahren eine neue Ära im Berufsleben. Ich trat frühmorgens um halb sieben meinen bisher weitesten Weg zur Arbeit an. Während der Fahrt fragte ich mich, wie lange ich wohl diesen langen Weg zur Arbeit fahren müssen werde. Nach etwa eineinhalb Stunden auf der Autobahn erreichte ich den Parkplatz am Bayerischen Geoinstitut. Am Lehrstuhl meldete ich mich bei der Sekretärin an. Da der Lehrstuhlinhaber an diesem Vormittag nicht anwesend war, kam der Elektroingenieur Franz Fischer in das Büro der Sekretärin. Es war der bärtige Angestellte, der mich bei Antritt zum Bewerbungsgespräch informiert hatte. »Hallo Herr Suttner, ich bin der Franz, verantwortlich für alles Elektrische und Mechanische am Lehrstuhl«, begrüßte er mich. Etwas überrascht schaute ich die beiden Lächelnden an und sagte: »Ihr sprecht euch wohl alle mit Vornamen an?«»So ist es«, entgegnete mir Franz.

Angekommen in meinem Büro, gab mir Franz gleich einen Benutzungsantrag für die EDV in die Hand. Dann wies er mich am Arbeitsplatz-Rechner in die Dienstsoftware ein. Um neun Uhr ging ich mit Franz zum Kaffeetrinken nach unten ins Erdgeschoss, wo ein Automat für Tee- und Kaffeegetränke stand. Etwa eine viertel Stunde sollte die Pause unter normalen Umständen dauern, in der neben Privatgesprächen auch dienstliche Gespräche geführt wurden. Einen offiziellen Anspruch darauf gab es aber nicht.

Am Nachmittag begrüßte mich der Professor und übergab mir die Beschreibung der Tätigkeiten und Verantwortlichkeiten, die ich am Lehrstuhl zu erfüllen hatte. Auch er wollte mit dem Vornamen angesprochen werden. Dann übergab mir Sander Fachliteratur zu Kristallisationstechniken. Ein über fünfhundert Seiten dickes Fachbuch, speziell über die Kristallisation, empfahl er mir besonders. Der Inhalt bestand aus vielen theoretischen Abhandlungen. Aber auch auf die Praxis ging das Werk ein. Obwohl die Kristallisation aus gasförmigen, flüssigen und festen Phasen Anwendung findet, sollte ich mich zunächst mit der Kristallzüchtung aus der Gasphase beschäftigen. Diese Methode ist besonders geeignet für Materialien mit hohem Schmelzpunkt und solchen, die bei bzw. über der Schmelztemperatur Zersetzung aufweisen. Am Lehrstuhl wird insbesondere die Kristallisation durch chemische Transport-Reaktionen im geschlossenen System angewandt. Dazu werden Ampullen aus Kieselglas verwendet, die von der zur Uni gehörenden Glaswerkstatt hergestellt werden. Bei diesen Ampullen variierte der Durchmesser, aber die Länge sollte nach dem Abschmelzen immer zwanzig Zentimeter betragen. Kiesel- oder Quarzglas hat über einen sehr großen Temperaturbereich praktisch keine thermische Ausdehnung. Diese Ampullen besitzen dadurch eine hohe Temperaturwechselbeständigkeit und sind bis maximal zwölfhundert Grad Celsius formstabil.

Während der ersten Woche, nach Erledigung sämtlicher Formalitäten mit dem Personalbüro, saß ich nur am Schreibtisch, um mich in die Theorie der Kristallisation einzulesen. Am 20. Dezember hatte ich dann bereits die erste Woche im neuen Job hinter mir. Für die ersten zwei Arbeitstage in der Weihnachtswoche wurden mir auf das Gleitzeitkonto negative Stunden eingetragen, sodass ich in der zweiten Woche im alten Jahr nicht mehr antreten musste.

Bevor ich nach Hause fuhr, fragte ich bei der Wirtin nach, ob ich im neuen Jahr das Zimmer für eine weitere Woche mieten könnte. »Selbstverständlich«, meinte sie. »Herr Suttner, wollen Sie das Zimmer so lange mieten, bis Sie eine andere Bleibe gefunden haben?«, fragte mich Frau Schmitt. »Ja, ich hätte gerne ein kleines Appartement mit Schreibtisch und kleiner Kochnische«, erklärte ich ihr.

Am 7. Januar des neuen Jahres begann für mich wieder der Dienst am Lehrstuhl. An diesem Morgen wurde mir von Sander aufgetragen, den Bestand der Chemikalien anhand einer Liste zu überprüfen. Für den Nachmittag sollte ich mit dem Meister der Glaswerkstatt einen Termin vereinbaren. Herr Dietrich erklärte sich bereit, mir an einer unter Vakuum stehenden Glasampulle das Abschmelzen mit der Wasserstoff-Sauerstoff-Flamme zu zeigen. Eine Stunde später als vereinbart erschien der Meister und führte mir einen Abschmelzvorgang vor, ohne Erklärungen abzugeben. Lächelnd forderte er mich auf, ebenfalls eine Ampulle abzuschmelzen. »Leichter gesagt als getan, Herr Dietrich. Sie glauben doch nicht, dass ich diesen diffizilen Arbeitsschritt auf Anhieb schaffe«, erwiderte ich. »Ich werde das mal in Ruhe probieren, es muss aber nicht unter Ihrer Anwesenheit sein, Herr Dietrich.« In diesem Moment kam Franz ins Labor und sagte: »Bei dir im Büro klingelt das Telefon.« Als ich nach dem Gespräch zurück ins Labor kam, war Herr Dietrich nicht mehr anwesend. Nur um eine optimale Flammenführung zu erzielen, spielte ich erst einmal mit dem Gasfluss von Wasserstoff und Sauerstoff bis zum Feierabend an diesem Tag.

Mitte der Woche an einem Abend im Gasthof sagte Fr. Schmitt zu mir: »Herr Suttner, wir können in Ihr Zimmer einen Schreibtisch, ein Einzelbett und einen zweitürigen Schrank hineinstellen, wenn Sie es wollen.« Der Vorschlag von Frau Schmitt gefiel mir, obwohl ich immer noch vorhatte, eine andere Unterkunft zu suchen. Ich sagte zu ihr: »Wenn Sie das für mich bewerkstelligen würden, wäre ich Ihnen sehr dankbar.«

Im Verlauf dieser und der folgenden Woche opferte ich im Labor über zehn leere Ampullen, bis ich die unter Hochvakuum stehenden, von Feuchtigkeit und Sauerstoff befreiten Kieselglasröhren durch Abschmelzen luftdicht verschließen konnte. Zur Durchführung von chemischen Synthesen mit luftsensitiven Chemikalien befand sich eine Handschuhbox im Labor, die kontinuierlich mit Argon als Schutzgas beaufschlagt wurde. Zum Einbringen und Herausnehmen von Arbeitsmaterial und sonstiger Hilfsmittel waren eine große und eine kleine Schleuse an der Box integriert.

Nachdem ich mich mit den wichtigsten Apparaturen im Chemielabor vertraut gemacht hatte, nahm ich mir die programmierbaren Regler im Ofenlabor vor. In diesem Labor befinden sich zehn Rohr-Öfen, die Franz konstruiert hatte. Im Abstand von je zehn Zentimetern zur Ofenrohrmitte befinden sich Heizwicklungen. Dadurch ist es möglich, mit den PID-Reglern von Eurotherm individuelle Heizprogramme mit unterschiedlichen Temperatur-Gradienten zu erstellen, um in den zwanzig Zentimeter langen Ampullen eine Kristallisation über die Gasphase oder aus einer Schmelze zu ermöglichen.

Bereits in der darauffolgenden Woche beauftragte mich Sander mit der ersten Synthese. Es handelte sich dabei um ein nichtstöchiometrisches Alkali-Molybdat, dessen Kristalle als Blaubronze ($K_{0,3}MoO_3$) bezeichnet wurden. Diese Synthese war für Sander wichtig, da er die Untersuchung möglichst bald zum Abschluss bringen wollte. Wie mir Sander mitteilte, war die Qualität der Kristalle meiner Vorgänger für bestimmte Messungen nicht ausreichend. Die Einwaagen bestanden aus den berechneten Komponenten für die Blaubronze und der Schmelzmatrix. In dieser Schmelze bildeten sich während einer langsamen Abkühlungsphase die Kristalle.

Anhand der bereits durchgeführten Synthesen meiner Vorgänger wählte ich die Ofenprogramme aus, die zur Optimierung der Kristallqualität führen könnten. Es folgten innerhalb der nächsten sechs Wochen viele Versuche mit abgeänderten Temperaturprogrammen, die in einem Laborbuch dokumentiert wurden. Die von mir hergestellten Kristalle wurden mit Hilfe der Röntgenbeugung von Studenten des Masterstudienganges und den Doktoranden charakterisiert. Dafür standen verschiedene Röntgenanlagen mit hochenergetischer Strahlung zur Verfügung.

In dieser Woche teilte mir Franz bei einer Kaffeepause mit, dass der Lehrstuhl wieder einen Sicherheitsbeauftragten benötigt. »Was denkst du, wer das wohl ist?«, fragte er. Ich schaute ihn an und wartete auf eine Antwort. »Das bist du«, sagte er grinsend. »Franz, das war wohl zu erwarten«, bestätigte ich ihm. »Ich bin ja derjenige, der die Chemikalien einkauft und mit diesen arbeitet.« »So ist es«, bemerkte Franz. Einige Tage später erhielt ich vom zentralen Sicherheitsingenieur eine Einladung zu einem eintägigen Einführungskurs für die Sicherheitsbeauftragten der Lehrstühle.

Bereits in der dritten Arbeitswoche meines Daseins in noch fremder Umgebung dachte ich über die Angelmöglichkeiten in der Nähe von Hohenmirsberg nach. Kurz vor Feierabend suchte ich mit Hilfe meines Dienstcomputers die Adresse des Schriftführers des Pegnitzer Angelvereins. Nach telefonischer Vereinbarung eines Besuchstermins fuhr ich sofort nach Neudorf bei Pegnitz. Freudig nahm ich zur Kenntnis, dass der Verein noch Mitglieder aufnimmt. Nach Ausfüllen des Aufnahmeantrags kaufte ich gleich einen Jahreserlaubnisschein für alle Gewässer des Vereins. Es gab zwei Fließgewässer und drei Weiher, die befischt werden konnten. Das größte der drei Stillgewässer war damals noch der Sinterweiher mit fast sieben Hektar, den ich bereits seit vielen Jahren, wegen der gut schmeckenden Karpfen, schon immer gerne mit Tageskarten befischt hatte. In guter Stimmung, jetzt dem Pegnitzer Angelverein als Mitglied anzugehören, fuhr ich wieder nach Hohenmirsberg.

Die wie immer sehr freundliche Frau Schmitt hatte mir an diesem Abend meine Brotzeit schon auf den Tisch gestellt und die Bildzeitung dazugelegt. Die gute Frau war zu einem Schwesterntreffen eingeladen. Später, während der Wirt die Biere für die Stammgäste einschenkte, gesellte sich Frau Schmitt wieder zu mir an den Tisch. Sie wollte von mir wissen, ob ich schon eine kleinere Wohnung in Aussicht hätte. Dazu gab ich ihr folgende Antwort: »Frau Schmitt, freuen Sie sich auf Ihren vielleicht langjährigen Gast Alfred, wenn das für Sie in Ordnung ist.«

Meine Entscheidung begründete ich folgendermaßen: »Die wöchentliche Übernachtung mit vier Nächten ist für mich wesentlich billiger als die monatliche Miete für eine kleine Wohnung.« Ausschlaggebend für meinen Entschluss war auch das fertige Frühstück auf dem Tisch.

Mit erfreutem Gesicht und glänzenden Augen teilte sie mir mit: »Herzlich willkommen, Alfred, in unserem Hause, ich bin Erika. Da du ja dann länger bei uns wohnst, kann ich dir das Zimmer mit Frühstück günstiger anbieten.« Eigentlich wollte Erika ihren Mann Gottfried dabeihaben, als sie mir die ohnehin bereits günstige Übernachtung zu einem noch niedrigeren Preis anbot. Aber er meinte nur im Vorbeigehen »passt schon«.

In guter Erinnerung blieb mir ein Ereignis am Abend des darauffolgenden Tages. Ich saß an einem anderen Tisch als sonst üblich und sah, wie eine lächelnde Frau auf mich zuging, um sich neben mich zu setzen. »Hallo Alfred, du wohnst jetzt bei den Ullas« (Hausname), stellte sie fest. »Ja«, bestätigte ich ihr. »Eine Gastwirtschaft bringt für mich als Wochenendpendler einige Vorteile im Vergleich zu einer Wohnung«, erklärte ich. Während wir uns weiter unterhielten, erschien Steffi an der Theke. Sie ist die dritte der vier Töchter von Familie Schmitt. Neugierig schaute sie immer wieder zu uns herüber und wunderte sich wahrscheinlich, woher ich diese Frau kenne. Es war Maria Ringler, die ebenfalls in Hohenmirsberg wohnt. Sie ist die Cousine meines Schwiegervaters, die ich schon lange kannte. Obwohl ich mich mit Steffi gerne und oft unterhielt, fragte sie mich nicht, woher ich Maria Ringler kennen würde, sodass sie für mehrere Tage im Ungewissen blieb. Erst in der nächsten Woche klärte ihre Mutter sie auf. Dann war sie wieder freundlich bei unseren weiteren Unterhaltungen.

Es war bereits Mitte März, als mir ein Student positives Feedback bezüglich der kürzlich untersuchten Blaubronzekristalle gab. Sander teilte mir bei unserer Unterredung mit, dass die Messergebnisse des Kristallgefüges sehr gut sind und deshalb einige physikalische Untersuchungen auch außerhalb des Lehrstuhles vorgenommen werden. Er sagte mir: »Alfred, jetzt kann ich dieses Thema endlich abschließen.« Guten Mutes arbeitete ich jetzt weiter mit den Metalloxidhalogeniden, mit denen ich bereits seit mehreren Wochen Versuche durchführte. Besonders zu erwähnen ist dabei die Herstellung von Titanoxidbromid, wobei feindisperses, metallisches Titan mit flüssigem Brom unter violetter Flammenerscheinung verbrennt.

Zur Durchführung dieser Versuche wurden stöchiometrische Mengen an Titan, Titandioxid und flüssiges Brom in die mit Argon geflutete Ampulle eingewogen. Um die Ampulle mit dem bei Zimmertemperatur flüssigen Brom inertisieren (Evakuieren und Spülung mit Argon als Schutzgas) zu können, wurde diese mit Hilfe von flüssigem Stickstoff eingefroren. Anschließend wurde die unter Vakuum stehende Ampulle mit der Wasserstoff-Sauerstoff-Flamme abgeschmolzen. Die Ampulle ließ ich im Abzug dann langsam auftauen. Sobald wieder Raumtemperatur erreicht wurde, begann die Reaktion von Brom mit Titan. In der durchsichtigen Ampulle entwickelte sich dabei ein violettes Feuerwerk. Die Studenten hatten ihre Freude beim Beobachten und Fotografieren dieses Schauspiels.

Gleich am ersten Tag nach der Schonzeit, am 16. April, freute ich mich bereits während der Arbeitszeit auf das Forellenfischen an der Püttlach. Sofort nach Feierabend fuhr ich an den Bach unterhalb der Bärenschlucht. Bei Hohenmirsberg vorbeikommend, packte ich bereits die von Erika vorbereitete Brotzeit ein. Mit meiner neuerworbenen dreiteiligen Fliegenrute »Multi Power« von Loop hatte ich mir bereits eine gute Wurftechnik angeeignet. Ich beherrschte den Überkopfwurf mit Einfach- und Doppelzug sowie einen Seitwärtswurf und je nach Vorfachgewicht einen mehr oder weniger guten Rollwurf. Bei der Fliegenfischerei bevorzuge ich überwiegend das Nassfischen, da diese Technik für mich effektiver ist als mit der Trockenfliege. Je nach Wetterlage und Jahreszeit steigen die Forellen nicht immer auf Insektenanflug. Ich knüpfte ein Bachflohkrebsimitat an das 0,18er Vorfach aus Fluorocarbon und warf an diesem schmalen Bach immer stromabwärts, um die Montage gegen die Strömung langsam zupfend einzuholen. Das Wasser war nach mäßigem Niederschlag leicht trüb. Dies sollte für mich von Vorteil sein, da die Forellen unter diesen Bedingungen weniger scheu sind und sich leichter zum Anbiss verleiten lassen.

Gleich beim ersten Wurf gelang es mir, den künstlichen Bachflohkrebs mit gestrecktem Vorfach kurz vor überhängendem Weidengebüsch ins Wasser zu bringen. Für mich sehr überraschend, wurde der Köder sofort von einer Forelle attackiert, sodass mein Anhieb zu spät kam. Der zweite Wurf gelang mir weniger gut. Die Imitation landete zunächst auf einem überhängenden Grashalm, fiel aber dann doch ins Wasser. Sofort begann ich durch Zupfen gegen die Strömung den Köder weiter zu bewegen. Erst etwa zwei Meter vor meinen Füßen erfolgte etwa in Bachmitte ein kräftiger Biss. Der Bach war an dieser Stelle gut einen dreiviertel Meter tief, weshalb ich den Fisch nicht sehen konnte. Das vordere Drittel meiner Rute bog sich kräftig durch. Ich hielt dagegen und lockerte die Bremse etwas, damit die Forelle Schnur von der Rolle ziehen konnte. Der Fisch kam allmählich hoch, ich konnte eine Bachforelle erkennen. Damals hatte ich meinen Kescher typischerweise am Boden neben meinen Füßen liegen. Als ich mich bückte, um den Kescher aufzuheben, achtete ich nicht auf eine gespannte Schnur. Die Forelle nutzte meine Unachtsamkeit aus und flitzte in den Krautbereich vor meinen Füßen. Obwohl sich der Haken bereits gelöst hatte, konnte ich die Kapitale im Kraut gerade noch mit dem Kescher fangen. Mit einer Länge von vierundvierzig Zentimetern lag diese Schönheit im Gras, bereit zum Mitnehmen, siehe **Bild 11**.

Bild 11: Bachforelle aus der Püttlach

Ich ging dann weiter zu einem längeren, gerade verlaufenden Bachab-schnitt mit abwechselnd seichten Rieselstrecken und tiefen Gumpen. Mit einem neuen Wurf versuchte ich einen etwa zehn Meter entfernten, tieferen Bereich abzufischen.

Das Krebschen mit Haken ohne Widerhaken landete dabei etwas weiter, als von mir beabsichtigt, knapp vor einem überhängenden Gebüsch. Lang-sam bewegte ich den Krebs unterschiedlich schnell stromauf. Nach einigen Metern verhakte sich der Köder an einer Wasserpflanze. Durch leichten Zug konnte ich ihn befreien. Kurz darauf wurde die Vorwärtsbewegung des Kö-ders abermals unterbrochen. Erneut wollte ich durch Zerren und Rütteln den Krebs befreien. Doch es erfolgte plötzlich eine kräftige Gegenbewegung, sodass von meiner Rolle sekundenschnell etwa zwei Meter Schnur gezogen wurden. Hoffentlich habe ich keinen Bisam gehakt, dachte ich. Die Flucht verlief weiter nach vorne, wobei eine starke Bugwelle entstand. Durch Ver-stärkung der Rollenbremse erhob sich der Fisch bis zur Wasseroberfläche. An seiner aufblitzenden, silbrigen Flanke konnte ich erkennen, dass es sich nicht um einen Hecht handelte. Ich war momentan erleichtert, denn ein Hecht mit seinen scharfen Zähnen hätte den Drill schnell beendet.

Jetzt musste ich diesem Kämpfer einige Meter nachlaufen. So etwas war mir an kleineren Bächen wie der Püttlach noch nie passiert. Eine große Erle an meinem Ufer verhinderte die weitere Verfolgung. Im tieferen Wasser sprang der Fisch in voller Länge aus dem Wasser. Jetzt erkannte ich, dass eine Großforelle am Haken kämpfte. Hoffentlich hält der Haken, war ich besorgt, während sich die schätzungsweise über sechzig Zentimeter lange Forelle hin und her drehte. Meine Rute war dabei zum Halbkreis gekrümmt. Nach einigen Fluchten gegen die Strömung konnte ich diese kompakte Forelle allmählich vor meinen Füßen ermüden. Mein Kescher war zu klein, deshalb versuchte ich diesen Salmoniden, der mich an einen Rotlachs erinnerte, mit dem Schwanzwurzelgriff zu landen. Doch es gelang mir nicht auf Anhieb. Mit Hilfe seiner kräftigen Schwanzschläge entglitt mir der Fisch zweimal aus meiner relativ kleinen Hand. Beim dritten Versuch ließ ich ihm weni-ger Zeit, sich zu befreien, und schleuderte ihn ans Ufer ins hohe Gras. Mit meinem linken Bein verhinderte ich ein Zurückschlängeln ins Nass. Anhand der x-förmigen Punkte auf silbriger Flanke erkannte ich eine Seeforelle. Das Maßband zeigte siebenundsechzig Zentimeter an. Wie kommt dieser große Salmonide in den Bach?, rätselte ich.

Wandern Bachforellen aus einem Bach in einen großen See oder ins Meer, wachsen diese zu großen Seeforellen bzw. Meerforellen ab, mit dem genannten typischen Aussehen. Es ist sehr wahrscheinlich, dass Mitglieder des Vereins, die verantwortlich für den Besatz sind, aus dem Schöngrundsee bei Pottenstein Seeforellen in die Püttlach einsetzten.

~

Einige Jahre später hatte ich erneut Kontakt mit einem vergleichbaren Exemplar am Haken eines Streamers. Wie so oft im Frühjahr nach Ende der Schonzeit, fuhr ich gleich nach Feierabend bei ruhigem Aprilwetter an die Püttlach. Ich wusste, dass der Besatz erst einige Wochen zuvor stattgefunden hatte und dabei auch kleinere »Regenbogner« eingesetzt wurden. Deshalb bevorzugte ich einen Streamer ohne Widerhaken, um die Jungfische zu schonen. Dadurch können sich die Forellen oftmals noch im Wasser selbst vom Haken befreien, wenn der Schnurzug gelockert wird. Nach einigen Würfen zum Eingewöhnen fing ich hintereinander gleich zwei kleinere Forellen. Dann erfolgte ein Anbiss mit sofortigem Schnurabzug. Momentan überrascht, hielt ich kurz die Rolle mit der Hand fest, bevor ich die Bremskraft erhöhen konnte. Mein Gegenüber verstärkte die Fluchtreaktion, sodass die silbrige breite Flanke des Fisches kurz über dem Wasser zum Vorschein kam. Gerade jetzt beim Fischen ohne Widerhaken geht mir nach so langer Zeit wieder eine Seeforelle an den Haken, wunderte ich mich.

Durch die Verstärkung der Rollenbremse zog die Forelle heftiger am Haken, deshalb lockerte ich die Bremskraft wieder, um ein Ausschlitzen zu vermeiden. Sofort reagierte die Seeforelle und schwamm stromauf von mir weg. Wie schon einmal passiert, zog die kapitale Forelle die Schnur hinter sich her, bis sich die Schnur straffte. Dann befreite sie sich durch schnelles Kopfschütteln. Etwas frustriert kontrollierte ich Haken und Schnur, während ich am Bach stromaufwärts ging. Hinter der nächsten Biegung bemerkte ich einen Angler, der mit Spinnrute unterwegs war.

An dieser vereinseigenen Strecke der Püttlach ist das Fischen mit sämtlichen Kunstködern erlaubt. Es werden auch für Nichtmitglieder Tageserlaubnisscheine ausgegeben. Als der Spinnfischer mich sah, kam er schnellen Schrittes auf mich zu und wollte wissen, ob ich schon etwas gefangen hätte. »Ich habe gerade eine kapitale Forelle verloren«, erklärte ich. Er hatte einen Spinner mit silbernem Blatt und roten Tupfen angebunden. »Mit diesem Köder solltest du weiter stromab auf diese kapitale Forelle fischen. Es ist sehr wahrscheinlich, dass sie noch einmal beißt«, sagte ich zu ihm.

Sofort ging er stromab und vollführte seine Würfe gezielt in die Bachmitte. Nach einer Weile erreichte er die Stelle, an der ich die Großforelle vermutete. Als ich noch einige Meter hinter ihm war, schrie er schon: »Biss, ich habe einen enormen Anbiss.« Sofort eilte ich zu ihm. Tatsächlich sah ich bereits, wie sich die Kapitale an der Wasseroberfläche wälzte. Obwohl der Drillingshaken des Spinners bestimmt besser hielt als mein widerhakenloses Imitat, riet ich ihm, die Bremse seiner Rolle etwas zu lockern. »Lass dir Zeit beim Drillen und bremse durch kräftezehrenden Schnurabzug die Fluchten des Fisches aus«, empfahl ich ihm. Die Forelle sprang aus dem Wasser und versuchte stromauf zu schwimmen. Er hatte jetzt die Bremskraft etwas zu locker eingestellt und rannte dem Fisch nach, bis Sträucher am Ufer den Weg versperrten. Notgedrungen steigerte er die Bremskraft, um die flüchtende Großforelle zu stoppen. Energisch bäumte sie sich auf und sprang abermals aus dem Wasser. Dann endlich ließen die Kräfte nach. Die Seeforelle ließ sich näher ans Ufer heranziehen. Fragend schaute mich der Drillende an und erblickte meinen Kescher. »Der ist wohl zu klein«, meinte er lächelnd.

Er gab mir seine Rute und zog schnell mit der Hand an der Schnur, um den Fisch auf die am Uferbereich dicht wachsenden Wasserpflanzen zu bringen. Zuerst wollte er die Seeforelle mit dem Kiemengriff landen, aber deren kräftiges Zappeln verhinderte dieses Vorhaben. Aufgrund seiner großen Hände rief ich ihm zu: »Wende den Schwanzwurzelgriff an.« Gesagt, getan. Die silbrige Forelle lag endlich im Gras. »Petri Heil«, wünschte ich ihm anerkennend. Nachdem er seinen Fang versorgt hatte, maß er eine Länge von fünfundsechzig Zentimeter. Nun ging er auf mich zu, schüttelte mir dankend die Hand und sagte: »Ohne deine Hilfe hätte ich diesen kapitalen Fisch wahrscheinlich nicht gefangen. Es ist die bisher größte Forelle meines Anglerdaseins«, versicherte er mir. Leider hatten wir beide keinen Fotoapparat dabei.

~

Immer vor Ostern hielten die Wirtsleute des Gasthofes mindestens einmal im Monat ein Schweinskopfessen ab. Gottfried, der von Beruf Metzger ist, besorgte vom Bayreuther Schlachthof einige dieser Exemplare, kochte und zerlegte sie fachgerecht. Dampfend in einer Schüssel angerichtet, wurden die Fleischstücke mit frisch gebackenem Brot und Sauerkraut serviert. Zum Selberwürzen wurde ein Pfeffer-Salz-Gemisch gereicht. Ein dunkles Bier der Brauerei Maisel aus Bayreuth schmeckte dazu sehr gut. Das Gastzimmer im Altbau war zu diesem traditionellen Essen stets überfüllt. Oft mussten zusätzlich einige Stühle herbeigeschafft werden, damit die anwesenden Männer an den Tischen zusammenrücken konnten. Nur selten kamen einige der Herren mit weiblichem Anhang, obwohl hin und wieder zwei Musikanten für gute Stimmung sorgten. Diese Abende empfand ich stets als abwechslungsreiche, besondere Feierlichkeiten, bei denen ich diese Köstlichkeit mit Freunden und Bekannten genießen konnte.

Es war Mitte Mai im ersten Dienstjahr an der Universität, als mir Erika ein renovierungsbedürftiges Zimmer im Altbau zeigte. Ein neuer Boden war bereits verlegt, aber die Innenwände waren noch mit altem Strohputz behaftet. »Wir planten oft, das Zimmer renovieren zu lassen, aber immer wieder wurde dieses Vorhaben verschoben«, erzählte sie mir. »Ich habe bezüglich Wohnungsinnenausbau Erfahrung, da ich vor einigen Jahren im eigenen Haus die Dachwohnung komplett ausgebaut habe«, ließ ich sie wissen. »Die teils etwas unregelmäßigen und schiefen Wände könnten mit einer Holzlattenkonstruktion ins Lot gebracht werden. Ebenso könnte die Zimmerdecke vorbereitet werden, um eine Holzdecke zu montieren«, erklärte ich. Erika zeigte sich überrascht. »Dann hast du es ja auch handwerklich drauf«, meinte sie.

»Ich baue auch ferngesteuerte Modellflugzeuge, die fliegen können und gelegentlich auch abstürzen«, gab ich ihr lachend zu verstehen. »Was hältst du davon, wenn ich nach Feierabend das Zimmer für euch ausbaue?«, wollte ich von ihr wissen. Es dauerte eine Weile, bis sie mir antwortete. Schließlich fragte sie, welchen Stundenlohn ich verlange. »Aber Erika, ich nehme doch kein Geld dafür. Ich freue mich nach getaner Arbeit auf eine gute Brotzeit von dir«, bemerkte ich. Gleich am darauffolgenden Tag nach Feierabend fuhr ich mit Erika nach Pegnitz zum Baumarkt, um Holzlatten, Schrauben und Dübel zu besorgen. In Gottfrieds Werkzeugkiste konnte ich nicht alles finden, was ich für diesen Job benötigte. Deshalb sagte ich, dass ich in der folgenden Woche meine Ausrüstung mitbringen würde, um gleich am Montag zu beginnen.

In der neuen Woche besuchte mich Gottfried während meiner Renovierungsarbeiten mit seinem zukünftigen Schwiegersohn Oliver. Ich hatte gerade an einer längeren Wand die Lattenkonstruktion fertig montiert, als sie in das Zimmer eintraten. Erstaunt gingen sie auf mich zu. Oliver überprüfte die senkrechten Latten mit der Wasserwaage. »Die sind ja alle im Lot und gut befestigt«, wunderte er sich. »Der Alfred ist auch ein praktischer Mensch«, war sein Kommentar. Sie boten mir zwar ihre Hilfe an, ließen sich aber nicht mehr blicken. Ab und zu kam Erika, um die Latten zu halten. Nach sechs Wochen war das Zimmer mit Wand- und Deckenpaneelen versehen. Später stellten die Wirtsleute für mich einen gebrauchten Röhrenfernseher in das Zimmer.

~

Während einer routinemäßigen Unterredung erwähnte Sander das Wort »Strahlenschutzbeauftragter« und schaute mich dabei an. Oje, dachte ich, jetzt hat mein Chef wieder eine Sonderaufgabe für mich. Franz erklärte mir, dass er am Lehrstuhl als hauptamtlicher Strahlenschutzbeauftragter seine Pflichten wahrnimmt, aber noch ein Stellvertreter zu ernennen ist. Sander meinte dazu: »Es werden an verschiedenen Unis Lehrveranstaltungen abgehalten. Dazu solltest du dich mit unserem Umweltbeauftragten Dr. Amore wegen eines Lehrgangstermins in Verbindung setzen.«

Aufgrund der bereits erwähnten hochenergetischen Röntgenstrahlung sind für die Arbeiten an diesen Anlagen sicherheitstechnische Einrichtungen vorhanden. Es müssen aber trotzdem noch sicherheitsrelevante Regeln bekannt sein und eingehalten werden, um Unfälle zu vermeiden.

Sofort rief ich Dr. Amore an, um einen Termin für einen Strahlenschutzlehrgang zu bekommen. Er empfahl mir eine zweitägige Veranstaltung an der Leibniz Universität in Hannover. Ich erhielt von der Uni Hannover für Anfang Juni 2007 einen Termin, für den ich mich anmeldete. Mit dem Zug ging es von Regensburg aus nach Hannover. Eine Unterkunft buchte ich in der Nähe zur Universität. Es war ein zweitägiger Kurs mit anschließender Prüfung.

Am zweiten Unterrichtstag entwickelte sich ein starker Sturm, aus dem am Abend ein Orkan wurde. Während des turbulenten Fußmarsches zum Hotel hatte ich Angst, dass von den Häusern irgendwelche Trümmer vom Dach herunterstürzen könnten. Gut im Hotel angekommen, setzte ich mich gleich an den Schreibtisch, um mich für die Prüfung am folgenden Tag vorzubereiten. Nach dem Abendessen wollte ich noch einmal frische Luft schnappen. Der Kellner wunderte sich, während ich meine Jacke anzog. Dann fragte er mich: »Wollen Sie bei diesem Sturm wirklich das Hotel verlassen?« Trotz aller gut gemeinten Warnungen verließ ich das Hotel.

Es stürmte tatsächlich so sehr, dass ich versuchte, mich möglichst im Windschatten zu bewegen. Ein geradliniges Gehen auf dem Bürgersteig war fast nicht mehr möglich. Nach einigen hundert Metern beschwerlicher Fortbewegung beschloss ich, doch umzukehren. Nach wenigen Schritten sah ich vor mir auf der gegenüberliegenden Straßenseite hinter einem hölzernen Hoftor, wie sich eine hohe Fichte durch den Sturm sehr stark durchbog. Ich befand mich noch auf der gegenüberliegenden Straßenseite, als die Fichte auf das Hoftor krachte. Die Baumspitze, besetzt mit vielen Zapfen, schlug etwa einen halben Meter vor meinen Füßen auf dem Gehweg auf. Jetzt wurde mir bewusst, welch großes Glück ich hatte. Wäre ich zur selben Zeit auf der anderen Straßenseite gewesen, hätte ich Hannover nicht mehr lebend verlassen. Ich versuchte jetzt so schnell wie möglich mit aller gebotenen Vorsicht, das Hotel zu erreichen. Sofort verständigte ich den Pförtner über den Sachverhalt, damit dieser die örtliche Feuerwehr benachrichtigen konnte.

Am nächsten Morgen ab neun Uhr begann an der Uni Hannover die schriftliche Prüfung. Innerhalb einer dreiviertel Stunde konnte ich alle Fragen beantworten. Eine Stunde später bekamen wir das Prüfungsergebnis mitgeteilt. Bis auf eine Frau hatten alle bestanden. Die Frau wurde für den Nachmittag nochmals zur Prüfung eingeladen, die mündlich abgehalten wurde. Auch sie konnte sich dann über eine bestandene Prüfung erfreuen.

Rechtzeitig erreichte ich zu Fuß noch den Bahnhof. Glücklich saß ich im Intercity und freute mich auf meine Familie. Der Sturm war abgeflaut. Darüber war ich sehr froh, denn ein querliegender Baum auf den Gleisen wäre für uns Reisende sicherlich gefährlich geworden.

~

Nach dem Wochenende mit meiner Familie fuhr ich dieses Mal mit Frohsinn zu meinem Arbeitsplatz nach Bayreuth. Der Kofferraum war nebst der Fliegenfischer-Ausrüstung auch mit den Angelruten zum Fischen auf Karpfen zusätzlich bepackt. Gleich montags erreichte ich nach Feierabend den Egloffsteiner Weiher im Püttlachtal, der circa drei Kilometer von Hohenmirsberg entfernt ist. Es herrschte stabile Hochdrucklage, ein Wetter ideal zum Friedfischangeln. Dieses Gewässer hat eine Größe von über einem Hektar und wird im Nordwesten von der vorbeifließenden Püttlach tangiert. Südöstlich wird der kleine Angelteich von einem bewaldeten Hang begrenzt. Der Weiher ist idyllisch gelegen. In der Mitte befindet sich eine kleine Insel mit Baumbewuchs. Das Wasser ist stellenweise mit grünen Wasserlinsen bedeckt und wegen der gründelnden Karpfen trüb. Durch einfließendes Quellwasser aus dem Wald wird der Teich stetig von Frischwasser durchflossen.

Die Sonne stand noch hoch am westlichen Himmel, als ich meine Ruten montierte und mit Dosenmais beköderte. Meine dreißigjährige »Carp King« der Fa. Cormoran platzierte ich mit Schwimmer versehen nahe am Ufer. Die andere dreiteilige Steckrute versah ich mit einer Grundmontage und warf diese ebenfalls mit Mais als Köder nahe zum Ufer der Insel. Beim Fischen auf Karpfen dauert es meist eine Weile, bis sich die Gründler am ausgelegten Köder einfinden. Dieses Mal lief es aber anders. Kaum hatte ich es mir auf meinem Stuhl bequem gemacht und wollte in die Käsesemmel beißen, bissen die Fische, wie schon einmal geschehen, fast gleichzeitig an beiden Ruten.

Zuerst nahm ich die Rute mit Schwimmer hoch und stellte fest, dass sich der Karpfen durch die Fluchtreaktion selbst hakte. Dann fixierte ich die Rute am Boden mit meinem linken Fuß bei offener Rollenbremse und nahm die zweite hoch zum Drillen. Jetzt war ich froh, dass sich an diesem Gewässer keine überhängenden Sträucher oder Wasserpflanzen am Ufer befanden. Hoffentlich schwimmt der Karpfen an der Schwimmer-Montage nicht hinter die Insel, ging es mir durch den Kopf, als ich mit der zweiten Rute noch drillte. Nach etwa zehnminütigem Drill mit dieser landete ich einen gut fünfpfündigen »Spiegler«. Mittlerweile war es an der »Carp King« mit Schwimmer ruhig geworden. Ich nahm diese hoch, um den Kontakt zum Fisch wiederherzustellen. Beim Drill ließ ich mir mehr Zeit, um den Karpfen näher an das Ufer zu bringen. Vor mir tauchte jetzt ein voll beschuppter Karpfen auf. Er hatte eine Länge von sechsundvierzig Zentimetern. Nach seiner letzten Flucht konnte ich auch diesen Gründler sicher im Netz landen. An einer frisch abgeschnittenen Astgabel fädelte ich die beiden Fische auf und trug sie zum Auto. Im Wirtshaus zerlegte ich den Fang in bratfertige Portionen. Beim Einfrieren half mir Erika mit strahlendem Gesicht.

~

Es war Mittwoch, als mich Sander wegen eines Termins zur Sicherheitsbelehrung ansprach. Diese sollte zusammen mit einer Strahlenschutzbelehrung einmal jährlich durchgeführt werden. »Alfred, du bist nach deinem erfolgreich abgeschlossenen Kurs jetzt auch Strahlenschutzbeauftragter am Lehrstuhl«, sagte er zu mir. »Falls mal Franz verhindert sein sollte, seine Belehrung zu halten, wäre es gut, wenn du ihn vertreten könntest«, fuhr er fort. »Alles klar, Sander, ich überleg mir was zu diesem Thema«, gab ich ihm zur Antwort. Vorträge freisprechend zu halten fiel mir schon immer schwer. Deshalb arbeitete ich mit Hilfe von »Power Point« für beide Belehrungen schriftliche Konzepte in englischer Sprache aus. Diese könnte ich dann mit Hilfe eines Beamers an der Leinwand für alle ersichtlich darstellen und meine Ausführungen in Deutsch vorlesen.

Nachdem ich meine Ideen Sander mitteilte, meinte er: »Wie du das machst, Alfred, ist mir gleichgültig. Wichtig ist mir, dass die Studenten die Teilnahme an der Belehrung durch Unterschrift bestätigen. Die Darstellung an der Leinwand finde ich gut«, lobte mich Sander. »Dadurch können sich die Studenten wichtiges Zahlenmaterial und Diagramme besser einprägen. Dies wurde von deinen Vorgängern noch nicht auf diese Weise durchgeführt.«

In der vorletzten Juniwoche war es dann so weit. Ich erhielt die Gelegenheit, meine Belehrung und die von Franz vorzutragen. Franz war angeblich im Stau auf der Autobahn stecken geblieben. Während meiner Vorbereitungen mit Laptop und Beamer im Vorlesungsraum überkam mich das Lampenfieber. Erst als alle Studenten und Lehrstuhlmitarbeiter im Raum anwesend waren und Sander seine Vorrede gehalten hatte, beruhigte ich mich etwas. Die Bilder auf der Leinwand begleitend, las ich meinen Vortrag überwiegend von meinen handschriftlichen Notizen ab. Als ich dann hörte, dass Franz nicht kommen würde, steigerte sich meine Nervosität erneut. Aber im Laufe meines weiteren Vortrages wurde ich sicherer, da ich anhand der Diagramme und Formeln den Sachverhalt mit eigenen Worten anschaulicher erklären konnte. Mittlerweile war Franz angekommen und hörte mir aufmerksam zu. Erst nach der Strahlenschutzbelehrung erhielt ich guten Beifall.

Meine sichtliche Erleichterung wahrnehmend, sagte Franz zu mir: »Das hast du doch gut rübergebracht, jetzt trinken wir einen Kaffee.« Nachdem wir das Vorlesungszimmer aufgeräumt hatten, gingen wir zwei Stockwerke tiefer zum Kaffeeautomaten. Nun wollte ich von Franz wissen, ob er tatsächlich im Stau stecken geblieben war. Franz sagte daraufhin mit überfreundlicher, ja fast grinsender Miene, er sei wirklich durch Stau verhindert gewesen, rechtzeitig zu kommen. »Ich glaub es dir, Franz«, erwiderte ich mit ebenfalls grinsendem Gesichtsausdruck. Auch er freute sich, dass ich die Belehrung mittels Beamer und Laptop modernisiert habe.

~

Als ich wieder einmal bei meiner Fahrt nach Hohenmirsberg zur Autobahnausfahrt Trockau kam, erinnerte ich mich an meinen Bundeswehrkameraden Herbert F., der hier in der Nähe ansässig ist. Am nächsten Tag nach Feierabend fuhr ich zu der kleinen Ortschaft Weiglathal, in der Herbert ein Haus bewohnt. Die genaue Adresse wusste ich nicht mehr. Ich konnte mich aber noch ungefähr an das Gebäude erinnern, da ich ihn vor einigen Jahren mit meiner Familie schon einmal besucht hatte.

Vor dem Haus angekommen, sah ich im Garten einen Herrn mit grauem Haar arbeiten. Ich wandte mich fragend an den Arbeitenden, wo Herbert F. wohnt. Lachend drehte er sich um und schaute mich eine Weile an. »Ja kennst du mich nicht mehr«, meinte er verwundert. »Ich bin es doch, dein alter Kamerad aus der Bundeswehrzeit in der Kaserne Oberstimm.« »Oje, tut mir leid, Herbert, ich habe dich nicht gleich erkannt«, sagte ich und entschuldigte mich. Sein damals rötlich gewelltes Haar und sein rötlicher Vollbart waren hellgrau geworden. Herbert unterbrach sofort seine Gartenarbeit und ging mit mir ins Haus. Seine Frau empfing mich sehr freundlich und brachte mir Tee mit Keksen. Wir unterhielten uns über frühere Zeiten bei der Bundeswehr. »Herbert, kannst du dich noch an die Ratte am Auto des Feldwebels erinnern?«, fragte ich. Daraufhin lachte er sehr. »Ich weiß das noch sehr gut, wie ich die Ratte mit dem Schwanz an der Türklinke des Autos befestigte«, bestätigte Herbert.

Eine weitere Stunde erinnerten wir uns noch an andere Vorkommnisse mit einigen Kameraden, deren Namen wir noch zuordnen konnten. Ich wollte von ihm wissen, ob er noch manchmal angeln geht, da er mir beim letzten Besuch einiges über die Fischerei erzählt hatte. »Nicht mehr so oft«, meinte er. Aber er könnte sich vorstellen, mit mir an einem Weiher zu fischen. In nächster Zeit aber nicht. Er müsste demnächst zu einer Behandlung ins Krankenhaus und anschließend in eine Rehaklinik gehen, vermittelte er mir nachdenklich. Ich wollte nichts Genaueres über seine gesundheitlichen Probleme wissen und sagte: »Herbert, nach meinem Urlaub ab Ende Juli melde ich mich wieder bei dir.« Dann verabschiedete ich mich von den beiden und wünschte Herbert noch gute Besserung.

Gleich in der ersten Arbeitswoche nach meinem Urlaub rief ich bei

Familie F. an. Es meldete sich seine Frau. Meine Frage nach Herbert erzeugte bei ihr sofort ein Schluchzen. Sie teilte mir mit, dass Herbert noch schwer krank im Krankenhaus liegt. Jetzt wollte ich natürlich genau wissen, was ihm fehlt. Herbert hat ein Problem mit seinen Organen, gab mir seine Frau weiter Auskunft. Wenn es ihm besser geht, werde ich anrufen, versprach sie mir.

Anfang September rief die Frau von Herbert bei mir im Büro an. Sie meldete sich weinend mit den Worten: »Alfred, ich muss dir was Schlimmes mitteilen. Herbert ist vor zwei Tagen verstorben. Die Beerdigung ist nächste Woche am Dienstag um vierzehn Uhr in Lindenhardt.« Nach kurzer Beileidsbezeugung brachte ich kein Wort mehr über die Lippen. Die trauernde Frau beendete das Gespräch. Mindestens eine halbe Stunde lang saß ich am Schreibtisch wie benommen und konnte mich nicht mehr auf meine Arbeit konzentrieren.

Am Dienstag, nach dem Mittagstisch in der Mensa, begab ich mich schweren Herzens auf den Weg nach Lindenhardt. Ich hätte mich so gefreut, hier in der Nähe meiner Unterkunft einen alten Kumpel gefunden zu haben, der mit mir oft zum Fischen gegangen wäre, dachte ich. Nach der Beerdigung im Friedhof Lindenhardt wurde ich nach Trockau zum Leichenschmaus im Gasthof Stöckel eingeladen. Herbert hinterließ seine Frau mit den zwei Töchtern. Nebst der Verwandtschaft wurde nur ich als außenstehende Person eingeladen und vorgestellt als guter Freund des Verstorbenen. Ich fand Platz neben seiner Cousine. Im Laufe der Unterhaltung wollte ich von ihr wissen, welche Krankheit er hatte. Sie winkte ab und fragte leise, ob ich zum Rauchen mitgehe.

Etwa eine viertel Stunde später ging sie hinaus. Was wird sie denn für ein Geheimnis zu sagen haben, dachte ich und folgte ihr etwas später nach. Bei angenehmem Sonnenschein stand sie etwas abseits vom Nebeneingang des Gasthofes und rauchte. »Hallo«, sagte sie zu mir. Ich stellte mich mit meinem Vornamen vor. Sie tat es ebenfalls. Sie blickte mich mit freundlicher Geste an und wollte wissen, woher ich Herbert kenne. »Von der Bundeswehrzeit in Manching. Dort lernte ich ihn während unseres Dienstes in der Nachschubabteilung der Feldwerft F 104 als guten Kameraden kennen«, antwortete ich ihr. Dann senkte sie ihren Blick und teilte mit, dass Herbert an Leberzirrhose gestorben sei.

Momentan fand ich keine Worte, deshalb fuhr sie mit ihren Ausführungen fort. »Herbert war im Grunde genommen ein guter Mensch. Leider hat er sich von anderen Menschen zu sehr beeinflussen lassen. Er war Mitglied eines Jägerstammtisches, obwohl er selbst keinen Jagdschein hatte«, sagte sie. »Seine Kameraden wollten immer, dass er einen Lehrgang für die Jägerprüfung belegt, aber Herbert konnte es nicht mit seiner Frau vereinbaren«, erzählte sie weiter. Ich unterbrach die Cousine mit den Worten: »Ich weiß, Herbert hatte schon immer einen Hang zur Jägerei und zu Jagdwaffen. Während der Bundeswehrzeit zeigte er mir eines Tages ein Kleinkalibergewehr mit gekrümmtem Lauf. Ich wollte von ihm damals wissen, warum der Lauf so stark gekrümmt ist. Ein Kamerad vom Stammtisch hätte ihn im Wald mit seinem Gewehr angetroffen. Um ihn vor einer Straftat zu bewahren, nahm dieser seine Schusswaffe und krümmte den Lauf zwischen zwei Bäumen.«

Die Cousine erzählte noch, dass öfter Bier- und Schnapsrunden mit den Karten am Stammtisch ausgespielt wurden. Sie nahmen Herbert sogar auf Antilopenjagd nach Afrika mit. Dies alles hat ihn zu sehr von seinen Stammtischkameraden abhängig werden lassen. Insbesondere aber ist Herbert dadurch auch vom Alkohol abhängig geworden, berichtete sie weiter. Als wir wieder zurückkamen, hatten sich schon einige Verwandte von Herberts Frau verabschiedet. Die Witwe kam auf mich zu, umarmte mich und sagte: »Falls mir einmal die Zimmerdecke auf den Kopf fallen sollte, würde ich mich auf einen Besuch von dir freuen.« Wie es so oft im Leben kommt, habe ich sie seitdem nicht mehr wiedergesehen.

~

Anfang September, als ich gerade von der Uni zurück nach Hohenmirsberg fuhr, standen zwei junge Mädchen mit Maßkrügen am linken Straßenrand. Etwa zweihundert Meter vor dem Ortsschild winkten sie mir zu und forderten mich auf, anzuhalten. Mit ausgestreckten Armen hielten sie mir die mit Bier randvollen Krüge entgegen. In ihren feschen Dirndln mit dem freizügigen Ausschnitt ihrer Erhabenheit wirkten sie sehr einladend, um jeweils einen kräftigen Schluck Bier zu nehmen. Es war der Auftakt zum all-jährlichen »Kerwa-Fest«, das von Donnerstag bis Montag gefeiert wurde. Für die Familie Schmitt bedeuteten diese fünf Tage Stress. Erika hatte an ihrem gasbetriebenen Ofen mit ihren beiden Schwestern sowie einer Hilfe aus der Nachbarschaft einen etwa achtzehnstündigen Tag zu bestehen.

Besonders schmeckte mir der Sauerbraten mit Pumpernickelsoße oder das Krenfleisch, jeweils mit selbst gekochten Kartoffelknödeln. Vom Schwein gab es noch Haxen, Schäufele und Schnitzel. Auch ein Rehbraten konnte bestellt werden. Dazu wurden immer verschiedene gut angerichtete Salate gereicht. An den Abenden von Donnerstag und Freitag spielten meist zwei Musikanten auf. Länger als bis um Mitternacht hielt ich aber das Treiben nicht aus. Mein Zimmer befand sich über der Wirtsstube, deshalb musste ich jedes Mal zum Übernachten zu einer Schwester von Gottfried umziehen, da die Musik bis früh um drei Uhr in mein Zimmer dröhnte. Die feiernden »Kerwa«-Mädels und -Burschen tanzten oft bis früh um fünf lautstark sin-gend und jauchzend in der Wirtsstube. Dabei wurde viel Alkohol konsumiert. An einem Freitagmorgen sah ich einmal in der Laube, die sich vor dem Gast-haus befand, noch einige Burschen an einem Lagerfeuer sitzen. Sie hatten tatsächlich in dieser Laube zwischen einer Sitzbank und einem Holztisch ein Feuer entzündet. Bevor ich zur Uni losfuhr, informierte ich die Wirtsleute über die Gefahrenquelle an ihrem Haus. An diesem Freitagabend war ich besonders froh, zu Hause im Bett bei meiner Frau einschlafen zu können.

Nach über drei Jahren an der Uni nahte Mitte Dezember 2006 das Ende meines ersten Arbeitsvertrages, der ja als Mutterschaftsvertretung vereinbart war. Ich hatte jedoch das Glück, dass die Diplomchemikerin, die ich vertrat, ein zweites Kind erwartete. So erhielt ich von der Verwaltung noch einmal einen dreijährigen Arbeitsvertrag. Bei einem Gespräch mit Sander über neue Arbeitsthemen motivierte er mich mit den Worten: »Dich hätte ich nicht gerne hergegeben.«

Ein sehr interessantes Thema war die Kristallisation von Vitamin E. Bis-her gelang es noch niemandem, dies zu realisieren. Hierzu meinte Sander: »Du kannst es ja nebenbei mal versuchen, ohne einen Termin einzuhalten.«

Das fettlösliche Vitamin E konnte ich im Chemikalienhandel unter dem Namen »α-Tocopherol« besorgen. Vitamin E ist im menschlichen Körper essentiell und wirkt als Antioxidans. Es kann freie Radikale (chemisch reaktive Verbindungen) neutralisieren, die den menschlichen Organismus schädigen. α-Tocopherol ist eine bräunlich gelbe Flüssigkeit mit einer Konsistenz ähnlich der von Honig. Da das Vitamin E sich nicht in Wasser löst, testete ich verschiedene organische Lösemittel, um eine homogene Lösung herzustellen. Es stellte sich heraus, dass unpolare Lösemittel mit sehr geringer Wasseraufnahme am besten geeignet sind. Mir stand ein regelbarer Thermostat zur Verfügung, mit dem sehr geringe Abkühlraten und lange Haltezeiten für tiefe Temperaturen programmiert werden konnten. Hierzu diente ein externer Behälter, der mit dem abgekühlten, speziellen Öl im Kreislauf beaufschlagt wurde. In dieses Ölbad wurde ein kleiner Glaskolben mit der Probelösung eingetaucht. Der Probebehälter musste luftdicht verschlossen werden, um Kondenswasser aus feuchter Luft fernzuhalten, da sich sonst Eiskristalle im Inneren des Probenbehälters bilden könnten.

Nach monatelangen Versuchsreihen mit Temperaturen bis minus zehn Grad Celsius und im am besten geeigneten Lösemittel konnte ich tatsächlich transparente, stäbchenförmige Gebilde beobachten, die nur bei einer Temperatur tiefer als minus sieben Grad Celsius existierten. Eine Kristallisation des reinen Lösemittels konnte ausgeschlossen werden, da dessen Erstarrungspunkt unter minus zehn Grad lag. Eine Probe mit dem reinen Lösemittel unter gleicher Temperaturbehandlung bestätigte diese Vermutung. Im Bestreben diese Kristall-Gebilde mit Hilfe der Röntgenbeugung zu identifizieren, erzählte ich Sander von meiner Beobachtung. Zur Probenpräparation für die Messung mit dem Röntgengerät beauftragte unser Chef den »Post-Doc« Dr. Swastik Mondal, mir zu helfen. Sämtliche Versuche, die Kristalle mit einer Pipette aufzusaugen und gekühlt ohne Kontakt mit der feuchten Umgebungsluft unter das Mikroskop zu bringen, scheiterten zunächst. Mit Hilfe des kühlen Stickstoffstromes, aus einem Vorratsgefäß mit flüssigem Stickstoff, konnte Swastik Kristalle sicherer unters Mikroskop bringen und diese auf einen Kristallträger kleben.

Aber Swastik identifizierte mit Hilfe der Röntgenbeugung immer nur

Eiskristalle. Wahrscheinlich hatte er nur Eiskristalle aufgeklebt, da er die genaue Form der von mir identifizierten Stäbchen nicht kannte. Ich meinte zu Sander, wir bräuchten einen Raum mit absolut trockener Luft und einer Temperatur niedriger als minus sieben Grad, in der ein Mikroskop und die Röntgenanlage steht. Sander sagte dazu: »Alfred, das haben wir leider nicht. Für so ein Projekt habe ich kein Geld.« Dennoch wollte Sander, dass ich diese heikle Probenpräparation nicht ganz aufgebe. Ich wollte auch noch nicht ganz aufgeben, da mich die kristalline Stäbchenform an das längliche Molekül von α-Tocopherol erinnerte. Dieses Molekül besteht aus zwei cyclischen Kohlenwasserstoff-Verbindungen und einer langen, gesättigten Kohlenwasserstoffkette. Doch viele andere Synthesen für neue Master- und Doktorarbeiten nahmen mir die Zeit, mich mit der Kristallisation von Vitamin E weiter zu beschäftigen.

Geburtstagsfeier mit Spuk

Wie jedes Jahr am 12. Januar, feierte Steffi auch 2008 ihre Geburt. Die letzten drei Geburtstage von Steffi mit ihren Freundinnen, die ich miterleben durfte, gefielen mir immer sehr gut. Deswegen war ich auch an diesem Arbeitstag schon vor Feierabend gut auf die Geburtstagsparty eingestimmt. Nachdem ich noch schnell ein Geschenk besorgt hatte, machte ich mich schleunigst auf den Weg nach Hohenmirsberg. Diese abendliche Feier in der gemütlichen Wirtsstube von Steffis Eltern entwickelte sich bei interessanter und lustiger Unterhaltung dieses Mal zu etwas Besonderem.

An diesem Abend war auch Steffis Tante Klara eingeladen. Es gab wieder allerlei Gutes zu essen und zu trinken. Wie üblich wurde dem Geburtstagskind zugeprostet und ein gemeinsames Lied gewidmet. Während der Unterhaltung der Freundinnen mit Steffi, wobei Witze und sonstige lustige Erlebnisse ausgetauscht wurden, herrschte zunächst eine ausgelassene, fröhliche Stimmung. Neben mir saß die mir bereits bekannte Michaela, die ab und zu Steffi für einen Tratsch besuchte. Nach kurzer Unterhaltung mit Mutter Erika, die zu meiner Linken saß, wandte ich mich an Steffis Freundin. Aus früheren Gesprächen mit ihr wusste ich, dass sie gerne gruselige Filme im Fernsehen anschaut. Ich fragte sie, ob sie schon den Film »Nebel des Grauens« von John Carpenter gesehen hat. »Oje«, meinte Michaela, »diesen Film habe ich nicht bis zum Schluss gesehen, da ich alleinige Zuschauerin zu später Stunde war.« Ich erzählte ihr weiter, dass ich einmal im Kino den Film »Das Ding aus einer anderen Welt« gesehen habe. »Etwa die Hälfte der Zuschauer verließ damals nach einer halben Stunde den Kinosaal«, erklärte ich ihr. »Michaela, soll ich dir ein paar Einzelheiten aus diesem Film erzählen?«, fragte ich. Mit ernstem Blick entgegnete sie mir: »Auf keinen Fall. Wir sollten lieber das Thema wechseln, Alfred«, wehrte sie ab.

Mir gegenüber saß Sandra, eine weitere Freundin von Steffi. Sie sah mich schelmisch an und fragte: »Alfred, hast du vielleicht noch einige schaurige Geschichten auf Lager?« Ich erfand eine Geschichte, die glaubhaft wirken sollte. Ich erklärte meinem Gegenüber, dass mir heute bei der Fahrt auf der Autobahn ein Vampir begegnete. »Du machst jetzt Scherze«, stellte Sandra grinsend fest. »Nein, es ist wirklich passiert«, versicherte ich ihr und begann zu erzählen: »Kurz nach der Autobahnauffahrt sah ich vor mir ein liegen gebliebenes Auto auf dem Standstreifen. Ich fand dabei nichts Besonderes. Als ich keine hundert Meter mehr von dem Auto entfernt war, sprang plötzlich ein mit schwarzem Umhang bekleideter Mann auf die Fahrbahn und winkte mir zu. Daraufhin bremste ich meine Fahrt ab und näherte mich mit aktivierter Warnblinkanlage langsam dem stehenden Auto. Sein dezent weiß geschminktes Antlitz mit Blut verschmiertem Mund und den aufblitzenden Eckzähnen erzeugte eine realitätsfremde Szenerie. Aus dem offenen hinteren Autofenster ragte ein Frauenkopf mit langem, blondem Haar hervor. Ihr fahlblau geschminktes Gesicht mit rot unterlaufenen Augen gab dem Ganzen ein schauriges Gesamtbild«, erklärte ich. »Auf dem Beifahrersitz sah ich dann jedoch eine filmende Person, die das ganze Geschehen wieder entspannte«, gab ich grinsend zu.

Während meiner Schilderungen bemerkte ich aus dem Augenwinkel heraus, wie Michaela ab und zu mit ihrem linken Ohr mitlauschte. Nach einigen Minuten meinte sie: »Der Alfred hat aber heute eine blühende Fantasie. Hat da noch jemand mitgehört?«, fragte sie in die Runde. Drei Mädels grinsten ohne ein Wort über die Lippen zu bringen und nickten mit dem Kopf.

Nun meldete sich Tante Klara zu Wort und unterbrach dabei die sich unterhaltenden, lachenden Partygäste mit lauter Stimme. Sie fing an, von ihren jugendlichen Erlebnissen auf Burg Rabenstein zu erzählen: »Es war schon Spätherbst, als ich von der Verwandtschaft zu einem Ausflug zur Burg eingeladen wurde. Spät am Nachmittag, es zogen bereits Nebelschwaden aus dem Ailsbachtal herauf, ging ich mit Onkel und Tante an der Hand über die Brücke zum Eingang der Burg. Dort wurden wir bereits von einem

Burgführer empfangen, der ein Bekannter von meinem Onkel war. Zusätzlich zur Führung durch die üblichen Räumlichkeiten der Burg wurden wir bis zu den untersten Kellergewölben begleitet. Eine elektrische Beleuchtung in den Gängen fehlte. Durch die wackelnde Bewegung der Petroleumlampe in der Hand des Ortskundigen bildeten sich oft lang gezogene, verzerrte Schatten, erzeugt durch die an den Wänden hängenden alten Jagdtrophäen. Wie Klara weiter schilderte, erzählte ihnen der Führende von einem Burgverlies, das vom Burggarten aus zu sehen war. Dort konnte man nach unten, durch eine vergitterte Öffnung, in das verschlossene Verlies schauen. Die Gebeine und Schädel der damals eingesperrten Menschen sah man immer noch am Boden liegen.«

Nach kurzer, beklommener Stille in der Gaststube meldete sich Erika zu Wort. »Dieses Burgverlies habe ich schon als kleines Mädchen gesehen.« Während der weiteren Schilderungen von Erika herrschte absolute Stille im Raum. Nur das Pfeifen des eisigen Windes war manchmal von draußen zu hören. Erika erzählte weiter, sie sei oft während des Ferienaufenthaltes im Anwesen von Graf Schönborn gewesen. Dort gab es damals kein elektrisches Licht. Karbidlampen wurden noch als Lichtquelle verwendet. Dieses Anwesen war von der Burg nicht weit entfernt, deshalb konnte sie in den Burggarten gelangen, in das Burgverlies blicken und dabei die Knochenhaufen sehen. »Heute kann man die knöchernen Überreste der eingesperrten Menschen nicht mehr sehen«, sagte sie. Dann stand Erika auf und teilte uns stillen Gästen mit, sie müsste mal dorthin, wo der Kaiser zu Fuß hingeht. Nach einigen lautlosen Minuten begann wieder so etwas wie ein leises Murmeln, dieses flaute dann aber allmählich ab.

Plötzlich unterbrach ein lautes Klopfen am Fenster die Stille. Michaela bewegte ihren Allerwertesten sofort auf meinen Schoß und hielt sich an mir fest. Alle wirkten momentan mit ernsten Blicken überrascht. Ich muss zugeben, dass auch mir für ein paar Sekunden ein schauriges Gefühl den Rücken hinunterlief. Zudem erschreckte mich im ersten Moment zusätzlich Michaelas Sprung auf mich, den ich dann aber durchaus als angenehm empfand. Einige Minuten lang herrschte gespannte Stille im Raum. Dann betrat Erika lachend die Wirtsstube und sagte kichernd: »Habe ich euch erwischt!«

Allgemeines Gelächter brach los, und Michaela löste sich wieder von mir. Die gesamte Gesellschaft schaute jetzt auf Michaela und mich. Dann sagte eine der Damen zu ihr: »Ich wusste gar nicht, dass du Alfred so gerne hast.« Wieder erschallte lautes Lachen und Erika triumphierte, der Spuk sei ihr doch voll und ganz gelungen. Mir war leider auch klar, dass mir so schnell keine nette Zwanzigjährige mehr auf den Schoß hüpfen würde.

Angelurlaub in Südnorwegen

Ein Jahr später, zum Geburtstag von Steffi, war auch Familie Neumeister bei den Feierlichkeiten anwesend. Michael Neumeister ist ein weiterer Schwiegersohn von den »Ullas«. Er ist der Mann von Daniela, die als zweite Tochter der Familie Schmitt geboren wurde. Bei lustiger Unterhaltung fragte er mich, wann ich das letzte Mal beim Meeresfischen in Norwegen gewesen sei. »Schon länger nicht mehr«, antwortete ich. »Da wird es aber mal wieder Zeit, Alfred!«, animierte mich Michael. »Jetzt sag bloß, du hättest auch Interesse?«, fragte ich ihn. »Alleine nicht. Aber meine Familie würde sich bestimmt, schon wegen der weiblichen Neugier, auf so einen Urlaub freuen.« Michael hat zwei Töchter, Lisa und Linda, die er gleich an diesem Abend über ihre Meinung zu dieser Art von Urlaub befragte. Die beiden Töchter, noch im jugendlichen Kindesalter, waren sofort begeistert und wollten wissen, zu welchem Ort in Norwegen es gehen sollte. Michael meinte zu ihnen: »Das müssen wir Alfred überlassen, der kennt sich mit der Fischerei in Norwegen am besten aus.«

»Neben dem Angeln im Meer würde mich natürlich gleichermaßen das Fischen auf Atlantischen Lachs im Fluss interessieren«, merkte ich an. »Bisher konnte ich in den Flüssen Norwegens noch keinen Lachs fangen. Selbst am bekannten Lachsfluss Numedalslågen, am Fjord bei Larvik, blieb wegen hochsommerlicher Temperaturen und Niedrigwasser das Fischen erfolglos. Auch ein Guide, der mich zu aussichtsreichen Stellen am Fluss führte, vermochte mir nicht zu helfen. Es waren nur wenige Lachse im Fluss. Damals herrschte Badewetter in Südnorwegen, während bei uns in Deutschland im August nasskaltes Wetter die Badefreuden trübte. Wir in Norwegen konnten aber in den Seen baden. Zum Glück fischten wir wenigstens vom Boot aus in einem See erfolgreich auf Hechte«, erklärte ich der neugierig zuhörenden Familie Neumeister. »Auch in Nordnorwegen war wegen extremen Niedrigwassers am Lachsfluss Neiden kein Fischen auf Lachs möglich. Lediglich eine Meerforelle mit vierzig Zentimeter ging an die Lachsfliege«, erzählte ich weiter.

»Da wird es aber Zeit, dass du einen Atlantischen Lachs fängst«, sagte Michael zu mir. »Ich bin völlig deiner Meinung«, entgegnete ich ihm. »Michael, hiermit lade ich euch als Familie ein, in diesem Jahr mit mir und Veronika zum Fischen nach Südnorwegen zu fahren.«

Anfang Juni begann ich zusammen mit Familie Neumeister einen Urlaub in Südnorwegen zu planen. Ich konzentrierte mich auf das Gebiet in der Nähe von Farsund, das sich nicht weit weg von der Südwestküste und dem nahegelegenen Fluss Lygna befindet. Mit den Neumeisters waren wir sechs Personen, für die ich eine Unterkunft zu suchen hatte. Unter den Anbietern für Ferienwohnungen um Farsund fand ich eine Doppelhaushälfte in Vanse mit großem Garten. Ich nahm Kontakt auf und buchte bei der nach Norwegen ausgewanderten Familie Braun das Ferienhaus für die ersten zwei Wochen im August.

Mit meinem Renault Espace, der als Siebensitzer konzipiert war, fuhr ich mit Veronika am 1. August frühmorgens nach Körzendorf im Ahorntal zu den Neumeisters. Die Familie stand schon komplett abholbereit im Garten neben ihrem Reisegepäck. Tante Monika hatte noch einige Taschen und Beutel mit Lebensmitteln bereitgestellt. Auch für ein Fünfzehn-Liter-Fass Bier und eine Kühltasche mit Grillfleisch war noch Platz im Auto. Einige der anderen Lebensmittel, die von Monika bereitgestellt wurden, mussten leider hierbleiben. Am späten Abend erreichten wir den dänischen Fährhafen Hirtshals. Bei der Anmeldung erlebte ich aber eine böse Überraschung wegen der Tickets für die Fähre.

Die Frau am Schalter teilte mir mit, dass die von uns gebuchte Fähre bereits in der vergangenen Nacht abgefahren sei. Voller Schrecken wurde mir bewusst, dass ich mich wegen des Ferienbeginns mit dem Datum vertan hatte. Die nächste Fähre fuhr erst am nächsten Tag um ein Uhr dreißig. Ich sprach kurz mit Michael über meinen Fehler und versicherte ihm, die neuen Tickets zu bezahlen. Michael meinte jedoch, er wolle einen kleinen Beitrag dazu leisten. »Alfred, deswegen lassen wir uns die gute Urlaubsstimmung nicht verderben«, sagte er. Nach etwa drei Stunden Wartezeit konnten wir endlich an Bord gehen. Für Michaels Töchter war dies die erste Fährüberfahrt in der Nordsee. Sie waren sehr begeistert. Fast dreieinhalb Stunden später fuhren wir nach wenig Schlaf in die Hafeneinfahrt von Kristiansand ein.

Über die E39 erreichten wir nach fünfundsiebzig Kilometern Fahrt die Ortschaft Lyngdal am Fluss Lygna. Hier mussten wir abbiegen und kamen auf die Straße 43. Da diese Straße am Fluss entlang verlief, bewegte ich mein Auto langsamer, um die Ufer und den Flussverlauf zu betrachten. Während die Neumeisters im Auto schliefen, verfolgte meine Frau als Beifahrerin meine Fahrweise sehr aufmerksam und schimpfte mich hin und wieder. Dabei meinte sie: »Wenn du so weiterfährst, liegen wir mit dir bald im Fluss.« Michael hatte doch zugehört und lachte voll auf. »Alfred, will seine Angelstellen ausspähen und drillt jetzt schon im Geiste seinen Lachs«, witzelte er.

Dreißig Minuten später fuhren wir durch den Ortskern von Vanse. Ich hielt kurz an, um auf einer detaillierten Karte nach dem Ortsteil Nordhassel zu suchen, welcher nahe am Meer liegt. Zu früher Morgenstunde, etwa um sechs Uhr, erreichten wir das Anwesen der Familie Braun. Um diese Zeit wollten wir die beiden Gastgeber noch nicht wecken, deshalb wanderten wir zum nahegelegenen Strand an einer Meeresbucht. Dort legten wir uns noch circa eineinhalb Stunden in den Sand und genossen die morgendliche Sonne. Noch müde von der Reise, fuhr ich dann in den offenen Hof der Ferienanlage. Beim Aussteigen kam gleich ein Herr auf uns zu. »Hallo, ich bin Ronald, euer Gastgeber«, begrüßte er uns. Auch seine Frau Kathrin und der zwölfjährige Sohn kamen jetzt aus dem Haus und begrüßten uns recht freundlich.

Wie wir erfuhren, war Familie Braun vor fünf Jahren von Potsdam nach Norwegen gezogen. Sie kauften dieses Anwesen und renovierten die beiden Doppelhaushälften. Eine davon diente uns als Ferienhaus. Wir waren begeistert von den geräumigen Zimmern, von Küche, Bad und großem

Wohnzimmer sowie der schönen Gartenanlage mit den Gemüsebeeten. Ronald meinte zu uns: »Ihr seid jetzt bestimmt noch müde von der Reise. Wir treffen uns am Nachmittag.« Da er nicht kam, ging ich zu ihm in die Werkstatt. Dort spulte er gerade eine neue Flugschnur auf die Rolle seiner Fliegenrute, die er zum Fischen auf Lachs verwendete. »Wie ich sehe, fischst du auch mit Fliege auf Lachs. Das trifft sich ja gut«, sagte ich freudig zu ihm. »Dann kannst du mir bestimmt einige Tipps zum Befischen der Lygna geben, Ronald.« »Momentan läuft es schlecht mit den Lachsen in diesem Fluss, Alfred. Wir hatten schon länger keine Niederschläge mehr, deshalb herrscht momentan Niedrigwasser im Fluss«, informierte er mich.

Hierauf erwiderte ich, dass ich diese Situation schon häufig erlebt hatte. Ich erzählte ihm von den norwegischen Flüssen, an denen ich ebenfalls wegen Niedrigwasser erfolglos auf Lachs fischte. »Alfred, du solltest zum Fischen auf den Atlantischen Lachs mehr Zeit einplanen«, riet er mir. Er empfahl mir, Flüsse im regenreichsten Gebiet um Bergen auszuwählen, die im Sommer fast immer genug Wasser führen. »Während meines Rentnerdaseins, Ronald, werde ich deine Ratschläge berücksichtigen«, versicherte ich ihm. Nun wollte er von mir wissen, ob ich schon einen Atlantischen Lachs landen konnte. Lächelnd sagte ich zu ihm: »Ja, einen Lachs mit etwas über zwanzig Zentimeter, der mir am Neiden auf eine kleine schwarze Tubenfliege biss. Stell dir vor, Ronald, dabei fischte ich damals mit der Zweihandrute.« »Immerhin Alfred, wenn auch klein, aber es ist ein Lachs gewesen«, schmunzelte er.

Daraufhin fuhr ich fort: »Viel Erfahrung beim Fang von Pazifischen Lachsen konnte ich mir in Alaska aneignen. Sehr viele Rotlachse, die zahlreich im Flusssystem des Kenai River aufsteigen, fing ich mit der Fliege«, erklärte ich. Dazu meinte Ronald: »Bei diesen hohen Aufstiegszahlen wird es wohl einfacher sein.« »So einfach ist es mit den Rotlachsen auch wieder nicht«, erwiderte ich. »Der Königslachs und noch mehr der Silberlachs sind im Vergleich zum Rotlachs sehr beißfreudig. Beide Arten nehmen im Fluss noch gerne Nahrung auf, obwohl auch sie vorhaben, abzulaichen. Der Atlantische Lachs und der Rotlachs sind bezüglich ihrer verminderten Nahrungsaufnahme im Fluss vergleichbar. Es handelt sich lediglich um einen Beißreflex, der bei Erkennen eines Beuteschemas ausgelöst wird«, erklärte ich Ronald. »Der Atlantische Lachs wird aber auch auf Wurm gefangen«, stellte Ronald fest. »Ja, das habe ich ebenfalls gelesen«, bestätigte ich ihm.

Michael kam nun zu uns in die Werkstatt und wollte von Ronald wissen, ob hier vor Ort die Meeresfischerei gut ist. »Ja, läuft gut bei uns, Michael, aber ihr solltet auf den Seegang achten«, empfahl er. »Momentan kann man erfolgreich auf Makrelen angeln. Aber auch Seelachs, Dorsch und Pollack gibt es hier«, erklärte er. »Ach ja, ich will euch heute das Boot zeigen«, meinte Ronald. Er fuhr mit uns zum Hafen. Der Bootshafen, der links und rechts von zwei hohen ins Meer ragenden Molen begrenzt wird, liegt etwa zwei Kilometer von der Ferienanlage entfernt. Acht Boote waren an der senkrecht abfallenden Kaimauer mit Leinen an den einzelnen Eisenringen und mit einer Ankerkette am Heck vertäut.

Michael war sehr begeistert und wollte sofort das Boot betreten. Bei Ebbe war dies von der Kaimauer aus kein leichtes Unterfangen. So gelang es ihm nur schwer, auf einem vorstehenden Mauerstein stehend, das Boot heranzuziehen. Mittels eines waghalsigen Balanceakts versuchte er mit einem Bein das Boot zu erreichen. Dabei kam er allmählich in eine gefährliche Grätsche. Ich wollte das Boot mit der Leine wieder näher heranziehen, aber wegen meines kräftezehrenden Lachens versagte mir die Kraft. Tapfer verharrte Michael weiterhin in dieser Stellung. Allmählich hatte ich mein Lachen wieder im Griff und verhinderte seinen kompletten Absturz. Nicht nur ich, sondern auch unsere Frauen und Töchter am Ufer konnten das Lachen nicht unterdrücken. Ronald sagte dazu: »Michael, da du jetzt schon im Boot bist, erkläre ich dir den Motor.« Es handelte sich um einen Viertakter mit fünfundzwanzig PS, der durch einen Joke mit Anlasser leicht zu starten war. Das Boot hatte auch einen Steuerstand mit integriertem Kompass.

Am nächsten Vormittag gingen wir zu Fuß mit unseren Pilkruten und Schwimmwesten zum Hafen. Um möglichst ohne Schaden ins Boot zu gelangen, zog ich es so weit wie möglich heran und hielt es fest. Michael konnte dadurch leicht mit sicherem Schritt an Bord gelangen. Im Boot zog er sich am Seil zum Ufer hin. Ich reichte ihm die Ausrüstung. Nachdem ich die Leine löste und Michael das Boot stabilisierte, ging ich ebenfalls an Bord.

Leicht ist dieser Einstieg an der senkrechten Kaimauer nicht und schon gar nicht alleine, waren wir uns einig. Der Motor startete sofort. Michael wollte gleich als Steuermann losfahren. Es gab nur eine leichte Brise und wegen der geringen Wellen war das Fischen vom Boot aus optimal möglich. »Fahr mal einfach langsam aus der Bucht heraus«, sagte ich zu ihm, während ich noch den seichten Meeresgrund beobachtete. Das Wasser war hier sehr klar, sodass man in etwa vier Meter Tiefe noch den Grund sehen konnte.

Michael schlug vor, zuerst auf Makrelen zu fischen, damit wir zu Mittag gleich eine Mahlzeit hätten. Wir montierten die Makrelenvorfächer und ließen die mit Blei beschwerte Montage mit drei Anbiss-Stellen langsam herab. Das Echolot zeigte bei einer Tiefe von vierzig Metern keine Fischschwärme an. In geschätzt zwanzig Meter über dem Meeresboden ließen wir einfach unsere Vorfächer über den Grund schweben. Eine leichte Brise ließ uns parallel zum Ufer driften. Nach einer langweiligen halben Stunde ohne Fischkontakt warf ich wieder einen Blick auf das Echolot. In etwa zehn Meter Tiefe wurden Fische angezeigt. »Jetzt schnell hochkurbeln, Michael, vielleicht ist es ein größerer Schwarm.« Tatsächlich, nach bereits fünf Kurbelumdrehungen vibrierte bei ihm schon die Rutenspitze und neigte sich ab und zu etwas heftiger nach unten. Auch ich zog meine Köder zu dem Schwarm hoch. Sofort fühlte ich die an der Schnur zerrenden und rüttelnden Fische. Sechs vibrierende Makrelen hoben wir gleichzeitig aus dem Wasser und hievten sie ins Boot. Ich beförderte meine drei Fische aber sofort wieder über Bord, um ein heilloses Durcheinander der Vorfächer zu vermeiden.

»Was meinst du, Michael, reichen sechs Makrelen für unseren Mittagstisch?«, fragte ich. »Alfred, ich tunk nochmal mein Vorfach ein, weil es gerade so gut läuft«, kündigte er an. Schon fünf Minuten später waren es insgesamt neun Fische. Wir bestückten unsere Ruten mit Pilkern und fuhren zu tieferem Wasser. Der Wind hatte etwas aufgefrischt und es bildeten sich allmählich Schaumkronen. Während Michael langsam geradeaus fuhr, beobachtete ich den Meeresgrund am Echolot. In fünfundsechzig Meter Tiefe erschien nach fast ebenem Boden strukturierter Meeresgrund auf dem Bildschirm. »Halt an, Michael, hier wollen wir es mal versuchen«, rief ich ihm zu. Das Boot driftete jetzt durch die steife Brise schneller über den Grund.

Trotzdem ließen wir unsere Pilker mit Vorhaltewurf Richtung Bootsdrift in die Tiefe. Wir fingen in Grundnähe einige Dorsche mit Längen zwischen fünfzig und sechzig Zentimetern. Größere Exemplare konnten wir an diesem Tag nicht mehr fangen. Ein nochmaliger Versuch, auf Makrelen zu fischen, blieb erfolglos. Deshalb schipperten wir, auch wegen der zunehmend höher werdenden Wellen, zurück in den Hafen.

Am folgenden Morgen äußerten Daniela und die beiden Töchter den Wunsch, mit uns eine Bootstour zu unternehmen. Trotz der Windstille herrschten immer noch die hohen Wellen des vorherigen stürmischen Tages. Dennoch bestanden sie darauf. Michael riet ihnen ab und meinte: »Auch ich könnte wegen der langgezogenen und weiterhin hohen Wellen Probleme mit dem Magen bekommen.« Nach nochmaliger Rücksprache mit den Frauen, ob sie sich sicher seien, stachen wir gemeinsam in See. Diesmal steuerte ich das Boot. Etwa fünfhundert Meter von der Küste entfernt stoppte ich den Motor. Das Boot lag nun parallel zu den Wellen und bewegte sich rhythmisch auf und ab. Michael und ich ließen unsere Pilker abtauchen. Allmählich meldete sich bei mir ein flaues Gefühl im Magen. Michaels Blicke verrieten mir, dass auch ihn unangenehme Gefühle im Magen plagten. Während er den Pilker langsam wieder nach oben bewegte, geriet sein Magen in Aufruhr, und er konnte sein Frühstück gerade noch über die Bordkante loswerden. Ich konnte mein Lachen nicht unterdrücken und sagte zu seinen Töchtern: »Euer Vater füttert jetzt die Fische.« Entsetzt blickten die drei Bootsgäste zu Michael und jammerten, dass es ihnen nun schlecht sei. »Visiert mal alle den Küstenstreifen an, dann wird es vielleicht besser«, sagte ich zu ihnen. Michael konnte noch einen verwertbaren Dorsch fangen, bevor ich den Motor anließ, um das rettende Ufer zu erreichen. »Bezüglich Seekrankheit bin ich zwar einiges gewohnt, aber bei langgezogenen und hohen Wellen reagiert mein Magen ebenfalls sehr sensibel. Auch in Irland hatte mich eine mittelschwere Seekrankheit erwischt«, erzählte ich Daniela und Michael am Ufer.

Freitagabend unterhielten wir uns einige Zeit mit Ronald. Nach einer Weile sagte Michael zu ihm: »Morgen lade ich euch zu meinem Geburtstag ein.« »Michael, freut mich sehr, meine Frau fährt zwar mit Sohn morgen früh nach Potsdam zu einer Hochzeit, aber das ist für mich halb so schlimm. Ich habe dann sturmfreie Bude«, meinte er freudig. »Ist es dir recht, Michael, wenn ich dazu einige Freunde einlade?«, wollte er von ihm wissen. »Kein Problem«, erwiderte Michael. Ronald sagte: »Selbstverständlich werde ich Bratwürste und Bier einkaufen.« »Michael hat ein Fünfzehn-Liter-Fass Bier und einige Kilo Grillfleisch mitgenommen«, informierte ich unseren Gastgeber. »Meine Herren, dann können wir ja morgen Nachmittag so gegen sechzehn Uhr die Party starten lassen«, freute er sich.

Ronald trat jetzt an mich heran und erklärte: »Ab Sonntag soll uns laut Wetterbericht ein kräftiges Sturmtief erreichen. Starker Regen könnte den Wasserstand in der Lygna steigen lassen. Freu dich, Alfred, nächste Woche ist für dich Lachsfischen im Fluss angesagt.« Ohne Worte schaute ich ihn freudestrahlend an.

Dann empfahl er mir, für diesen Abend zur Hafenmole nach Borhaug zu fahren. Dort könnte ich es mit Blinker auf Lachs versuchen. Er habe von Freunden gehört, dass die begehrten Salmoniden dort schon des Öfteren gefangen wurden. Ich teilte auch Michael mein Vorhaben mit. Samt Familie Neumeister und meiner Frau fuhren wir zu der etwa fünf Kilometer entfernten Hafenmole bei Borhaug. Dort angekommen, liefen wir zweihundert Meter weit die Mole entlang bis zur Hafeneinfahrt. An deren Ende war die Mole mit großen, quaderförmigen Steinen zum Meer hin befestigt. Mit meiner Spinnrute und einem länglichen Blinker mit blauen Punkten auf weißer Grundfarbe begann ich fächerförmig die Wasserfläche zwischen den beiden Dammenden abzuwerfen.

Interessiert schauten meine Begleiter mir eine Weile zu. Nach etwa zwanzig Minuten benötigte ich eine Pause vom ermüdenden Werfen. Während sich Michael, Vroni und Daniela unterhielten, wechselte ich den Blinker. Mit dem etwas schwereren Metall erzielte ich weitere Würfe. Dabei ließ ich den Köder tiefer absinken. »Wie lange willst du hier noch fischen?«, wollte meine ungeduldige Frau wieder mal von mir wissen. Kaum dass sie die Frage ausgesprochen hatte, spürte ich den plötzlichen Stillstand meines Köders. Nach einigen Sekunden setzte ich einen Anhieb. Auf Grund der spürbaren Gegenbewegung kam in mir Freude auf. Wegen des kräftigen Schnurabzugs dachte ich kurz an einen Lachs. Es könnte aber auch ein großer Seelachs (Köhler) oder Pollack sein, überlegte ich. Jetzt musste ich die Bremskraft verstärken, damit sich der Fisch nicht zu weit entfernen konnte. Nach einigen seitlichen Fluchtversuchen wurde die Schnur plötzlich locker. Obwohl ich die Schnur zügig einholte, war momentan kein Gegenzug mehr zu spüren. »Jetzt hast du den Fisch verloren«, sagte Michael. Schnell holte ich mit angehobener Rute Schnur ein. Alle schauten mir dabei gespannt zu. Völlig überraschend begann sich die Schnur etwa zwanzig Meter vor dem Ufer wieder zu strecken und der wilde Drill begann von Neuem. Nach kurzem Schwanzschlag an der Oberfläche, der das Wasser aufspritzen ließ, verabschiedete sich der starke Fisch leider endgültig.

Ein kurzes Frösteln überkam mich durch die kühle Brise vom Meer und durch den Frust, den starken Fisch im Drill verloren zu haben. Michael sagte: »Vielleicht hast du den Kerl zu wenig stramm gehalten.« »Kann ich jetzt nicht beurteilen«, entgegnete ich ihm. Diesen Fisch vor den kantigen Felsblöcken noch weiter müde zu drillen und über die sehr großen Uferblöcke anzulanden, wäre bestimmt nicht einfach geworden, dachte ich. Die beiden jungen Mädels trösteten mich und bedankten sich für den spannungsvollen Abend. »Danke euch auch, der Fisch blieb dieses Mal Sieger«, sagte ich zu den beiden. »Alfred, glaubst du, dass es ein Lachs war?«, fragte Michael. »Ich bin mir nicht ganz sicher, aber auf Grund des harten Drills mit meiner kräftigen Spinnrute halte ich es für möglich.« »Ich hätte den Fisch zumindest gerne gesehen«, sagte Michael enttäuscht. »Einen Fisch im Drill zu verlieren, ohne ihn gesehen zu haben, ist schlimm, besonders wenn es sich dabei um einen Lachs handeln könnte«, stimmte ich ihm zu.

Am nächsten Tag bei schon intensivem Sonnenschein frühstückten wir auf der gemütlichen Holzterrasse. Alle gratulierten Michael zu seinem Geburtstag. Ronald kam jetzt mit einer Flasche Sekt dazu. Der IT-Experte sagte zu uns: »Lasst uns den Justizvollzugsbeamten heute recht schön feiern. Michael, ich wünsche dir alles Gute und noch einen schönen Aufenthalt mit viel Abenteuer bei uns in Norwegen.« Bevor sich Ronald wieder entfernte, meinte er: »Ihr solltet den Grill etwas säubern, da ich noch einige Stunden in der Gemeindebehörde zu tun habe.« Wir beide machten uns an die Arbeit, während die Damen das Grillfleisch zubereiteten. So gegen fünfzehn Uhr kam Ronald mit einigen Bierflaschen, Brot, Bratwürsten und Grillkohle zurück. Ronalds Frau hatte uns am Tag zuvor einen Kartoffelsalat und frische Salate vom Beet angerichtet. Sie war bereits in den frühen Morgenstunden nach Potsdam abgereist.

Ronald fragte mich, mit welcher Fliegenrute ich auf Lachse fischen möchte. »Ich besitze eine Gerte von Greys, ›GRXi‹, mit zehn Fuß Länge und der AFTMA-Klasse 7/8«, erklärte ich. Er hatte eine Elf-Fuß-Rute auch mit »fighting back«. Nach einigen Testwürfen mit beiden Ruten konnte ich keine wesentlichen Unterschiede feststellen. Ronald bestätigte mir die Tauglichkeit meines Fanggerätes zum Fischen auf Lachs. »Eine etwas längere Rute hat manchmal im Drill Vorteile«, belehrte er mich. »Ich weiß, Ronald, zu Hause habe ich noch eine Zweihandrute mit vierzehn Fuß Länge.«

Inzwischen waren zwei seiner geladenen Gäste mit einem Wohnmobil eingetroffen. Es handelte sich um zwei deutsche Männer mittleren Alters, die erst kürzlich nach Norwegen ausgewandert waren. Ronald drückte ihnen gleich eine Flasche Bier in die Hand. Noch bevor er uns einander vorstellen konnte, fragten sie bereits nach dem bayrischen Bier vom Fass. »Da solltet ihr erstmal dem Michael zum Geburtstag gratulieren, der hat das Bier schließlich aus Bayern mitgebracht«, tadelte er sie. »Michael ist mit seiner kompletten Familie hier, um im Meer zu fischen. Alfred mit seiner Frau verbringt hier Urlaub und würde gerne in der Lygna Lachse angeln«, klärte er die Gäste auf. Michael wandte sich nun an die beiden und sagte: »Wir haben beschlossen, das Fass erst ab sechzehn Uhr anzuzapfen.« Lächelnd meinte Ronald dazu: »Dann haben wir ja noch eine halbe Stunde Zeit.« Die beiden neuen Gäste setzten sich jetzt auf die Bänke, die sie mit Ronald herbeigeschafft hatten. Nach einer Weile stand einer der Gäste auf und half mir, den Grill in Betrieb zu nehmen. Der noch Sitzende, mit der verkehrt herum getragenen Schirmmütze, erinnerte Michael: »Jetzt ist es sechzehn Uhr.« »Tatsächlich, jetzt ist es schon sechzehn Uhr«, stellte Michael überrascht fest und ging in den Keller, um das Fass zu holen. Kaum stand das Fass auf dem Tisch, erhob sich der Ungeduldige mit einem Krug in der Hand und begab sich in die Nähe des Fasses.

Der Geburtstagskandidat holte tief Luft, bevor er mit dem Holzhammer auf den Hahn schlug. Sein zielsicherer, geradliniger Schlag trieb den Hahn genügend stramm in die Anzapföffnung des Holzfasses. Kein einziger Tropfen ging dabei verloren. »O'zapft is«, verkündete Michael strahlend auf Bayerisch. Den ersten Krug, der noch halb mit Schaum befüllt war, überreichte er Ronald. Der Urlaubsgastgeber sagte: »Heute erlebe ich das erste Mal, dass ein Feriengast ein Bierfass mitbringt. Lassen wir das Geburtstagskind hochleben«, stimmte er an. Alle riefen dann im Chor: »Ein dreimal hoch, ein dreimal hoch, ein dreimal hoch dem edlen Spender.« Damit war Michaels norwegische Geburtstagsparty eröffnet. Nun füllte sich allmählich Krug für Krug und alle konnten mit ihm auf seine Gesundheit anstoßen. Das Bier schmeckte sehr gut. Es war ein halbdunkles Hopfengebräu von einer der vielen kleinen Privatbrauereien, die in der Fränkischen Schweiz ansässig sind.

Eine Stunde später kamen noch zwei weitere deutsche Bekannte von Ronald hinzu, die schon länger ausgewandert waren. Mit einem bayerischen »Grüß Gott« begrüßten sie uns und erhöhten den Bierbestand durch mitgebrachtes Flaschenbier. Inzwischen brutzelten die ersten Koteletts auf dem Grill und ein deftiges Aroma breitete sich aus. Von dem gut eingelegten, würzigen Fleisch mit den reichlichen Zutaten aus Ronalds Garten waren alle sehr begeistert. Das Bier aus dem Fass wurde von Ronalds Gästen besonders gelobt. Da können die norwegischen Brauereien nicht mithalten, waren sich die vier Ausgewanderten einig. Ronald sagte zu ihnen: »Stimmt, deswegen, meine Herren, solltet ihr dieses Bier mit langsamen Zügen genießen. Wer weiß, wann ihr wieder so ein schmackhaftes Freibier serviert bekommt. Im Anschluss habt ihr ja das Flaschenbier zum Saufen«, bemerkte er lachend.

Wegen der schon längeren Schatten, die die Bierkrüge über den Tisch zogen, schlug Ronald vor, zur westlich gelegenen Terrasse umzuziehen. Er meinte, dort wären wir länger in der Sonne. Seine Holzterrasse mit integriertem Pool und einer Bar-Ecke mit Holzmöbeln wirkte sehr einladend. Auf den Bänken an einem Holztisch mit vier Barhockern konnten zehn Personen leicht Platz finden. Beim Transport des Bierfasses zur Terrasse schätzten wir den Inhalt noch auf fünf Liter. Ronald mahnte: »Jetzt müssen wir den Rest dieses feinen Hopfensaftes noch gerecht aufteilen.« Michael und ich waren uns einig, dass er mit seinen vier Gästen das restliche Bier im Fass noch genießen sollte. »Wir haben ja immer wieder die Gelegenheit, so ein Bier zu trinken«, erklärte ich. Michael fragte Ronald, ob er schon gehört hat, dass es in der Fränkischen Schweiz die größte Brauereidichte der Welt gibt. »Interessant«, sagte er. »Das habe ich noch nicht gewusst.«

Wir beide befragten die Neubürger Norwegens, warum sie Deutschland verlassen haben. Zwei der Herren führten als Grund eine drohende Arbeitslosigkeit an. Einer berichtete, dass ihn seine Frau verlassen hat, weil er schon länger arbeitslos war. Er sei momentan auf der Suche nach Arbeit in Norwegen, erklärte er. Der vierte Mann, mit der verkehrten Kappe auf dem Kopf, wollte sich dazu nicht äußern. Er stand die meiste Zeit am Ende des Bartisches und war sehr wortkarg. Ronald stellte jetzt eine Flasche klaren Hochprozentigen auf den Tisch und verteilte kleine Kunststoffbecher. Einige Runden Schnapsgenuss intensivierten und lockerten allmählich die Unterhaltung. Mit grinsender Miene wollte Ronald von Michael wissen, ob er nicht manchmal einen Liebling unter den Gefangenen hätte, der mit ihm Händchenhalten sollte. Michael ging sofort auf Ronald los und versuchte, ihn am Genick zu packen und zu schütteln. Lachend wich Ronald aus und rutschte dabei von seinem Barhocker. Michael eilte zu seinem am Boden liegenden Kontrahenten, half ihm auf und klopfte ihm wohlwollend die Schulter. »Ist dir was passiert?«, fragte er besorgt. Lachend sagte Ronald zu ihm: »Nichts passiert, lieber Urlaubsgast.« Dabei umarmte er ihn. »Da seht mal, wie zwei warme Brüder«, bemerkte einer der Gäste. Daraufhin lachten einige laut auf und Heiterkeit breitete sich aus. Ronald, wieder auf dem Barhocker sitzend, schenkte erneut Schnaps ein. Während ausgelassener Stimmung fragten die Gäste Ronald, ob er nichts zu knabbern hätte. »Oje«, gab er von sich, »entschuldigt, meine lieben Gäste, ich hol euch was.«

Es dauerte eine Weile, bis Ronald wieder erschien. Inzwischen brachte Daniela einige Knoblauchwürste und eingelegte Wurst in Gläsern, die Gottfried mitgegeben hatte. Bei fortgeschrittener Stunde, es war bereits dunkel, kam diese Brotzeit vor allem bei den deutschen Gästen sehr gut an. Während weiterer Schnapsrunden wurden die Auswanderer immer redseliger und berichteten von ihren jugendlichen Streichen. Auch ich erzählte ihnen von meinen besonderen Streichen als Auszubildender in den Chemielabors.

Allmählich wirkten bei mir die Promille im Blut. Ab und zu konnte ich Wortverzerrungen nicht mehr vermeiden. Ronald und Michael offenbarten bereits Gleichgewichtsstörungen beim Toilettengang. Dies führte dazu, dass Daniela und meine Frau die fast leere Schnapsflasche versteckten.

Als Ronald dies bemerkte, holte er eine neue Flasche Hochprozentigen. Nach einer weiteren Runde kippte plötzlich der am Ende des Tisches stehende Gast um. Dabei riss er drei Blumentöpfe mit in die Tiefe. »Jetzt reichts aber«, schimpften die Damen lautstark. Während die Männer den Umgefallenen zu viert in sein Wohnmobil verfrachteten, verschwand zur Sicherheit auch die neue Puschkin-Flasche. »Lassen wir es gut sein«, ließ Ronald nun verlauten. Nach Verabschiedung der Gäste ging Ronald schwankend in Richtung Haus und bedankte sich bei Michael für die feuchtfröhliche Geburtstagsparty.

Am Sonntag kurz vor Mittag kam Ronald, während wir frühstückten, zu uns. Er teilte uns mit, dass er bis Montagfrüh nicht zu Hause sein werde. Von einer Ausfahrt mit dem Boot am Nachmittag riet er ab, da laut Wetterbericht ein Sturm aufkommen sollte. Familie Neumeister und wir beide waren uns einig, einen Sonntagsausflug mit dem Auto zu unternehmen. Als Ziel wählten wir den Leuchtturm in der Kommune Lindesnes aus, den wir auf der Landkarte finden konnten. Der Leuchtturm befindet sich auf der südlichen Halbinsel Ramsland und ist damit der südlichste Punkt Norwegens. Auf dem Parkplatz vor dem Turm überraschte uns der angekündigte starke Sturm beim Aussteigen aus dem Auto.

Oben auf dem Plateau des Turmes blies der Wind so kräftig, dass wir uns in äußerster Schräglage des Körpers gegen die westliche Luftströmung fast im Gleichgewicht halten konnten. Anschließend unternahmen wir eine Wanderung vom Turm aus auf einem Pfad in westlicher Richtung. Nach einer Strecke von etwa einem Kilometer erreichten wir am Wegesrand ein rot umrandetes Warnschild mit folgendem Hinweis. »Achtung, hier befindet sich ein Gebiet, das im Zweiten Weltkrieg von der deutschen Wehrmacht vermint wurde. Die Minen wurden bis jetzt noch nicht beseitigt, deshalb darf der Weg nicht verlassen werden.« Nachdenklich, aber folgsam gingen wir auf diesem Weg weiter, bis wir zu Wrackteilen eines abgestürzten Jagdflugzeuges kamen. Obwohl keine Identifikation der Wrackteile möglich war, sagte ich zu Michael: »Könnte eine ›Me 109‹ gewesen sein.« Dann erreichten wir einige in die Steilküste integrierte Betonbunker. »Glaubst du, können wir da hineingehen?«, fragte mich Michael. »Ein Weg führt ja direkt dorthin, da kommen wir bestimmt rein«, antwortete ich.

An der Betonöffnung war sogar noch der halb verrottete Holzrahmen einer Eingangstür vorhanden. Wir sahen im Inneren zwei gut erhaltene Stühle aus Holz vor der schlitzartigen, langen Schießöffnung stehen. Daneben lag eine Holztrommel, die mit intaktem Kabel noch gut befüllt war. In der rechten vorderen Ecke des Raumes sahen wir einen Telefonapparat am Boden liegen. Es sah so aus, als hätten Soldaten gerade erst den Raum fluchtartig verlassen. Diese Szenerie erzeugte ein beklemmendes Gefühl. Nach anschließender Besichtigung der Stadt Farsund fuhren wir zurück zu unserem Ferienhaus.

Spät am Sonntagabend, gegen elf Uhr, leuchteten plötzlich Leute mit Taschenlampen unerwartet an das Haus, während wir vor dem Fernsehapparat saßen. Wegen der lauten Sturmgeräusche konnten wir den Dauerton der Haustürklingel kaum noch hören. Michael und ich eilten sofort zur Haustür. Zwei Männer mit langen Regenmänteln und Gummistiefeln standen vor der Tür. »Guten Abend, entschuldigen Sie die Störung, aber wir haben eine Notsituation am Bootshafen«, berichteten die beiden aufgeregt. Sie baten uns, die Boote in Sicherheit zu bringen, da bereits sehr hohe Wellen über die Kaimauer des Hafens schlugen. Dadurch können die Boote gegeneinanderschlagen und schwer beschädigt werden, befürchteten sie. Michael und ich rüsteten uns mit Regenjacken und einer Taschenlampe aus und folgten den beiden Norwegern.

Als wir den Hafen erreichten, gerieten die Boote bereits aneinander und waren schon fast zur Hälfte vollgelaufen. Während die Norweger von der östlichen Kaimauer die vorderen Boote bestiegen, um die Ankerleinen zu lösen, gingen wir vom Ufer aus in das Wasser zu den ufernahen Booten. Im bis zur Brust hochschwappenden Wasser lösten wir die vordersten vier Boote von den Befestigungsleinen und zogen sie an Land. Die in den anderen Booten sitzenden Norweger warfen uns dann die Leinen zu, um auch diese Boote an Land zu bringen. Nach etwa einer dreiviertel Stunde kalter und nasser Rettungsarbeit gingen wir frierend in unser Ferienhaus zurück.

Bereits früh am Montagmorgen klingelte Ronald an unserer Tür, um zu erfahren, was passiert ist. Zu dritt gingen wir zum Hafen, um bei Tageslicht sein Boot zu begutachten. Wir konnten zum Glück keinerlei Schäden feststellen. Ronald und die Bootsbesitzer bedankten sich für unseren Einsatz. Immer noch spritzte die Gischt der anrollenden Wellen über die Kaimauer. An eine Bootsausfahrt war bei dieser rauen See nicht zu denken. Die hintere Bordwand eines Bootes war beschädigt worden. An den übrigen Booten fanden sich lediglich kleinere Lackschäden.

Am Nachmittag kam Ronald zu uns ins Haus, um mit mir über das Lachsangeln in der Lygna zu sprechen. Laut Internet wäre der Wasserstand nun ideal zum Fischen. Ronald sagte: »Ich besorge dir heute in Farsund zwei Tageskarten.« »Danke dir, ich würde mich sehr freuen, einen Atlantischen Lachs an den Haken zu bekommen«, antwortete ich. »Vielleicht hast du ja Glück, Alfred«, ermutigte er mich. Am Abend übergab mir Ronald zwei Tageskarten im Wert von vierhundert Norwegischen Kronen, die für Mittwoch und Donnerstag gültig waren. Welche große Freude mir Ronald damit bereitete, kann er sich bestimmt nicht vorstellen, dachte ich. Am liebsten hätte ich ihn umarmt. Am nächsten Vormittag begleitete er mich zum Fluss, um mir einige aussichtreiche Stellen zu zeigen.

Am Mittwoch fuhr ich dann auf der Straße 43 los bis zur Stadt Rom. Ab dort führt diese Straße, nach Überquerung der E39, direkt im Tal der Lygna weiter flussaufwärts. Etwa zehn Kilometer nach dem Landschaftsschutzgebiet »Kvellandsfossen« wird der Fluss interessant zum Fliegenfischen, hatte mir Ronald erzählt. Vielleicht einhundert Meter vor einer Brücke, die über den Fluss führt, suchte ich mir am rechten Ufer einen Parkplatz. Ausgerüstet mit Wathose und Fangnetz, ging ich mit der Greys-Rute hinunter an das Ufer dieses interessanten Lachsflusses. Ich verwendete eine »Cascade Shrimp« an einem Intermediate-Vorfach, mit einer Vorfachspitze von null Komma fünfunddreißig Millimeter. Trotz des erst kürzlich starken Regens war das bräunliche Wasser klarsichtig. Es herrschte starke Bewölkung, aus der jeden Moment Regen fallen könnte. Gut motiviert, aber auch angespannt betrat ich einen in den Fluss ragenden Felsen. Hinter dem Felsen bildete sich leicht verwirbeltes, ruhiges Wasser.

Ich legte zunächst fünf Meter Leine parallel zum Ufer ab, um dann weiter mit einigen Zügen Schnurverlängerung schräg stromab zu fischen. Der Fluss ist hier ungefähr dreißig Meter breit. Würfe mit über fünfzehn Meter Länge dürften genügen, um die Flussmitte zu erreichen, dachte ich. Dabei vergaß ich anfangs den so oft zitierten Schnurbauch zwischen Rolle und erstem Rutenring. Wird die Fliege von einem Lachs genommen, darf nicht sofort wie beim Forellenfischen angeschlagen werden, sonst reißt man ihm oft die Fliege wieder aus dem Maul. Sobald sich aber die Schnur spannt, sollte der Fisch durch leichten Gegenzug gehakt werden. Deshalb wird oft eine locker herabhängende Schnur empfohlen, damit der Lachs die Fliege ohne Widerstand nehmen kann.

Nach einigen Würfen erfolgte ein Biss auf die knapp unter der Oberfläche befindliche Fliege. Die Leine war dabei bereits parallel zum Ufer herumgeschwungen. Obwohl ich noch keinen Schnurbauch zwischen Rolle und erstem Rutenring vorsah, spürte ich sofort einen Gegenzug. Der Fisch war während des Drills wenig wehrhaft.

Der schwache Kämpfer entpuppte sich als Meerforelle. Die silbernen Flanken waren bereits leicht bräunlich gefärbt. Diese Meerforelle mit zweiundfünfzig Zentimeter Länge dürfte schon längere Zeit im Fluss gewesen sein. Mit weiteren Würfen verlängerte ich die Leine mit Hilfe des Doppelzuges, bis meine Cascade Shrimp schräg stromab einige Meter vor dem gegenüberliegenden Ufer eintauchte. Jetzt, wo ich immer auf einen Schnurbauch achtete, während die Fliege über die Flussbreite fischte, erfolgte an dieser Stelle kein Biss mehr. Immerhin konnte ich eine Meerforelle fangen, erfreute ich mich und ging zum Parkplatz.

Etwa einhundert Meter von der Brücke stromauf suchte ich mir eine neue Stelle, um diesmal ins Wasser zu waten. Gegenüber einer am anderen Ufer befindlichen Rieselstrecke watete ich ins tiefere Wasser, bis ich dem Strömungsdruck gerade noch standhalten konnte. Dann begann ich, die Leine schräg stromab zu werfen und watete nach jedem Wurf ein paar Schritte flussabwärts. Vielleicht dreißig Meter vor der Brücke ließ ich parallel zum Ufer über tieferem Wasser die Fliege kurz abtreiben, um sie erneut heranzustrippen. Ich erschrak, als vor meiner Fliege plötzlich ein buckelnder Lachs erschien. Da mir dies zum ersten Mal beim Fischen auf Lachs in Norwegen passierte, blieb ich einige Sekunden ohne Reaktion. Der vorhandene Schnurbauch vor der Rolle ermöglichte schließlich den so oft erhofften Zug in der Angelleine. Ich konnte es kaum glauben, dass ich jetzt einen Lachs am Haken haben könnte.

Bild 12: An der Lygna kurz vor der Brücke

Vorsichtig nahm ich zuerst Fühlung auf, dann erfolgte ein gemäßigter Anhieb. Die Flucht des Fisches schräg stromauf zur Rieselstrecke bewies einen guten Hakensitz. Dabei nahm er mindestens fünf Meter Schnur von der Rolle. Der »Fighter«, der in mir jetzt ein leichtes Angstgefühl erzeugte, steuerte wieder mein Flussufer an. Ich konnte jetzt die Schnur nicht schnell genug einholen, während er flussabwärts an mir vorbeischwamm.

Kurz vor der Brücke gelang es mir, seine Fluchtreaktion zu stoppen, siehe **Bild 12**. Jetzt stellte er sich mit seinem Körper schräg in die Strömung und erzeugte enormen Druck auf Rute und Rollenbremse. Langsam lief, trotz maximaler Bremskraft, Zentimeter für Zentimeter Schnur von der Rolle, bis sich der Fisch unter der Brücke befand. Da die Brückenöffnung kleiner war als die Flussbreite bildete sich ein Schnurwinkel zwischen mir und dem Lachs. Mein »Intermediate-Vorfach« scheuerte dadurch an der Betonkante des Brückenkörpers.

Ohne Watgürtel traute ich mich nicht, tiefer in den Fluss zu gehen, um den Winkel zu verkleinern. Der Lachs kämpfte jetzt unterhalb der Brücke um seine Freiheit. Ich konnte ihn nicht mehr sehen, hörte aber immer wieder, wie er ins Wasser hineinplatschte. Nach einigen bangen Minuten schnellte meine stark gekrümmte Rute plötzlich zurück. Der Lachs hatte seine Freiheit wieder. Wahrscheinlich ist jetzt das Vorfach gerissen, dachte ich beim Einholen. Als sich die Fliege doch noch am Vorfach befand, war ich sehr froh. Das Vorfachmaterial war bereits stark aufgeraut und einer der Zwillingshaken etwas aufgebogen.

Während ich zum Ufer watete, kamen mir zwei norwegische Angler entgegen. »Hallo, wir haben gerade von der Brücke aus gesehen, wie der Lachs den Drill beendete«, sagte einer der beiden zu mir in gutem Deutsch. »Die Brücke hat ihm das Leben gerettet«, entgegnete ich ihm. »Vor einer Brücke zu fischen ist nun mal sehr riskant, besonders beim Drill eines Kapitalen«, stellte sein Begleiter fest. »Da haben Sie recht«, bestätigte ich ihm. »Immerhin bin ich dadurch eine Erfahrung reicher geworden«, meinte ich noch lächelnd. »Sie sollten wissen, dass in der Lygna bis zu acht Kilo schwere Lachse aufsteigen können«, informierten sie mich. Den beiden Norwegern zeigte ich meine Meerforelle, nachdem sie wissen wollten, ob ich schon was gefangen habe. »Da haben Sie ja bereits eine Kapitale gefangen. Recht viel größer werden die aufsteigenden Forellen in diesem Fluss nicht.« Nachdem wir uns mit einem gegenseitigen »Petri Heil« verabschiedet hatten, begann es kräftig zu regnen. Trotz des verlorenen Lachses war dieser Tag für mich ein aufregendes Angelerlebnis.

Angespornt von meinen Erzählungen wollte die Familie Neumeister am nächsten Tag mit zum Angeln an die Lygna fahren. Auf der Straße 43 fuhren wir wieder bis zur Brücke, bei der ich den Lachs verloren hatte. Michael sagte: »Alfred, kannst du nochmal hier fischen? Vielleicht sammeln sich hier bevorzugt Lachse, bevor sie weiter aufsteigen.« »Ich kann es ja nochmal probieren, glaube aber nicht, dass sich hier Lachse länger aufhalten. Sollte mir jetzt hier noch einmal ein Kapitaler an den Haken gehen, hätte ich sehr wahrscheinlich das gleiche Problem wie gestern«, erklärte ich.

Bei der nächsten Brücke überquerten wir den Fluss und fuhren noch drei Kilometer stromauf. Interessiert blickten Michaels Töchter zum Uferverlauf, während ich absichtlich langsam fuhr. Dann meldete sich Lisa mit den Worten: »Papa, ich habe gerade einen kiesigen Uferbereich am Fluss gesehen.« Ich setzte mit dem Auto auf der wenig befahrenen Straße etwas zurück und hielt am Straßenrand an. Am Ufer angekommen, zeigte sich ein feinkiesiger, breiter Uferstreifen, auf dem wir unsere Stühle und Decken für ein Picknick platzieren konnten. Ein schöner, warmer Sommertag war nach dem Unwetter wieder ins Land zurückgekehrt. Obwohl Michael keine Angellizenz besaß, begann er, mit einer Spinnrute zu fischen. Ich ließ einige Zeit verstreichen und begab mich dann ebenfalls mit der Fliegenrute in den Fluss. Die Sonne stand jetzt sehr hoch am Himmel. Eigentlich eine ungünstige Tageszeit zum Fischen, aber Hauptsache die Frauen und Mädels fühlen sich hier wohl am Fluss, dachte ich. Die vier Damen hatten viel Spaß beim Herumwaten im Fluss und spritzten sich dabei oft mit Wasser an.

Nach gut drei Stunden erfolglosen Fischens fuhren wir wieder in Richtung Nordhassel zu unserer Unterkunft. Unterwegs, kurz vor Farsund, sagte Michael, er würde gerne ein paar Bierflaschen für den Abend kaufen. Schnell war ein Geschäft gefunden. Vor der Kasse legten bereits unsere Frauen einige Lebensmittel auf das Band, während wir noch eine Biersorte aussuchten. Als wir unser Bier auf das Band stellten, schaute plötzlich die Norwegerin auf ihre Armbanduhr und erklärte, dass es nach sechs Uhr am Abend keine alkoholischen Getränke mehr zu kaufen gibt. Michael schaute auf seine Uhr und meinte zu der Dame: »Jetzt ist es erst fünf Minuten nach sechs Uhr. Das kann doch nicht wahr sein«, fügte er noch enttäuscht hinzu. Die Frau bestand aber darauf, ihre behördliche Regelung einzuhalten, und kassierte unser Bier nicht mehr ab. Sie forderte uns auf, alkoholfreies Bier zu kaufen. Ich bezahlte zwei Flaschen für mich und Michael, um es zu testen. In der Ferienwohnung angekommen, probierten wir gleich dieses Bier. Bereits nach dem ersten Schluck schütteten wir die Flaschen aus. Einige Zeit nach den sich wiederholenden Schimpftiraden von Michael öffnete sich langsam unerwartet die Wohnungstür. Gespannt schauten wir alle hin.

Zuerst zeigten sich zwei Hände mit je zwei Bierflaschen, die langsam hinter der geöffneten Tür hervorkamen. Dann erblickten wir das lächelnde Gesicht von Ronald. Ein von Michael ausgerufener Jubelschrei durchbrach jetzt die Stille in der Wohnung. Ronald war die Überraschung voll gelungen. Wie wir später erfuhren, hatten unsere Damen Ronald von unserem missglückten Bierkauf erzählt. Nun war der Abend gerettet. Ronald wurde von uns zum Abendessen eingeladen.

Am letzten Tag vor unserer Heimreise ereignete sich noch folgende lustige Begebenheit. Nachdem Michael und ich vormittags noch einige Makrelen auf wieder ruhiger See erbeuten konnten, beschlossen wir für den Nachmittag, in einer Meeresbucht zu baden. Ronald gab uns diesbezüglich einen Tipp. »In der Nähe von Spangereid gibt es eine schöne, feinsandige Badebucht«, erzählte er uns.

Kurz entschlossen packten wir unsere Badesachen ein und fuhren zu dem Sandstrand, den wir vorher auf der Landkarte entdeckt hatten. Wir waren angenehm überrascht von der kleinen Bucht samt etwa einhundert Meter breitem, feinsandigem Strand. Von dem Erscheinungsbild her könnte es sich genauso gut um eine Mittelmeerbucht handeln, stellte Daniela fest. In einem am Strand angrenzenden Kiefernwäldchen zogen wir unsere Badesachen an. Meine Frau wühlte unterdessen in ihrer Tasche nach ihrem Badeanzug. »Findest du deinen Badeanzug nicht?«, fragte ich sie. »Den muss ich wohl vergessen haben«, stellt sie überrascht fest. »Dann lass doch einfach deine Unterhose an«, riet ich ihr. Mittlerweile hatten es die anderen mitbekommen, in welcher Bedrängnis Vroni sich befand. Grinsend legten sich die vier auf ihre Unterlagen in den Sand und genossen die recht warmen Sonnenstrahlen.

Ich holte jetzt aus ihrer Tasche ein T-Shirt und meinte zu ihr: »Mit dem kannst du baden.« Michael sagte: »Vroni, wegen uns brauchst du dich nicht zu schämen, bade dich doch oben ohne.« »Das würde dir so passen«, meinte Daniela lachend. Plötzlich steuerte Vroni im Kieferngewirr gezielt ein kleineres Stämmchen an. An einem Ast hing ein Bikinioberteil, wie ich nun sehen konnte. Meine Frau zupfte das etwas zu klein wirkende Textil vom Ast und spannte es über ihre Brüste. Lachend sagte sie zu mir: »Passt doch einigermaßen.« »Was sagst du dazu?«, wollte sie von mir wissen. Als Antwort hörte meine Frau Folgendes: »Vroni, ich glaube, dieses Oberteil hat dir jemand von den himmlischen Heerscharen hingehängt.«

Als die vier Sonnenanbeter uns aus dem Gestrüpp kommen sahen, wurden ihre Gesichtszüge ernster. »Hat Vroni jetzt doch ihr Oberteil in der Tasche gefunden?«, wollte Daniela wissen. »Nein«, sagte ich ihr. »Vroni hat es hängend an einem Ast gefunden.« »Das kann doch nicht wahr sein«, grinste Michael. »Doch, es ist wahr, das ist kein Witz«, überzeugte ich die Staunenden. Allgemeines Gelächter brach jetzt aus. Zuerst watete Michael ins allmählich tiefer werdende Wasser, dann folgte Vroni nach. Den Töchtern, Daniela und mir war das Meer zu frisch. Ich schätzte die Wassertemperatur auf höchstens neunzehn Grad.

Wir erzählten Ronald von unserem Badeabenteuer. Er sagte nur lachend: »Kaum zu glauben, aber Wunder gibt es immer wieder.« An diesem Abend wurden wir noch von Katrin und Ronald zu einem Gläschen Wein in deren Gartenlaube eingeladen. Der Abschied von den drei Brauns am Samstag fiel uns sehr schwer. Trotz des abwechslungsreichen Wetters waren wir uns alle einig, dass es ein schöner, abenteuerlicher Urlaub war.

Erlebnisse mit Alfons vom »Fritza Hof«

Nach diesem erlebnisreichen Urlaub in Südwestnorwegen freute ich mich wieder auf die montägliche Fahrt nach Bayreuth zu meinem Broterwerb. Welche neuen, interessanten Synthesen hat sich wohl mein Chef wieder ausgedacht?, überlegte ich. Kurz nach halb neun erreichte ich mit dem Auto den Parkplatz des Bayrischen Geoinstituts. Obwohl ein relativ weiter Weg zum Arbeitsplatz, war mir die wöchentliche eineinhalbstündige Fahrt mittlerweile zur Gewohnheit geworden. Kaum war ich im Büro, klopfte es an der Tür, als ich am Schreibtisch saß. Franz trat ein und bewegte sich fragend auf mich zu: »Hallo Alfred, erholt und gesund wieder im Lande. Möchtest du gleich mit zum Kaffeetrinken kommen?« Wie immer ging ich mit ihm zum Kaffeevollautomaten ins Erdgeschoss und ließ mir einen Tee zubereiten. Franz genoss wie gewohnt einen Kaffee. Er berichtete mir, dass unser Chef ab jetzt drei Wochen im Urlaub ist. Laut Sander sollte ich zur Synthese von Titanoxidjodid weiter Versuche durchführen. Bisher konnte ich nur die stabilere Verbindung des Dijodids realisieren.

Nach Feierabend fuhr ich oft bei schönem Wetter nicht gleich zum Gasthof, sondern zum Aussichtsturm auf der Hohenmirsberger Platte oder in das Püttlachtal zum Fischen. Oft wanderte ich auch an der Püttlach entlang von Oberhauenstein ausgehend in Richtung Pottenstein. Der idyllische Weg befindet sich nahe am rechten Flussufer mit schönen Felsformationen an den bewaldeten Hängen.

An einem Augusttag im Jahre 2009 wählte ich wieder einmal den Turm. Kaum oben angekommen, sah ich unten einen Traktor, wie er gerade vor dem hölzernen Bauwerk einparkte. Da der Fahrer des Traktors eine Kappe trug, konnte ich nicht gleich erkennen, um welche Person es sich handelte. Vor der letzten Treppenkehre erkannte ich Alfons Schmitt. Oben auf dem Turmplateau fragte er mich, ob ich mit ihm in dieser Woche zum Fischen auf Karpfen gehen möchte. »Ja, sehr gerne«, antwortete ich ihm.

Alfons, den im Dorf alle »Fritza« nennen, ist der Landwirt vom »Fritza Hof«. Er wohnt mit seiner Frau und seinen beiden Töchtern Sandra und Christine auf diesem Anwesen in Hohenmirsberg. Es handelte sich um eine weitere recht gastfreundliche Familie, die ich schon vor einigen Jahren im Gasthof kennenlernte. Des Öfteren wurde ich von Alfons zu Grillpartys und manchmal auch zum Schweinskopfessen eingeladen. Seine Nachbarn waren bei solchen Feierlichkeiten auch immer dabei. Es handelte sich um Andreas Orlet und seine Frau Burgel. Sie ist die Tochter von Maria und Lorenz Ringler. Da Maria Ringler und meine Frau verwandt waren, wurde ich hin und wieder auch von den Ringlers unter der Woche zum Abendessen eingeladen.

Gleich am nächsten Tag nach Feierabend holte ich Alfons von seinem Anwesen ab. Gegen siebzehn Uhr baute ich wie immer am Nordostufer des Egloffsteiner Weihers meine Karpfenruten auf. Wie gewohnt fischte ich mit Schwimmer und einer Grundbleimontage mit Dosenmais beködert. Auf einen Anbiss wartend, saßen wir zwischen den beiden Angelruten. Die Sonne stand noch hoch über den angrenzenden Bäumen am gegenüberliegenden Ufer. Es herrschte ein sommerwarmes, windstilles Wetter. Alfons saß mit einer Flasche Bier gemütlich in seinem Campingstuhl und war eingeschlafen, während ich wieder mit etwas Mais anfütterte.

Nach einer halben Stunde sah ich an der Angelrute neben dem Schlafenden, wie das in der Schnur hängende Glöckchen nach oben hüpfte, und hörte dabei für einen Moment die schnarrende Rollenbremse. Sofort sprang ich hoch, um die Rute zu erreichen. Dabei blieb ich mit einem Bein an seinem linken Stuhlbein hängen und stützte mich dabei auf seiner Stuhllehne ab, um einen Fall zu vermeiden. Doch durch den Schwung meines Körpers brachte ich den Stuhl mit Alfons zum Hochkippen und fiel dabei zu Boden. Alfons wachte auf und sah mich vor ihm auf dem Boden liegen. Verwundert schaute er mich an und meinte nur: »Hat dich ein Karpfen zu Boden gerissen.« Lachend fügte er hinzu: »Du bist hingefallen, weil ich zu nah am Ufer sitze.« Er rückte jetzt mit dem Stuhl etwas zurück, damit ich freie Bahn zur Angelrute hatte. Wir amüsierten uns beide über das Malheur. Ich raffte mich auf und ging zur Rute, um vorsichtig Fühlung aufzunehmen. Sofort spürte ich die Gegenwehr des Fisches. »Wir haben Glück«, sagte ich zu ihm. »Der Karpfen hat sich durch den Widerstand der Rollenbremse selbst gehakt.«

Schließlich landete nach kurzem Drill ein guter Vierpfünder im von Alfons bereit gehaltenen Kescher. Dann erfolgte Biss auf Biss. Den dritten Karpfen wollte ich wieder zurücksetzen, aber Alfons sagte: »Bitte setz ihn nicht zurück.« »Ich darf ja nur zwei Karpfen pro Tag entnehmen«, informierte ich ihn. Nach etwa zehn Minuten ging der Schwimmer schon wieder unter. Den vierten im Gefolge schätzte ich auf fünf Pfund. »Mit vier Karpfen kann ich nicht länger am Ufer bleiben«, belehrte ich Alfons. Er bat mich, zwei der Karpfen zu ihm nach Hause zu fahren. Ich erfüllte ihm den Wunsch nicht und setzte beide zurück. Er hatte nämlich vor, eine Grillparty mit Fischessen abzuhalten. Alfons entgegnete mir: »Jetzt, wo die Karpfen so gut beißen, sollten wir diese Gelegenheit nicht verstreichen lassen.« »Wir können ja morgen nochmal fischen«, schlug ich Alfons vor.

Wir saßen aber noch fast bis zum Sonnenuntergang am Weiher, ein Anbiss erfolgte nicht mehr. Zwischendurch schwärmte mir Alfons vor, dass die Karpfen aus diesem Gewässer so gut schmecken. »Ich weiß«, antwortete ich. »Kannst du dir vorstellen, warum das so ist?«, fragte ich. »Keine Ahnung«, meinte er. Daraufhin erklärte ich Folgendes: Das bräunlich gefärbte Wasser des Egloffsteiner Weihers enthält freie Huminsäuren. Diese bewirken leicht sauren pH-Wert. Das leicht saure Wasser verhindert ein Wachstum bestimmter Algen, die einen Modergeschmack im Wasser verursachen können. Gründelnde Karpfen im Schlamm eines kalkhaltigen Gewässers ohne Huminsäuren können durch Algenwachstum eher einen modrigen Geschmack annehmen. Zu bedenken sei aber noch, dass bestimmte andere chemische Wasserwerte im basischen Bereich ein verstärktes Algenwachstum fördern können.

Mit den zwei Karpfen setzte ich Alfons an seinem Anwesen ab. Gerade als ich wegfahren wollte, bat er mich, die Karpfen noch zu versorgen, damit er diese einfrieren kann. Sein Nachbar Andreas kam jetzt noch zu uns und sagte: »Ihr seid doch gerade vom Fischen gekommen. Wie viele Karpfen habt ihr denn gefangen?« »Vier Stück, zwei haben wir wieder zurückgesetzt«, antwortete Alfons. »Ja, die haben heute gut gebissen«, bestätigte ich Andreas. »Vielleicht kann uns Alfred noch einige Forellen fangen, dann können wir ein Fischessen abhalten«, bemerkte Alfons. Freudestrahlend war Andreas mit von der Partie. In den darauffolgenden drei Wochen fing ich in der Püttlach zwölf Bachforellen für die geplante Grillparty.

Anfang September trafen wir uns an einem Freitag gegen sechzehn Uhr zu den Vorbereitungen für das Fischessen. Mit mir, Familie Alfons Schmitt, den beiden Orlets sowie den Eltern von Burgel waren wir neun Teilnehmer. »Andres«, wie er immer von Alfons genannt wurde, baute seinen Gasgrill auf. Während ich die Forellen würzte, besorgte Andres ein Zehn-Liter-Fass Bier. Er begann jetzt einige Forellen mit einer gefetteten Aluschale auf den Gasgrill zu legen. Wegen seiner stark eingestellten Gasflamme, meinte ich zu Andres, er solle achtgeben, dass die Forellen nicht zu kräftig gebraten werden und dadurch austrocknen. »Es handelt sich hier nicht um Schweinekoteletts, die kräftiger gebraten werden«, belehrte ich ihn. »Aber selbstverständlich pass ich auf. Etwas angebraten sollten die Forellen aber schon sein«, entgegnete er mir.

Alfons hatte inzwischen mit Burgel die Tische und Bänke im Hof aufgestellt. Burgel stellte dann Salate aus ihrem Garten und einen Kartoffelsalat bereit. Dann meldete Andres die ersten vier fertig gegrillten Forellen. Zu fünft setzen wir uns an den Tisch und freuten uns auf die gegrillten Fische. Schon der erste Blick auf eine Forelle verriet mir, was ich wegen seiner heißen Flammenführung vermutet hatte. Durch große Lücken an der Flanke der Forelle konnte man an den Schnittstellen neben den blanken Gräten in den Bauchraum sehen. Das ausgetrocknete Fleisch hatte ziemlich an Volumen verloren. Ich schaute in die Runde und wartete ab, wer sich zuerst beschweren würde.

Burgel, als Erste, sagte zu ihrem Mann: »Du bist doch nicht ganz sauber, uns solche Dörrforellen zu servieren.« Andreas entgegnete ihr schuldbewusst: »Ich sehe diese Misere ja selber, aber das ging so schnell.« Etwas lächelnd wandte sich nun Andreas an mich und empfahl mir, Bier über die Forelle zu träufeln. Ich schaute ihn eine Weile an und bestätigte ihm: »Das ist gar keine so schlechte Idee von dir, Andreas. Nicht mit etwas Bier, sondern mit Olivenöl werde ich es probieren.«

»Je später der Abend, desto hübscher die Gäste«, begrüßte ich Steffi, die mit ihrer jüngeren Schwester Juliane gekommen war. Juliane ist die jüngste Tochter von Erika und Gottfried. Sie lebt mit ihren beiden Kindern und ihrem Mann Oliver auf einem ehemaligen Bauernhof in Körzendorf im Ahorntal. Alle Jahre wurde ich von beiden im Sommer zu ihren Geburtstagsfeiern im schönen Garten eingeladen. Dies war für mich immer ein erfreuliches, abwechslungsreiches Fest.

Andreas wandte sich nun an mich und wollte wissen, ob ich ihn beim Grillen der restlichen Forellen unterstützen möchte. Ich bat Sandra um etwas Gemüse, um es im Bauch der Forellen zu verteilen. Dann legten wir die Fische in die Grillschalen in das nicht zu heiße Öl. Jeweils zehn Minuten lang wurden die Bachforellen von beiden Seiten gebraten, wobei wir diese mit Brotbackpapier abdeckten. Erwartungsvoll setzten sich nun alle zu Tisch. Zu den Fischen mit den schmackhaften Salaten mundete das halbdunkle Bier von einer der ansässigen Brauereien wieder vorzüglich. Wie gewohnt servierte Alfons nach einer Stunde lustiger Unterhaltung seinen Sechsämter für die Verdauung und die Heiterkeit.

Der letzte Arbeitsvertrag

In der letzten Novemberwoche, als ich mit Franz wie schon lange üblich zum Kaffeetrinken ging, wurde mir bewusst, dass meine Tage am Lehrstuhl vielleicht bald zu Ende gehen könnten. Mein zweiter dreijähriger Vertrag zur Mutterschaftsvertretung endete zum 31. Dezember 2009. Wie schnell doch die Zeit vergeht, fiel mir auf. In Gedanken versunken, trottete ich neben Franz die Treppe hinunter zum Kaffeeautomaten. Was sollte ich mit neunundfünfzig Jahren beruflich noch anfangen können, fragte ich mich besorgt. Franz schaute mich an und sagte: »Was ist los mit dir, du wirkst heute so abwesend?« »Entschuldige bitte, ich stellte mir gerade vor, wie es ist, wenn ich mit dir ab nächstes Jahr nie mehr zum Kaffeetrinken gehen kann.« »Wieso sollte das nicht mehr sein?«, fragte Franz. »Mein Arbeitsvertrag läuft zum Jahresende aus«, erklärte ich. »Ach so, solche Gedanken quälen dich momentan«, wurde ihm klar.

»Alfred, du bist jetzt sechs Jahre bei uns am Lehrstuhl als guter Mitarbeiter voll integriert. So sieht das auch Sander, er wird sich für dich voll einsetzen, falls von der Verwaltung eine Mitteilung kommen sollte. Warten wir es mal ab und mach dich nicht verrückt deswegen«, sagte er wohlwollend zu mir. Während der darauffolgenden Woche war ich manchmal nicht mehr ganz bei der Sache und spielte sogar mit den Gedanken, selbst zu kündigen, bevor mich die Verwaltung entlassen würde.

Zwei Wochen vor Weihnachten an einem Montag kam dann die erlösende Nachricht von Sander. Er teilte mir mit, dass Frau Neugebauer mit ihrer Familie aus Bayreuth weggezogen sei, da ihr Mann eine neue Arbeitsstelle in größerer Entfernung angenommen hat. Sander sagte: »Alfred, du sollst gleich zur Verwaltung kommen, um den neuen Vertrag zu unterschreiben, der bis zum Renteneintritt gilt.« Am liebsten hätte ich Sander jetzt umarmt. Er sah mir jetzt an, welch große Wirkung seine erlösenden Worte bei mir erzeugten, und verließ freundlich lächelnd mein Büro.

Sofort eilte ich zu Franz, um ihm meine freudige Nachricht mitzuteilen. »Wusste ich doch, dass es so kommen wird, Alfred. Dann heiße ich dich zum dritten Mal herzlich willkommen bei uns am Lehrstuhl«, fügte er noch mit Gelächter hinzu. »Ja, jetzt ist mir auch wieder zum Lachen«, sagte ich zu ihm und bedankte mich mal wieder für seine Willkommensworte. Neben anderen Aufgaben begann ich im neuen Jahr mit den Experimenten zur Synthese des Titanoxidjodids. Sander gab mir dazu noch ein halbes Jahr Zeit. Bei den verschiedenen Versuchsvariationen bildete sich immer wieder das Dijodid. Schließlich gaben wir dieses Experiment auf.

Die neue Doktorandin
aus dem Iran

Der Blick einer schwarzhaarigen hübschen jungen Frau überraschte mich, als ich Anfang Oktober im Jahre 2010 das Sekretariat am Lehrstuhl betrat. Unsere Sekretärin Denise stellte mir die neue Doktorandin aus dem Iran vor. Denise sagte zu ihr: »Das ist Alfred, unser ›Chemieingenieur‹, der die Kristallzüchtung durchführt.« Lächelnd meinte die neue Studentin zu mir: »Ich bin Leila. Ich freue mich auf gute Zusammenarbeit mit dir.«

Als erste Aufgabe sollte ich aus käuflichem organischem Material Kristalle züchten. Bei diesem Material handelte es sich um eine chlorierte, cyclische Kohlenwasserstoffverbindung, die, wie sich herausstellte, leicht sublimierte. Vorversuche in evakuierter Ampulle führten nicht zum Erfolg, da bereits bei Temperaturen ab fünfundzwanzig Grad der Dampfdruck schon erheblich zunahm und somit unkontrollierte Sublimation erfolgte.

Wegen der nicht luftsensitiven Substanz wurde in einem modifizierten Schlenk-Glaskolben mit Hilfe eines Ölbades an Luft gearbeitet. Dabei tauchte der untere Teil des Glaskolbens mit der Ausgangssubstanz in das auf fünfzehn Grad abgekühlte Ölbad ein und der obere, gekrümmte Kolbenabschnitt ragte aus dem Ölbad heraus. Die geringe Temperaturdifferenz reichte bereits aus, um eine langsame Sublimation einleiten zu können. Durch unterschiedliche Substanzeinwaagen konnte die Sublimation so gesteuert werden, dass Einkristalle guter Qualität entstanden.

Bei der Entnahme der Kristalle aus dem Glasrohr klebten jedoch die einzelnen Kristalle durch Adhäsion ziemlich fest an der Glasoberfläche. Um diese Klebekräfte herabzusetzen, könnte das Beschichten der Glasoberfläche hilfreich sein, war ich mir sicher. Ich erinnerte mich an ein inertes, spezielles Öl, das auch zur Kristallpräparation für die Röntgenanalyse zum Schutz gegen Luftfeuchtigkeit verwendet wurde. Bei einer Diskussion mit Leila kam mir folgende Idee zur Beseitigung des Klebeproblems:

Eine Lösung dieses Öls in einem organischen Lösemittel könnte Abhilfe schaffen, überlegte ich. Eine 0,2%ige-Öl-Lösung in Aceton brachte den entscheidenden Erfolg. Wir befüllten vor dem Sublimationsversuch die Glaskolben mit der Öl-Lösung und schütteten diese nach einer Weile wieder aus. Nach dem Verdampfen des Acetons von der verbliebenen Lösung an der Glasoberfläche blieb ein hauchdünner Ölfilm haften. Die Einkristalle konnten nun leicht ohne Beschädigung von der Glasoberfläche abgenommen werden. Leila wollte immer bei allen Versuchen und Tätigkeiten auch im Nasslabor mitwirken. Diesen Wunsch hatten bisherige Studenten noch nicht geäußert.

Bei weiterer gemeinsamer Zusammenarbeit mit Leila entwickelte ich eine Sympathie ihr gegenüber, nicht nur wegen ihrer attraktiven Erscheinung, sondern auch wegen ihres vorzüglichen Charakters. In meiner Situation als Familienvater mit vier Kindern wäre es eigentlich nicht angebracht gewesen, mit Leila zu flirten, aber es geschah einfach wegen ihres unwiderstehlichen Charmes. Sie wirkte auf mich wie die Prinzessin aus Tausendundeiner Nacht aus dem früheren Persien. Obwohl wir uns erst seit einigen Wochen kannten, wollte ich Leila schon zu meinem sechzigsten Geburtstag am Mittwoch, den 17. November in Hohenmirsberg einladen. Während meiner Äußerung zur Einladung war mir eigentlich schon bewusst, dass sie mir, so wie ich sie einschätzte, bestimmt eine Absage erteilen würde. Nach ihrer erwarteten Ablehnung sagte ich zu Leila: »Alles klar, ich verstehe dich.«

Im darauffolgenden Frühjahr Ende Mai wollte Denise von mir wissen, ob ich wieder an die Aufseß zum Forellenfischen gehen möchte. Ihr Sohn hätte Interesse daran, mit zum Fischen zu gehen. Mit Denise plante ich einen Angelausflug für einen Nachmittag. Ich fragte Leila, ob sie mit Denise und ihrem Sohn Elis mitkommen will. Freudestrahlend meinte sie zu mir: »Sehr gerne, Alfred.« Auf der Fahrt zur Aufseß sagte Leila: »Was wird wohl der Professor dazu sagen, wenn du mit mir privat unterwegs bist?« Selbstbewusst gab ich ihr folgende Antwort: »Sander ist sich bestimmt bewusst, dass wir als erwachsene Personen wissen, wie wir miteinander umzugehen haben. Er würde sich freuen, wenn ich mich auch mal privat um Studenten annehme.«

Als wir im Tal der Aufseß ankamen, war Denise mit ihrem Mann und Elis schon am Ufer des natürlich dahinschlängelnden Baches anwesend. Sie hatte für mich und ihren Sohn bereits Tageslizenzen zum Fischen besorgt. Auch Stühle und ein Campingtisch standen am Rande des Feldweges, der an der Aufseß entlangführte. Auf dem Tisch befanden sich Kuchen- und Tortenstücke. Die Angelstrecke, die wir befischen wollten, befindet sich zwischen Drosendorf und Sachsendorf. Es ist ein idyllisches, ruhiges Tal der Aufseß mit schönem Wanderweg abseits von Straßen und lärmendem Verkehr. Nach etwa dreißig Kilometer natürlichem Bachlauf mündet die Aufseß bei Doos in die Wiesent.

Ich hatte für Elis eine leichte Spinnrute mitgenommen. Mit der sollte er mit einem schwimmenden Wobbler auf die Bachforellen fischen. Trotz meiner ausführlichen Anleitung, die ich Elis gab, war für ihn als noch Ungeübten das Werfen in den schmalen Bach nicht leicht. Während Vater und Sohn am Bach das Werfen trainierten, ging ich mit Leila am Bach, mit der Fliegenrute werfend, stromabwärts. Das Wasser war an diesem Tag sehr klarsichtig, deshalb musste ich mich in Ufernähe sehr vorsichtig bewegen. Alles um mich herum vergessend, pirschte ich mich oft unter Deckung hinter hohem Gras bei aussichtsreichen tieferen Bachwindungen an, an denen ich eine Forelle vermutete. Dabei gelangen mir meist gut gezielte Würfe mit dem Bachflohkrebs-Imitat.

Nach geschätzt fünfzehn Minuten kam mir in den Sinn, wo denn Leila geblieben ist. Ich drehte mich mit schlechtem Gewissen um und erblickte sie im Schneidersitz auf der frisch gemähten Wiese. Sie war bereits fast einhundert Meter von mir entfernt. Obwohl ich ihr zuwinkte, blieb sie sitzen. Mit schnellen Schritten lief ich auf sie zu. Bevor ich Leila erreichte, schaute sie auf, lächelte und sagte: »Hat dich meine Abwesenheit jetzt doch aus deiner tiefen Versunkenheit zurückgeholt?« »Entschuldige bitte«, entgegnete ich ihr. »Kein Problem für mich, Alfred. Es ist schon bemerkenswert, wie du durch dein Hobby die Welt um dich herum völlig vergisst«, fuhr sie lachend fort. Leila stand auf und ging mit mir weiter bachabwärts, dabei positionierte sie sich etwas rechts vor mir, um bei meinen Würfen mit der künstlichen Fliege nicht getroffen zu werden.

An einem breiten, tieferen Bachverlauf erfolgte ein Biss. Während des Drills gab ich Leila für kurze Zeit die Fliegenrute in die Hand. Sehr erstaunt über die Lebhaftigkeit des Fisches gab sie mir die Rute gleich wieder zurück. Im Fangnetz angelandet, sahen wir eine schön gezeichnete Bachforelle mit einer Länge von fünfunddreißig Zentimetern. Wegen der fortgeschrittenen Zeit gingen wir jetzt zu unseren drei Begleitern zurück. Denise teilte mir mit, dass Elis eine Forelle im Drill verloren hatte. Trotzdem waren die drei von dem Angelausflug sehr begeistert.

Bild 13: Mit Leila und Familie Kelk-Huth an der Aufseß

Denise knipste von Leila, Elis, der Forelle und mir ein Erinnerungsfoto, siehe **Bild 13**. Da es leicht zu regnen anfing, wollte Denise von mir wissen, ob ich noch weiterfischen möchte. »Ja selbstverständlich. Die gefangene Forelle überlass ich euch zum Mitnehmen. Ein Regen kann mich nicht davon abhalten, eine zweite Forelle zu fangen«, merkte ich an. Leila meinte: »Fisch du nur weiter und nutze noch den Tag für dein schönes Hobby. Ich fahre mit den dreien zurück nach Bayreuth.« Während Leila das Auto bestieg, wünschte sie mir guten Erfolg und riet mir, auf mich aufzupassen.

Wie schön von Leila, freute ich mich. Ich bewunderte sie jetzt nicht nur wegen der guten Zusammenarbeit, sondern schätzte sie auch als gute Freundin. Diesbezüglich sagte sie schon vor einiger Zeit, sie würde mich nicht nur als Betreuer in der Arbeit betrachten, sondern auch als Freund und Ersatzvater in Deutschland.

Der Hahn im Korb

Die Ullas hatten mir zum sechzigsten Geburtstag eine Fahrt mit dem Heiß-
luftballon geschenkt. An einem Montag Anfang Juni trafen wir uns mit dem
Ballonfahrer gegen achtzehn Uhr im Tal der Wiesent, in der Nähe der Burg
Rabeneck. Es war ein sommerlicher, warmer Tag mit schwachem Wind aus
Süden. Vier Damen aus Hohenmirsberg gesellten sich zu diesem luftigen
Ausflug als Passagiere hinzu. Der Ballonfahrer ist meist alleine und deshalb
immer auf die Mithilfe der Passagiere beim Aufbau des Ballons angewiesen.

Steffi Schmitt, Sandra Schmitt sowie Lena Schmitt und Renate durften
jetzt mit mir die Ballonhülle aufrollen, siehe **Bild 14**. Nachdem der Pilot den
Gasbrenner und den Korb montiert hatte, entzündete dieser das Propangas,
um Heißluft in die von uns ausgebreitete und offen gehaltene Hülle strömen
zu lassen. Am aufgerichteten Ballon unterbrach der Fahrer die Gasflamme,
damit alle an Bord gehen konnten. Für mich und die Mitfahrerinnen war es
die erste Gelegenheit, mit einem Ballon in die Luft aufzusteigen. Ich hatte
ja schon selbst einmal als Pilot die Möglichkeit, mit einem Segelflugzeug
den Luftraum zu erobern, aber diesmal war es ein völlig anderes Gefühl,
sich fast senkrecht in die Luft zu erheben. Nur das Geräusch, das beim Start
durch den Gasbrenner sehr laut war, störte momentan das sonst bedächtige
Abheben etwas.

Langsam, aber stetig wurden die zurückgebliebenen, winkenden Zuschauer für uns immer kleiner, als sich das Luftgefährt über das Tal der
Wiesent erhob. Eine Weile bewegte sich unser Korb in Baumwipfel-Höhe
mit langsamer Fahrt entlang des Flusses, ging aber dann allmählich wieder
in den steileren Aufstieg über. Beim Blick auf das Variometer stellte ich ein

sachtes Steigen von einem Meter pro Sekunde fest. Beim Segelfliegen in der Thermik konnte ich bis zu fünf Meter pro Sekunde erreichen.

Am Freitag vor dem Start schilderte ich Sander mein Vorhaben für den kommenden Montag. Als Sander mein luftiges Abenteuer hörte, sagte er ermahnend zu mir: »Alfred, du bist verrückt! Das ist doch sehr gefährlich. Du solltest lieber am Boden bleiben.« Sanders Reaktion war zu erwarten, da ich ihn als sehr vorsichtigen, ja fast ängstlichen Menschen kennenlernte. Stand ich im Labor mit Schutzbrille und Schutzhandschuhen vor dem Abzug, blickte er oft nur durch einen schmalen Türspalt in das Zimmer, um mir etwas mitzuteilen.

Bild 14: Mit den vier Damen vor dem Korb

Mir war jetzt auch klar, warum man bei der Fortbewegung mit dem Ballon in der Luft von einer Fahrt spricht. Der Auftrieb beim Heißluftballon wird durch den Dichteunterschied der Luft im Ballon zur umgebenden Luft statisch erzeugt. Der Ballon kann in der Luft stehen bleiben, ohne sich fortzubewegen

324

(Vergleich dazu, ein Auto fährt und bleibt stehen). Ein Flugzeug mit Flügeln kann das nicht. Nur bei Fortbewegung entsteht an den Tragflächen der dynamische Auftrieb. Diese Fortbewegung in der Luft wird, wie auch beim Vogelflug, als Fliegen bezeichnet. Selbst bei einem Hubschrauber ist das so. Die Rotorblätter (Flügel) bewegen sich in der Luft. Der Hubschrauber fliegt, obwohl er auch in der Luft stehen kann.

In etwa einhundertfünfzig Meter Höhe über Grund wandte sich der Ballonfahrer lächelnd an mich und wollte wissen, wie ich mich so als Hahn im Korb fühle. »Absolut sicher«, entgegnete ich ihm, wobei die Damen um mich herum kicherten. Bei auftretenden Turbulenzen hätte ich die Qual der Wahl, an welcher Dame ich mich festhalten sollte, gab ich dem Piloten lachend zu verstehen. »Zu deinem Pech bzw. Glück wird es heute bei dieser stabilen Wetterlage keine Gelegenheit geben, sich an einer Frau festzuhalten«, versicherte er mir erst lachend, aber dann mit ernster werdender Miene.

»Bei starken Luftverwirbelungen hätten wir ernsthafte Probleme im Korb eines Heißluftballons. Es gab dabei schon viele tödliche Unfälle«, belehrte er uns. »Aber keine Angst, meine verehrten Passagiere. Bei extremen Wetterbedingungen wären wir auch nicht gestartet. Am Abend besteht weniger Gefahr durch turbulente, thermische Ablösungen«, wandte er sich an mich, nachdem ich ihn darauf aufmerksam machte. Wie recht er doch hatte, dachte ich. Unser Heißluftpilot gab jetzt nochmal kräftig Gas, sodass wir eine Höhe von fast fünfhundert Metern erreichten. Aus dieser Perspektive hatten wir einen fantastischen Weitblick über die Fränkische Schweiz. Eine der Damen war so schlau, für diese Reise durch die Lüfte ein Fernglas mitzunehmen. So konnten wir entferntere Orte und landschaftliche Besonderheiten besser erkennen.

Im Osten sahen wir den Ochsenkopf im Fichtelgebirge. Die schwache Luftströmung kam jetzt nicht mehr aus dem Süden, sondern aus Südwest. Nachdem wir Waischenfeld passiert hatten, verlagerte sich unsere Ballonfahrt mehr in Richtung Bayreuth. Bei einem Rückblick in westlicher Richtung konnte ich noch mit dem Fernglas die Burg von Gößweinstein ausfindig machen. Allmählich spürten wir wieder die Erdanziehung, da die Heißluftzufuhr seit etwa fünfzehn Minuten stark gedrosselt wurde. Rechts vor uns entdeckten die ortskundige Steffi und Sandra, nach einem ausgedehnten Waldstück, die Ortschaft Glashütten. Das zeitlos wirkende, langsame, jetzt leise Schweben in unserer Erdatmosphäre fanden wir einfach toll.

Ab einer Höhe von einhundertfünfzig Metern gab unser Steuermann, der ja nur das Auf und Ab beeinflussen konnte, wieder Gas. Nach fünf Minuten Brennergeräusch schaltete er die Gaszufuhr komplett ab. Während wir ein Kornfeld überquerten, ließen sich drei Rehe, die wahrscheinlich darin schliefen, nicht von dem über sie hinwegziehenden Ballonschatten stören. In noch etwas weiterer Entfernung sahen wir die Bundesstraße 22 näher kommen, die quer zu unserer Fahrtrichtung verlief. »Vor dieser Straße wollen wir landen«, teilte uns der Luftfahrzeugführer mit.

Von etwa einhundert Meter Höhe ausgehend, näherte er sich, gekonnt durch wiederholtes Ein- und Abschalten der Heißluft, einer gemähten Wiese in der Gegend um Eckersdorf. Diese Prozedur zog sich geschätzt über eine Strecke von fünfhundert Metern hin, bis wir in einer Höhe von vielleicht zehn Metern den Wiesenrand erreichten. Die Damen hielten sich jetzt an den Seilen am Korb fest. Bei der von mir empfundenen Schrittgeschwindigkeit des schwebenden Korbes hielt ich es nicht für nötig, mich festzuhalten. Obwohl der Korb durch Schleifen über den kurzen Rasen sachte abgebremst wurde, landete ich durch meine träge Masse doch auf einem der Damenrücken und deren Po. Wer es war, weiß ich nicht mehr. Ich nehme an, durch die Anspannung bei der Landung hatte die Dame vergessen, mich dafür zu rügen. Vielleicht hat es ihr auch gefallen, man weiß es nicht.

Steffis Freund Helmut stand schon am Feldweg am Wiesenrand mit dem Auto bereit, um uns abzuholen. Etwas später kam das Auto mit dem Transportanhänger für den Ballon hinzu. Für den Abtransport war der Ballon schnell wieder zusammengerollt und der Korb von den Instrumenten und dem Gasbrenner getrennt. Anschließend fuhren wir zu einem naheliegenden Gasthaus zum gemeinsamen Abendessen. Zum Schluss bekam jeder von uns eine Urkunde für Ballonfahrer überreicht.

Früh am nächsten Morgen ging ich gleich mit meiner Urkunde in der Hand in das Büro von Sander. Lächelnd sagte ich zu meinem Chef: »Wie du siehst, habe ich dieses luftige Abenteuer gesund überstanden und wurde dabei noch geehrt.«

Zu Hause mit Leila

In der Pfingstwoche im Jahre 2013, es war am Mittwoch, sagte Leila zu mir: »Du fährst bald in das verlängerte Wochenende, um mit deiner Familie bei erlebnisreichen Ausflügen schöne Stunden zu genießen. Ich weiß noch nicht, was ich an diesen zwei Tagen unternehmen soll.« Daraufhin entgegnete ich ihr: »Dir fällt bis dahin schon etwas ein, frag doch mal in deinem Bekanntenkreis nach.« »Mal sehen, was sich ergibt«, meinte sie etwas missmutig.

Während der Fahrt auf der Autobahn ließ mich die kurz vor Feierabend stattgefundene Unterhaltung mit Leila nicht los. Immer wieder fragte ich mich, was sie wohl mit ihren Äußerungen bezüglich ihrer Freizeitgestaltung am Pfingstwochenende mir gegenüber bezweckte. Kurz vor der Autobahnausfahrt Trockau kam mir der entscheidende Gedanke. Wie man so schön sagt, wie der Blitz aus heiterem Himmel. Vielleicht möchte ja Leila mit mir nach Bad Abbach fahren, dachte ich.

An diesem Abend rief ich meine Frau an. Vroni war zwar etwas überrascht, sagte aber gleich: »Gut, dass du heute schon angerufen hast. Ich kann dann morgen Vormittag das Zimmer aufräumen und das Bettzeug herrichten.« Freudig überrascht über die Toleranz meiner Frau, ging ich am nächsten Tag zu Leila ins Büro, um ihr mitzuteilen, dass sie am Freitag mit mir nach Hause fahren kann. Für einen kurzen Moment, noch am Schreibtisch sitzend, schaute mich Leila mit ihren weit geöffneten, schönen dunklen Augen an, ohne einen Kommentar von sich zu geben. Fast vom Stuhl hochspringend, kam sie dann plötzlich mit großen Schritten auf mich zu, umarmte mich und sagte: »Alfred, du bist großartig, ich freue mich.« Was meine Frau dazu gemeint hat, wollte Leila aber dann doch von mir wissen. »Nichts Besonderes«, sagte ich ihr. »Vroni heißt dich herzlich willkommen.«

Während ich am Freitag früh mit Franz und Sander für eine kurze Plauderei zusammenstand, kam Leila mit Rucksack und einer Tasche in der Hand durch die Tür des Flurs hereinspaziert. Sander blickte sie an und fragte: »Wohin soll es denn über Pfingsten gehen, Leila?« »Ich fahre nach Regensburg«, antwortete sie. »Der Alfred wohnt doch in der Nähe von Regensburg. Mit dem kannst du doch gleich mitfahren, dann sparst du dir die Zugkosten«, stellte Sander fest. Mit dem rechten Auge zwinkernd blickte ich Leila kurz an und stellte fest, jetzt hat sie auch den Segen des Chefs.

Am Nachmittag gegen vierzehn Uhr ging ich mit Leila zum Parkplatz vor dem Bayerischen Geoinstitut, um unsere gemeinsame Fahrt nach Hause anzutreten. Nach etwa einer Viertelstunde Fahrzeit auf der Autobahn schaltete ich das Radio ein. Zufällig kam gerade ein Liebeslied, bei dem eine Leila besungen wurde. Ich blickte zu Leila hin und summte ein bisschen mit der Melodie mit. Leila aber blieb ernst und gab mir zu verstehen, »Alfred, schau lieber, wohin du fährst«, schenkte mir aber dann doch ein Lächeln. Ich fühlte mich jetzt wieder wie in meinen jungen Jahren, als ich damals mit meiner ersten Freundin zum Tanzen fuhr. Anscheinend ist es so, dass man ab dem sechzigsten Lebensjahr in den zweiten Frühling kommt. Dies kann wahrscheinlich immer geschehen, gleich in welcher Beziehung man sich befindet.

Nach eineinhalb Stunden Fahrzeit erreichten wir den zu Bad Abbach gehörenden Ort Peising, in dem ich mit meiner Familie in einer Doppelhaushälfte wohne. Damals lebten bei uns noch unser jüngster Sohn Thomas und Christoph im Haus. Johanna und Kathrin waren bereits ausgezogen und wohnten mit ihren Lebenspartnern zusammen. Daher stand für unseren Besuch das Zimmer von Kathrin bereit. Kurz nachdem ich unsere Doktorandin aus dem Iran vorgestellt hatte, bat uns meine Frau zum Abendessen. Es gab Lachs in Weißwein-Sahne-Sauce mit Nudeln. Während reger Unterhaltung mit Leila, wozu auch Veronika mit ihren Englischkenntnissen beitrug, gesellte sich Christoph zu uns. Er konnte mit seinem fließenden Englisch gut mit Leila kommunizieren.

Damit unser Gast die Sitten und Gebräuche in unserem Land gleich am ersten Abend kennenlernen konnte, bot sich das Fest der »Tausend Biere« in der nahen Ortschaft Gebelkofen an. Christoph und ich fuhren mit Leila dorthin, um in einem Heustadel das zünftige Fest zu erleben. Für musikalische Unterhaltung sorgte die Band »Alarmstufe Rock«, in der auch mein Sohn Thomas mit Elektrogitarre mitspielte. Auf einem großen hölzernen Regal in Stufenform wurden die Bierflaschen verschiedener Sorten zur Schau gestellt. Natürlich konnte man Bier von jeder Sorte kaufen und probieren. Lachend fotografierte Leila das ganze Sortiment und meinte, bezogen auf die darin enthaltene Alkoholmenge, sie könnte nur zwei Biersorten probieren.

Ich als Chauffeur hatte auch nur die Möglichkeit, zwei der verschiedenen Biere in 0,33-Liter-Flaschen zu verköstigen. Während der Musikpause kam Thomas zu uns an den Tisch und begrüßte Leila. Da Leila die Unterhaltung überwiegend in Englisch führte, waren nur wenige Bekannte am Gespräch beteiligt. Mit kleinen Schlückchen aus der Flasche folgte Leila den Aufforderungen des Sängers zum Prost-Trinken. Nach etwa drei Stunden fröhlichem Aufenthalt traten wir die Heimreise an.

Am nächsten Tag fuhr ich mit Leila und Christoph nach Regensburg, um die Altstadt zu besichtigen. Das Bauwerk des Regensburger Doms beeindruckte Leila sehr. Wir gingen auch zu dem Reiterstandbild König Ludwig I., das im Mai 2010 wieder am Domplatz aufgestellt wurde. Dieser veranlasste in seiner Regierungszeit von 1825 bis 1848 die Fertigstellung der beiden Domtürme. In unmittelbarer Nähe zu Regensburg erbaute er auch die Ruhmeshalle Walhalla in Donaustauf und die Befreiungshalle in Kelheim. Nach einigen Schnappschüssen von Leila flanierten wir in den engen Gassen in der Nähe des Domes. Dabei entdeckte sie ein Geschäft, in dessen Auslage Puppen ausgestellt waren. Nach nur kurzen Blicken am Schaufenster kaufte sie eine Puppe für Angehörige ihrer Familie. Nicht weit davon entfernt gelangten wir zur Steinernen Brücke, die im zwölften Jahrhundert erbaut wurde und weithin ein bekanntes Wahrzeichen Regensburgs ist. Im Mittelalter war diese Brücke zwischen Ulm und Wien die einzige Möglichkeit, die Donau trockenen Fußes ohne Boot zu überqueren.

Beim weiteren Schlendern durch die Altstadt kamen wir zu einem Laden mit bayerischen Trachten. Im Schaufenster entdeckte Leila ein Dirndl, für das sie sich sehr interessierte. Ich bot ihr an, mit mir hineinzugehen. Bevor sie das Kleidungsstück anprobierte, fotografierte Leila weitere, wesentlich teurere Trachtenkleider. Durch Zufall hörte ich eine kurze Unterredung zweier Verkäuferinnen. Dabei meinte eine der Damen zu ihrer Kollegin: »Schau mal, das ist typisch für Ausländerinnen, die wollen nur fotografieren. Die kauft bestimmt kein Dirndl.« Ich versuchte dennoch, einen Blickkontakt mit den beiden herzustellen, doch sie ignorierten uns auffallend. Wie es schien, hatte Leila nichts gehört oder auch nichts verstanden. Deshalb sagte ich zu ihr: »Leila, komm, lass uns gehen, ich weiß ein Geschäft mit größerer Auswahl.«

In der Nähe des Platzes am alten Rathaus erreichten wir ein anderes Geschäft mit Trachtenkleidung. Leila war jetzt sofort von einer Tracht im Schaufenster begeistert. Nach nur kurzer Zeit im Laden kaufte sie nach Anprobe dieses Kleidungsstück. Leila hatte in der Nähe der Steinernen Brücke in einem iranischen Geschäft noch Gewürze besorgt. Mit diesen Gewürzen bereitete sie uns am Samstagabend ein vorzügliches Gericht, das im Iran unter dem Namen »Tahchin Morg« bekannt ist. Es war ein sehr gutes Reisgericht mit Hähnchen, das uns allen sehr schmeckte

Pfingstsonntag besuchte Leila mit uns die katholische Messe, um zu sehen, wie diese zelebriert wird. Am Nachmittag fuhren wir nach Kelheim zur Befreiungshalle. Vom oberen Rundgang aus konnte man weit über das Donautal blicken und das vordere Tal der Altmühl mit Mündungsgebiet überblicken. Anschließend fuhren wir zur Schiffsanlegestelle und kauften Tickets für ein Passagierschiff, das uns durch den Donaudurchbruch zum Kloster Weltenburg brachte. Nach Besichtigung der Klosterkirche, mit dem für katholische Kirchen üblichen prunkvollen Innenleben, genehmigten wir uns im vorgelagerten Biergarten ein kühles dunkles Bier. Leila und Vroni teilten sich ein halbes Dunkles.

Gleich nach dem Mittagessen am Pfingstmontag fuhren wir mit Leila nach Wiesent zum Nepal Himalaya Pavillon. Es ist ein in der Region einzigartiger Tempel mit buddhistischen und hinduistischen Schreinen sowie mit wunderbaren Holzschnitzereien. Wir besuchten den artenreichsten öffentlichen Garten mit mehr als dreitausend verschiedenen Pflanzenarten, in dem dieser Tempel steht. Leila und wir hatten große Freude beim Durchwandern des Heidegartens, des Duft- und Kräutergartens sowie des Zen- und Waldgartens. Hier wurde auch die Handwerkskunst aus dem Himalaya gezeigt. Man konnte handgefertigte Ware eines nepalesischen Töpfers kaufen.

Da wir zum Abend hin noch etwas Zeit hatten, fuhren wir zur Walhalla bei Donaustauf. Vom Parkplatz aus ist der Weg zu diesem Ehrentempel nur kurz. Besucher, die mit dem Schiff über die Donau kommen, müssen dreihundertachtundfünfzig Stufen bewältigen, um zum Eingang der Walhalla zu gelangen Es ist eine Ruhmeshalle deutscher und europäischer Geschichte, mit einhundertdreißig imposanten Marmorbüsten und fünfundsechzig Gedenktafeln. Nach eindrucksvoller Besichtigung des Tempelinneren gingen wir aus einem Seitenausgang vor, um den Ausblick über das Donautal zu genießen. Dort trafen wir auf ein Brautpaar, das sich von einem Fotografen in verschiedenen Posen ablichten ließ. Entzückt genoss Leila diesen Anblick. »Vielleicht ist das ein gutes Omen für Leila«, meinte ich zu meiner Frau. Vielleicht trifft sie bald auf einen für sie geeigneten Lebenspartner, dachte ich. Viel zu schnell verging das schöne Pfingstwochenende mit der lieben Frau aus dem Iran. Am Dienstag fuhr ich mit ihr und meiner Frau nach Bayreuth, um wieder den Dienst anzutreten.

Die gefährliche Ungeduld

Zu dem sehr beliebten Ausflugsort Kloster Weltenburg, der weltweit viele Besucher anlockt, möchte ich folgende Begebenheit schildern, die für mich auf der Donau mit einem Canadier sehr gefährlich wurde. Vor über zwanzig Jahren, im Sommer 2001, plante ich mit meinem Freund Hans Rieger eine Bootsfahrt.

Es war ein sehr heißer Sonntag mit schwüler Luft, als wir mit unseren Kindern Johanna, Christoph und Franziska bei der Ortschaft Eining die Bootstour starteten. Nichts ahnend sollte uns kurz vor Weltenburg ein sehr heftiges Gewitter überraschen. Wie aus dem Nichts bäumten sich plötzlich sehr dunkle Wolken über dem Berg des linken Donau-Ufers auf und eine steife Brise bremste unsere Fahrt auf dem Wasser immer mehr. Es entwickelte sich ein sehr heftiger Sturm mit Starkregen. Nach einigen hundert Metern erreichten wir völlig durchnässt das rettende kiesige Ufer vor dem Kloster.

Sofort sicherten wir unsere Boote auf der Kiesbank und liefen mit den Kindern in den Biergarten. Die Besucher dieses Innenhofes rannten noch flüchtend kreuz und quer im Regen umher, bis sie einen Unterschlupf in den Gebäuden fanden. Wir steuerten die Kirche an, als sich der Sturm zu einem Orkan entwickelte. Als gerade von den schattenspendenden Bäumen sehr dicke Äste herunterbrachen, erreichten wir die Eingangstür zur Kirche. Wir sahen noch vom Vorraum aus, wie die mindestens fünfundzwanzig Kilo schweren Pflanztöpfe vom Sturm umgestoßen wurden.

Nach einer guten halben Stunde ließ der Regen endlich nach und der Wind flaute ab. Im Hof des Klosters lagen die Sitzbänke und Stühle durcheinander. Die herabgefallenen schweren Äste hatten einige Tische schwer beschädigt. Von den liegenden Pflanztöpfen waren einige zerbrochen. Der sonst einladende und gemütliche Biergarten hinterließ einen chaotischen Eindruck. Hans und ich gingen mit den Kindern zur Kiesbank, um nach den umgedrehten Booten zu sehen, die in einer Bodenmulde lagerten. Sie waren etwas verdreht, aber noch da. Der Sturm hatte aber das Boot von Hans hochgedrückt, dabei zerbrach das im Boot verstaute Holzpaddel. Hans rief seine Frau an, damit sie ihn am Kloster mit dem Auto abholen sollte. Nach einer Stunde tauchte seine Frau auf. Gemeinsam luden wir sein Boot auf das Autodach. »Deine Frau kommt bestimmt auch bald«, rief er mir noch aus dem Auto zu, bevor sie losfuhren.

Doch fast eine weitere Stunde verging. Meine Frau kam immer noch nicht. Ich verlor die Geduld und trug meinen Canadier zum Ufer. Das Wasser der Donau war jetzt etwas gestiegen und trüb geworden. Wahrscheinlich sind weiter stromauf mehrere gewittrige Regengüsse niedergegangen, vermutete ich. Da sich die Sonne wieder etwas zeigte, entschloss ich mich, mit dem Boot nach Kelheim zu fahren. Ich zog mein durchnässtes T-Shirt aus und startete nach einigen Überlegungen die Fahrt durch den Donaudurchbruch nach Kelheim.

Kurz vor der langen Wand im Durchbruch erschien nach der Flussbiegung plötzlich ein Passagierschiff, das direkt auf mich zusteuerte. Ich wich sofort nach rechts aus. In dem ruhigeren Wasser hatten sich einige Baumstämme angesammelt, an denen ich gerade noch vorbeikam. Jetzt begann es wieder zu regnen und die Luft hatte sich bestimmt auf fünfzehn Grad abgekühlt. Mit nacktem Oberkörper und nasser Hose setzte ich die Fahrt fort, um die noch vier bis fünf Kilometer lange Strecke zur Anlegestelle in Kelheim zu bewältigen.

Der bereits einsetzende Regen wurde kräftiger und der kühle Wind bewirkte, dass ich zu frieren begann. Nach etwa zwei Flusskilometer zurückgelegter Strecke begann mein Körper leicht zu zittern. Ich ruderte jetzt so schnell ich konnte. Die Kraftanstrengung, die kühle Luft und der Regen erzeugten in meinem Körper allmählich ein unkontrollierbares Schütteln. Mit nachlassender Kraft zog ich das Stechruder durch das Wasser. Nur nicht aufgeben, alarmierten mich die Gedanken in meinem Kopf. Am »Klösterl«, etwa zwei Kilometer vor dem Ziel, kauerte ich mich zusammen und unterbrach das Rudern einige Zeit. Mit letztem Aufgebot meiner Kräfte konnte ich mich der Anlegestelle nähern, an der meine Frau und Christoph schon warteten. Ich kann nicht beschreiben, wie froh ich war, als ich die beiden sah. Das war Glück, ja, ich würde fast sagen, in den letzten fünf Minuten. Wegen des energischen Schüttelns, das meinen Körper beherrschte, brachte ich kein Wort mehr über die Lippen. Christoph zog das Boot etwas ans Ufer und half mir, aus dem Boot zu krabbeln. Er unterstützte mich, damit ich in unseren Espace gelangen konnte. Mit den darin gelagerten Decken wickelten sie mich warm ein.

Wie sich später herausstellte, wurde zwar meine Frau informiert mich, am Kloster Weltenburg abzuholen. Als sie aber hörte, dass ich mich in der Kirche in Sicherheit befände, ließ sie eine gute Stunde verstreichen, bis sie losfuhr. Am Kloster angekommen, suchte mich meine Frau vergeblich. Christoph vermutete Gott sei Dank, dass ich mit dem Boot nach Kelheim unterwegs war.

Bei George Stek am Kenai – ein letztes Mal!

Nach den bisherigen Misserfolgen auf Atlantischen Lachs hatte ich wieder Ambitionen, den Rotlachsen in Alaska nachzustellen.

Um auf Atlantischen Lachs in Norwegen erfolgreich zu fischen, braucht es in erster Linie sehr viel Glück bezüglich der Wasserstände in den Flüssen. Obwohl der durch den sauren Regen verminderte Lachsbestand wieder zugenommen hat, sind noch einige andere wichtige Einflüsse für den heutigen Lachsaufstieg entscheidend. Eine fatale Auswirkung auf den Aufstieg hat vor allem die teilweise Absperrung von Flussmündungen mit dem Netz, die ich einmal am Fluss Jakobselv im hohen Norden Norwegens sehen konnte. Dieser landschaftlich sehr schön gelegene Fluss, mit imposantem Wasserfall, ist ein Grenzfluss zu Russland. Abhängig von der Güte der Lachsflüsse, die man befischen will, spielt besonders auch der Geldbeutel eine große Rolle. Um vielleicht nur einen Atlantischen Lachs zu fangen, ist in Norwegen oftmals viel Geld zu investieren.

Deshalb nahm ich im Mai 2013 Kontakt mit Roland Haber auf, nachdem ich ihn durch Zufall am Egloffsteiner Weiher fischen sah. Einige Tage später traf ich mich mit ihm, um über einen Angeltrip nach Alaska zu diskutieren. Roland ist in Pottenstein ansässig. Er ist mit einer Cousine meiner Frau namens Maria verheiratet. Ich erzählte ihm von der Fishing-Lodge am Ufer des Kenai-Flusses auf der Kenai-Halbinsel. Nach weiteren Ausführungen zur Reise und den Kosten zeigte Roland großes Interesse. »Wegen der hohen

Reisekosten wäre es von Vorteil, einen dritten Mann zu finden«, meinte Roland.

Am Wochenende dachte ich zuhause an Hans Punk, der schon einmal bei George Stek einen Angelurlaub verbracht hatte. Während ich ihn anrief, war Hans sofort begeistert und teilte mir mit, dass er bei George buchen werde. Als Roland davon hörte, war er einverstanden. Noch am selben Wochenende reservierte Hans eine Hütte für drei Personen bei der »Funny Moose Lodge«. Als Anreisetermin wählten wir, wie immer, einen Tag vor dem 15. Juli. Von diesem Tag an, innerhalb einer Zeitspanne von zwei Tagen, beginnt zuverlässig der Aufstieg der Rotlachse. Da der Wasserstand im Kenai nur geringfügig schwankt, hat dies keinen wesentlichen Einfluss auf den Aufstieg der Lachse. Der Fluss Kenai fließt aus dem großen Kenai Lake mit sechsundfünfzig Quadratkilometern Fläche. Dieser liegt in den Kenai Mountains nördlich von Seward.

Am 13. Juli 2013 erreichten wir mit unserem Mietwagen, den wir in Anchorage anmieteten, spätabends die Stadt Soldotna. Es dauerte eine Weile, bis wir die Abzweigung zur »Funny River Road« fanden. Mittlerweile war der einst nur geschotterte und sehr staubige Weg asphaltiert. Auf dieser Straße kamen wir gut vorwärts, aber die Suche nach Georges Lodge gestaltete sich schwierig in bereits dunkler Nacht. Nach etwa zwei Stunden Suchfahrt konnten wir endlich das verwachsene Hinweisschild zur »Funny Moose Lodge« finden. Der neue Tag war bereits eine halbe Stunde alt, als wir die Umrisse der Hütten im Scheinwerferlicht erkannten. In einer kleinen Hütte, deren Giebel ein Elchgeweih zierte, brannte noch Licht. Hans klopfte an die Tür. Da sich nach einer Weile niemand bemerkbar machte, öffneten wir vorsichtig die Tür. Am Schreibtisch sahen wir eine schlafende männliche Person. Nach mehrmaligem Ansprechen wachte der Mann endlich auf. »Hallo, ihr seid wohl die drei Gäste aus Deutschland. Wieso kommt ihr so spät?«, fragte er und stellte sich als Jim Dicken vor. »Im Auftrag von George möchte ich euch herzlich willkommen heißen«, murmelte er in amerikanischem Slang.

Nach Bekanntgabe unserer Namen führte er uns zu einer Hütte mit einfachem Schrägdach. Hans gab ihm daraufhin zu verstehen, dass wir die schöne Hütte mit Satteldach gebucht hätten. Jim sagte: »Ich weiß es. Es gibt derzeit noch Probleme mit dem Abwasser. Diesbezüglich müsst ihr euch mit George verständigen«, empfahl er.

Am nächsten Morgen gingen wir bei schon hohem Sonnenstand zu Jim, um etwas über den Lachsaufstieg zu erfahren. Währenddessen kam George in die Hütte und begrüßte uns recht herzlich. Mich erkannte er sogar nach über zwanzig Jahren sofort wieder und sprach mich mit meinem Vornamen an, was mich sehr erfreute. Auch an Hans konnte er sich erinnern. »Der Lachsaufstieg lässt dieses Jahr noch ein bis zwei Tage auf sich warten. Dafür soll es dieses Jahr einen enorm hohen Aufstieg geben«, informierte uns George. In erwartungsvoller Vorfreude gingen wir zum Gittersteg am Ufer des Flusses. Dort trafen wir auf einen Angler, der fischend auf dem Steg saß. Nach kurzer Unterredung in Englisch stellte sich heraus, dass er mit seinem Kollegen aus Polen angereist war. Wegen seiner Ansitzfischerei auf Lachs, die hier am Kenai nicht üblich ist, wollte ich wissen, welchen Köder er verwendet. Sofort holte er seine mit schwerem Grundblei bestückte Montage aus dem Wasser. Er verwendete zwei Würmer am Einzelhaken. Ich informierte ihn, dass diese Art des Angelns auf Lachs verboten sei. Obwohl George den beiden Polen die Angeltechnik erklärt hatte, wollte er es trotzdem mit seiner Methode versuchen. Er konnte nicht abwarten, bis sein Kollege vom Angelgeschäft zurück war. Wir wünschten ihm trotzdem viel Glück und verabschiedeten uns.

Auf dem Weg nach Soldotna überquerten wir einen kleinen Fluss, der in den Kenai mündet. Von der Straße aus sah Roland am Mündungsbereich einen Steg am Ufer. Ungeduldig wollte er es dort schon mal mit der Spinnrute und Blinker auf die Rotlachse versuchen. Zu dritt gingen wir zum Holzsteg und fischten mit Wobbler und Blinker etwa eine Stunde lang den Mündungsbereich ab, in der Hoffnung, einen ruhenden Lachs mit unseren Kunstködern anzusprechen. Mir war klar, dass selbst bei Anwesenheit von Lachsen hier keiner beißen würde. Trotzdem wollte ich dem Tatendrang von Roland nicht im Wege stehen.

Während unserer wenig aussichtsreichen Tätigkeit, näherte sich eine Frau aus den Büschen und ging auf uns zu. »Seid ihr Deutsche?«, wollte sie wissen. Fast gleichzeitig bejahten wir ihre Frage. Mit etwas Abstand rief sie uns zu: »Es ist noch kein Lachs im Fluss«, und fragte neugierig weiter: »Woher kommt ihr aus Deutschland? Ich erklärte, dass wir in der Nähe von Regensburg bzw. Nürnberg wohnen. Sie würde mit ihrem Mann hier in der Nähe am Fluss mit einem Wohnwagen campieren und auf den Lachsaufstieg warten. »Wir kommen aus dem Schwäbischen«, sagte sie. »Wann glauben Sie kommen die Lachse?«, wollte Roland von ihr wissen. »Vielleicht sind morgen schon vereinzelt einige Lachse auf dem Weg zu ihren Laichplätzen«, entgegnete sie ihm. Roland war nun etwas verunsichert und meinte zu ihr: »Hoffentlich gibt es einen guten Lachsaufstieg.« Er sei zum ersten Mal hier und hoffe, die weite Reise nicht umsonst unternommen zu haben. »Keine Angst, Ihre Kameraden, die schon hier waren, wissen doch sicher auch, dass es jedes Jahr einen Aufstieg gibt«, versicherte sie ihm. »Obwohl die Stückzahl von Jahr zu Jahr schwankt, sind bisher immer noch sehr viele Rotlachse aufgestiegen«, versuchte die Frau ihn zu überzeugen. Roland sah nun ein, dass es keinen Sinn ergibt hier, noch weiter zu fischen. Schließlich setzten wir unsere Fahrt nach Soldotna fort, um im Angelgeschäft die benötigten Lizenzen zu kaufen.

Im Geschäft »hardware & fishing« kauften wir eine Jahreskarte für etwa 70 Dollar, die für ganz Alaska gültig ist. Auch jede Art von Kurz- und Langwaffen sowie die dazugehörige Munition wurde angeboten. Jagdarmbrüste und alle Arten von Messern gab es zur Auswahl in diesem Geschäft. Die Munitionsschachteln waren auf einer Palette aufgestapelt, wie bei uns zum Beispiel verpackter Zucker. Nachdem wir uns auch mit den für Rotlachs typischen Fliegen in verschiedenen Farbvariationen versorgt hatten, beschlossen wir zum Holzsteg am Fluss beim Besucherzentrum zu fahren. Wir parkten vor dem Gebäude des Infocenters, um die Fischpräparationen zu begutachten.

Roland war begeistert von den guten Präparaten der verschiedenen Lachse, Forellen, Saiblingen und auch Äschen, die im Flusssystem des Kenai verbreitet sind. Die beiden Angler, die wir von der Brücke aus sahen, standen noch fischend am Steg. Deshalb gingen wir den gut ausgebauten Treppenweg zum Ufer hinunter. Wir erfuhren von den beiden, dass noch keine Lachse im Fluss sind. Sie würden jedoch auf Dolly Varden und Forellen ansitzen und ab und zu eine Rotlachsfliege anbieten, in der Hoffnung, dass sich Einzelgänger zum Anbiss verleiten lassen. Wir wünschten den Anglern viel Glück und fuhren ins Zentrum von Soldotna.

Roland zweifelte nun wieder, ob ein ausreichender Aufstieg der Lachse stattfinden würde. »Was machen wir, wenn der ›Run‹ erst eine Woche später beginnt?«, fragte er bange. »Dieses Problem haben wir nicht, denn bisher begann der Aufstieg fast pünktlich immer Mitte Juli«, versicherte ich ihm abermals.

Nach dem Besuch einiger anderer Angelgeschäfte im Zentrum fuhren wir zum Restaurant »Acapulco Mexican«, um ein Bier zu trinken. Meine beiden Begleiter wählten unglücklicherweise auf der Getränkekarte ein dunkles Bier aus. Die Folge war, dass Roland, der zuerst einen Schluck nahm, es hinter einer Gartenmauer sofort wieder ausspuckte. Wie Roland angewidert verlauten ließ, schmeckte dieses Bier nach süßem Kaugummi. Beide Herren schütteten sofort ihr Glas aus. Daraufhin bestellten sie ein helles Budweiser, das ich schon auf dem Tisch stehen hatte.

Wir lagen noch in den Betten, als Jim um Viertel nach sechs an die Tür klopfte und lauthals den Run der Lachse ankündigte. Gut, dass wir gestern am Abend auch unsere Fliegenruten »Greys GRXi« in Zehn-Fuß-Länge in der AFTMA-Klasse 7/8 vorbereitet hatten, dachte ich. Meine Kameraden zögerten noch etwas, waren aber dann schneller angezogen als ich. Nach kurzem Frühstück wurden die dreiteiligen Ruten schnell zusammengesteckt und das monofile Vorfach durch die Rutenringe gefädelt. Das zwei Meter lange, monofile Vorfach mit angebundener Rotlachsfliege hat einen Durchmesser von null Komma dreißig bis null Komma fünfunddreißig Millimeter. Als Fliegenrolle benutzte ich ein Exemplar von »Busse & Pelikan« der Klasse 9/11. Schade, dass die Fertigung dieser qualitativ hochwertigen und preisgünstigen (129,- €) Rollen durch den in Hamburg ansässigen Betrieb eingestellt wurde. Eine von der Firma »fishingtackle 24« erhaltene »Teeny Sink Tip, Chuck a. Duck«, in Klasse 7/9, verwendete ich als Flugschnur mit integrierter schwarzer, zwei Meter langer Spitze (Sinkrate 20 cm/sec.). Diese Ausrüstung hatte auch Roland an seiner Fliegenrute von »Greys«. Natürlich wollten wir auch mit der montierten Fliege und dem Blei an der Spinnrute fischen, wie ich bereits ab Seite 171 beschrieben habe.

Bild 15: Mein erster Rotlachs 2013

Jim wartete auf uns an dem neu errichteten Gittersteg am Ufer, der etwa fünfundzwanzig Meter lang war. Hier durften nur Gäste fischen, die mindestens eine Woche Aufenthalt bei George gebucht hatten. Jim zeigte uns einen siebzig Zentimeter langen Rotlachsmilchner, den er schon sehr früh gefangen hatte. »Bevor ihr Jungs zum Fischen anfangen möchtet, will ich euch meine Filetiermethode zeigen«, sagte er. Er hielt den Lachs am Kopf und brachte knapp hinter der Kieme einen schrägen Schnitt an, sodass die Brustflosse noch zum Kopf hin hängen blieb. Dann führte er das scharfe Messer am Rückgrat entlang bis kurz vor die Schwanzflosse und trennte anschließend ein schmales Stück Bauchlappen mit Flossen ab. Die auf diese Weise erhaltene Filetseite spritzte er gut mit Wasser ab. Der nun motivierte Roland meinte jetzt zu Jim: »Ich möchte auch einen filetieren.« »Na bitte,

meine Guys. Ihr habt jetzt den ganzen Tag Zeit, Lachse zu fangen«, erwiderte
er. »Die ziehen jetzt noch truppweise mit kleineren Pausen nahe am Ufer
vorbei, aber das dürfte für euch umso spannender werden«, ergänzte er
seine Ausführungen.

Bild 16: Roland hält die Fliegenrolle mit der Hand

Roland und ich fischten sofort mit der Fliegenrute. Hans zog es jedoch vor,
mit der Fliege an der Spinnrute sein Glück zu versuchen. Im Hinblick auf
die Kampfkraft der »Roten«, traute er seiner schon älteren Fliegenrute nicht
mehr. Ich zeigte Roland jetzt den Wurf mit der Fliegenschnur und sagte:
»Mit ungefähr sechs Meter langer Leine vollführst du einen einfachen Wurf
seitwärts schräg stromab. Falls du noch etwas weiter vom Ufer weg fischen
willst, kannst du immer noch beim Werfen Schnur nachfüttern. Das stark
sinkende schwarze ›Sink Tip‹ liegt in voller Länge am Grund des strömenden Flusses und schwingt herum, bis es sich parallel zum Ufer ausgerichtet
hat. Dann beginnst du langsam, wieder Schnur einzuholen. In dieser Phase

fischt die Fliege am effektivsten. Es können auch noch Bisse während des Einholens der Schnur erfolgen.«

Mit einigen Metern Abstand zueinander begannen wir mit dem Werfen. Es waren nur wenige Gäste auf dem Steg, deshalb hatte jeder Angler genug Platz zum Fischen. Roland war stromab gesehen der erste Mann in unserer Reihe, weswegen er beim Vorbeiziehen einzelner Trupps eventuell den ersten Biss bekommen könnte. Und tatsächlich, nach etwa zwanzig Minuten intensiven Fischens straffte sich die Schnur bei ihm zuerst und der Drill begann. Der Fighter zog, trotz fest eingestellter Bremse, langsam Schnur von der Rolle. Ich sagte zu ihm: »Stell die maximale Bremskraft ein.« Aber immer noch lief Schnur von der Rolle, wenn auch sehr langsam. Mit der linken Hand versuchte er, die Rolle zu halten, was ihm auch hin und wieder gelang, siehe **Bild 16.**

Bild 17: Roland mit erstem Rotlachs

Nach Aufnahme einiger Meter Schnur kämpfte der Lachs jetzt direkt vor Rolands Füßen. Die Rute bog sich zum Halbkreis. Während des Drills hob

343

Roland manchmal kurz mit seinen Fersen vom Boden ab. »Du hast einen Kapitalen dran«, sagte ich zu Roland. »Alfred, das glaube ich auch«, bestätigte er mir ehrfürchtig. Alle Fluchtversuche und Stöße federte die Rute sehr gut ab.

Bild 18: Hans mit erstem Rotlachs 2013

Gut eine Viertelstunde verging, bis der Lachs reif zum Anlanden war. Hans stand jetzt mit dem von Jim bereitgestellten großen Fangnetz neben Roland und wartete auf eine Gelegenheit für dessen Einsatz. Mit dem ersten Versuch schaffte er es, den Lachs mit dem Kopf voraus ins Netz zu dirigieren. Alle Fischer kamen herbei, um Roland zu seinem ersten Pazifischen Lachs zu beglückwünschen, als dieser auf dem Steg lag. Es handelte sich um einen frisch aufgestiegenen Milchner mit über siebzig Zentimeter Länge, siehe **Bild 17**. Die anwesenden Mitfischer wollten auf einem weiteren Bild sein, das Hans von uns und dem kapitalen Lachs knipste. An diesem Vormittag wurden mindestens zehn »Rote« von den Anglern erbeutet. Jeder konnte die kräftigen Salmoniden an der Rute erleben. Wir unterstützten uns gegenseitig dabei, die Fische sicher in den Kescher zu bringen. Doch manchmal erfreute sich ein Lachs an der wiedergewonnenen Freiheit. Die gefangenen Fische wurden an einer Schnur im frischen Flusswasser gelagert. Kurz vor Mittag besuchte uns Jim am Ufer. Er sagte zu uns, dass offiziell nur drei Rotlachse pro Tag und Mann gefangen werden dürfen. »George und ich nehmen es aber nicht so genau, falls ihr mehrere Lachse an einem Tag entnehmt«, ließ er uns wissen.

Bild 19: Gebeizte Rotlachsfilets

In der ersten Woche fingen wir bei herrlichem Wetter bereits so viele Lachse, dass jeder von uns die maximale Menge von zwanzig Kilogramm Filet erreicht hatte. George sagte dazu: »Mit dieser von der Fluggesellschaft beschränkten Menge habt ihr bestes Lachsfilet im Wert von eintausend Euro. Aber für jedes weitere Kilo darüber sind momentan am Flughafen zwanzig Dollar zu zahlen und eventuell können noch Zollgebühren anfallen.«

345

Am vierten Tag konnten wir die schöner ausgestattete Hütte beziehen, wie Jim es uns versprochen hatte. In dieser Hütte gab es keine Stockbetten. Neben Küche mit Esszimmer und Duschraum waren zwei Schlafzimmer mit Doppelbetten vorhanden. In der Raummitte hing sogar ein Kronleuchter, und ein Bärenfell mit Kopf schmückte die Wand über dem Sofa. Wir fühlten uns hier sehr wohl.

An einem Abend beizten wir zwei Filets vom Rotlachs, siehe **Bild 19**. Drei Tage später belegten wir damit Brötchen und ließen sie uns zum Frühstück schmecken. Besonders Roland war damals sehr angetan von dem vorzüglichen Geschmack. Trotz des tagsüber intensiven Fischens hatten wir bis zum Abend kein Hungergefühl mehr.

In der zweiten Urlaubswoche gingen wir die Fischerei entspannter an. Der Lachsaufstieg hatte etwas nachgelassen. Wir fischten mit Lachsrogen auf die Saiblinge (Dolly Varden) und Regenbogenforellen.

Als ich einmal mit feinerer Fliegenrute auf die »Dollys« am Steg angelte, kam eine zierliche, junge Frau asiatischen Ursprungs mit einer Fliegenrute in der Hand zum Steg. Sie hatte zum Sonnenschutz einen weißen Hut auf. Darunter waren ihr Kopf und Hals in einem weißen Seidentuch eingehüllt. Mit weißen Handschuhen an ihren Händen, vollführte sie elegante Seitwärtswürfe mit einer zu schwachen Rute. Als ich sie fragte, auf welchen Fisch sie es abgesehen hat, gab sie mir als Antwort, »Salmons«.

Da sie mit ihren Füßen bis zur vordersten Kante des Steggitters stand, befürchtete ich ein Hineinstürzen bei Anbiss eines kapitalen »Roten«. Vorsorglich beobachtete ich sie öfter, um ihr im Falle eines Bisses helfen zu können. Nach etwa einer halben Stunde ohne Fisch gab sie auf. Inzwischen hatte ich drei Saiblinge gefangen. Interessiert betrachtete sie die Saiblinge und fragte mich, ob ich ihr die Angelmethode auf so schöne Fische beibringen könnte. »Sehr gerne«, antwortete ich ihr. »Wir können uns morgen hier treffen«, ließ ich sie wissen.

Aber am nächsten Tag kam die Frau nicht mehr. Als ich gegen Mittag mit fünf Saiblingen an einer Schnur aufgefädelt an der Hütte der asiatischen Familie vorbeiging, hörte ich von einem graubärtigen Herrn die Worte »good boy«. Er winkte mir zu, um mit ihm zur Hütte zu gehen. Der ältere Asiate erklärte, dass heute der letzte Tag ihres Aufenthaltes sei und daher seine Tochter nicht mehr zu mir gekommen war. Die freundliche Familie lud mich zu einem Drink ein und bot mir für mich unbekannte Speisen an, die vorzüglich mundeten. Nach guter Unterhaltung verabschiedete ich mich und legte den Leuten drei Saiblinge auf den Tisch. Mit großer Freude wünschten sie mir noch einen guten Fang und alles Gute.

Am Mittwoch in der zweiten Woche unseres Aufenthalts setzten die Lachse wieder verstärkt ihren Aufstieg fort. Roland und Hans wollten stromaufwärts oberhalb des Steges in dem bis zum Ufer wachsenden Kiefernwald fischen. Jim hatte uns davor gewarnt, dies zu tun, da sich ab und zu Schwarzbären in Ufernähe herumtreiben.

Direkt am Ende des Steges stromauf, fischte ich dieses Mal mit der Spinnrute im Wasser stehend auf die vorbeiziehenden Lachse. An diesem Tag war mir, wegen der vielen Angler auf dem Steg, die rege Fischerei zu gefährlich. Fast alle Urlaubsgäste benutzten Bleie an den Vorfächern. Sobald sich ein Haken aus dem Fischmaul löste, schnellte das Blei mit großer Wucht aus dem Wasser. Jim, der heute öfter ans Ufer kam, um die Leute mit Bleien, Vorfächern und sonstigem Material zu versorgen, sah mich im Wasser stehend mit fragendem Blick an. Er belehrte mich mit den Worten: »Es ist nicht gut, wenn du im ufernahen Wasser stehst. Du störst und zertrittst eventuell die aufkommende Lachsbrut in den Wasserpflanzen.«

Kaum hatte Jim diese Worte ausgesprochen, bekam ich einen Biss. Ein heftiger Drill folgte, weil der Lachs sofort in die schnelle Strömung zog. Ich drehte sofort die Rollenbremse vollständig zu. Auf Biegen und Brechen ächzte meine »Nanoflex«-Rute im Nahkampf mit dem Lachs. Doch die Rute, die ich mir von einem Gutschein des Lehrstuhls gekauft hatte, hielt den Fluchtstößen des tobenden Fisches stand. Jim half mir, den schon mit leichter Laichfärbung und schwach ausgeprägtem Laichhaken versehenen Milchner zu landen. Dankend versicherte ich Jim, dass ich in Zukunft achtgebe, auf was ich trete, und gleich einen Schritt tiefer ins Wasser gehe. Lächelnd meinte er zu meiner Absicht: »Gib aber dann acht, damit du nicht vom Fluss mitgerissen wirst.« Während Jim wieder die Uferböschung hochging, kamen Hans und Roland aus dem Gebüsch hervor. Roland, der vier Lachse

347

auf einer Schnur aufgefädelt trug, sagte: »Komm mit zu unseren Fangplätzen im Kiefernwald.« Bevor wir wieder in die Büsche gingen, filetierte Roland die vier Lachse. »Diese Filets sind für Jim und George bestimmt«, teilte er mit.

Auch ich filetierte meinen kurz zuvor gefangenen Lachs und ging anschließend mit den beiden Kameraden in den Kiefernwald. Gute fünfzig Meter weit schlängelten wir uns durch den niedrigen Baumbestand, bis wir an eine zum Ufer hin freie Stelle kamen, an der Roland und Hans schon einmal gefischt hatten. Roland sagte: »Hier ist ungestörtes Fischen auf Saiblinge mit echtem Lachsrogen möglich. Die Saiblinge und Forellen beißen sofort, wenn du auf die Fliege zwei bis drei Lachseier aufspießt.« Nur etwa einen halben Meter vom Ufer entfernt, angelte ich mit der Fliegenrute nach der von Roland empfohlenen Methode. Ich musste die Fliege nur ins Wasser tunken und absinken lassen, ohne zu werfen. Tatsächlich, nach etwa zwei Minuten fühlte ich schon einen Biss. Innerhalb kurzer Zeit fing ich auf diese Weise drei Saiblinge. Es sind echte Wildfische, die nicht eingesetzt werden, freute ich mich immer wieder.

Roland wollte es hier nochmal mit seiner neuen null Komma fünfundvierzig Millimeter monofilen Schnur auf Lachs probieren. Denn zuvor hatte er mit seiner null Komma vierzig Millimeter Schnur beim Drill in harter Strömung zwei starke Lachse durch Abriss verloren. Es dauerte nicht lange, bis wieder ein Lachs an seine Fliege ging. In Ufernähe sprang der Lachs plötzlich über einen überhängenden Ast hoch und baumelte kurz über dem Wasser, bis Roland die Schnurspannung verringerte. Schade, dass man solche Momente nicht spontan bildlich festhalten kann, dachte ich.

Bei unserem damaligen Aufenthalt am Kenai hatten wir fast jeden Tag herrlichen Sonnenschein und Temperaturen oft bis zu dreißig Grad. An den Abenden stand die Sonne bis kurz vor Mitternacht noch flach über dem Horizont. Beim Filetieren der Lachse, die von uns in der zweiten Woche gefangen wurden, halfen uns öfter junge »US-Boys«. Als Dank dafür überließen wir ihnen einige Filets zum Mitnehmen. Es war an unserem vorletzten Abend, als Jim Dicken an unserer Veranda vorbeiging, während wir uns ein Budweiser genehmigten. Roland lud ihn ein, mit uns ein Bier zu trinken.

Bei kurzem Fachsimpeln mit Jim über Köder und Beißverhalten der

Rotlachse mussten wir uns oft anstrengen, seinen Slang zu verstehen, besonders wenn er schnell sprach. Wie sich herausstellte, ist Jim nicht nur ein guter Lehrer für die Lachsfischerei, auch in Lebensfragen ist er ein kompetenter Ratgeber. Er erklärte, dass wir drei gute Angelfischer sind, und warnte uns vor bestimmten Frauen und Drogen.

Am letzten Tag fuhr George mit seinen beiden Hunden und uns zur »Silver Buddha Lodge«, die etwa zehn Kilometer stromauf am Kenai gelegen ist. Ich saß dabei auf dem Rücksitz neben den großen Hunden. Die beiden Hunde ähnelten unseren »Chow Chow«, hatten jedoch ein weißes Fell. Es waren sehr angenehme tierische Kumpane, die neben mir friedlich warteten, was da kommen sollte. Der Schweizer-Lodge-Betreiber begrüßte uns recht herzlich und zeigte uns seine Anlagen. Was uns nicht gefiel, war der für meine Begriffe kurze Holzsteg an einem Steilhang einer Flussbiegung. Hier herrschte direkt am Steg sehr starke Strömung, weshalb wir vermuteten, dass sich ein Drill hier nicht einfach gestalten würde. Unsere Befürchtungen bestätigten sich, als wir drei Angler beim Anlanden der Lachse beobachten konnten. Die Lachse ziehen hier bevorzugt in der Hauptströmung am Steg entlang. Es erfolgten zwar viele Bisse, aber viele gingen im Drill verloren.

Während wir nach etwa einer Stunde Aufenthalt mit George wieder zur »Funny Moose Lodge« fuhren, rätselte ich, warum er uns diese Unterkunft gezeigt hatte. Eigentlich hätten wir ihn fragen können, aber wir waren uns einig, ihm diesbezüglich keine Frage zu stellen. Ich vermutete, dass George vielleicht in den nächsten Jahren seine Lodge verkaufen könnte.

Am Abend gingen wir zum Flussufer, nachdem wir unsere Angelausrüstung reisefertig verstaut hatten. Auf dem Angelsteg befand sich internationales Publikum. Als sie uns fragten, warum wir nicht mehr fischen, erklärten wir, dass es unser letzter Abend ist. Daraufhin gingen zwei der Herren die Uferböschung hoch. Es dauerte nicht lange, bis sie wieder zurückkehrten. Einer trug einen Eimer mit Flaschen darin, der andere hatte noch zwei Flaschen in der Hand. Der graubärtige US-Bürger mit dem Eimer in der Hand sagte zu mir, dass wir drei gute Angelkumpel seien. Als Dank für unsere stetige Hilfeleistung beim Anlanden ihrer Lachse luden sie uns zum

Abschied zu einem Drink ein. Roland holte dazu noch einige Budweiser aus unserer Hütte.

Diesen letzten feuchtfröhlichen Abend verbrachten wir in guter, kumpelhafter Gesellschaft, bis sich die Sonne zum Horizont hin über dem Fluss neigte. Schon sehr früh am nächsten Morgen verabschiedeten wir uns von George und Jim. Beim Händeschütteln mit den beiden war mir so, als sei es ein Abschied für immer gewesen. Leider war es tatsächlich ein Abschied für immer, wie sich herausstellte.

Atlantische Lachse in der Ostsee

Anfang April im Jahre 2014 fragte mich mein Sohn Christoph, ob ich noch Lust dazu hätte, auf Atlantischen Lachs zu fischen. »Natürlich ist mein Wunsch nach wie vor groß, einen Atlantischen Lachs zu fangen«, erwiderte ich. Neugierig fragte ich: »An welchen Fluss soll es denn gehen?« »Nicht an einen Fluss«, antwortete er. »Stefan und ich würden gerne auf Bornholm beim internationalen Angelwettbewerb ›Trolling Masters‹ dabei sein«, erklärte er.

Stefan, der ein Motorboot besitzt und ein langjähriger Angelfreund von Christoph ist, würde Ende April mit Bootsanhänger nach Bornholm fahren, wurde mir mitgeteilt. Obwohl ich am liebsten im Fluss mit der Fliege einen Atlantischen Lachs fangen möchte, wollte ich trotzdem dabei sein. Da die Überfahrt mit der Fähre nach Bornholm kostspielig ist, erwogen wir, einen vierten interessierten Angler mitzunehmen. Wer käme da wohl in Frage, überlegte ich. Da fiel mir Michael Neumeister, Erikas Schwiegersohn, ein, mit dem ich schon so manches Angelabenteuer in Norwegen erlebt hatte. Noch am selben Tag konnte ich Michael telefonisch für die Angeltour begeistern.

Am 30. April frühmorgens um sechs Uhr fuhr Stefan mit seinem Auto und Anhänger bei mir vor, um uns abzuholen. Nach etwa eindreiviertel Stunden Fahrzeit standen wir in Bayreuth vor Michaels Haustür. Freudig packte er sein Reisegepäck und sein Fahrrad in das Boot, das mit einer Plane abgedeckt war. Dann verabschiedete er sich von seiner Familie. Seine Töchter riefen ihm noch ein »Petri Heil« nach, während wir aus der Hofeinfahrt fuhren.

Hungrig nach der auch wegen des Bootsanhängers sehr langen Fahrzeit, erreichten wir die Insel Rügen. Kurz nach Passieren der Brücke, die uns auf die Insel brachte, sahen wir am rechten Straßenrand Verkaufsstände mit allerlei fischigen Angeboten. »Hier wollen wir einkehren«, meinte Stefan. Besonders angetan hatten es uns die mit Stremellachs belegten Brötchen. Jeder von uns kaufte zwei Stück, die wir sogleich mit Hochgenuss verzehrten. Gestärkt fuhren wir weiter nach Hagen, wo Christoph für uns in der Gaststätte »Baumhaus« Zimmer gebucht hatte. Diese Ortschaft befindet sich im Nationalpark Jasmund, nicht weit vom Fährhafen Sassnitz entfernt. Von dort aus war am nächsten Tag die Überfahrt nach Bornholm geplant.

Nach unserer Anmeldung im Gasthaus hatten wir bis zum Abend noch einige Stunden Zeit. Deshalb schlug Stefan vor, eine Wanderung zur Küste zu unternehmen. Der fünf Kilometer lange Weg durch den bezaubernden Buchenwald endete an den steil abfallenden Kreidefelsen. Von oben aus eröffnete sich uns ein herrlicher Ausblick entlang der weißen Kreideküste. Absperrseile verhinderten ein zu nahes Herantreten an die Abbruchkante. Trotz der Warnhinweise der angebrachten Schilder krochen Stefan und Michael fast bis zur Kante einer senkrecht abfallenden Klippe, um ein Selfie zu knipsen. Mit einem Sicherheitsabstand von etwa drei Metern fragte ich die beiden, ob ihnen bewusst ist, in welcher lebensgefährlichen Lage sie sich befinden. »Jederzeit kann da was von der Hangkante plötzlich abbrechen«, warnte ich. Nach meinen alarmierenden Worten zogen sie sich dann doch vorsichtig zurück und gaben mir recht.

Nicht weit von unserem Standort entfernt, führte eine Treppe mit vielen Stufen hinab zum Ufer der Ostsee. Unten angekommen, konnten wir die imposanten bis über einhundert Meter hohen kreidebleichen Felsen zwischen grünem Bewuchs aus anderer Perspektive betrachten. Wegen des steinigen Küstenstrandes mit den größeren glatten Steinen im Wasser vermutete ich den typischen »Leopardengrund« im tieferen Wasser. Bekanntlich sind das gute Jagdplätze für Meerforellen. Hier wäre bestimmt das Spinnfischen auf diese Fischart interessant, dachte ich. Bei dem durch meine jugendlichen

Begleiter beschleunigten Aufstieg über die Treppe zu unserem Rückweg verspürte ich öfter einen leichten, stechenden Schmerz in meinem linken Knie. Hoffentlich bahnt sich da kein Problem mit meinem Unfallknie an, dachte ich. Erst bei fortgeschrittener Dämmerung erreichten wir unsere Unterkunft. Ein kleines Bier half mir bald einzuschlafen.

Nach dem reichhaltigen Frühstück bei guter Laune beeilten wir uns, den Fährhafen rechtzeitig zu erreichen. Dort angekommen, reihten wir uns mit dem Auto in die Warteschlangen ein und mussten noch drei Stunden bis zur Abfahrt warten. Nach vier Stunden Überfahrt kam endlich der im Südwesten Bornholms gelegene Fährhafen Rönne in Sicht. Auf gut ausgebauter Straße überquerten wir die Insel zu unserer in Svaneke gelegenen Unterkunft. Wie wir später erfuhren, wurde dieser im Nordosten der Insel gelegene Ort im Jahre 2013 zur schönsten Kleinstadt Dänemarks gekürt. Hier gefiel es uns sehr. Im nahegelegenen Vigehavn, dem kleineren Bootshafen von Svaneke, ließen wir noch am selben Abend das Boot zu Wasser.

Am nächsten Tag besuchten wir den Hafen von Tejn. Von dort aus wird der Trolling-Wettbewerb organisiert. Nachdem wir uns über die Teilnahmebedingungen informiert hatten, entschieden wir uns, nicht dabei zu sein. Stefan ergänzte in einem gut sortierten Angelgeschäft die Ausrüstung zum Schleppfischen auf Lachs.

Wegen der steifen Brise aus Nordost entschlossen wir uns, am Nachmittag zunächst mit der Spinnrute an der Küste auf Meerforellen zu fischen, da Bornholm gute Bestände aufweisen soll.

Ein vor uns liegender Strandabschnitt mit etwas Seegras und strukturiertem Grund schien für die ersten Versuche erfolgversprechend zu sein. Allerdings war der ungefähr zwanzig Meter breite, mit vielen unterschiedlich großen Steinen belegte Zugang zum Ufer nicht einfach zu überwinden. Mit verschieden großen Schritten war es nötig, balancierend auf den Steinen vorwärtszukommen. Trotz intensiven Abfischens des etwa einhundert Meter langen interessanten Uferstreifens, erhielt keiner von uns einen Anbiss.

»Neuer Tag, neue Chance«, sagte Michael während des Frühstücks gut gelaunt am Samstagmorgen zu mir. Stefan und Christoph hatten an diesem Tag vor, die erste Schleppfahrt auf Lachs zu unternehmen. Der Wind war abgeflaut. Michael und ich gingen zu Fuß, mit den Spinnruten ausgerüstet, auf dem landschaftlich schönen Küstenweg entlang in Richtung Westen. Noch keine halbe Stunde unterwegs schien mir ein Uferbereich passend, um es auf Meerforellen zu versuchen. Michael hatte bereits einen Felsen als guten Standplatz eingenommen und begann seine Würfe mit einem schlanken Blinker, der Sprotten oder Heringe imitieren sollte. Ich musste erst einen zerklüfteten, felsigen Zugang überwinden, um an das Ufer zu gelangen. Mit der Wathose ausgerüstet, versuchte ich einen weniger tief im Wasser liegenden Stein als Standplatz zu erreichen. Eigentlich sollte man beim Watfischen, besonders im fortgeschrittenen Alter, zur Sicherheit einen Watstock verwenden. Aber daran hatte ich nicht gedacht. Schließlich gelang es mir mit großer Vorsicht, nach geschätzten vier Metern über den sehr holprigen Grund, den Fangplatz zu erreichen.

Zuerst benutzte ich für weite Würfe ein silbriges schmales Metallstück. Ein Biss blieb jedoch auch nach vielen Würfen aus. Ein mittelschwerer Spinner könnte eventuell vorhandene Forellen zu einer Attacke verführen, dachte ich. Und tatsächlich! Im höchstens ein Meter tiefen Wasser erfolgte nach nur wenigen Würfen der spürbare ersehnte Ruck in der Rute. Die Forelle sprang sofort aus dem Wasser und schwamm in meine Richtung. So schnell ich konnte kurbelte ich Schnur ein und zog dabei die Rute weit nach links. Doch durch einen weiteren Sprung befreite sich der Fisch blitzschnell vom Haken. Während des kurzen Drills fiel mir eine zweite Forelle auf, die hinterherschwamm. Deshalb rief ich Michael Folgendes zu: »Hallo Michael, ich habe gerade eine Forelle verloren. Ich glaube, in meiner Nähe halten sich mehrere Forellen zur Futtersuche auf.«

Sofort ergriff er die Initiative und eilte so schnell er konnte über das felsige Ufer zu mir. Am festen Ufer stehend, begann auch er mit einem Spinner den vor mir gelegenen Uferbereich abzufischen. Während ich zu ihm sagte, »du musst nicht weit werfen, die Fische befinden sich in Ufernähe«, krümmte sich schon seine Rutenspitze. Erfreut sah ich ihm beim Drill zu und hoffte, dass der Haken gut sitzt. Mein Fangnetz lag hinter mir auf einem Stein. Als ich es holen wollte, rutschte ich mit meinem linken Bein in eine tiefere Mulde unter Wasser ab. Durch die stauchende Wirkung auf mein

Bein verspürte ich einen Schmerz im Knie, der mich später beim Weitergehen noch behindern sollte. Trotzdem half ich Michael, seinen Silberschatz mit dem Kescher zu bergen. Die Forelle hatte eine Länge von etwas über vierzig Zentimetern.

Auf dem Rückweg humpelte ich neben Michael her und dachte, hoffentlich wird das nicht schlimmer. Aber nach dem langen Weg zu unserer Wohnung wurden die Schmerzen im Knie unerträglich. Michael zeigte triumphierend seinen Fang. Stefan und Christoph gratulierten ihm. Sie erzählten uns, dass sie beim Schleppfischen erfolglos geblieben sind, weshalb sie es nochmals vom Strand aus auf Meerforellen versuchten. Auch hierbei konnten sie keine Forelle haken. Umso freudiger brachte Michael seinen Fang mit folgenden Worten zum Ausdruck: »Obwohl ich keinen Angelschein besitze und wenig Erfahrung habe, konnte ich diese schöne silberblanke Forelle mit Kunstköder erbeuten.« Stefan sagte grinsend zu ihm: »Das hast du aber auch Alfred zu verdanken, der dich zu den Fischen geführt hat. Allerdings gehört auch viel Glück beim Meerforellenangeln dazu«, meinte er.

Michael hatte glücklicherweise ein Schmerzgel dabei, mit dem ich das Knie behandelte und mit einem Verband etwas fixieren konnte. Ein Fernseher verhalf mir am Abend mit hochgelagertem Bein die Zeit zu vertreiben. Durch das Verlagern des Beines im Schlaf wurde dieser während der Nacht schmerzvoll unterbrochen. Mit schmerzendem Knie und unausgeschlafen hinkte ich frühmorgens zur Toilette. Ich erneuerte den Verband am Knie und trug frische Salbe auf. Christoph und Michael brachten mir das Frühstück zum Tisch. Sehr früh ließen mich meine Begleiter an diesem Tag alleine in der Wohnung zurück. Beim Aufbruch wünschte ich den beiden Schleppfischern einen guten Fang.

Michael wollte an diesem Tag mit seinem Fahrrad nebst Küstenabschnitten auch das Inselinnere erkunden. Er traf auf den bekannten Pädagogen und Buchautor Udo Schroeter, der 2006 mit seiner Familie nach Bornholm ausgewandert war. Dieser führte Michael in sein Atelier und stellte die von ihm verfassten Bücher vor.

Der Buchautor führt auch Seminare für alternative Lebensweise durch und bietet Einführungskurse zum Meerforellenfischen an. Ein Buch sprach mich besonders an, als wir später zu viert Udo Schroeter besuchten. Es trägt den Titel »Bin am Meer« und enthält das treffende Zitat: »Jahrtausende haben wir aus der Kraft der Jäger gelebt, bis wir zu Gejagten unserer Zeit wurden.«

Ich versuchte jetzt, mein schmerzhaftes Bein nicht mehr zu bewegen. Dabei schlief ich auf dem Sofa ein. Fast vier Stunden waren vergangen, als ich wieder aufwachte. Ich hatte Durst und humpelte in die Küche, um mir einen Tee zu kochen. Überrascht nahm ich wahr, dass mir mein Auftreten mit dem verletzten Bein weniger Schmerzen bereitete. Nach weiteren drei Stunden ruhigen Liegens konnte ich mich bereits wieder einigermaßen gut fortbewegen. Wegen der deutlichen Besserung überlegte ich, ob ich einen Spaziergang zum Vigehavn riskieren sollte. Meine Neugier, den Fang von Christoph und Stefan zu sehen, siegte schließlich, sodass ich spätnachmittags die Wohnung bei gutem Wetter verließ. Langsam und vorsichtig bewegte ich mich vorwärts.

Als ich den Hafen erreichte, sah ich, wie das Boot gerade einfuhr. Christoph winkte mir schon von Weitem zu und hob einen großen Silberschatz mit beiden Händen in die Höhe. Welch große Freude in mir hochkam, als ich einen silberblanken Lachs in den Händen meines Sohnes sah, kann ich nicht beschreiben. Kaum zu glauben, aber sie hatten es tatsächlich geschafft, einen wilden Atlantischen Lachs zu fangen, wurde mir bewusst. Sofort ging ich zur Anlegestelle, um ihnen zu gratulieren. Die Verletzung am linken Bein hatte ich momentan völlig vergessen. Beim Blick ins Boot sah ich einen zweiten Lachs liegen. Freudestrahlend kamen die beiden mit je einem Lachs in den Händen die Kaimauer hoch und präsentierten sich für eine Aufnahme, siehe **Bild 20.** Der größere maß über neunzig, der kleinere etwa fünfundachtzig Zentimeter bei kompakter Körperform. Stefan erzählte mir, dass sie nach etwa vier Stunden ununterbrochener Schleppzeit die beiden Fische kurz hintereinander fingen.

Das verwendete Schleppsystem bestand aus Scherbrettern, die in die Schnur eingehängt wurden, um genügend seitlichen Abstand zum Boot zu gewährleisten. An der fünfzig bis siebzig Meter langen Leine wurden leichte Schleppblinker in silbriger Farbe eingehängt. Während die beiden äußeren

Ruten mit den Scherbrettern die Blinker nahe an der Wasseroberfläche führten, wurden die beiden inneren Ruten mit Sinkbleien eingesetzt, um unterschiedliche Wassertiefen zu befischen.

Bild 20: Stefan und Christoph mit den ersten Atlantischen Lachsen

Da ich mein japanisches Filetiermesser »Tojiro« mit vierundzwanzig Zentimeter langer Klinge aus dreilagigem Stahl mitgenommen hatte, fiel mir die
Aufgabe zu, die Lachse zu filetieren. Auf Grund der sehr scharfen Klinge
und meiner in Alaska gewonnenen Erfahrung konnte ich diese Aufgabe mit
einem Kettenhandschuh sicher und ohne große Mühe erledigen.

Am nächsten Tag beschlossen wir, das Boot zum Hammerhavn zu ver-
legen, der sich an der nordwestlichen Ecke von Bornholm befindet. Wir wollten dort zu viert im Boot auf Dorsche pilken. Es gingen nur kleine Exemplare
bis knapp fünfzig Zentimeter an den Haken. Für unser tägliches Brot reichten
diese Fische jedoch aus. Wie bekannt besitzen Dorsche ein schmackhaftes,
zartes Fleisch. Während unserer Fischerei nahe am Meeresgrund konnten

wir viele Boote beobachten, die sich mit ihren Schleppangeln auf Fangfahrt befanden. Immer wieder mussten wir feststellen, dass die Boote ihre Fahrt unterbrachen, um Lachse mit dem Netz zu bergen. Daraufhin meinte Stefan: »Wir hätten unsere Schleppausrüstung hierher mitnehmen sollen.« Christoph sagte noch, es wäre auch gut gewesen, die üblichen Spinnköder für geringere Wassertiefen nicht zu vergessen. So hätten wir es jetzt vom Boot aus mit den Blinkern auf Lachse versuchen können. Spätnachmittags transportierten wir das Boot wieder zurück zum Vigehavn.

Bereits sehr früh am nächsten Morgen stattete Stefan das Boot wieder mit der Ausrüstung zum Schleppfischen aus. Vom Hafen aus ging es auf die Suche nach Heringsschwärmen, die den Lachsen als Futterfische dienen. Um mein Knie noch zu schonen, sollte Michael zunächst dabei sein. Aus Sicherheitsgründen beschlossen wir, uns beim Schleppangeln nur zu dritt auf dem kleinen Boot aufzuhalten.

Zum Zeitvertreib ging ich natürlich wieder mit der Spinnangel ausgerüstet los. Es war eher ein gemütlicher Spaziergang an der landschaftlich schön gelegenen Küste, da ich schwer zugängliche Uferbereiche mied. Dadurch ließ ich vielleicht gute »Hot Spots« am Ufer aus, die mir die eine oder andere Meerforelle an den Köder gebracht hätte. Die Gesundheit meines Knies war mir aber in diesem Fall weitaus wichtiger. Auf dem Rückweg kam ich erneut zufällig gerade in dem Moment am Hafen vorbei, als unser Boot hineinfuhr. Als ich Michael vom Ufer aus erblickte, hob dieser sofort einen Großsalmoniden in die Höhe, siehe **Bild 21**. »Wie viele habt ihr gefangen?«, fragte ich. Stefan rief mir etwas enttäuscht zu: »Nur zwei Stück.« »Bezogen auf die vielen Schleppstunden ist die Fangausbeute gering«, meinte Christoph. »Seid froh, dass ihr überhaupt welche gefangen habt«, sagte ich.

Alle drei ließen sich jetzt jeweils einzeln mit dem größten Lachs ablichten. Mir wollten sie auch einen zum Fotografieren in die Hand drücken, aber ich verzichtete darauf. »Ist schon gut«, sagte ich, »wenn ich mit im Boot gewesen wäre, könnte ich mir vorstellen, ein Bild mit einem Lachs zu machen. Vorausgesetzt, ich hätte den Fisch gedrillt oder zumindest mit dem Fangnetz gesichert.« Michael sagte dazu: »Ich habe heute einen gedrillt und freue mich schon auf morgen, wenn ich ein Bild von dir mit Lachs anfertigen kann.« »Alfred will sich auf keinen Fall mit fremden Federn schmücken«, kommentierte Stefan passend zu unserer amüsanten Unterhaltung.

Bild 21: Michael mit seinem ersten Lachs

Am vorletzten Tag sollte ich an der Reihe sein, eine Fangfahrt mit dem Boot zu erleben. Etwa zwei Stunden schleppten wir wieder östlich von Svaneke mit vier Ruten. Doch es kam kein Biss. Stefan meinte zu mir: »Gestern haben wir die beiden Lachse hier gefangen.« »Falls nach einer weiteren Stunde hier keiner beißt, sollten wir nach Westen fahren«, sagte ich zu unserem Kapitän. Stefan ließ sich darauf ein und nahm Kurs Richtung Westen, bis wir die Küste vor Gudhjem erreichten. Hier setzten wir unsere Fangfahrt fort. In etwa nördlicher Richtung von Gudhjem aus befindet sich die kleine Inselgruppe Christiansø. Zwischen Bornholm und dieser Inselgruppe, so sagt man, befinden sich gute Fanggründe auf Lachs. Doch auch hier tat sich nach gut drei Stunden nichts an den Ruten. Stefan sagte: »Läuft wohl heute nicht so gut.« Wir entschlossen uns, die Schleppfahrt in Richtung Osten fortzusetzen, bis wir wieder den Hafen bei Svaneke erreichten. Keiner von uns hatte jetzt noch Lust weiterzufischen.

Michael war schon vor Ort am Hafen und hob die Hände nach oben, als wir zum Anlegeplatz tuckerten. Trotz der Misere lachte ich, während ich meine gekreuzten Arme im Boot zeigte, um Michael ein unmissverständliches Zeichen zu geben. »Das gibt es doch nicht«, meinte er verwundert. »Ja Michael, das ist ganz normal beim Fischen. Manchmal beißt es, manchmal eben nicht.« »Alfred, du hast ja morgen noch eine letzte Chance«, tröstete er mich.

Schon früh am nächsten Morgen schien die Sonne wärmend auf uns, als wir zum Hafen gingen, um das Glück noch einmal herauszufordern. Michael klopfte mir auf die Schulter und prophezeite: »Du drillst heute einen Lachs.« »Bist du nicht an der Reihe, im Boot zu sein?«, fragte ich ihn. »Heute habe ich wieder ein gutes Gefühl in meinem Knie, deshalb würde ich gerne an der Küste noch einmal auf Meerforellen fischen.«

Bild 22: Der fünfte Lachs zum Filetieren

Mein Kumpel aus Oberfranken stand nun verwundert da und fragte mich: »Warum willst du deine Chance nicht nutzen?« Daraufhin erwiderte ich ihm: »Es ist nun mal so, dass in diesem Fall das Boot den Lachs fängt und nicht ich mit einer Rute in der Hand. Michael, ich danke dir aber sehr für deine ehrenwerte Haltung.« Er stieg nun wortlos ins Boot. Ohne auf unsere Debatte einzugehen, startete Stefan grinsend den Motor und rief mir zu: »Wir schleppen heute nur noch bis Mittag.«

Ich genoss wieder die herrliche Küstenlandschaft, während ich mit der Spinnrute den Weg zu möglichen Uferangelplätzen entlangging. Eine Meerforelle konnte ich, trotz vieler Würfe mit dem Spinner, nicht mehr fangen. Das sonnige Wetter bei annähernd Windstille könnte dafür verantwortlich sein, dachte ich. Auf dem Rückweg zum Hafen sah ich das noch weit entfernt fahrende Boot von Stefan. Es bewegte sich langsam mit Schleppgeschwindigkeit. Kurz vor zwölf Uhr erreichte ich den Hafen. Eine halbe Stunde später konnte ich das Boot sehen, wie es sich in voller Fahrt dem Hafen näherte. Meine Kumpels winkten mir während der langsamen Fahrt im Hafenbereich zu. So wie es aussieht haben die keinen mehr gefangen, dachte ich. Doch kurz vor dem Anlegen hob Christoph plötzlich noch einen langen Silberbarren in die Höhe. »Alfred, du hast uns durch deine Abwesenheit Glück gebracht«, meinte Stefan lachend.

Angekommen an unserem Haus, drückte mir Stefan plötzlich den gut neunzig Zentimeter langen Lachs in die Hände und sagte: »Alfred, hiermit übergebe ich dir feierlich unseren fünften Lachs, um ihn zu filetieren.« Jetzt lachten wir alle. Michael knipste mich schnell mit dem Lachs in meinen Händen, siehe **Bild 22**. Am letzten Abend ließen wir uns eine selbst gebeizte Lachsseite mit Weißwein schmecken. »Gebeizten, Atlantischen Wildlachs bekommt man so gut wie nirgends«, sagte Michael und langte kräftig zu.

Ruhestand in Aussicht

Anfang September, nach meinem letzten Urlaub im Jahre 2014, fragte mich der Inder Somnath, ob ich ihn mal zum Fischen auf Karpfen mitnehmen könnte. Mein Tischnachbar, der nach einem indischen Tempel benannt wurde, war seit zwei Jahren als Doktorrand bei mir im Büro anwesend. Er arbeitete hauptsächlich am Computer und war ein sehr angenehmer Zeitgenosse. Er interessierte sich für vielerlei und hörte mir immer gerne zu, wenn ich meine Geschichten vom Angeln erzählte. Somnath berichtete auch gerne von seinem Vater, der ihn in seiner Heimat oft zum Fischen mitnahm. Ich antwortete ihm, dass ich nächste Woche meine Angelausrüstung mitnehmen werde.

An einem Mittwoch, wie mit Somnath besprochen, fuhren wir in das Püttlachtal zum Egloffsteiner Weiher. Wie üblich verwendete ich meine Karpfenruten mit Schwimmermontage und Grundblei. Wir setzten uns gemütlich auf die mitgebrachten Stühle mit je einer Flasche Bier in der Hand, um abzuwarten, wann ein Karpfen den Maisköder aufnimmt. Es war ein herrlich warmer Spätsommer-Nachmittag.

Somnath erzählte von seiner Absicht, Ende November seine Doktorarbeit fertigzustellen. Er fragte mich, wie viele Jahre ich noch bis zur Rente arbeiten müsse. Spontan konnte ich nicht sofort antworten und überlegte erst einmal einige Zeit. Dann teilte ich ihm mit, dass mein offizieller Rentenbeginn der 1. April im Jahre 2016 sein wird. »Oje, da musst du ja noch zwanzig Monate arbeiten«, meinte er entsetzt. »Na ja, keine zwei Jahre mehr, aber es sind immerhin noch zwei Winter, die ich überstehen muss«, erklärte ich. »Ist die Winterzeit hier ein Problem für dich?«, fragte er. »In Bezug auf mein soziales Umfeld nicht, aber der Winter ist hier härter als bei uns im Donautal.«

Kaum hatte ich den Satz beendet, sah ich, wie der schwimmende Bissanzeiger in die Tiefe gerissen wurde. Sofort sprang Somnath auf und setzte nach wenig Schnurablauf den Anhieb. Oh ja, ich habe jetzt Kontakt mit dem Fisch, freute er sich. Ich sah, dass er es verstand, im Drill mit der Rute umzugehen. Da sich die Rute enorm krümmte, konnten wir davon ausgehen, dass es sich um einen starken Karpfen handelte. »Lass dir Zeit«, sagte ich zu ihm, während er den Kämpfer etwas forcierte. Nach einigen Minuten war der Fisch schon nahe am Ufer und ich tauchte vorsorglich das Fangnetz ins Wasser. Doch kurz vor dem Kescher befreite sich der Karpfen nach einigen heftigen Flossenschlägen vom Haken. Enttäuscht blickte Somnath dem schnell wegschwimmenden Karpfen hinterher. »Das macht nichts«, meinte ich zu meinem Begleiter. »So wie es aussieht, beißen die Karpfen heute gut«, tröstete ich ihn. Frisch angeködert warf ich die Montage wieder aus.

»Somnath, wohin geht es nach deiner Promotion, du wirst uns ja bald verlassen?«, fragte ich interessiert. »Wahrscheinlich werde ich noch etwas Zeit in Deutschland verbringen und erst dann meine Eltern nach langer Abwesenheit besuchen«, erklärte er. Mit fragendem Blick sah er mich jetzt an und sagte nach einer Weile Folgendes: »Alfred, hast du dir schon mal überlegt, eher in den Ruhestand zu gehen?« »Eigentlich noch nicht, aber es gibt in Deutschland Möglichkeiten dazu«, antwortete ich auf seine interessante Frage. »Was mich bei der wöchentlichen Pendelei allmählich stört, sind die langen Fahrten auf der Autobahn. Somnath, ich habe mir schon manchmal die Frage gestellt, ob entweder der Verkehr immer mehr zunimmt und aggressiver wird oder ob ich mit zunehmendem Alter im Straßenverkehr weniger gut zurechtkomme«, fuhr ich fort. »Das ist eine berechtigte Frage, die für ein früheres Ausscheiden aus dem Berufsleben entscheidend sein könnte«, stellte er fest. »Je öfter ich darüber nachdenke, Somnath, umso mehr festigt sich bei mir der Gedanke, früher in Rente zu gehen.« »Alfred, erkundige dich bei den Behörden über eine entsprechende Möglichkeit«, motivierte er mich. Ich versicherte ihm, dies zu tun.

Innerhalb der nächsten zwei Stunden hatten wir zwar noch drei Karpfen an der Angel, konnten aber keinen mit dem Fangnetz landen. Obwohl der Drill bei jedem Fisch einige Zeit in Anspruch nahm, konnten sich diese vom Haken befreien. Ich beruhigte Somnath mit den Worten, dass mir so etwas noch nie passiert sei. Er war trotzdem enttäuscht und wollte nicht mehr weiterfischen. Am nächsten Tag erzählten wir dieses Ereignis Denise und Franz. Nach zunächst ungläubigem Kopfschütteln lachten wir aber dann alle zusammen über diese seltene Pechsträhne.

An einem Wochenende im Oktober vereinbarte ich einen Beratungstermin bei der Deutschen Rentenversicherung Bayern Süd in Regensburg. Eine Woche später fuhr ich freitags Vormittag nach Regensburg zu dieser Behörde. Von der zuständigen Beraterin wollte ich wissen, ob ich ein Jahr früher in Rente gehen kann. »Das ist möglich«, sagte sie mir. »Was wird wohl Ihr Professor an der Uni dazu sagen?«, meinte sie, nachdem ich ihr mitteilte, wo sich meine Arbeitsstelle befindet. »Ich glaube, Ihrem Chef wird das nicht gefallen«, vermutete die freundliche Frau. Ohne hierauf zu antworten, füllte ich den Rentenantrag mit ihrer Unterstützung aus. Für den Rentenbeginn gab ich den 1. April 2015 an. Nach etwa einer viertel Stunde spuckte ihr Drucker meinen Rentenbezug aus. Mit 59 Prozent meines letzten Nettogehaltes sah das momentan für mich etwas wenig aus. Noch dazu hatte man mir drei Prozent abgezogen wegen der zwölf Monate, die ich früher in Rente gehen wollte. Die Freiheit witternd, unterschrieb ich trotzdem den Antrag und übergab ihn gleich wieder meiner Beraterin.

Es war Mittwoch in der ersten Novemberwoche 2014, als ich unruhig in meinem Büro auf und ab ging, während ich überlegte, wie sag ich es meinem Chef. Schließlich entschied ich mich am Freitag, den 7. November Sander Bescheid zu geben. Vor genau elf Jahren hatte ich mit Sander ein Vorstellungsgespräch. Heute muss es sein, kam mir in den Sinn. Noch am Vormittag klopfte ich an der Tür von Sanders Büro. Sofort war das »Jaaa« zu hören.

Er tippte gerade etwas in seinen Computer, als ich ihm einen guten Morgen wünschte. Er eröffnete das Gespräch wie üblich mit den Worten: »Was liegt an, Alfred?« »Sander, ich möchte dir mitteilen, dass ich nächstes Jahr zum 1. April in Rente gehen werde.« Momentan schüttelte er ungläubig seinen Kopf, blickte auf und sagte zu mir: »Das kannst du noch gar nicht, Alfred. Wie viele Berufsjahre hast du?«, fragte er nach. »Natürlich«, sagte ich und erklärte ihm, »ich habe elf Jahre bei dir gearbeitet und war vorher viele Jahre in der freien Wirtschaft tätig.« »Ach so, das zählt ja dazu«, meinte er. »Alfred, du musst aber der Verwaltung schriftlich Bescheid geben.« »Dies ist mir schon klar, ich wollte dich nur vorab darüber informieren«, erklärte ich ihm.

Bis Ende Januar hatte Sander zwei Bewerbungen für meinen Arbeitsplatz erhalten. Diese entsprachen aber nicht seinen Vorstellungen. Mitte Februar sagte Sander: »Alfred, du hast jetzt diese Woche noch die letzte Chance, deinen Arbeitsplatz weiter zu behalten.« Es dürfte Mitte März gewesen sein, als er eine Bewerbung von einer Chemieingenieurin erhielt, die bereits an der Universität Bayreuth an einem anderen Lehrstuhl arbeitete.

In der darauffolgenden Woche wurde Kerstin K. zum Vorstellungsgespräch eingeladen. Beim anschließenden Rundgang durch die Labors stellte Sander mir Kerstin vor, die er als meine Nachfolgerin einstellen wollte. Erst jetzt, nach dieser Konfrontation mit Sanders zukünftiger Arbeitskraft, wurde mir plötzlich ernsthaft klar, dass mein Berufsleben bald unwiederbringlich enden würde. Nach kurzem Überlegen wurde mir bewusst, dass es nun zu spät ist, einen Rückzieher zu machen. Letztendlich freute ich mich dann doch auf den Ruhestand, den ich noch einige Zeit als körperlich gesunder Mensch genießen sollte.

Mitte März 2015 lud ich alle Mitarbeiter und Studenten des Lehrstuhls zu meinem Ausstand ein, der am 19. März stattfand. Wegen meines anteiligen Urlaubs konnte ich bereits acht Arbeitstage früher in Rente gehen. Mein letzter Arbeitstag wäre also der 20. März, stellte ich fest. Aber wie das Schicksal im Leben so spielt, sollte es doch nicht der letzte sein.

Bereits früh am vorletzten Tag besorgte ich in Pegnitz geräucherten Lachs, Forelle und Aal und in einer nahegelegenen Bäckerei frisches Brot und Vollkornsemmeln. Von Denise ließ ich mir meine Abschiedsrede ins Englische übersetzen.

Um vierzehn Uhr begann unsere Zusammenkunft im Vorlesungssaal. Als wir vollzählig waren, stand ich auf und wollte meine Rede halten. Sander stand kurz nach mir ebenfalls auf und sagte zu mir: »Halt Alfred, der Hausherr hat das Vorrecht für seine Rede.«

Nachdem er einen kurzen Überblick über meinen beruflichen Werdegang vortrug, bedankte sich Sander für meine gute Arbeit und schenkte mir einen Gutschein für ein Abenteuerpaket von Jochen Schweizer. Dazu sagte er: »Wer Alfred als lebenslustigen Abenteurer kennt, der weiß, warum ich ihm einen Gutschein von Jochen Schweizer schenke.« Gleich im Anschluss durfte ich meine Worte auf Englisch vortragen. Nach etwa eineinhalb Stunden geselligen Beisammenseins beendeten wir die Feier.

Beim Verlassen des Vorlesungssaales sagte Sander zu mir: »Alfred, ich möchte dich noch nicht gänzlich verabschieden. In Absprache mit der Verwaltung habe ich für dich noch einen Minijob am Lehrstuhl vorgesehen. Kerstin würde sich sehr freuen, wenn du zu ihrer Einarbeitung noch zwei Tage im Monat am Lehrstuhl mitwirken könntest. Bist du mit einer vertraglichen Laufzeit von zwei Jahren bei einem Gehalt von 450,– € einverstanden?«, wollte er wissen. »Laut Verwaltung kommt noch das anteilige Urlaubs- und Weihnachtsgeld hinzu.« Ohne zu zögern, sagte ich Sander sofort zu. Durch diese zwei Tage Arbeit im Monat wurde meine Rente gut aufgebessert. Wie vertraglich vereinbart, erhielt ich auch von meinem ehemaligen Arbeitgeber »Haifish« eine kleine Betriebsrente.

Am 14. April 2015 fuhr ich gleich wieder zur Uni Bayreuth, um meinen Minijob anzutreten. Natürlich hatte ich meine Fliegenrute dabei, um in der Püttlach zu fischen. Auch Erika freute sich sehr, dass ich ihr noch Gesellschaft leisten konnte und für sie noch ein kleines Taschengeld heraussprang.

Mit Christoph in Alaska

Im Herbst 2015 wollte Christoph von mir wissen, ob ich noch einmal nach Alaska zum Fischen auf Lachs fahren möchte. »Christoph, du meinst zum Fischen an den Kenai River?«, fragte ich nach. »Wohin denn sonst«, bestätigte er mir. Als wir uns zu viert, wir beide sowie Hans Punk und Roland Haber, im Februar wieder bei Jim anmelden wollten, teilte er uns Folgendes mit: George hatte bereits im Jahr 2015 seine Lodge für 1,1 Millionen Dollar verkauft und war nach Texas zu seiner Verwandtschaft gezogen.

Die Enttäuschung war groß. Uns blieb nichts anderes übrig, als eine neue Lodge am Kenai zu suchen, die preislich unserer Vorstellung entsprach. Obwohl ich mit »google maps« überprüft hatte, ob die von uns gebuchte Hütte am Ufer des Kenai liegt, fanden wir bei Ankunft im Juli 2016 eine völlig andere Situation vor. Die Hütte, in der wir wohnen sollten, war zwar komfortabel. Das Grundstück, auf dem sich die Hütte befand, grenzte jedoch nicht an das Flussufer. Somit gab es kein zur Lodge zugehöriges Privatufer, an dem wir hätten fischen können. In der Nähe gab es nur eine schmale Zufahrtstraße an den Fluss zwischen anderen eingezäunten Grundstücken. Dieser schmale Zugang war jedoch von Anglern überfüllt.

Unzufrieden suchten wir die entfernteren Uferregionen nach frei zugänglichen Abschnitten ab, konnten aber nur stark verwachsene und zum Fischen ungeeignete Stellen am Fluss finden. Wir mussten feststellen, dass sich die Flussufer am Kenai nun nahezu vollständig in privater Hand befanden. So blieb uns nichts anderes übrig, als am Besucherzentrum in Soldotna auf die begehrten Lachse zu fischen. Dort standen die Angler jedoch oftmals Schulter an Schulter.

Bild 23: Christoph mit Silberlachs

In diesem Jahr durfte auf Königslachs gefischt werden. Deshalb besorgte sich Christoph eine Wochenlizenz. Er benutzte eine Grundmontage mit vierhundert Gramm schwerem Laufblei, um den Köder möglichst weit draußen in der schnellen Strömung am Grund zu halten. Zusammen mit einem vorgeschalteten »Spin-O-Glow« verwendete er Lachsrogen als Naturköder. Unter Beobachtung seiner fixierten Angel fischte er mit uns auch hin und wieder auf Rotlachs mit Fliege an der Spinnangel. Während des Drills seines ersten Rotlachses sagte er zu mir: »Die Lachse beißen nicht so gut auf die künstliche Fliege.« Ich fischte abwechselnd mit meiner Fliegenrute und der Spinnrute.

Mit der Fliegenrute erlebte ich ein besonderes Ereignis, das mir noch lange in Erinnerung bleiben würde. Da sich die Flugschnur an der Rolle verfing, erreichte ich nur eine Wurfweite von etwa fünf Metern. Die Fliege blieb daher einige Zeit unbewegt im ufernahen Wasser auf Grund liegen. Als

368

ich versuchte, die Verwicklung der Schnur an der Rolle zu entwirren, straffte sich plötzlich die Schnur zur Fliege hin. Sofort lockerte ich die Rollenbremse, um die Schnur schnellstmöglich zu entspannen. Das kann doch nicht sein, dass ein Lachs einen liegenden Köder vom Grund aufnimmt, dachte ich. Nach einer Weile nahm ich vorsichtig wieder Fühlung auf. Ich traute meinen Augen nicht, als sich aus der Tiefe ein langer Fischleib mit grauem Rücken erhob. »Ist das nicht ein Königslachs?«, meinte mein schnell herbeigeeilter Kumpel. »Ja, ich glaub schon«, sagte ich zu Hans. Die Majestät aller Lachse ließ sich langsam wieder absinken, sodass sie unserem Blick entschwand. Durch die Trübung des Wassers konnten wir nur erahnen, wo sich der Lachs am Grund aufhielt.

Bild 24: Christoph mit über 1,5 kg Regenbogenforelle

Hans schlug mir vor, mit dem Großkescher den Fisch ins Netz zu bringen. Er stellte vorsichtig den Kescher senkrecht vor dem Lachs ins Wasser, berührte dabei aber leider schon dessen Körper. Wie zu erwarten war, löste dies sofort

369

den Fluchtreflex des Fisches aus. Als der »King« mir in Sekundenschnelle etwa fünfzehn Meter Schnur von der Spule riss, versuchte ich die Bremskraft zu erhöhen. Dabei unterlief mir ein folgenschwerer Fehler. Ich hielt die Fliegenrute zu flach, sodass das Vorfach die ganze Zugkraft aufnehmen musste. Der Lachs blieb durch seine kräftige Fluchtreaktion Sieger. Obwohl ich keine Lizenz für den Fang von Königslachsen gekauft hatte, wäre mir dieser Fisch sehr willkommen gewesen.

Nach zwei Tagen Grundfischen bekam Christoph endlich einen Anbiss. Wir waren überzeugt, dass ein Königslachs den Köder genommen haben würde. Doch als sich der Fisch im Kescher befand, erkannten wir einen Silberlachs. Mit fast fünf Kilo handelte es sich bereits um ein relativ großes Exemplar, siehe **Bild 23**. Um den Fisch frisch zu halten, fixierten wir diesen mit einer Schnur an einem Metallgeländer, das in den Fluss ragte. Weiter auf Rotlachse fischend, bemerkten wir nicht, dass währenddessen ein unverschämt frecher Dieb den Silberlachs entwendet hatte. Ein Angler, der sich in der Nähe befand, hatte den Mann beobachtet, wie er mit einem Messer die Schnur durchschnitt und den Lachs mitnahm.

Auch bezüglich Rolands Ausrüstung wurde am selben Tag ein Dieb am Holzsteg des öffentlichen Informationszentrums aktiv. Sein zweihundert Euro teures Messer und eine Fliegenweste wurden in vielleicht zweiminütiger, unbeobachteter Zeit gestohlen.

Im Vergleich zur Anzahl der 2013 gefangenen Lachse erbeuteten wir dieses Mal höchstens ein Viertel davon. Christoph konnte mit Lachsrogen als Köder noch einige Saiblinge sowie zwei etwa eins Komma fünf bis zwei Kilogramm schwere Regenbogenforellen fangen, siehe **Bild 24**.

Am Dalsfjord in Norwegen

Im Frühjahr 2019 schwärmte Christoph vom Dalsfjord in Norwegen, der zum Fischen auf den Atlantischen Lachs interessant sei. »Neben dem artenreichen Vorkommen an Meeresfischen wirbt das »Dalsfjord-Fiskecamp« mit exzellenten Fangmöglichkeiten auf Wildlachs und Meerforellen ohne Zusatzkosten«, sagte Christoph zu Stefan und mir.

Mitte Juni flogen wir nach Bergen, um mit dem Leihwagen das einhundertvierzig Kilometer nördlich gelegene Camp zu erreichen. Mit einem Boot, angetrieben durch einen 50-PS-Viertakter, schleppten wir bevorzugt in der Nähe der Flussmündung auf Lachs. Der Fluss Gaula ergießt sich hier über den Wasserfall »Osfossen« in den etwa noch fünfhundert Meter langen Flussabschnitt vor der Mündung in den Fjord. Bis zur Grenze Fluss/Fjord darf vom Boot aus mit der Spinnrute gefischt oder auf Lachs geschleppt werden. Die Grenze zum Fluss ist hier deutlich sichtbar durch die angrenzende seeartige Verbreiterung des Fjordes. Wegen der hohen Schleppintensität oft mehrerer Boote, vor allem am Tag, wurden nur selten Lachse im seeartigen Fjordanfang erbeutet. Auch durch unser zu intensives Spinnfischen konnten wir in dem sehr klarsichtigen Wasser keinen Lachs mit unseren verschiedenen Spinnködern zum Anbiss verleiten.

Nur einem Spezialisten gelang es in der Nacht, als die anderen Angler schliefen, einen frisch aufsteigenden Lachs mit der Spinnrute vom verankerten Boot aus zu erbeuten. Der silbrige, ein Meter lange Lachs hatte eine wohlproportionierte Körperform, die wir am folgenden Morgen bewundern konnten. Der Fänger erzählte uns von seiner Angelmethode mit einem Wobbler. »Absolute Ruhe ohne Motorengeräusch ist hier das

Wichtigste für einen Fangerfolg«, ließ er uns wissen. Dann schilderte er den langanhaltenden Drill in der Nacht. Weiterhin meinte er, dass der Drill eines Thunfisches in vergleichbarer Größe im Meer noch wesentlich aufregender sei, aber nicht so lange dauert wie der Drill eines Lachses.

»Ende Juni ist der Lachsaufstieg noch sehr spärlich«, teilte er uns mit. Deshalb riet er uns, an die Aufstiegshilfe für Lachse und Meerforellen oberhalb des Wasserfalles zu fahren. Dort werden täglich die Aufstiegszahlen für Lachs und Forelle ermittelt und angezeigt.

Nachmittags fuhren wir sofort an den imposanten Wasserfall. Auf Grund der Fallhöhe wurde uns klar, dass hier auf natürliche Weise kein Lachs aufzusteigen vermag. Stromab betrachtet befindet sich links vom Wasserfall eine Lachstreppe. Später erfuhren wir, dass es sich hierbei um die älteste Aufstiegshilfe in Norwegen handelt. Wir näherten uns dem Aushängeschild, an dem die Aufstiegszahlen standen. Für den Vortag wurden sechs Lachse und vierzehn Forellen angegeben, die innerhalb von vierundzwanzig Stunden in den Fluss aufgestiegen sind.

Etwas weiter unten sahen wir einige Leute, die sich abseits von der Lachstreppe versammelt hatten. Einer der Herren trug auf der Schulter eine Filmkamera. Als wir uns näherten, fiel mir eine Person ins Auge, die mir von Film und Presse bekannt war, wusste aber momentan den Namen nicht. Stefan meinte:»Ist das nicht Hannes Jaenicke?«»Tatsächlich, das ist er«, bestätigte ich Stefan. Der Umweltaktivist. Er dreht weltweit Filme über bedrohte Tierarten.»Wahrscheinlich führt er hier an dieser Lachstreppe Filmaufnahmen durch«, vermutete Stefan.

Als wir an der Gruppe vorbeigehen wollten, sprach uns der Schauspieler an. Er wollte wissen, ob wir hier auf Lachse fischen. Stefan antwortete ihm: »Ja, wir angeln vom Boot aus im Fjord auf Lachs, Meerforellen und andere Meeresfische.« »Habt ihr schon etwas erwischt?«, fragte er neugierig. Stefan erwiderte ihm, dass wir bereits Meerforellen und andere dorschartige Fische gefangen hätten. »Einen Lachs konnten wir wegen der geringen Aufstiegszahlen noch nicht erbeuten«, bestätigte ich Hannes Jaenicke.»Das ist auch gut so«, erwiderte der Aktivist.»Fischt ihr auch mit der Fliege mit Schonhaken«, wollte er von uns wissen.»Nicht immer«, antwortete ich.

Obwohl Stefan selbst ein guter Fischer mit der Flugangel ist, verwies er auf mich als Fliegenfischer, da ich meine Fliegenrute mitgenommen hatte. Hannes J. wollte wissen, ob bei mir auch schon mal die Fliege im Nacken saß. Lachend sagte ich zu ihm: »Bis jetzt noch nicht.« »Woher kommt ihr genau?«, fragte er. »Wir sind in der Nähe von Regensburg beheimatet«, gab ich ihm als Antwort. »Ach ja«, seufzte er. »Regensburg kenne ich gut. Dort habe ich am Albrecht-Altdorfer-Gymnasium mein Abitur erfolgreich beendet. Meine Herren, dann wünsche ich euch noch erfolgreichen Aufenthalt und denkt auch mal an das Zurücksetzen«, ermahnte er uns, bevor er sich wieder seinem Filmteam zuwandte.

Unten am Wasserfall sahen wir am gegenüberliegenden Ufer des fünfhundert Meter langen Teilstückes der Gaula, wie drei Angler mit Zweihandfliegenruten auf Lachse fischten. Später erfuhren wir, dass an diesem Flussabschnitt eine Woche Angellizenz mehrere tausend Euro kostet.

Immerhin konnten wir beim Schleppen vom Boot aus einige kleinere Meerforellen um die vierzig Zentimeter erbeuten. Drei etwas größere Forellen maßen um die fünfzig Zentimeter.

Das Ende des Berufslebens.

Durch weitere Anschlussverträge dauerte mein Minijob am Lehrstuhl Kristallographie noch ganze fünf Jahre. Im achtundsechzigsten Lebensjahr wurde mir von der Verwaltung noch ein letzter zweijähriger Arbeitsvertrag ausgehändigt, der Ende Mai 2020 vor meinem siebzigsten Geburtstag enden sollte.

In der letzten Februarwoche 2020 teilte mir Sander mit, dass der Betrieb am Lehrstuhl wegen der Corona-Pandemie bis auf Weiteres eingestellt wurde. Dabei nannte er mir einige Themen für weitere Synthesen, für die ich vorab im Internet zu Hause recherchieren sollte. Aber in der zweiten März-woche erhielt ich dann den letzten dienstlichen Anruf von meinem Chef. Er sagte: »Alfred, ich kann dir nach Rücksprache mit der Verwaltung mitteilen, dass du bis zu deinem Vertragsende im Mai nicht mehr zum Dienst antreten brauchst. Dein monatliches Entgelt und das anteilige Urlaubsgeld werden dir bis Ende Mai natürlich noch ausbezahlt.«

Ich nahm diese Nachricht einerseits freudig entgegen, war aber andererseits traurig, da dies für mich den endgültigen Ausstieg aus dem Berufsleben bedeutete. Mir war auch klar, dass dies zugleich der Beginn meines letzten Lebensabschnittes bedeutete. So endete mein Berufsleben am 13. März 2020.

Warum mir bis zum Vertragsende meine Besoldung ohne Anwesenheit noch erstattet wurde, dürfte wahrscheinlich folgenden Grund gehabt haben: Obwohl ich laut Vertrag monatlich zwei Arbeitstage von Mittwoch bis Donnerstag zu leisten hatte, blieb ich sehr oft auf Wunsch von Sander am Freitag noch bis Mittag am Lehrstuhl und fuhr dann erst nach Hause.

Der Minijob war für mich ein angenehmer, schöner und gleitender Übergang vom Berufsleben ins Rentner-Dasein.

La Palma – auf den Spuren von Ernest Hemingway

Nachdem Christoph mit Stefan im Februar 2022 das erste Mal auf den Malediven beim Hochseefischen Erfahrung sammelte, sagte er zu mir: »Wir bräuchten im näheren subtropischen Atlantik eine preiswerte Gelegenheit zum Fischen auf hoher See.« Christoph recherchierte diesbezüglich im Internet und fand unter dem Suchbegriff »Big Game Fishing La Palma« eine Annonce eines deutschen Kapitäns. Dieser bot Hochseefischen mit einem Katamaran an.

Stefan buchte daraufhin Ende 2022 im Rahmen eines einwöchigen Urlaubs eine eintägige Angeltour bei dem Kapitän namens Walter. Die Ausrüstung umfasste Big-Game-Schleppruten mit geeigneten Wobblern, jedoch ohne leichte Handruten für das Fischen am Meeresgrund. Nach einem langen Tag Schleppfischerei ohne Erfolg entschlossen sie sich, ein Boot ohne Angelführer zu mieten.

Kurz vor Urlaubsbeginn hatte Stefan von zu Hause mit Hilfe von google maps am Hafen der Ortschaft Tazacorte ein Schild mit der Aufschrift »rent a boat« entdeckt, auf dem der Name des Vermieters zu sehen war.

Die beiden waren von dem Mietboot, mit 90-PS-Viertakter und einem Sonnenschutzdach, sehr begeistert. Mit kurzen Handruten unter zwei Meter, die es in einem gut sortierten Angelgeschäft vor Ort zu kaufen gab, konnten sie nun auf eigene Faust am Meeresgrund angeln.

Stefan als Inhaber des Sportbootführerscheins See und Christoph mit bereits guten Spanischkenntnissen bildeten ein sich gut ergänzendes Team, um auf La Palma ein erfolgreiches Hochseefischen durchzuführen. Christoph berichtete mir, dass es nicht leicht ist, ohne Sprachkenntnisse im Internet eine Angellizenz für die Kanaren zu erhalten. Innerhalb eines halben Jahres eignete er sich gute Spanischkenntnisse mit Hilfe einer App an.

In den letzten verbliebenen Urlaubstagen fing Stefan einen Amberjack mit fünfundsiebzig Zentimetern. Dieser Fisch ist ein Raubfisch und wird auch als Bernsteinmakrele bezeichnet. Mit einer Länge von bis zu einen Meter achtzig ist er ein beliebter Speisefisch und kommt hauptsächlich in wärmeren Gewässern vor. Der Fisch biss auf einen metallischen Köder, genannt »Fast Jig«. Es gibt auch sogenannte »Slow Jigs«. Was der genaue Unterschied ist, werde ich später schildern. Stefan verlor nach längerem Drill einen Wahoo und sah kurz darauf einen großen Marlin springen. Nach diesen Erlebnissen waren sich beide einig, dass sie eine neue Destination zum Hochseefischen gefunden hatten.

Bild 25: Stefan mit »Kanaren-GT«, ein seltener Fang

Kaum wieder zu Hause, buchten die beiden für Anfang Januar des Folge-
jahres einen zweiwöchigen Urlaub auf La Palma. Natürlich hatten sie sich
das 90-PS-Boot bereits bei der Abreise im vorigen Jahr reserviert. Sofort
fingen sie mit ihrer eigenen Schleppausrüstung innerhalb der ersten drei
Tage ihres Aufenthaltes zwei Wahoos mit jeweils einen Meter vierzig. Bei
dieser Angelmethode ist es wichtig, Vogelschwärme zu beobachten, die an
der Wasseroberfläche nach Fischschwärmen suchen. Für diese Raubfische ist
eine schnelle Schleppgeschwindigkeit von mindestens sechs bis acht Knoten
erforderlich {3}. Nördlich von Puerto de Tazacorte gibt es steile Felsküsten,
vor denen die Wahoos gut beangelt werden können. Der torpedoförmige
Räuber gehört zur Familie der Makrelen und Thunfische. Christoph fing
einen circa einen Meter fünfzig langen Hai, den er zurücksetzte. Nachdem
Stefan einen schönen Zackenbarsch mit circa siebzig Zentimetern auf Grund
zum Anbiss verleiten konnte, frischte der Wind auf. Wegen der hohen Wellen verbrachten sie den Rest ihres Urlaubs mit Wanderungen auf der schönen Insel. Christoph berichtete mir, dass sie viele Thunfische beim Rauben
beobachten konnten, die aber nicht auf geschleppte Köder bissen. Mit diesen
wenigen Fängen wollten sich die beiden nicht zufriedengeben. Besonders
der geringe Fangerfolg beim Jiggen mit der Handangel veranlasste sie zu
weiteren Erkundigungen bezüglich saisonaler Einflüsse. Vom Besitzer des
Angelgeschäftes vor Ort erfuhren sie, dass die Bewohner des Meeresgrundes
im Frühjahr besser beißen würden.

Mitte Februar 2023 buchte Stefan für die letzte Maiwoche einen weiteren Flug nach La Palma. Christoph informierte mich diesbezüglich und
wollte wissen, ob ich mitkommen möchte. Nach etwa zwei Tagen entschied
ich mich, eine mir noch unbekannte Fischerei im subtropischen Atlantik
kennenzulernen. Dabei dachte ich an das Buch »Der Mann und das Meer«
von Ernest Hemingway. Zunächst hatte ich wegen meines fortgeschrittenen
Alters von zweiundsiebzig Jahren noch Bedenken, war mir aber dann wegen
meiner noch guten körperlichen Verfassung sicher, dieses Angelabenteuer
durchstehen zu können.

Christoph meldete mich noch bei der Fluggesellschaft Condor und
der Ferienwohnung an. Am 23. Mai hatten wir die Insel nach viereinhalb

Stunden Flug erreicht. Der Flughafen befindet sich an der Ostküste südlich der Hauptstadt Santa Cruz de La Palma. Die Start- und Landebahn grenzt direkt ans Meer. Sitzt man beim Anflug aus südlicher Richtung am Fenster der rechten Sitzreihe, so kommt es einem vor, als würde die Maschine im Meer landen. Auf der siebenunddreißig Kilometer langen Passstraße über die Berge gelangten wir nach etwa einer Stunde an die Westküste, an der der Hafen der Stadt Tazacorte liegt. Wir bezogen am Abend die in einem mehrstöckigen Gebäude befindliche Ferienwohnung, unweit des Strandes. Dieser besteht aus schwarzem Sand und liegt an der Mündung eines Flussbetts. Er bietet fernab der Stadt gute Bademöglichkeiten im Meer.

Früh am nächsten Tag fuhren wir zum etwa eins Komma fünf Kilometer entfernten Hafen, um das angemietete Boot in Empfang zu nehmen. Für die einwöchige Bootsmiete mussten wir für jeden Tag jeweils ein Formular ausfüllen. Dann übergab uns der Mitarbeiter das vollgetankte, gesäuberte Boot. Bevor wir in See stachen, fuhren wir zum Angelladen, um für mich die benötigten Kunstköder zu besorgen. Das gut sortierte Geschäft »Nautica El Chopo« befindet sich in Los Llanos. Für mich als noch Unerfahrenen, empfahl mir der freundliche Ladenbesitzer Esteban einen Köder, der aus einer einhundertfünfzig Gramm schweren Bleikugel mit angebundenen Glitzerstreifen bestand. Aus dem großen Angebot der Jigs mit den vielen Form- und Farbvariationen suchte ich mir gleich einen Fast Jig aus, obwohl ich nicht wusste, für welchen speziellen Einsatz dieser dienen sollte. Erst später auf hoher See sollte ich erfahren, warum dieser Jig nur mit geeigneter Rolle und auch Rute effektiv eingesetzt werden kann. Stefan und Christoph erstanden noch einige dieser Köder und holten sich von Esteban allgemeine Ratschläge zum Meeresangeln ein.

Von zu Hause hatte ich mir eine zwei Komma neun Meter lange Pilk Rute der Marke »WFT light speed pilk« mit Wurfgewicht fünfzig bis zweihundert Gramm mitgenommen. Als Stationärrolle verwendete ich eine »Shimano«-Rolle mit geflochtener Schnur. Als meine Kameraden die lange Rute von mir sahen, sagten sie grinsend: »Damit wirst du dich beim Drill starker Fische schwertun.« »In Norwegen hatte ich zum Pilken auch Ruten in dieser Länge«, erwiderte ich den beiden. Stefan sagte zu mir: »Ich bin mal gespannt, wie du dich nach einigen Drills zur Rutenlänge äußern wirst.«

Etwa fünfhundert Meter vom Ufer entfernt in westlicher Richtung vom Hafen, stoppte Stefan seine schnelle Fahrt, um am Grund des Meeres zu fischen. Zuerst versuchte ich mit der Bleikugel mein Glück in sechzig Meter Tiefe. Durch das hohe Gewicht des Köders war dieser schnell am Grund. Die nicht zu schnelle Drift des Bootes ermöglichte mir, das kugelförmige Blei mit Glitzerstreifen länger kontrolliert über den Boden hüpfen zu lassen. Nach gut einer halben Stunde schnappte sich dieses merkwürdige Ding tatsächlich ein Fisch. Was wird das wohl für ein Exemplar aus dem mir fischereilich noch unbekannten Meer sein, rätselte ich in Gedanken.

Da sich das vordere Drittel der Rute beachtlich durchbog, vermutete ich einen stärkeren Fisch. Nach etwa fünf Minuten zeichnete sich aus der Tiefe kommend ein hochrückiger, rosa gefleckter Fisch ab. Stefan meinte dazu: »Das ist eine Art Meerbrasse, die wir bisher nur selten gefangen haben.« Mit etwas über fünfzig Zentimeter Länge war diese Brasse verhältnismäßig stark im Drill. Später konnten wir den Fisch als Rosé-Meerbrasse identifizieren. Kulinarisch war dieser der beste des Urlaubs. Stefan und Christoph fingen mit dem Fast Jig immer wieder einige größere Zahnbrassen. Die Zahnbrasse ist eine von elf Arten der Gattung Dentex und gehört ebenfalls zur Familie der Meerbrassen. Diese schönen, kampfstarken Fische waren rosa gefärbt und wogen mehrere Kilos. Das runde Blei mit den Federn ersetzte ich nach einiger Zeit mit dem von mir gekauften Fast Jig, um auch die Zahnbrassen ansprechen zu können. Trotz Einsatz dieses Jigs konnte ich keine Zahnbrasse zum Anbiss verleiten. Christoph erklärte mir: »Es liegt an deiner zu langsamen Geschwindigkeit beim Einholen des Jigs vom Meeresgrund nach oben. Diese aktiven Jäger wollen schnelle und abwechslungsreiche Köderführung«, ergänzte er seinen Ratschlag.

Gleich früh am Morgen des darauffolgenden Tages, bevor die Sonne aufging, sagte Stefan beim Frühstück zu uns, wir müssten uns beeilen, die Wahoos befänden sich auf der Jagd. Da die fertig montierten Schleppruten immer im Auto bereitlagen, waren wir schnell am Hafen. Am Boot mussten nur noch die Ruten in die Halterungen gesteckt, gesichert und mit den Wobblern bestückt werden. Das Stahlvorfach durfte natürlich wegen der scharfen Zähne des Wahoo nicht fehlen. Wir fuhren westwärts, wo wir tags zuvor Vogelscharen über der Wasseroberfläche beobachten konnten.

In südlicher Richtung vom Hafen sind Schutzgebiete ausgewiesen. Dort ist auch die berufliche Fischerei untersagt. Aus größerer Entfernung sahen wir Vogelschwärme, die sich gerade wieder von dem Platz entfernten, an dem sie zuvor ins Wasser tauchten. Stefan ließ jetzt die beiden Wobbler an den 50- und 80-lb-Ruten zu Wasser. Unter Beobachtung der kreisenden Vogelschwärme schleppten wir mit sieben bis zehn Knoten los. Diese Geschwindigkeit der Köderführung ist der Dynamik der Wahoos angepasst, die bis zu achtzig Stundenkilometer erreichen können.

Etwa eine Stunde lang zogen wir die Wobbler immer wieder nahe an den teils schwimmenden, teils fliegenden Vögeln vorbei. Voller Spannung warteten wir auf den ersten Anbiss. Dann endlich war das Geräusch der linken Rollenbremse hörbar, verursacht durch die Schnur, die von einem Raubfisch abgezogen wurde. Schnell musste der rechte noch fischende Wobbler eingeholt werden, um Schnurverwicklungen während des Drills zu vermeiden. Stefan nahm dann die 80-lb-Rute aus der Halterung, verstärkte die Bremswirkung und befestigte die Drillhilfe an seiner Hüfte. Nach etwa zehn Minuten war der Meeresräuber noch etwa fünf Meter vom Boot entfernt. Jetzt begann die heiße Phase des Drills bis zur Bergung ins Boot. Der Wahoo war jetzt im klaren Wasser sichtbar, wie er sich noch mit geballter Kraft zur Wehr setzte. Für Stefan war es nicht leicht, die Fluchtreaktionen des Fisches und die Bewegungen durch den Wellengang auszugleichen, um ein Hinfallen im Boot zu vermeiden. Erst nach mehreren Versuchen von Christoph gelang es, den wild um sich schlagenden Kämpfer mit dem Gaff zu fixieren. Zu zweit hoben sie dann den länglichen Fischleib über die Bordwand ins Boot. Am Bootsboden liegend, vollführte der Wahoo noch heftige Sprünge. Ich wollte jetzt von Christoph wissen, ob sich an Bord ein Holzknüppel befindet, um den Fisch totzuschlagen. »Ich würde dir nicht empfehlen, die Hand in die Nähe des Kopfes zu bringen, der würde dir deine Hand mit seinen scharfen Zähnen schlimm verletzen. Der Urlaub wäre dann für dich vorbei«, belehrte er mich. Es dauerte noch einige Minuten, bis der Wahoo ruhig am Boden liegen blieb.

Bevor Stefan den Fisch zum Fotografieren hochhob, vergewisserte er sich durch Anstoßen des Fischkörpers, dass dieser ruhig bleibt. Etwa zehn

Minuten nach Eintritt des Todes verliert dieser Raubfisch seine blauen vertikalen Streifen. Das erste Exemplar von Stefan hatte bei einer Länge von einhundertdreiundvierzig Zentimeter ein Gewicht von neunzehn Kilogramm. Nach einer weiteren halben Stunde Schleppfahrt kam ich an die Reihe zum Drillen, als der zweite Biss erfolgte. Mit diesem kleineren Exemplar hatte ich nicht viel Arbeit, den Fisch ans Boot zu bringen. Bei einhundertvierzehn Zentimeter Länge wog dieser Wahoo sieben Kilogramm. Auch Christoph hatte etwas weniger Mühe im Vergleich zu Stefan, als er den dritten Wahoo mit elf Kilogramm an diesem Tag drillte.

Nachmittags, nach einer kleinen Stärkung im Boot, benutzten wir die Hand Angeln zum Fischen. Wieder grinste Stefan und sagte zu mir: »Mit deiner zwei Komma neun Meter langen Rute wirst du noch dein blaues Wunder erleben, falls ein größerer Fisch einsteigt. Auch ein Wahoo, Thunfisch oder schwere Meerbrasse könnten dir dabei an den Köder gehen.« Nach einer guten halben Stunde stellte ich ein leichtes Zupfen an meinem Fast Jig fest, den ich gerade vom Grund abheben wollte. Dies bemerkte auch Stefan durch die kurze, ruckartige Bewegung der Rutenspitze. »Alfred, pass auf, da probiert einer deinen Köder«, warnte er. Kaum dass Stefan den Satz beendet hatte, verneigte sich jetzt das vordere Drittel meiner Rute tief nach unten. Ich musste die Bremskraft der Rolle verstärken, um den Schnurabzug zu verlangsamen bzw. zu erschweren. Unter Spannung konnte ich nur schwer durch Drehen an der Rolle Schnur einholen. Deshalb hob ich die Rute nur an und holte erst beim Absenken durch Betätigen der Rollenkurbel Schnur ein. »Alfred, du musst mit einem stärkeren Fisch rechnen«, lachte Stefan. Nur mit erheblichem Kraftaufwand konnte ich Meter für Meter einholen. Der sich heftig wehrende Fisch machte es mir nicht leicht, den Drill zu beenden. Es dauerte eine viertel Stunde, bis ich den Fisch aus der Tiefe kommend sehen konnte. Stefan, der neben mir stand, erkannte zuerst, dass ein Hai an meinem Jig Gefallen gefunden hatte. An der Wasseroberfläche wurde der Hai ruhiger, sodass ich ihn am Jig haltend hochheben konnte. Nur ein Haken hielt ihn am Maulwinkel fest. Nach dem Fotografieren befreite Stefan mit einer Zange den Hai vom Haken. Sofort schwamm dieser senkrecht in die Tiefe. Die Länge dieses jungen Meeresräubers schätzte ich auf ungefähr eineinhalb Meter. Laut den Bestimmungen sind die in den Gewässern der Kanarischen Inseln vorkommenden Hai-Arten geschützt. In jedem Fall hätten wir diesen Hai aber wieder zurückgesetzt.

Mit geringer Geschwindigkeit fuhr Christoph das Boot in Richtung Hafen, während Stefan ein belegtes Brot zu sich nahm und auf dem Bildschirm den Meeresgrund beobachtete. Wir hielten Ausschau nach strukturiertem, felsigem Grund. Vielleicht gibt es hier Zahnbrassen, vermutete er. Tatsächlich, meine beiden Begleiter konnten innerhalb einer Stunde mit ihren Fast Jigs vier rosa Zahnbrassen erbeuten. In dieser Zeit hatte ich keinen einzigen Biss. Stefan sagte zu mir: »Du beschleunigst deinen Jig vom Boden nach oben zu langsam. Alfred, ich denke, du solltest dir auch eine kurze Rute kaufen. Für lange Drills und für schnelles Hochreißen dürfte die kürzere von Vorteil sein.«

Direkt vom Hafen aus fuhren wir nach Los Llanos zum Angelgeschäft. Esteban empfing uns lächelnd und wollte neugierig wissen, was wir heute gefangen haben. Wir schilderten unsere Fänge und Stefan wollte den Einfluss der Jig-Form auf die Einholgeschwindigkeit von ihm wissen. Esteban empfahl Stefan, zwei stark unterschiedliche Formen zu testen. Ich sagte unserem guten Berater, dass ich eine kurze Angelrute benötige. Da lachte Esteban. »Dein Sohn hat mir schon erzählt, mit welcher Länge du starke Fische drillen willst.« Er legte mir drei Ruten zur Auswahl vor, mit Preisen zwischen sechzig und siebzig Euro. Da alle drei Exemplare das gleiche Wurfgewicht hatten, entschied ich mich nach der Farbe für eine Rute.

Wieder früh am neuen Tag beeilten wir uns, um die westlich vor uns liegenden Fanggebiete zu erreichen. Der Wind hatte über Nacht etwas aufgefrischt, deshalb gab es eine erhöhte Dünung. Trotzdem fuhr Stefan fast mit Vollgas, sodass manchmal über die Bordwand Spritzwasser auf uns einwirkte. Aber bei einer Lufttemperatur etwas über zwanzig Grad sowie dauerhaftem Sonnenschein war die sommerliche Kleidung bald wieder trocken. Stefan steuerte sofort die Vogelschwärme an, die jetzt gesichtet werden konnten. Diesmal dauerte es keine viertel Stunde, bis an der linken Rute die Rollenbremse aufheulte. Stefan eilte zu dieser Rute, nahm sie aus der Halterung und begann zu drillen. Kurz darauf, ich wollte gerade die rechte Rute in die

Hand nehmen, um sie einzuholen, erfolgte auch hier ein Biss. Ich meldete laut »fish on«. Jetzt kam Hektik auf. Stefan ging zu mir zum Nachjustieren der Bremse an der Multirolle, während er mit seiner Rute drillte. Christoph richtete das Boot bei geringer Fahrt nach Bedarf aus. Stefan sagte zu mir: »Lass dir etwas Zeit beim Einholen, ich versuche den Drill zu verkürzen.« Alsbald war der Fisch an Stefans Rute in Sichtweite. Er sagte: »Wir haben es mit Thunfisch zu tun. Alfred, nimm dich in Acht, wenn er in der Nähe des Bootes ist«, warnte er. Mit der schweren 50-lb-Rute ist zwar der Drill weniger dramatisch, aber der Wobbler hatte den Fisch seitlich am Kopf gehakt, wie sich später herausstellte. Deshalb schätzte ich den Thun an der Bootsrute kräftiger ein. Nahe am Boot zwang er mich sogar, meine sitzende Position während des Drills aufzugeben. Ein gezielter, schneller Einsatz mit dem Gaff durch Stefan beendete dieses Spektakel. Mein erster Gelbflossenthun wog etwas über acht Kilogramm, siehe **Bild 26**.

Nach einiger Zeit langweiliger Schleppfahrt war Stefan wieder zum Drillen an der Reihe, als an der linken 80-lb-Rute die Multirolle akustisch einen Anbiss signalisierte. Die länger andauernde Auseinandersetzung mit dem Fisch ließ uns einen schwereren Kämpfer vermuten. Nahe am Boot konnte der Meeresräuber aus der Tiefe kommend endlich identifiziert werden. Ein Wahoo hatte Stefan viel Kraft abverlangt. Christoph eilte mit dem Gaff zu Stefan, um den torpedoförmigen Fisch in das Boot zu heben. Doch der sich stark wehrende Wahoo konnte mit dem Gaff nicht so leicht fixiert werden. Wie mit letzten Kräften, zerrten sie zu zweit das schwere Exemplar endlich über die Bordwand. Der kräftig um sich schlagende Räuber bespritzte den Bootsboden und die Bordwände mit Blut, bis Ruhe einkehrte. Bei einem Gewicht von vierundzwanzig Kilogramm betrug die Körperlänge über eineinhalb Meter. Christoph zerlegte den großen Fisch im Boot, während Stefan und ich bei langsamer Fahrt wieder nach geeigneten, felsigen Strukturen am Bildschirm suchten.

Etwa drei Kilometer vor dem Hafen in einer Entfernung von fünfhundert Metern zum Ufer zeigte das Echolot abwechslungsreiche Bodenstruktur an. Endlich kann ich jetzt mit der kurzen Rute auf Zahnbrassen erfolgreicher fischen, dachte ich. Doch in Kombination mit der von mir verwendeten

Rolle wollte das Beschleunigen des Jig nach oben immer noch nicht so recht klappen. Meine beiden Begleiter fingen wieder einige Zahnbrassen (Dentex) von bis zu vier Kilo. Ich erhielt in dieser Zeit nur einen Anbiss, verlor den Fisch jedoch nach einigen Minuten.

Bild 26: Mein erster Thunfisch, ein Gelbflossenthun

Beim Vergleich meiner Rolle mit den Shimano-Rollen von Christoph und Stefan fiel mir auf, dass deren Übersetzungsverhältnis und damit der Schnureinzug pro Kurbelumdrehung größer war. Sie konnten dadurch den Köder vom Boden weg noch schneller beschleunigen als ich. Trotzdem gab ich nicht auf und fischte eher unkonzentriert und gelangweilt weiter.

Plötzlich hörte ich hinter mir ein lautes Geräusch, das so ähnlich klang wie entweichende komprimierte Luft aus einem Überdruckbehälter. Ich drehte mich schnell um und sah noch, wie sich eine Nebelfontäne über Wasser auflöste. Stefan schrie laut: »Ein Wal hat geblasen.« Er konnte den etwa fünfzehn Meter neben dem Boot vorbeischwimmenden buckelnden Wal mit dem Handy eine Zeit lang filmen, bevor dieser seine Atemluft ausstieß.

Anschließend erfreuten wir uns beim Betrachten der Videoaufnahme, die den Wal mit der ausgestoßenen Nebelfontäne zeigte. Bei genauerer Betrachtung erkannten wir einen buckelnden jungen Wal, der neben dem Muttertier herschwamm.

Manchmal kreuzten auch Delfinschwärme unsere Fahrtrichtung auf dem Weg zu den Fangplätzen. Oft schwammen die Delfine auch buckelnd neben uns her, wenn wir mit dem Boot langsam fuhren. Es wunderte mich oft, dass Delfine nie die geschleppten Kunstköder attackierten. Dazu erklärte mir Stefan: »Delfine jagen in den Schwärmen auf einzelne Fische und können mit Hilfe ihres Sonars Kunststoff von lebender Beute unterscheiden.«

Bild 27: Christoph mit Zackenbarsch

An den letzten zwei Tagen unseres Aufenthaltes hatte ich keinen Erfolg mehr beim »Speed Jiggen«. Ein besonders erwähnenswertes Ereignis möchte ich dennoch schildern. Als ich neben Christoph mit dem Fast Jig fischte, sagte er nach einer Weile: »Jetzt habe ich einen.« Ich sah, wie sich seine Rute

385

krümmte und er angestrengt einige Kurbelumdrehungen vollführte. Doch dann schnellte seine Rute zurück und zum Vorschein kam sein an die geflochtene Schnur gebundenes, monofiles Vorfach ohne Köder. »Das war ein Wahoo«, sagte er. »Ohne Stahlvorfach beißt der Räuber besonders monofile Schnur sofort durch«, gab er mir zu verstehen. Wenige Sekunden später war auch bei mir plötzlich die Schnur spannungslos, während ich hochkurbelte. Anscheinend hatte der gleiche Räuber auch bei mir ganze Arbeit geleistet. Das Vorfach samt Köder war weg. Er hatte sogar die geflochtene Schnur sekundenschnell durchgebissen. Christoph konnte sich ein Lachen nicht verkneifen und sagte: »Auch ein Stahlvorfach wäre nutzlos gewesen.« Ungläubig schüttelte ich den Kopf und sagte dazu: »Ich kann mir nicht vorstellen, dass dieser Fisch die geflochtene Schnur absichtlich durchgebissen hat.« »Wer weiß«, meinte Christoph lachend.

Stefan konnte kurz darauf mit dem Fast Jig eine Bernsteinmakrele (Medregal) erbeuten. Mit einhundertsechs Zentimeter Länge und einem Gewicht von circa fünfzehn Kilogramm war dieses Exemplar mittelgroß. Drei Wahoos und fünf Gelbflossenthune gingen noch an die geschleppten Wobbler. Stefan sagte zu mir: »Jetzt haben wir hier zum ersten Mal gut gefangen, du hast uns Glück gebracht, Alfred.« Den größten Teil der gefangenen und von uns filetierten Fische überließen wir dem Bootsvermieter, der uns dafür bei der Spritrechnung hundert Euro nachließ. Ein Wunsch blieb jedoch unerfüllt auf dieser Reise. Stefan hätte zu gerne einen der großen Gelbflossenthune gefangen, die eine Größe von bis zu zwei Metern erreichen.

Am letzten Tag besuchte uns meine Tochter Kathrin, die eine Urlaubswoche auf La Palma verbringen wollte. Zu Mittag fuhren wir deshalb mit dem Boot in den Hafen, um im »Kiosko Adrinere« ein fruchtiges Erfrischungsgetränk zu genießen. Stefan und Christoph wollten sich nach der Mittagspause noch einmal auf Fangfahrt begeben. Am letzten halben Tag auf der Insel wollte ich mir mit Kathrin aber lieber den ein Jahr zuvor ausgebrochenen Vulkan aus der Nähe ansehen. Zwei Lavaströme ergossen sich dabei über besiedeltes Gebiet ins Meer und zerstörten auf ihrem unaufhaltsamen Weg viele Häuser. Anschließend fuhren wir mit dem geliehenen 500er Fiat auf steil ansteigenden Serpentinen den Berg hoch zum Aussichtspunkt

»Mirador del Time«, der circa sechshundert Meter hoch über dem Meer liegt. Dort oben genossen wir einen wunderbaren Ausblick über den Hafen und über die Stadt Tazacorte sowie über die Badestrände und die Stadt Los Llanos. Hier oben beginnt auch ein Wanderweg zum höchsten Berg Roque de los Muchachos, mit zweitausendvierhundertsechsundzwanzig Meter Höhe. Für diese Wanderung wäre ein Tag nötig gewesen. Über einen Fußweg ist dort auch ein Aussichtspunkt am Rande der Caldera de Taburiente zu erreichen. Mit dem weiten Bergpanorama und der üppigen Vegetation dürfte La Palma zu den schönsten der Kanarischen Inseln gehören.

Auf dem warmen schwarzen Sand konnten Kathrin und ich noch spätnachmittags am Meer die Sonne auf bereitgestellten Liegen genießen. Kathrin fragte mich, bis zu welchem Alter ich noch aktiv fischen möchte. Dazu gab ich ihr folgende Antwort: »Am liebsten bis zum letzten Tag in meinem Leben, mit einem kapitalen Atlantischen Lachs an der Zweihandrute im Fluss.« Am Abend ließen wir uns in unserer Ferienwohnung den von Christoph zubereiteten Thunfisch mit einem Glas Rotwein schmecken.

~

Im Herbst desselben Jahres unternahm Christoph mit Stefan und dessen Schwager Tobias eine weitere Reise auf diese schöne Kanareninsel. Im Mai hatten sie von Esteban erfahren, dass sich die größeren Thune bevorzugt im Herbst vor der Insel aufhalten. Mitte Oktober war es dann so weit, ein großer Gelbflossenthun biss auf den geschleppten Wobbler. Bei einer Länge von über einhundertdreißig Zentimetern wog der Thun zweiunddreißig Kilogramm. Stefan konnte noch einen großen Amberjack auf Naturköder in einhundert Meter Tiefe überlisten. Bei einer Länge von einen Meter zweiundsechzig brachte der Kapitale achtundvierzig Kilogramm auf die Waage.

Für April 2024 planen Stefan und Christoph erneut einen Angeltrip auf die Insel. Mit einer neuen Stationärrolle an der Rute möchte ich noch einmal versuchen, die schnellen Zahnbrassen zu überlisten.

Danksagung

In erster Linie möchte ich meiner lieben Frau Veronika großen Dank aussprechen für ihre Geduld, die sie mir gegenüber aufbrachte, während ich sie oft mit unseren vier Kindern wegen meiner Angelleidenschaft alleine ließ. Sehr zu danken habe ich meinen Eltern, die trotz ihrer Aufsichtspflicht mir Freiheiten wie »Schwarzfischen« in meiner Jugend erlaubten.

Meinem Cousin Ernst Neubauer möchte ich besonders danken, da er mich bei meinem Ferienaufenthalt als Kind an seinen gepachteten Forellenbach zum Fischen mitnahm. Dadurch erwachte in mir meine vererbte Veranlagung für die Angelleidenschaft, die letzten Endes zu diesem Buch führte. Weiterhin danke ich ihm dafür, dass er mir als Laie meinen in Rohfassung geschriebenen Text mit Word in die Buchform überführte und mir bei der gesamten Buchgestaltung samt Bildern mit Rat und Tat zur Seite stand. Auch für das Korrekturlesen danke ich Ernst besonders.

Unserem guten Bekannten Franz Sieber und meinem Sohn Christoph gebührt großer Dank für deren Bereitschaft, Korrektur zu lesen.

Worterklärungen

Adhäsion
Als Adhäsion werden Anziehungskräfte bezeichnet, die zwischen unterschiedlichen Stoffen wirken.

Anadrome Fische
Brackwasser- oder Meeresfische, die zum Laichen in die Flüsse aufsteigen.

Amberjack
Englische Bezeichnung für Bernsteinmakrele. Eine Stachelmakrelenart.

Azeotrop
Ein azeotropes Gemisch besteht aus zwei oder mehreren chemischen, flüssigen Verbindungen, deren Dampfphase die gleiche Zusammensetzung wie die flüssige Phase aufweist.

Backing
Reserve Angelschnur auf Rollenachse.

Brown Trout
Englische Bezeichnung für die ursprünglich nur in Europa vorkommende Bachforelle.

Buhne
Eine Buhne ist ein Regelungsbauwerk, das meist rechtwinklig zum Ufer eines Gewässers verbaut ist.

Butts
Kurzbezeichnung für Heilbutt.

Canadier
Ein Canadier ist ein offenes Kanu, das sitzend oder kniend mit Stechpaddeln bewegt wird.

Carp King
Dreiteilige Angelrute zum Karpfenfischen von der Firma »Kormoran«.

Artic Char
Im Norden vorkommende Saiblingsart, zu der auch der in den Alpen vorkommende Seesaibling gehört.

Cook-Inlet
Das Cook-Inlet ist eine Meeresbucht zwischen der Kenai-Halbinsel und dem Festland von Alaska, in die Kapitän Cook 1778 als erster Europäer einfuhr.

Cyprinidae
Sammelbegriff für die karpfenartigen Friedfische im Süßwasser.

DAM
Abkürzung für Deutsche Angelmanufaktur.

Dentex
Eine Meeresfischart aus der Familie der Meerbrassen (Sparidae).

Dielektrizitätskonstante
Beschreibt die Polarisationsfähigkeit (Ladungstrennung) eines elektrisch isolierenden Materials durch ein elektrisches Feld.

Dijodide
Jod kann mit verschiedenen Metallen Salze bilden. Zweiwertige Metalle können zwei Jod-Atome binden. In diesem Fall spricht man von Dijodiden.

Döbel
Der Döbel, auch Aitel genannt, ist ein karpfenartiger Friedfisch, der sich mit zunehmendem Alter zum Raubfisch entwickelt.

Erlenmeyerkolben
Der Erlenmeyerkolben ist ein konisches Glasgefäß, das sich nach oben hin zylindrisch öffnet zur Durchführung von chemischen Reaktionen, oft in flüssiger Phase.

Esox
Lateinischer Name »Esox lucius« für Hecht.

Fly In
Ein gebräuchlicher Begriff aus dem Englischen zur Durchführung von Ausflügen in abgelegene Gebiete mit dem Wasserflugzeug.

Gaff
Das Gaff ist ein Haken an langem Stiel zum Heben schwerer Fische. Es wird beim Hochseefischen verwendet.

Heintz Blinker
Spezieller Blinker aus Metall nach Herrn Heintz.

Homolog

Ähnliche Verhalten chemischer Verbindung bezüglich ihres Reaktionsmechanismus bei unterschiedlichen physikalischen Eigenschaften.

Hydrat-Hülle

Hierbei werden durch die Hydratation Wassermoleküle an geladene Teilchen (Ionen) angelagert.

hydrophob

Wasserabstoßende Eigenschaft von einem Material.

isostatisches Pressverfahren

Das isostatische Pressverfahren mit elastischen Matritzen ermöglicht eine gleichmäßige Dichteverteilung im ganzen Presskörper.

Menden

Beim Fliegenfischen entsteht manchmal stromab ein Schnurbauch auf dem Wasser. Durch eine Bewegung des Rutenvorderteils stromauf wird die Schnur zur Fliege hin wieder geradegelegt.

Mönch

Ein Mönch ist ein Ablaufwerk, das den Wasserstand eines Teiches reguliert und gleichzeitig als Tiefenwasserableitung wirkt.

Monofilschnur

Besteht nur aus einem Fadenmaterial mit erhöhter Dehnung im Vergleich zur Geflecht-Schnur.

Mozil Blinker

Spezieller Blinker mit Einzelhakensystem versehen. Von Hr. Mozil verwendet.

»Nanoflex«-Rute
Schlanker Rutenblank aus Nano-Karbon, federleicht und leistungsstark.

Pilker
Künstlicher, schwerer Köder aus salzwasserfestem Metall.

Pilkrute
Rute mit hohem Wurfgewicht zum Fischen mit Pilker als Kunstköder.

PVA
Abkürzung für Polyvinylalkohol

Rapalla
Lauri Rapalla entwickelte im Jahre 1936 einen fischähnlichen Köder aus Balsaholz mit einer Tauchschaufel aus Kunststoff. Heute sind von diesem »Original Floater« viele Variationen die meistverkauften Wobbler der Welt.

Regenbogner
Kurzbezeichnung für Regenbogenforelle

Rasterelektronenmikroskop (REM)
Ein REM ist ein hochentwickeltes Mikroskop, das anstelle von Licht Elektronen verwendet.

Salmoniden
Die Familie der Lachs- oder Forellenfische mit einer strahlenlosen Fettflosse am Rücken werden mit dem Sammelbegriff »Salmoniden« bezeichnet.

Schlenk-Glaskolben
Reaktionsgefäß mit Zusatzhahn zum Einleiten von Gasen oder zur Erzeugung eines Vakuums.

SiC-Zweistegringe
Zweistegringe an der Rute mit sehr harter, abriebfester Siliziumcarbid-Einlage.

Sink Tip
Schnur zum Flugangel-Fischen mit schnell sinkender Vorfachspitze.

Stationärrolle
Die Rollenachse steht parallel zum Rutengriff. Die Schnur wird gleichmäßig auf die Spule aufgewickelt. Diese Rolle wird am meisten verwendet.

Sublimation
Eine Sublimation findet statt, wenn ein Phasenübergang direkt vom festen in den gasförmigen Zustand erfolgt, z.B. bei Schnee.

Variometer
Mit dem Variometer wird im Flugzeug ein Steigen oder Sinken angezeigt. Es misst die Vertikalgeschwindigkeit in Meter pro Sekunde.

Wahoo
Großer Raubfisch aus der Familie der Makrelen und Thunfische.

Empfehlenswerte Literatur

1. »Fisch und Fang«, Sonderheft vom 25.09.2007 »So wirft man die Fliege« von Werner Behrens.
2. Zanderangeln, Verlag Paul Parey von Dieter Schicker, Rudolf Sack.
3. Big Game Angeln von Jürgen Oeder, Kurt Lehr.

Anhang

Angelrutenbau – Tipps für Einsteiger

Obwohl es über Rutenbau schon viel Literatur und fertige Bausätze mit Fertigungsanleitung gibt, will ich mit diesen Informationen den Einstieg in den Angelrutenbau für die handwerklich versierten Petrijünger anregen und erleichtern.

Mit einigen Grundkenntnissen ist der Angelrutenbau eigentlich kinderleicht!

Warum sollte man sich eine (Steck-) Angelrute selbst bauen?

~ Bestimmt nicht aus Langeweile.

~ Eher schon um lange Winterabende auszufüllen.

~ Spaß an kreativer Gestaltung. An der Selbstgebauten hat man mehr Freude.

~ Aus meiner Sicht vor allem, um eine gut funktionierende Rute mit langer Lebensdauer zu erhalten.

Bei industriell gefertigter Massenware kann es selbst bei mittlerer Preisklasse zu lockeren rostigen Ringbindungen bzw. zu lockeren Rutengriffen nach längerem Gebrauch kommen.

Welche Bauteilkomponenten und Hilfsmittel werden benötigt und sind am Markt erhältlich?

Zum Bau einer Karpfen-, Spinn- oder Fliegenrute sind mindestens folgende Bauteile nötig!

~ Rutenblank (verjüngtes Rohr aus Epoxidharz/Faser-Komposit)
~ Kork- oder Duplongriff (Karpfenrute) mit Abschlusskappe und -ring (Winding Check)
~ Rollenhalter
~ Rutenringe
~ Bindefaden und – Zweikomponenten-Lack (2K-Lack)

Am Markt sind Glasfaser-Blanks sowie Kohlefaser-Blanks mit Aramid-, Siliciumcarbid- und Borfasern als Kompositgewebe erhältlich. Der Vorteil der Kohlefaser-Blanks liegt bei ihrem geringeren Gewicht und geringeren Materialstärken bei gleich guten Werkstoffeigenschaften (Elastizitätsmodul etc.) Kohlefaser-Blanks sind also gut einsetzbar für Spinn- und besonders für Fliegenruten, aber auch für Karpfenruten. Der Blank aus Kohlefaser kann aber empfindlicher gegen seitliche Schlageinwirkung als ein Blank aus Glasfaser sein. Für den rauen Umgang mit hohen Belastungen, wie sie bei Schlepp- und Bootsruten auftreten, sind Glasfaser-Blanks im Allgemeinen besser geeignet.

Es gibt Ein-, Zwei und Dreistegringe. Einstegringe (einfüßig) werden für Ruten mit einem Wurfgewicht bis vierzig Gramm eingesetzt. Für höhere Wurfgewichte würde ich Mehrstegringe empfehlen. Gute Ring-Qualität bietet die Herstellfirma Fuji an. Neben Stahlringen (Hartchromringe, Einsatz bei Fliegenruten) gibt es hauptsächlich Ringe mit Einlage. Entscheidend für einen geringen Schnurabrieb ist das Material der Ringeinlage. Dieses

Material besteht aus Keramik wie Aluminiumoxid (Al2o3), das im Handel als Hardloy bezeichnet wird, und Siliziumcarbid (SiC). Es sind sehr harte Werkstoffe mit glatter Oberfläche. Bei SiC wird die Diamanthärte erreicht und je nach dem Herstellverfahren sind sehr glatte Oberflächen möglich. Es gibt auch bei diesen teuersten Ringen Qualitätsunterschiede. Mit einem guten Hardloy-Ring ist man ebenfalls sehr gut bedient. Bezüglich des Bindegarns und Lacks sowie allen weiteren Zubehörs zum Angelrutenbau bietet z. B. die Firma »CMW-Angelgeräte« gute Material-Qualität an. Für den Bindelack kommen nur 2K-Lacke in Frage.

Bei dieser Firma ist ein Katalog über Rutenbau und Zubehör erhältlich (Raiffeisenstr. 4, D-97209 Veitshöchheim, Tel. 0931/97803, Fax 0931/98551).

Wichtigste Hilfsmittel und Werkzeuge

Feinzahnige Handsäge, Rundfeile, Schleifpapier 180er u. 300er Körnung, Buchenrundstab, Messschieber, Zweikomponenten-Kleber »UHU PLUS endfest 300«, Metallfeinfeile, Tape (Klebeband). Rutenauflage zum Drehen der Rute beim Ringeanbinden u. -lackieren (Schuhschachtel mit Führungsrillen).

Bauanleitung

Bestimmung der idealen Durchbiegung eines Blanks

Dieser Arbeitsgang ist sehr wichtig, da hier im Wesentlichen die idealen Wurfeigenschaften sowie das max. nutzbare Wurfgewicht der fertigen Angelrute festgelegt werden – z. B. das zielgenaue Werfen (besonders wichtig für den Bau von Fliegenruten). Bei der Herstellung des Blanks ergibt sich verfahrensbedingt keine exakte Geradlinigkeit sowie eine gekrümmte Durchbiegung bei bestimmter Drehstellung des Blankteiles. Auf die zuletzt genannte Erscheinung muss besonders geachtet werden. Bei einer nicht gekrümmten Durchbiegung des Blanks liegt der Querschnitt der Rutenspitze (siehe Skizze) genau auf der Senkrechten in der Zeichnung.

Zur Ermittlung der idealen Biegung wird das dickere Ende eines Blankteiles mit der linken flachen Hand auf eine Unterlage (Tisch, Boden) gedrückt, mit der rechten flachen Hand wird an der Spitze unterstützend der Blankteil hochgebogen (max. zum Viertelkreis). Nun dreht man mit der linken Hand um die Längsachse (mehrmals durchführen).

Beim Drehen sind Positionen (Overlaps) feststellbar, bei denen der Blank versucht, sich selbst aus der erreichten Lage wegzudrehen. An diesen Stellungen, die auch als »Overlaps« bezeichnet werden, setzt der Blank der Biegekraft den höchsten Widerstand entgegen. Hier ist die Spannkraft am größten und die Biegung nicht gekrümmt.

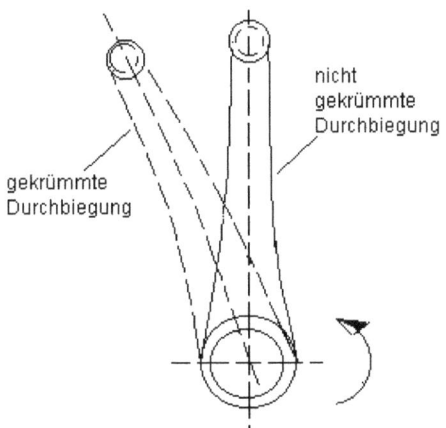

nicht
gekrümmte
Durchbiegung

gekrümmte
Durchbiegung

Schematische Skizze

Nun wird der ausgeprägteste »Overlap« gesucht und durch Aufkleben eines weißen schmalen Klebestreifens markiert. Die gleiche Prozedur wird nun mit dem zweiten Blankteil bzw. bei mehrteiligen Ruten mit den weiteren Teilen durchgeführt. Beim Zusammenstecken der Blankteile müssen die Markierungen zur späteren Ring- sowie Rollenhaltermontage in einer Flucht liegen.

Montage des Rutengriffes

Zur Anfertigung des Rutengriffes bevorzuge ich Korkmaterial, das sich am besten bearbeiten lässt sowie ein schönes Design ergibt. Die Formteile für das Griffoberteil und -unterteil sind im Handel bereits fertig erhältlich. Diese Griffteile müssen aber noch dem individuellen Blankdurchmesser angepasst werden.

Als Werkzeug zur Erweiterung der Korkbohrung wird aus Buchenrundstab und Schleifpapier (180er Körnung) eine Sandpapier-Feile hergestellt. Über den circa halben Umfang des Rundstabes wird mit Kontaktkleber (z.B. Pattex) ein Schleifpapier-Streifen über die gesamte Stablänge aufgeklebt.

Die auf diese Weise hergestellte Feile sollte etwas länger als das längste Griffteil sein. Der Durchmesser des Rundstabes sollte nur geringfügig kleiner sein als die Korkbohrung, damit beim Materialabtrag die Rundung der Bohrung möglichst beibehalten wird. Achtung, ebenfalls über den Umfang gleichmäßig abfeilen um eine unförmige Rundung zu vermeiden. (Mit einer Drehbank kann die Korkbohrung exakt und schnell aufgebohrt werden.) Die Lackoberfläche des Blanks wird mit 300er Papier vorsichtig aufgeraut. Beim Aufrauen des Lackes darauf achten, dass nicht über die Grifflänge hinaus aufgeraut wird.

Am hinteren Ende des Rutenblanks wird nun die Abschlusskappe aufgesteckt und die Aufstecklänge am Blank markiert. Die Bohrung des unteren Griffteiles wird so lange erweitert, bis sich das Korkteil von der Blankspitze her bis zur Markierung aufschieben lässt. Passgenauigkeit der Abschlusskappe zum Kork nochmals überprüfen und eventuell nacharbeiten. Kanten der Korkstücke mit Schleifpapier leicht brechen. Durch die konische Form des Blanks sitzt das vordere Korkende nicht auf dem Blank bündig auf. Dieser Hohlraum ist durch Unterfüttern mit dem Klebeband auszugleichen. Nur Klebeband mit Gewebeeinlage verwenden. Damit sich bei späterem Gebrauch der Rute der Griff nicht verdrehen oder lockern kann, wird beim Aufkleben des Korkstückes auch unter dem Klebeband der UHU-PLUS aufgetragen. Im gesamten Bereich der Klebefläche UHU-PLUS satt auftragen. Austretenden Kleber sauber entfernen.

Nach dem Aushärten des unteren Korkstückes wird der Rollenhalter montiert (Schraubrollenhalter aus Graphit-Komposit von Fuji). Der Rollenhalter

wird an den beiden Enden entgratet. Da der Innendurchmesser des Rollenhalters deutlich größer als der Blankdurchmesser ist, muss besonders hier mit
dem Klebeband unterfüttert werden (siehe Skizze). Abweichend von der Skizze
kann auch breiteres Klebeband verwendet werden, dann sind eventuell nur
zwei Wicklungen nötig. Nur Klebeband mit Gewebeeinlage verwenden. Auch
hier unter dem Klebeband den 2K-Kleber auftragen. Um den Rollenhalter vor
austretendem Kleber zu schützen, werden die Enden mit Klebeband abgedeckt.

Klebeband und Blank zwischen den Bändern mit UHU-Plus satt be-
streichen. Damit ausreichend Kleber zwischen Band und Rollenhalter bleibt,
sollte sich der Rollenhalter nicht zu streng aufschieben lassen.

Den Rollenhalter nun so am Blank aufschieben (sehr wichtig), damit die
Rollenfußaufnahme mit der Markierung am Blank in einer Flucht liegt (Markierung des Overlaps). Das Gewinde des Rollenhalters sollte an das Griffunterteil anschließen. Nach dem Aushärten des Rollenhalters ist jetzt das Griffoberteil entsprechend anzupassen und zu verkleben, wie beim Griffunterteil
beschrieben. Jetzt wird die Abschlusskappe am Ende des Griffes angeklebt,
wobei hier ebenfalls mit Tape unterfüttert wird. Teile durch Abkleben mit
Tape vor austretendem Kleber schützen. Zur Fertigstellung des Griffes (Übergang vom Griff zum Blank) den Winding Check auf Blank aufschieben und
am Korkende ankleben.

Schematische Skizze zur Rollenhaltermontage

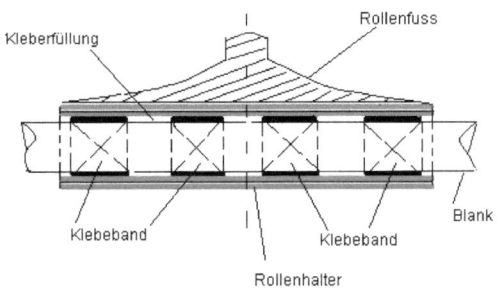

401

Ringmontage

Zuerst wird der Spitzenring mit UHU-PLUS am Oberteil des zwei- oder mehrteiligen Blanks angeklebt. Dabei muss der Ring mit der Markierung am Blank in einer Flucht liegen (Markierung des Overlaps). Zum Aushärten der Klebung das Blankoberteil in die Führungsrillen einer Schachtel so einlegen, damit der Ring durch die Schwerkraft in der Senkrechten nach unten hängt. Flucht mit der Blankmarkierung erneut überprüfen.

Die Anzahl der Ringe richtet sich in erster Linie nach der Rutenlänge. Je länger die zu bauende Rute ist, je größer die Ringanzahl. Je nach Grifflänge von sonst gleich langen Ruten kann die Ringanzahl auch hier variieren. Das Wichtigste ist der Ringabstand. Wie bekannt wird mit zunehmender Verjüngung des Blanks der Ringabstand immer kleiner. Dies ist erforderlich, um bei der Durchbiegung eine gleichmäßige Kräfteverteilung über die Ringe auf den Blank zu erhalten. Für Karpfen-Weitwurfruten ist auch der Ringabstand des ersten Ringes zum Rollenhalter und der Ringdurchmesser sowie die Ringhöhe (Abstand zum Blank) wichtig. Nebenbei bemerkt gilt, dass der einfallende Winkel der Schnur am Ring immer gleich groß sein soll wie der ausfallende Winkel. Die experimentelle Bestimmung der optimalen Ringabstände, individuell für jeden Blank, dürfte zu aufwendig sein! Es gibt deshalb zu Karpfen-, Spinn-, Fliegen-, Match- und Schwingspitzruten Tabellen mit Beringungsvorschlägen unter Berücksichtigung der Rutenlängen und sogar Grifflängen (siehe Angelrutenbau-Broschüre von CMW). Die Fa. Cormoran bietet in einer kleinen Rutenbauanleitung als Beilage zu Farbfixativ bzw. zu 2K-Bindelack ebenfalls Tabellen zu Ringabständen an. Als Beispiel ein Beringungsvorschlag für eine drei Meter lange Spinnrute!

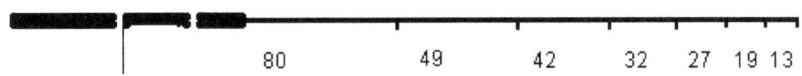

80		49	42	32	27	19	13

Skizze zu Beringungsvorschlag   Längenangabe in cm

Vor dem Anbinden des Ringes müssen die Ringfüße zum Blankübergang hin mit einer feinen Metallfeile flachgefeilt werden, damit ein möglichst fließender Übergang Ringfuß/Blank entsteht. Ebenso ist darauf zu achten, dass die Ringfüße plan auf dem Blank aufliegen. Falls nötig, mit einer geeigneten Zange die Ring Füße nachbiegen.

Der so vorbereitete Ring wird nun mit Tape an der markierten Stelle (Abstand laut Beringungstabelle) in Flucht zur Rollenfußhalterung bzw. zum Spitzenring auf dem Blank fixiert (siehe Skizze A). Dazu ist das Blankunterteil in die Führungsrillen einer Schachtel hineinzulegen. Zweckmäßigerweise wird mit dem ersten Ring, vom Rutenhalter aus gesehen, begonnen. Die Flucht kann so beim Fixieren der nachfolgenden Ringe leichter überprüft werden.

Bevor mit dem Anbinden des Ringes begonnen wird, fertigt man sich aus monofiler Schnur (Ø = 0,30 mm) eine Schlinge mit ca. 6 cm Durchmesser an. Zusammen mit dieser Schlinge wird ein sehr scharfes Bastelmesser oder eine Rasierklinge (Skalpell) griffbereit danebengelegt.

Zur Gestaltung des Bindeanfangs wird, wie in Skizze B zu sehen ist, ca.1 cm des Bindegarns mit etwa 10 Umwicklungen befestigt. Dabei wird mit dem Zeigefinger der linken Hand zu Anfang der Fadenkreuzpunkt etwa viermal festgehalten, der Blank gedreht und mit der rechten Hand der Faden geführt und gespannt. Die Garnspule wird dabei am Boden in ein standfestes Glas gelegt. Die Fixierung des Bindegarn-Anfangs muss mehrere Male geübt werden, da dieser Arbeitsschritt nicht ganz leicht ist. Während der weiteren Umwicklungen den Faden immer gespannt halten. Die einzelnen Fadenwindungen müssen eng aneinander liegen. Eine Pause während des Bindevorganges kann eingelegt werden, indem man den Faden am Spulenrand einklemmt und die Spule frei herunterhängen lässt. So bleibt der Faden immer gespannt.

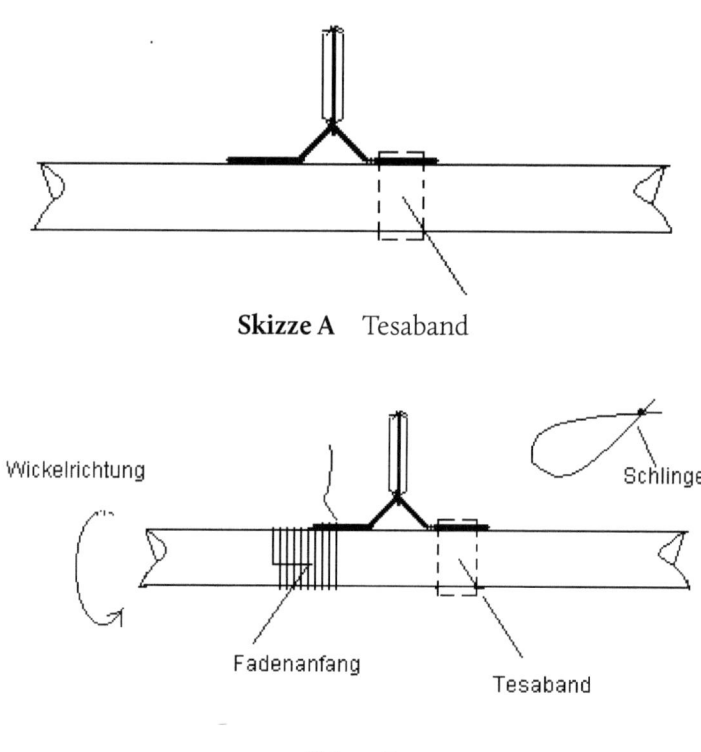

Skizze A   Tesaband

Skizze B

Etwa fünf Millimeter vor dem Ende der Bindung wird die Schnurschlinge eingebunden, wie in Skizze C dargestellt. Der Bindefaden wird nun so abgeschnitten, dass noch ca. 6–8 cm übrig bleiben. Dann den Faden mit der Schlinge durch die Bindungen ziehen und unter Spannung das Ende des Fadens knapp über den Windungen abschneiden. Der gespannte Faden muss sich dabei unter der Bindung zurückziehen.

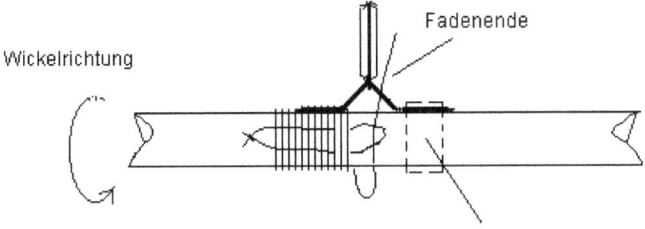

Wickelrichtung

Fadenende

Skizze C   Tesaband

Auf die gleiche Weise wird der andere Fuß des Ringes sowie die anderen Ringe angebunden. Sind alle Ringe angebunden, nochmal die Flucht der Ringe überprüfen. Falls notwendig, können durch vorsichtiges Verschieben der Ringe noch leichte Korrekturen vorgenommen werden. Auch am Spitzenring wird der Übergang Blank/Metall mit einer Bindung versehen. Wichtig ist, noch das Blank-Ende (wo der Verbindungszapfen eingeleimt ist) und die Enden der Hülsen mit ausreichend langer Bindung zu verstärken (mindestens 25 mm).

Beim Bau einer Spinnrute empfiehlt sich, im Anschluss an den Winding Check eine Haken-Öse anzubinden. Die Bindetechnik ist dabei immer, wie beschrieben, gleich.

Auch können mehrfarbige Zierbindungen je nach Belieben angebracht werden. Ich binde etwa 10–15 cm nach dem Griffende das dreifarbige Landeswappen an (eben in Ringform). Auf diese Art entsteht ein abgegrenztes Beschriftungsfeld, in das der Name bzw. die Ruteneigenschaften wie Wurfgewicht etc. eingetragen werden können.

Beschriftung der Angelrute

Zur Beschriftung der Rute bevorzuge ich eine weiße Tusche, die ich mit einer feinen Schreibfeder auftrage. Es gibt auch Edding-Stifte, die man zum Beschriften verwenden kann. Vor dem Beschriften sollte eine dünne

405

Lackschicht (siehe Abschnitt Lackieren) aufgetragen werden, damit die Tusche nicht abperlt.

Lackieren der Bindungen

Wie bereits erwähnt sollte zum Lackieren der Bindungen und sonstiger Lackierarbeiten nur 2K-Lack verwendet werden. Vor dem Lackieren kann durch Auftragen eines »Farbfixatives« die Farbe des Bindegarns fixiert werden. Diese Maßnahme dient nur zur Aufbesserung der Optik und kann bei zu dickem Auftrag die Haltbarkeit und Belastbarkeit der lackierten Bindungen beeinträchtigen.

Der Lack wird durch Mischen von Binder und Härter im Verhältnis 1:1 in einer flachen Glasschale hergestellt. Zur Dosierung bzw. Abmessung der einzelnen Komponenten können Einwegspritzen verwendet werden. Steht eine Waage zur Verfügung (Genauigkeit ± 0,1 g), so kann sehr exakt und gut reproduzierbar abgemischt werden. Es sollte immer nur so viel Lack angemischt werden, wie während der Tropfzeit (Zeit bis zum Andicken) verarbeitet werden kann. Nach meiner Erfahrung sind das ca. 2 bis 2,5 g, die für zwei bis drei Ringe reichen können. Durch den Mischvorgang werden in den Lack Luftblasen eingebracht, die durch vorsichtiges, kurzes Erwärmen über einer Kerzenflamme größtenteils entfernt werden können (Achtung, durch zu langes Erwärmen des Lackes verkürzt sich die Verarbeitungszeit). Nebenbei bemerkt können die Luftblasen sehr effektiv (ohne Wärmezufuhr) durch Erzeugung eines Unterdruckes in einer speziellen Apparatur entfernt werden.

Mit einem feinen, guten Malpinsel wird der Lack in Dreh- und Längsrichtung nicht zu dick aufgetragen. Dann ist durch circa zweiminütiges langsames Drehen die Lackverteilung zu begünstigen. Nun noch einmal nur in Drehrichtung Lack auftragen, dabei auch zwischen den Ringstegen und etwas über die Fadenbindung vorsichtig mit dünnerer Pinselspitze lackieren. Falls an der Lackierung noch Luftblasen zu erkennen sind, können diese durch Betupfen mit der Pinselspitze oder mit einer Nadel beseitigt werden. Das Beschriftungsfeld ist nach dem Beschriften ebenfalls noch einmal zu lackieren. Angefangen wird von der Bindung der Haken-Öse einschließlich bis zur Abschlussbindung (z. B. Wappen). Zur Aushärtung der jeweiligen Lackierungen muss, um ein Abtropfen des Lackes zu verhindern, der Blank die erste halbe bis dreiviertel Stunde alle 30 Sekunden um eine halbe Umdrehung gedreht werden. Im weiteren Aushärtungsverlauf muss so lange gedreht werden, bis sich die Lackierung durch die Schwerkraft nicht mehr verformt (eventuell alle zwei bis fünf Minuten zwei bis drei Stunden lang). Die Zeit bis zur vollständigen Aushärtung dürfte je nach Raumtemperatur ca. 24 Stunden betragen. Dann steht einem erfolgreichen Einsatz mit einer guten Rolle und Schnur nichts mehr im Wege.

Zu guter Letzt

kann ich nur raten, packen Sie es an!

Allen angehenden Rutenbauern wünsche ich gutes Gelingen beim Bau der »Ersten« und viel Freude und Erfolg damit. Mit der Erfahrung des Angelrutenbauens gehen Sie künftig schon etwas leichter an Reparaturen auch bei gekauften (Teleskop-)Ruten ran. Zum Beispiel den Ring neu anbinden oder auch kompliziertere Reparaturen durchführen.

Weitere Bezugsquellen für den Angelrutenbau:

Rodmaker Ian Collins
Kleines Gäßchen 15
D-63075 Offenbach
Tel. 069/866903

Angelsport K. Grabmayer
Adolf Loosgasse 13
A-1210 Wien
Tel. 0043 (1) 2581190